BESTSELLER

David de Jorge nació el 4 de octubre de 1970 en Hondarribia. Inquieto por naturaleza, se atreve a meter el morro en otros fogones derrochando sabiduría gastronómica y goce alimenticio en fantásticas piezas que publica en varios medios y soportes: escribe para *El Correo* y *Diario Vasco*, colabora en La Sexta, RNE, Cadena SER y Radio Euskadi, y alimenta un blog llamado «Atracón a mano armada». Además, presenta *Robin Food*, un programa de cocina que condensa su manera de vivir y disfrutar, emitido durante cuatro años por el canal vasco ETB y que actualmente se emite a nivel nacional por Telecinco. Es autor de *Con la cocina no se juega* (2010) y coautor con Martín Berasategui de *Más de 999 recetas sin bobadas* (2012), *Más de 100 recetas adelgazantes pero sabrosas* (2014) y *Cocina sin vergüenza* (2020), así como coautor con Javirroyo de *La tortilla de patatas* (2022). Formado en algunos de los restaurantes más prestigiosos del mundo, ha cocinado junto a maestros como Arbelaitz, Guérard, Chibois, Subijana o Berasategui, de quien además es socio.

Para saber más sobre el autor:
www.daviddejorge.com

Martín Berasategui nació el 27 de abril de 1960 en San Sebastián. Inmerso en el mundo de la cocina desde la niñez y en activo desde los trece años, ha llegado a convertirse en uno de los mejores cocineros del mundo. Ha recibido los premios más importantes de gastronomía, siendo el único cocinero español que cuenta con siete estrellas Michelin en su haber. En su restaurante de Lasarte (Guipúzcoa), que él denomina «la casa madre», trabaja sin descanso junto a su mujer Oneka, su hija Ane y todo su equipo, poniendo en práctica una cocina ligera e imaginativa, elaborada con una técnica preciosista que asombra y seduce a todo el que se sienta a su mesa. La perfección, la excelencia, la constancia, la honestidad, el estilo y la pasión por la vida son sus principales señas de identidad y los valores que guían tanto su trayectoria profesional como vital.

Para saber más sobre el autor:
www.martinberasategui.com

Biblioteca

DAVID DE JORGE
MARTÍN BERASATEGUI

Mucho más de 999 recetas sin bobadas

DEBOLS!LLO

Papel certificado por el Forest Stewardship Council®

Penguin
Random House
Grupo Editorial

Primera edición en Debolsillo: octubre de 2022

© 2012, 2019, Gourmandia Gastronomía, S. L.
© 2012, 2019, 2022, Penguin Random House Grupo Editorial, S. A. U.
Travessera de Gràcia, 47-49. 08021 Barcelona
Diseño de la cubierta: Lookatcia.com

Printed in Spain – Impreso en España

ISBN: 978-84-663-6215-3
Depósito legal: B-13.728-2022

Compuesto en M. I. Maquetación, S. L.

Impreso en Liberdúplex
Sant Llorenç d'Hortons (Barcelona)

P 3 6 2 1 5 A

Para Oneka, Eli y Ane, con mucha hambre

Para los telespectadores, a los que llevamos tantos años fastidiando la siesta

«De todos los libros creados desde tiempos remotos por el talento y la industria humanos, solo los que tratan de la cocina escapan, desde un punto de vista moral, a toda sospecha. Podemos debatir, y hasta desconfiar, de la intención de todos los demás pasajes en prosa, pero el propósito de un libro de cocina es único e inconfundible. Es inconcebible que su objetivo sea otro que acrecentar la dicha de la humanidad.»

JOSEPH CONRAD

«Todas las amas de casa tienen algún libro de cocina. Podrán emplear muchísimas fórmulas a los productos que decimos debemos comprar. La vida es realmente difícil, pero no la hagamos más difícil con nuestra incompetencia. A ayudarla, querida ama de casa, ha venido este libro que esperamos sea para beneficio suyo.»

JOSÉ MARÍA BUSCA ISUSI

ÍNDICE

A LOS LECTORES

Muchos recuerdos de infancia están contenidos en el televisor que teníamos en casa y que tan solo se encendía con notas decentes, orden en el dormitorio o cuando zampabas, sin rechistar, el plato entero de acelgas con patatas. Martín, además, nunca la vio en el salón de casa, porque su único lugar de entretenimiento y labor fue el viejo Bodegón y allá pasó los días trasteando, rodeado de cazuelas y un ambiente fabuloso que convirtió en su mejor universidad. La tele, entonces, la ponía en marcha un adulto y jamás se enchufaba sin permiso, ni aun boxeando Urtain o jugando la Real Sociedad en el viejo Molinón.

Además de los anuncios de champú de la televisión francesa, llenos de tetas y desmelene, estos dos artistas se entretuvieron con todas las emisiones de cocina que pillaron en antena, alimentándose del descaro de la cocina de los mosqueteros de Maite Ordoñez, de los rapapolvos divulgativos y agitados de Jean-Pierre Coffe, de la sonrisa de Anne-Marie Peysson, del olor a cebolla y ajo de Elena Santonja, del reporterismo audiovisual de Rick Stein, Jean-Luc Petitrenaud, Keith Floyd o Labordeta, y de un nuevo canal, EITB, la tele pública vasca, que arrancó sus emisiones un día de diciembre de 1982 y que incluyó siempre en programación un «menú del día» lleno de sabor y de sofritos. Nunca una «parrilla» televisiva tuvo tanta gelatina de cocina, y, la verdad, les lució mucho la melena trabajando en una cadena que parió monstruos de la talla de Karlos Arguiñano o Pedro Subijana, que se esforzaron por entrar en los hogares sonriendo, armados de cuchillos cebolleros. Ellos abrieron una brecha por la que se colaron Martín y David, que aún hoy la siguen armando allá donde se plantan, pues son muchas las estrellas Michelin que los avalan y un buen puñado de aventuras las que mantienen vivas, en prensa escrita, radio o televisión.

Las recetas que encontraréis en este libro son herencia de los viejos números de *Cuisine et Vins de France*, del reporterismo escrito de Perucho, Chirbes, Luján, Cunqueiro, Jim Harrison y M. F. K. Fisher, de las revistas mensuales de Yves Thuriès, de la cocina de mercado de Paul Bocuse, de las fichas coleccionables del *Madame Figaro*, del grueso tomo *La cocina vasca*, de Rafael García Santos, de la colección de volúmenes de grandes chefs editados por Robert Laffont o de la precisión de José María Busca Isusi, Patricia Wells o José Castillo, autores de libros reveladores.

Son muchísimas, más de mil fórmulas, las de este libro editado en 2012, revisado, puesto al día y ampliado con muchas recetas cocinadas en el programa *Robin Food*, que en el transcurso de los más de mil doscientos capítulos emitidos en ETB2 y Tele5 se guisaron pensando en que harían felices a vuestros hijos, madres, mujeres, maridos, novios y amigos, descubriéndoles una cocina sabrosa, simple y sin complejos con la que disfrutar y divertirse; así de sencillo. A todos nos chiflan la piel crujiente del asado del domingo, los bocadillos chorreantes, las sopas lujuriosas, los postres a reventar de crema y nata, los guisos, las pepitorias, los escabeches y las elaboraciones en cazuela, sin dejar de lado las bebidas generosas, las conservas, los congelados y todo tipo de artillería de cocina aderezada sin tonterías, sin ingredientes difíciles de encontrar ni elaboraciones sumamente complejas.

Este es un libro feliz de una década prodigiosa, parido para alegrarle la existencia al prójimo, explicado telegráficamente, sin rodeos y filtrado a través del humo que desprenden los pucheros, el sentido común, el buen humor, el apetito y otras argucias infalibles del mejor chef del mundo mundial, Martín Berasategui, y el más disparatado y dicharachero guisandero, David de Jorge. ¡Nunca pudieron soñar pasarlo tan bien trabajando, después de tantos años de camaradería! Son amigos y socios y llevan toda la vida demostrándose el uno al otro que no hay lujo mayor que gozar juntos cocinando, repartiendo buen rollo y felicidad.

¡Garrote!, ¡viva Rusia! y ¡hasta la victoria, siempre!

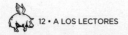

SI TIENES PROBLEMAS

Antes de ponerte manos a la obra lee con atención, tantas veces como sea necesario, la receta que vayas a currarte y no te arrugues. Todo el mundo puede cocinar si se lo propone. Cuando lo tengas claro, reúne los ingredientes, anuda tu delantal, pilla un trapo y disfruta como un caimán, pues cocinar conecta con el centro de la Tierra y te convierte en aventurero.

Quizá alguna receta se te atraviese, no la entiendas o no la consigas descifrar correctamente. ¡Que no cunda el pánico! ¡No te agobies! A nosotros también se nos queman las cebollas, muy de vez en cuando, así que insiste y verás París. Es normal que no te salga a la primera; a la segunda vencerás y una tercera triunfarás, así que ten paciencia y, si te asalta la curiosidad, conecta un dispositivo electrónico, teclea la siguiente dirección en internet y encuentra en *Robin Food TV* el vídeo que corresponda a cada uno de los platos contenidos en este recetario:

http://www.daviddejorge.com

Bucea en la red y localiza nuestros programas en muchas otras plataformas; descárgalos o visualízalos para disfrutarlos cómodamente en tu pantalla, tableta o teléfono personal. ¡Sigue paso a paso las elaboraciones y lo conseguirás!

PINCHOS & TAPAS

BANDERILLA «GILDA»

20 guindillas encurtidas medianas
4 anchoas en salazón hermosas
4 aceitunas manzanilla
1 chorrete de aceite de oliva virgen extra
4 palillos mondadientes

Quitar el tallo a las guindillas, con la ayuda de un cuchillo.
Atravesarlas de a cinco con un palillo mondadientes seguidas de una anchoa y clavar una aceituna en el extremo.
Colocarlas sobre una bandejita y regarlas con aceite de oliva.

BROCHETICA DE LANGOSTINOS

4 rebanadas de pan tostado tipo «pincho»
4 lonchacas finas de tocineta
12 langostinos pelados
2 chalotas muy picadas
2 dientes de ajo picados
4 piquillos muy picados
1 pizca de vinagre de Jerez
4 piparras en vinagre picadas
1 pimiento verde pequeño muy picado
Cebollino picado
Aceite de oliva

Ensartar 4 brochetas de 3 langostinos cada una + tocineta.
Dorar las brochetas en una sartén + salpimentar, reservarlas en un plato.
Añadir 1 pizca de aceite en la misma sartén + chalotas + ajos + piquillos, sofreír rápido + vinagre.
Fuera del fuego, añadir piparras + pimiento verde + cebollino.
Rebozar en la salsa las brochetas, colocarlas sobre los panes.
Salsear bien.
Listo.

BUÑUELOS DE MORCILLA

2 morcillas de cebolla
150 g de harina de *tempura*
200 ml de agua

Hervir agua en una olla.
Apagar el fuego e introducir 4 min. las morcillas sin pinchar.
Retirarles la piel y obtener solo el relleno.
Meterlo en un bol y enfriarlo.
Colocar la harina de *tempura* en un bol, añadir agua y mezclar con la varilla.
Hacer bolitas pequeñas de morcilla y sumergirlas en la masa.
Freír los buñuelos y escurrirlos.
Listo.

CHORIZO AL VINO TINTO

4 chorizos «barbacoa»
350 ml de vino tinto

Colocar los chorizos sin pinchar en una cazuela, sin amontonar, tocando el fondo.
Cubrir con el vino y arrimar a fuego suave hasta que arranque el hervor ligero.
Cocer suavemente 8 min., darles la vuelta y cocer 8 min. más.
Sacarlos del fuego y dejarlos reposar en el mismo vino 5 min. antes de escurrirlos y comerlos.

CROQUETAS DE BACALAO

450 g de bacalao desmigado, desalado y picado
1 cebolleta picada
2,2 l de leche
75 g de mantequilla
75 ml de aceite de oliva virgen
2 huevos cocidos picados
280 g de harina
1 pizca de aceite de girasol
Harina
Huevo batido
Pan rallado

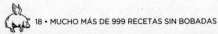

En una olla pochar cebolleta + mantequilla + aceite durante unos 30 min.

Hervir la leche.

Saltear el bacalao desalado con 1 pizca de aceite y reservar.

Añadir al sofrito la harina, dar vueltas y verter la leche hervida, poco a poco.

Trabajar sin dejar de remover 10-15 min.

Añadir a la bechamel el huevo picado y el bacalao salteado.

Rectificar el sazonamiento.

Verter la bechamel en una fuente untada con aceite de girasol y enfriarla, bien cubierta de papel film.

Dar forma a la masa, y pasarlas por harina, huevo y pan rallado.

Dejar reposar las croquetas antes de freírlas, para que no revienten.

CROQUETAS DE COCIDO

100 g de cebolleta picada
60 g de mantequilla
60 ml de aceite de oliva virgen
200 g de harina
1,7 l de leche
2 huevos cocidos picados
450 g de carne de cocido picada
Sal fina

Hervir la leche.

Pochar la cebolleta en el aceite + mantequilla.

Añadir la harina sin dejar de remover con la varilla y añadir la leche poco a poco para que no se formen grumos.

Remover hasta conseguir una bechamel fina y cremosa, unos 20 min.

Antes de retirar la bechamel del fuego añadir huevo duro + carne y poner a punto de sal.

Estirar en placa forrada de film y untar con mantequilla, filmar.

Enfriar la masa.

Formar las croquetas y pasarlas por harina, huevo y pan rallado.

Freír.

CROQUETAS DE JAMÓN

75 g de cebolla finamente picada
75 g de mantequilla
75 ml de aceite de oliva suave
225 g de harina
3,1 l de leche
2 huevos
300 g de recortes de jamón ibérico picado finamente

Cocer los huevos a partir de agua fría con sal durante 10 min., enfriar, pelar y picar finamente.

Colocar la leche en una cazuela añadiendo primero una cucharada sopera de agua, para que no se nos pegue la leche en el fondo al reducirla.

Reducir los 3,1 l de leche para obtener 2 l.

Fundir la mantequilla junto con el aceite en una cazuela, añadir la cebolla picada y pocharla durante 5-7 min. hasta que esté tierna. En ese momento añadir la harina, mezclar bien y cocerla durante 5 min. a fuego medio sin que coja color.

Dejar enfriar bien el *roux* para que luego no nos forme grumos.

Añadir la leche reducida y caliente, poco a poco, mezclando continuamente la masa.

Pasaremos la túrmix para unificar el sabor de la cebolla y obtener una masa bien lisa, fina y homogénea.

Dejaremos cocer hasta que tengamos la untuosidad o cremosidad deseada, 12 min. aprox. Retirar del fuego, añadir el huevo picado, mezclar, agregar el jamón picado y volver a mezclar bien.

Rectificar el punto de sal.

Una vez hecha la masa la volcaremos en una bandeja forrada con papel sulfurizado y untado con un poco de aceite. Cubrir con papel film.

Dejar enfriar la masa en la nevera durante una noche.

Al día siguiente bolear las croquetas untándose las manos con un poquito de aceite para que no se nos pegue la masa. Dejar enfriar las bolas en la nevera mínimo 3 horas antes de empanar.

Transcurrido ese tiempo, pasar las bolas por harina: colocaremos harina en una bandeja y la tocaremos con las palmas de las manos, aplaudiremos para quitar el exceso y bolearemos nuevamente las croquetas.

A continuación, pasaremos por huevo batido y dejaremos escurrir el exceso de huevo. Por último, empanar con el pan rallado.

Podemos freírlas seguidamente, pero si son para la noche y las hemos hecho por la mañana, reservar en la nevera hasta freír, sacándolas una hora antes para que se atemperen y no queden frías por dentro después de fritas.

Freírlas entre 180 y 200 °C hasta que se doren y estén bien calientes por dentro.

Si queremos congelarlas crudas, colocarlas en una bandeja ordenadamente y listo. Una vez tiesas, las metemos en bolsas.

CROQUETAS DE MARISCO

3 dientes de ajo picados
1 cebolleta muy picada
1 pimiento verde muy picado
150 g de chipirón limpio con piel, muy picado
4 langostinos tigre crudos muy picados
1 pizca generosa de manzanilla andaluza
100 ml de sofrito de tomate o de un resto de sopa de pescado
1 pizca de pulpa de pimiento choricero
200 g de *txangurro* cocido desmigado

Para la bechamel:
1,8 l de leche
200 ml de caldo de cocción de mejillones
240 g de mantequilla
250 g de harina

Pochar ajo + cebolleta + pimiento verde + aceite.
Añadir el chipirón + langostinos, rehogar.
Mojar con la manzanilla, reducir + añadir tomate + choricero + *txangurro*.
Guisar hasta que concentre sabor.

Para la bechamel:
Fundir la mantequilla, hacer *roux* con la harina.
Mojar alternativamente con el caldo de mejillón + leche hervida.
Sazonar con prudencia (lleva caldo de mejillones).

Añadir el picadillo de marisco, cocer 5 min. más y poner a punto de sal.
Estirar sobre bandeja.
Freír las croquetas y escurrirlas. Listo.

CROQUETAS DE PATATA

110 g de mantequilla
110 g de harina
500 ml de leche
500 ml de nata
50 g de mantequilla en dados
4 o 5 patatas de tamaño medio (500 g de pulpa)
Huevo y pan rallado
Sal gorda

Horno a 180 ˚C.
Colocar las patatas lavadas sobre sal gorda y asarlas en el horno 40 min.
Elaborar una bechamel, fundir la mantequilla, añadir harina.
Añadir leche + nata hervidas, trabajar hasta obtener una bechamel untuosa.
Añadir a la bechamel la pulpa de patata caliente, para que se mezcle.
Batir esta mezcla en la túrmix agregando la mantequilla en dados, hasta obtener una masa fina.
Rectificar el sazonamiento.
Dejar enfriar.
Empanar pasando por huevo y pan rallado.
Es muy importante que las croquetas reposen en la nevera antes de freírlas, de lo contrario pueden reventarse.
Freírlas en aceite de oliva y escurrirlas.

CROQUETAS DE «TXANGURRO»

75 g de cebolleta picada
240 g de mantequilla
250 g de harina
50 ml de Jerez
1,5 l de leche
125 ml de nata líquida
250 ml de sopa de pescado
25 g de tomate frito
750 g de *txangurro* desmigado
1 cucharada sopera de perejil picado
Huevo y pan rallado
Sal

Pochar la cebolleta + mantequilla + 1 pizca de sal.
Añadir harina y trabajar 5 min.

Agregar leche + nata y Jerez y remover, trabajar la bechamel durante 5 min.
Añadir la sopa de pescado + tomate frito y trabajar la bechamel 5 min. más.
Añadir el *txangurro* y el perejil picado, rectificar de sal.
Una vez hecha la masa, colocarla en una bandeja y cubrir con papel film.
Enfriar la masa durante una noche entera a poder ser.
Formar las croquetas, pasarlas por harina, huevo y pan rallado.
Freírlas.

DIP DE BERBERECHOS

250 g de queso para untar
100 g de berberechos de lata
1 zanahoria grande en bastones tipo «crudité»
1 bolsa de patatas fritas

Batir el queso con un tenedor en un bol + líquido de los berberechos hasta
conseguir una crema homogénea y espesa.
Añadir los berberechos escurridos a la crema y batir.
Servir con patatas fritas y la zanahoria pelada y cortada en palitos para
untar.

ENSALADILLA «LA ALICANTINA»

1 kg de langostinos
3 l de agua
60 g de sal gorda
2 zanahorias crudas sin pelar, lavadas
750 g de patatas medianas con piel, lavadas
3 huevos cocidos muy picados
1 l de mahonesa no muy espesa
1 pizca de vinagre de sidra
Hielos
Cebollino picado
Sal

Poner a hervir el agua en una cazuela + sal gorda, añadir los langostinos
y apagar el fuego.
Contar un par de minutos.
Cuando se vayan sacando, abrir la cabeza para ver si están cocidos o no y
cuando estén, escurrirlos y sumergirlos en agua helada.

Ya fríos, pelarlos y picarlos.

Reunir en un barreño agua helada + escamas de hielo + sal.

Poner en otra cazuela agua + sal + zanahorias + patatas, a fuego suave.

Cocer 20 min. aprox.

Escurrir, pelar y picar.

Colocar todo en un bol sobre escamas de hielo + huevo + mahonesa + vinagre + cebollino + patata picada + zanahoria picada + langostinos picados.

Rectificar el sazonamiento y enfriarla.

ENSALADILLA RUSA «MARTÍN»

175 g de patata cocida

50 g de zanahoria cocida

50 g de jamón ibérico en dados

75 g de huevo cocido picado

125 g de langostino cocido picado de 1 x 1 cm

50 g de aguacate cortado en dados de 1 x 1 cm

50 g de aceitunas verdes laminadas

25 g de pepinillo picado

5 g de cebollino picado

500 ml de mahonesa

100 g de ventresca de bonito en aceite desmigado

75 g de cebolleta fresca picada

Cortar las patatas y las zanahorias en pequeños dados.

Mezclar todo en un bol y remover con la ayuda de una lengua.

Acabar con el cebollino picado.

Probarla de sal y servirla bien fría.

MEJILLONES RELLENOS

2 kg de mejillones
900 ml de leche
100 ml de nata
50 g de tomate frito
160 g de mantequilla
100 g de cebolleta picada
300 g de mejillón picado
175 ml de sopa de pescado
15 ml de vino de Jerez
175 g de harina
100 ml de agua de mejillón
1 huevo cocido y picado
10 g de perejil picado

Además:
Harina
Huevo batido
Pan rallado

Limpiar bien los mejillones para luego poder rellenarlos.
Abrir los mejillones al vapor en una cazuela con una pizca de agua y, una vez abiertos, separar la carne de las cáscaras y picarla finamente, colando el jugo que ha soltado y reduciéndolo a 100 ml. Reservarlo.
Reservar también las cáscaras.

Para el relleno, fundir la mantequilla en una cazuela y añadir la cebolleta muy picada.
Pochar a fuego lento hasta que quede traslúcida.
Añadir la harina y, a fuego lento, cocer 5 min. Dejar enfriar.
Calentar la leche con la nata y añadir poco a poco sin dejar de remover.
Añadir el vino de Jerez, el tomate frito, la sopa de pescado y el agua de mejillón (que hemos reducido previamente).
Cocer todo durante 5 min., siempre removiendo la masa con la ayuda de una varilla.
Añadir el mejillón picado y el huevo picado.
Cocer la mezcla durante 2 min. más y añadir el perejil picado.
Rellenar los mejillones con la ayuda de una cuchara, dejándolos un poco abombados; es decir, que tengan relleno suficiente.
Dejar enfriar un mínimo de 2 horas en la nevera.
Transcurrido ese tiempo, rebozar los mejillones rellenos pasándolos primero por harina, luego por huevo batido y, por último, por pan rallado.

A la hora de freír, el aceite tiene que estar muy caliente para que se frían bien y hagan buena costra.

MONTADITO DE PIMIENTOS Y JAMÓN IBÉRICO

4 rebanadas de pan
4 pimientos del piquillo
50 g de jamón ibérico
20 g de queso emmental
4 cucharadas soperas de mahonesa
1 anchoa en aceite
1 pizca de pimentón
Brotes de rúcula y berros

Picar los pimientos bien finos junto con el jamón también picado, la anchoa y el queso rallado.
Mezclar con la mahonesa y 1 pizca de pimientos. Refrescar 1 hora en la nevera.
Transcurrido ese tiempo, untar con la mezcla las rebanadas de pan.
Espolvorear por encima con el pimentón.
Decorar con unas lonchas de jamón y unos brotes aliñados con una gota de aceite.

MONTADITO DE POLLO, LECHUGA Y MAHONESA DE CURRY

8 langostinos cocidos
4 anchoas en salazón
4 rebanadas de pan
1 pata de pollo
2 hojas de lechuga
1 cucharada sopera de salsa mahonesa de curry
Sal
Aceite de oliva virgen

Para la mahonesa de curry:
3 cucharadas soperas de mahonesa
1 cucharada sopera de mascarpone
Yema de 1 huevo cocido
1/2 cucharilla de café de curry
El jugo de las cabezas de los langostinos

Además:
1 conserva de pimientos del piquillo pequeña
2 cucharadas soperas de vinagre de sidra
6 cucharadas soperas de aceite de oliva
Sal y perifollo

Para la mahonesa de curry:
En una ensaladera mezclar bien las cucharadas de una buena mahonesa con 1 cucharada grande de queso mascarpone o similar.
Añadir la yema de 1/2 huevo cocido para que engorde un poco y la cucharadita de curry + el jugo de los langostinos colado.
Mezclar todo bien y reservar en la nevera.

En una sartén con un poco de aceite de oliva freír la pata de pollo, cortada en dados y sazonada. Retirar y escurrir.
Picar también los 8 langostinos cocidos y las anchoas en salazón.
Mezclar con las hojas de lechuga picadas finas y la mahonesa de curry.
Refrescar unas 2 horas en la nevera.

Untar esta mezcla en las rebanadas de pan y terminar con 1 langostino cocido y pelado por encima en cada una de ellas.
Acompañar con un poco de vinagreta de pimientos del piquillo.

Para la vinagreta de pimientos del piquillo:
En un vaso de batidora, poner los pimientos y añadir el aceite y el vinagre.
Accionar a la máxima potencia hasta conseguir un puré denso. Sazonar.
Decorar con perifollo.

MONTADO DE PIMIENTO ASADO

2 pimientos rojos
2 pimientos verdes
Cebolla en juliana pochada
4 anchoas marinadas o en salazón
Aceite de oliva
Sal normal y de escamas
Vinagre de Jerez
Cebollino

Limpiar los pimientos, embadurnarlos en aceite y meterlos en el horno a 210 ˚C durante 20 min.
Cuando haya transcurrido la mitad del tiempo, darles la vuelta.
Tapar la bandeja del asado con papel de aluminio y dejar reposar 15 min.

Mientras, freír los pimientos verdes en juliana.

Pelar los pimientos y guardar el jugo para luego hacer la vinagreta, mezclando con aceite y vinagre de Jerez.

Cortar los pimientos en juliana muy fina.

En un molde, colocar de fondo la cebolla pochada en juliana e ir intercalando los pimientos en capas de diferentes colores y la cebolla.

Rociar con la vinagreta y decorar el plato con una sardina, anchoa o chicharro marinado. También se puede hacer con una anchoa en salazón.

Esparcir sal de escamas por encima.

MORCILLA «MANGO-MAMBO»

1 morcilla de arroz
1 puñado de pistachos picados
1 mango pelado, en dados de 5 mm
1 pizca de cayena
1 chalota pequeña muy picada
Perejil picado
1 pizca de zumo de limón
Aceite de oliva virgen

Calentar una antiadherente, partir la morcilla en rodajas y tostarlas por las dos caras.

Mezclar los ingredientes del aderezo, dar vueltas.

Servir la morcilla sobre el aderezo, en un plato.

OLIVAS «ADOBÁS»

1,5 kg de olivas machadas negras y verdes
Unos granos de pimienta negra
1 pizca de cebolleta
6 dientes de ajo
Unas hojas de perejil
Ralladura de piel de 1 limón
1 pizca de pimentón picante de La Vera
1 pizca de pulpa de guindilla picante
Aceite de oliva virgen
Vinagre de Jerez
1 pizca de manzanilla
2 hojas de laurel seco
1 puñado de ramas de tomillo + romero

Majar en un mortero los granos de pimienta + cebolleta + ajos.
Añadir perejil + ralladura de limón + pimentón.
Seguir majando.
Añadir pulpa de guindilla + vinagre + manzanilla + aceite de oliva.
Verter la mezcla sobre las olivas, puestas en un bol.
Añadir más aceite de oliva + laurel + tomillo + romero.
Dejarlas que se empapen bien.
Listo.

PAN «TUMACA» CON ANCHOAS DE LA ESCALA

Pan tipo payés
Ajo
Tomate maduro o «de colgar»
Anchoas de La Escala

Tostar un poco el pan por ambos lados.
Frotar con el ajo y empaparlo bien de tomate.
Depositar encima las anchoas.

PANCETIL 500 MG

4 bollos pequeños tipo «pulga»
1 diente de ajo
Tomate de colgar
1 lata de pimientos de cristal
Cebollino picado
8 lonchas finas de panceta de cerdo fresca
Aceite de oliva virgen extra

Partir las pulgas en dos y dorarlas en sartén por el lado plano.
Untarlas con los medios ajos y con tomate de colgar, rociarlas con aceite de oliva + sal.
Rasgar los pimientos con las manos, aliñarlos con aceite.
Colocar los pimientos sobre las pulgas.
Por último, en una sartén dorar las pancetas + salpimentar.
Colocarlas sobre los pimientos.
Echar el cebollino.
Listo.

PATATAS BRAVAS

1 cebolleta picada
1 pizca de pimentón picante de La Vera
2 dientes de ajo
1 pizca de pulpa de guindilla
500 ml de salsa de tomate
2 cucharadas soperas de kétchup
1 pizca de vinagre de sidra
1/2 vaso de agua
Aceite de oliva y sal

Además:
4 patatas grandes troceadas
Aceite de oliva y sal

Escurrir las patatas, secarlas en un trapo.
Sumergirlas en abundante aceite de oliva a temperatura moderada para
que se doren por fuera y queden tiernas por dentro.
Triturar en un robot cebolleta + pimentón + ajo + sal + aceite de oliva, hasta
conseguir una pasta.
En una olla rehogar la pasta, dando unas vueltas para que se cocine.
Añadir guindilla + tomate + kétchup + vinagre + agua + sal.
Guisar al menos 15 min.
Escurrirlas, sazonarlas, colocarlas en un plato y rociarlas con la salsa brava.

PINCHO «BODEGA»

8 langostinos cocidos y pelados
4 espárragos blancos en conserva, escurridos
6 huevos cocidos
8 aceitunas gordales
Salsa mahonesa
8 palillos mondadientes planos

Partir los espárragos en trozos de 4 cm.
Partir en dos 4 huevos y afeitar los extremos.
Ensartar en un palillo 1 langostino + 1/2 huevo + 1 espárrago + 1 aceituna en
el extremo.
Colocar encima 1 pizca de mahonesa.
Rallar por encima el resto del huevo cocido, con un rallador.
Listo.

PINCHO «DELICIA»

6 rodajas de pan de barra de 5 mm de grosor, frito y escurrido
6 huevos cocidos de codorniz, pelados
18 anchoas en salazón
2 cebolletas muy picadas
2 dientes de ajo muy picados
Perejil picado
1 pizca de aceite de oliva virgen
1 pizca de vinagre de sidra
Salsa mahonesa espesa

Lavar con agua la cebolleta a través de un colador, escurrirla a un trapo y secarla bien.

Para la vinagreta:
Mezclar cebolleta + ajo + aceite de oliva + vinagre + perejil.

Sobre cada pan colocar 3 anchoas, en los extremos la vinagreta, 2 medios huevos en el medio y cubrir el centro con mahonesa.
Listo.

PINCHO DE QUESO

500 g de queso gruyer rallado fino
160 ml de yema de huevo
125 g de beicon ahumado muy picado
Tostadas finas de pan
Lonchas de beicon ahumado

Horno a 200 ˚C o en el grill medio o alto.
Mezclar todos los ingredientes en un bol con una espátula, tapar y al frío durante unas horas.

Sacar la crema de la nevera.
Rociar las tostadas con aceite y extender la crema de queso.
Hornear.
Sacar los pinchos de queso del horno.
Listo.

PINCHO DE SALMÓN CON YOGUR Y ALGA NORI

Para la farsa de salmón con yogur:
200 g de salmón ahumado en daditos
40 ml de mahonesa
25 ml de yogur natural de leche entera
40 g de cebolletas finamente picadas
Ralladura de limón
5 g de diente de ajo picado sin el germen
Perejil picado o cebollino picado
Pepinillos picados
Sal marina
Pimienta negra recién molida

Para el salmón con alga nori:
Salmón
2 hojas de alga nori
Agua

Para las tostadas de pan:
Pan de baguetina
Aceite de oliva

Para el salmón con alga nori:
Sacar la piel del salmón y limpiar el lomo de cualquier espina o resto de sangre coagulada que tenga. Cortar los lomos en trozos de 18 cm de largo. Pegar 2 hojas de alga nori seca con la parte rugosa hacia dentro. Poner el lomo e ir enrollando en el alga nori a la vez que hidratamos (en forma de lluvia) con un poco de agua si es necesario.
Prensarlo bien, envasarlo al vacío a la máxima presión y congelarlo para poder cortar en finas láminas.

Para la farsa:
En un bol echar la mahonesa con el yogur y mezclar con varilla.
Añadir el resto de los ingredientes, como el pepinillo, el salmón, la cebolleta, la cáscara de limón y el cebollino.
Remover bien y reservar.

Para las tostadas de pan:
Cortar finas láminas de pan de una baguetina y colocarlas en una bandeja. Echar 1 chorrito fino de aceite de oliva virgen y hornearlas a 160 ˚C hasta que queden ligeramente tostadas por ambas caras, girándolas cuando sea necesario.
Sobre una tostada colocar una cucharadita de farsa de salmón con yogur. Colocar encima una lámina fina de salmón con alga nori.
Acabar con perifollo o brotes frescos.

PINCHO «INDURAIN»

1 pedazo grande de bonito en escabeche
1 buena conserva de anchoas en aceite
1 buena conserva de guindillas en vinagre
Olivas rellenas de anchoa
1 pedazo de cebolleta
Palillos
Aceite de oliva virgen extra
Unas gotas de vinagre de sidra

A las guindillas en vinagre retirarles el rabo.
Cortar el bonito en tacos rectangulares con la ayuda de un cuchillo bien afilado.
Seccionar la cebolleta en pequeñas lascas.
Escurrir las olivas rellenas de anchoa.
Montar el pincho sobre la tabla de cortar.
Sobre el taco de bonito tumbar 1 anchoa en salazón y ensartar encima un

palillo, en el que se habrán atravesado 6 guindillas en vinagre, dejando al aire un extremo, que se coronará con la lasca de cebolleta, rematando con 1 oliva rellena de anchoa.

Montar todos los pinchos.

Rociarlos generosamente con aceite de oliva virgen y unas gotas de vinagre de sidra.

PINCHO «JOSUNE»

4 rebanadas de pan de barra cortadas al bies
2 huevos cocidos
Salsa mahonesa
Jamón ibérico cortado muy fino
4 aceitunas verdes deshuesadas
1 patata cocida cortada en rodajas finas
8 langostinos cocidos y pelados
4 palillos mondadientes

Sobre un plato colocar las 4 rebanadas de pan y untarlas con mahonesa.

Colocar encima medios huevos + mahonesa + rodajas de patata finas.

Pringar con mahonesa.

Pinchar los palillos + 2 langostinos y envolver los pinchos con lonchas finas de jamón ibérico.

Clavar en el extremo 1 oliva.

Listo.

PINCHO «PILI»

4 rodajas finas de pan de barra al bies
2 patatas medianas cocidas cortadas en lonchas finas
1 taco hermoso de bonito en lascas o *mendreska* laminada en conserva
Salsa mahonesa
4 aceitunas verdes sin hueso
4 anchoas en salazón
1 huevo cocido
4 palillos

Colocar los panes sobre un plato y montar el lío encima.

Pizca de mahonesa + patata + bonito + mahonesa + patata + bonito + mahonesa.

Todo bien pringoso, terminando por una lasca de bonito.

Clavar un palillo y en el extremo pinchar aceituna + anchoa en salazón.

Rallar el huevo cocido por encima.

Listo.

PINCHOS MORUNOS

750 g de carne de cordero limpia
1 chile fresco
1 cucharada sopera de perejil picado
1,5 cucharadas soperas de ajo picado
1 cucharada sopera de *ras el hanout*
100 ml de aceite de oliva virgen
Sal y pimienta recién molida
El zumo de 1 limón
1 pizca de salsa de soja

Picar el chile.

Trocear la carne en dados.

Ponerla en una bolsa + resto de los ingredientes.

Cerrar, masajear y dejarla en la nevera 8 horas.

Ensartar los dados de carne en brochetas de madera humedecidas en agua.

Dorarlas y listo.

SALPICÓN DE LANGOSTINO

Para la mahonesa:
400 ml de aceite de oliva
100 ml de yema de huevo
30 ml de vinagre de sidra
Sal

Para el salpicón:
130 ml de yema de huevo cocida
240 ml de clara de huevo cocida
75 g de cebolletas
150 ml de aceite de oliva

100 ml de vinagre de sidra
145 g de pimiento rojo pelado
400 ml de mahonesa sin sal
1,5 kg de langostino cocido en trozos de 1 cm
Corales de cabezas de langostino
Perejil picado

Para la mahonesa:
Poner la yema en un vaso de túrmix con el vinagre e ir agregando poco a poco el aceite para que emulsione bien hasta obtener una salsa perfectamente ligada y con la textura que queramos.

Para el salpicón:
Cortar el pimiento rojo en dados pequeños y las cebolletas en trozos también pequeños.
Mezclarlo todo en un bol excepto los langostinos y poner a punto de sal.
Añadir los langostinos.
Servir en un plato o, si se quiere, mezclado en vasos de cóctel o salpicón.

SALPICÓN DE MARISCOS

1 pimiento rojo pelado y picado
1 cebolleta
Corales del bogavante
4 huevos cocidos picados
500 ml de salsa mahonesa
Vinagre de sidra
300 g de langostinos cocidos y pelados
1 lata de patas de cangrejo ruso desmigado
1 bogavante de 800 g cocido y pelado
Cebollino picado
Salsa picante

Pelar el pimiento rojo y picarlo.
Picar la cebolleta y lavar los pimientos y las cebolletas.
Reunir en un bol los corales + huevos + una pizca de mahonesa + vinagre.
Añadir pimiento + cebolleta + langostinos + cangrejo y remover.
Sobre la tabla, trinchar el bogavante y guardar los pedazos más nobles.
Añadir las puntas picadas de bogavante al salpicón + cebollino picado y remover.
Rectificar el aliño + salsa picante y dejar enfriar.
Colocar el salpicón en copas y coronar con los medallones de bogavante.

Espolvorear cebollino.
Servir con salsera de mahonesa aparte.
Listo.

TARTALETA CON PIMIENTOS Y FOIE GRAS

Para la masa de pan:
4 cucharadas soperas de aceite de oliva
300 g de harina tamizada
4 g de sal fina
Agua

400 g de masa de pan
2 pimientos morrones
1 cabeza de ajos
1 pizca de azúcar
4 escalopes de foie gras de pato
Sal de escamas
Pimienta negra
Cebollino
Aceite de oliva

Horno a 210 ˚C.
Mezclar todos los ingredientes de la masa de pan y amasarlos hasta obtener una mezcla compacta.
Dejar reposar.

Estirar con un rodillo y harina, cortar en rectángulos de 4 x 8 cm aprox., pincharlos con un tenedor y estirarlos en bandejas con peso encima.
Hornear durante 7 min. a 210 ˚C.
Guardar en un sitio seco.

Asar los pimientos con un poco de aceite.
Cuando estén dorados, darles la vuelta y tenerlos al fuego un rato más, hasta que estén bien dorados.
Reservar el caldo de asar los pimientos.
Romper los pimientos en tiras gruesas.
Poner en una olla ajos + aceite + caldo de asar los pimientos + pimientos y cocerlo suavemente.
Añadir sal + azúcar.
Dorar los escalopes de foie gras por ambos lados.
Poner el pimiento sobre la tartaleta y acabar con el foie gras.
Añadir sal de escamas y cebollino.

TOSTA DE CAMEMBERT Y JAMÓN IBÉRICO

2 rebanadas de pan de hogaza
40 g de cebolleta en juliana fina
6 rodajas de queso camembert
20 g de pepinillo en rodajas finas
4 tomates cherry
4 nueces peladas
Hojas de perejil
2 lonchas de jamón ibérico
6 hojas de rúcula
Pimentón de La Vera
Dados de tocineta
Sal
Aceite de oliva
Zumo de limón

Dorar los dados de tocineta.
Tostar las rebanadas de pan en la misma sartén que la tocineta.
Echar un chorro de aceite en cada una y, encima, las rodajas de pepinillo, la cebolleta, los dados de tocineta, 3 láminas de queso, 4 tomates cherry partidos por la mitad y 4 nueces.
Hornear a 200 ˚C durante 5 min.
Sacar y poner encima unas hojas de perejil, unas hojas de rúcula, el aceite de oliva, 1 pizca de pimentón y unas gotas de limón, y colocar 1 loncha de jamón sobre cada una.
Servir.

TOSTA DE ESCALIVADA CON BUTIFARRA NEGRA

1 berenjena
1 pimiento morrón
2 tomates maduros
Butifarra negra
Chapata
Aceite de oliva virgen
Sal

Asar la berenjena y el pimiento a 200 ˚C durante 30 min.
Pasado ese tiempo sacarlos del horno, taparlos con papel de aluminio y, una vez fríos, pelarlos.
Triturar los tomates maduros.

Tostar el pan, untarlo con el tomate y aliñarlo con el aceite de oliva. Después, montar sobre el mismo la berenjena y el pimiento asados. Marcar la butifarra negra en una sartén y colocarla sobre el pimiento y la berenjena añadiéndole sal por encima.

TOSTADA DE CEBOLLA CON QUESO
de Álvaro de Jorge E.

4 rebanadas de pan de hogaza
8 cucharadas de cebolla pochada y escurrida
2 yemas de huevo
150 ml de nata líquida
1 pizca de mostaza
150 g de queso comté rallado
Sal y pimienta

Batir yemas + nata + mostaza + queso + sal + pimienta.
Tostar las rebanadas de pan.
Extender la cebolla pochada + la crema.
Gratinar y listo.

Hacer unas incisiones y mojar con salsa Worcestershire (si eres John Lennon) o con salsa de soja (si eres Yoko Ono).

TOSTADAS DE SARDINILLAS, PIQUILLOS
Y ACEITUNAS

1 rebanada de pan de hogaza tostada
Tiras de pimientos del piquillo, escurridos y despepitados
1 pizca de ajo
Hojas de albahaca
1 chorro de aceite de oliva virgen + vinagre de Jerez
Anchoas en salazón
Tomate confitado
1 cucharada sopera hermosa de *tapenade* (véase la receta en p. 547)
Hojas de rúcula
Queso parmesano

Untar la rebanada con ajo y pringar de aceite.

Por otro lado, en un bol poner el ajo picado + *tapenade* + pimienta + sal + aceite + vinagre de Jerez + hojas de albahaca rotas + pimientos del piquillo rotos + tomates confitados.

Esparcir la *tapenade* por las tostas y acomodar las anchoas y la ensalada por encima con las hojas de rúcula aliñadas.

Acomodar las sardinillas y unos pétalos de tomate.

Dejar caer lascas de parmesano.

TOSTADAS GOLFAS

Tostas de pan hechas con masa madre
Aguacate
Lascas de anguila ahumada
Cebolleta roja en tiras
Mantequilla
Miel
Lonchas de queso finas
Foie gras
Higos naturales
Hojas de rúcula
Aceite de oliva

Preparar apetitosas tostas, saladas y dulces, dispuestas de la siguiente manera:

Aguacate con lascas de anguila ahumada y cebolleta roja en tiras finas.

Mantequilla + miel + lonchacas finas de queso Brillat-Savarin.

Foie gras + higos naturales + hojas de rúcula.

Rociarlas con aceite de oliva.

Listo.

BOCATAS & CO.

BOCATA «BIG BEÑAT»

3 cucharadas de mantequilla a punto de pomada
1 pizca de ajo picado
1 chalota picada
1 pizca de *piment d'Espelette* o, en su defecto, de pimentón de La Vera
Cebollino picado
Pimienta molida
Aceite de oliva
1 pan tipo hamburguesa redondo y abierto en dos, de buena calidad
1 huevo
2 lomos de cerdo adobados, cortados finos
3 lonchas finas de queso de Ossau-Iraty o tierno de oveja de otra denominación
4 lonchas finas de jamón ibérico
Germinados frescos
Hojas de lechuga tiernas

En un mortero pequeño, mezclar la mantequilla + ajo + chalota + *piment* + pimienta.
Añadir 1 pizca en una sartén y hacer en esa grasa el huevo a la plancha. Salpimentar.
Tostar los medios panes por la miga en la misma sartén que el huevo.
Sacar los panes + huevo y añadir los lomos a la sartén.
Colocar en los panes lechuga + queso + lomos + jamón + huevo.
Coronar con el cebollino y los germinados.
Pimentar y listo.

BOCATA DE ASADO «AGLIATA»

Restos de pollo asado viejunos, con carne pegada
Salsa de pollo asado
1 pedazo de miga de pan de hogaza vieja y seca
1 golpe de vinagre de Jerez
1 diente de ajo
75 g de avellanas + almendras, ligeramente tostadas
1 puñado hermoso de hojas de perejil fresco
100 ml de aceite de oliva virgen extra
Sal y pimienta

Además:
1 barra de pan estrecha
Chalotas en tiras finas
Piparras en vinagre pequeñas
Hojas de perejil limpias

Mojar la miga en la salsa de pollo.
Meterla en el vaso de una batidora + vinagre + ajo + frutos secos + perejil +
sal y pimienta.
Triturar y añadir poco a poco, en hilo, el aceite.
Lista la salsa.

Desmigar la carne de las carcasas.
Tostar el pan abierto en dos.
Rociarlo con aceite + salsa *agliata* + pollo desmigado.
Acomodar por encima chalotas crudas aliñadas con piparras + hojas de
perejil.
Cerrar y listo.

BOCATA DE BONITO, ANCHOAS Y GUINDILLAS

1 bollo de pan hermoso, abierto en dos
1 tarro de bonito en aceite
1 chorretón de aceite de oliva virgen extra
6 anchoas en aceite escurridas
8 guindillas medianas encurtidas sin el rabito
1 cebolleta cortada en aros muy finos
1 pizca de mahonesa

Tostar el pan.
Untarlo de mahonesa.

Escurrir el bonito y colocar todos los ingredientes.

Cerrar el bollo, apretar para que la miga se empape bien de los jugos y nos chorree por las manos.

BOCATA DE CABEZA DE CERDO «RAVIGOTE»

6 cucharadas de aceite de oliva
4 cucharadas de vinagre de Jerez
30 g de alcaparras picadas
10 g de pepinillo picado
Cebollino picado
Perejil picado
3 cucharadas de chalota picada finamente
Sal y pimienta negra recién molida
1 *baguette* estrecha de pan crujiente
Cabeza de cerdo cortada muy fina

Poner todos los ingredientes en un bol + sal + pimienta.
Por último, el aceite + vinagre.
Abrir el pan, colocar la cabeza y pringar con la *ravigote*.
Jamar.
Listo.

BOCATA DE LOMO CON PIMIENTOS

1 bollo de pan abierto en dos
12 pimientos de Gernika lavados y secos
4 filetes de lomo de cerdo
1 diente de ajo pelado
Aceite de oliva
1 tomate maduro
Sal

Frotar el pan con los medios ajos + restregar el tomate + sal.
Cortar con unas tijeras el rabo de los pimientos.
Laminar los medios ajos.
Freír los pimientos y escurrirlos a un plato.
Subir el fuego y freír los lomos rápidamente + añadir al final los ajos laminados.
Escurrir los lomos sobre el bocata + guarnecer con los pimientos fritos.
Listo, apretamos y a jamar.

BOCATA DE «MENDRESKA» Y PIMIENTOS

1 bollo de pan abierto en dos
1 lata pequeña de *mendreska*
Tiras de pimientos rojos asados, pelados
1 pizca de ajo crudo picado
Cebollino
Aceite de oliva virgen
Vinagre de Módena

Tostar el bollo abierto en una sartén caliente o tostadora.
Aliñar con pimiento + ajo + aceite + vinagre + sal.
Sobre el bollo abierto, apoyar los pimientos + *mendreska*.
Espolvorear el cebollino.

BOCATA DE POLLO FRÍO

1 carcasa de pollo asado frío con restos de pechuga, patas, etc.
1 bollo de pan guapo abierto en dos

Para la salsa tonato:
2 yemas de huevo
2 cucharadas soperas de mostaza
2 filetes de anchoa en aceite
100 g de migas de bonito en aceite
100 ml de aceite de oliva
2 cucharadas soperas de vinagre
1 pizca de sal
Pimienta recién molida
Cebollino picado

Triturar bien todos los ingredientes en una batidora de vaso + añadir cebollino picado.
Desmigar el pollo frío con las manos, retirando la piel.
Untar los bollos con la salsa *tonato* y poner el pollo dentro.
Cerrar y jamar.

BOCATA DE QUESO VERDE

2 rebanadas de pan moreno
1 diente de ajo
1 tomate maduro pequeño
125 g de queso de cabra suave, tierno
50 g de nueces picadas
Cebollino picado
1 manojo pequeño de *mesclun* de ensaladas (germinados)
Aceite de oliva virgen
Aceite de avellanas o nueces
Vinagre balsámico
Pimienta y sal

Untar por dentro el pan con ajo, tomate, aceite de oliva y sal.
En un cuenco y con un tenedor, deshacer bien el queso + aceite de oliva + nueces + cebollino + sal + pimienta.
Colocar el queso sobre uno de los panes.
En el mismo bol aliñar la ensalada + aceite de nueces + vinagre + sal + pimienta.
Colocar el verde sobre el queso.
Cerrar el pan y tostarlo por las dos caras en una sartén.
Listo.

BOCATA DE SOBRASADA Y QUESO

1 bollo de pan de chapata, abierto por la mitad
200 g de sobrasada
3 lonchas generosas de queso brie
1 buen puñado de espinacas jóvenes y frescas
1 diente de ajo

Colocar una sartén al fuego.
Tostar el pan abierto en dos y retirar.
Saltear a fuego vivo la sobrasada, sin cocerla demasiado.
Una vez sofrita, desgrasarla sobre un papel.
Refregar el diente de ajo sobre el pan + sobrasada + lonchas de queso brie.
Llevar al horno para que se funda un poco el queso.
Aliñar las espinacas con sal, aceite y vinagre de Jerez.
Terminar cubriendo con las espinacas, que darán su toque fresco al bocata.

 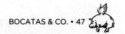

BOCATA «GALEGO»

10 pimientos de Padrón
1 filete fino de ternera gallega
Unos pedazos de queso tetilla cortado fino
1 chalota cortada en tiras muy finas
1 diente de ajo laminado
Aceite de oliva y sal

Cortar el tallo a los pimientos.
En una sartén + aceite de oliva, freír los pimientos y escurrirlos sobre papel.
Retirar el aceite, dejando una cucharada, freír el ajo laminado + chalota y escurrirlo sobre el pan.
Subir el fuego, freír el filete y colocarlo sobre el pan.
Colocar el queso + pimientos fritos sobre el filete.
Mojar el pan en el jugo de la sartén.
Listo.

BOCATA «LUCIFER»

1 bollo de pan redondo abierto en dos
1 tomate maduro
1 diente de ajo para laminar
Ajos tiernos
12 pimientos verdes de Gernika pequeños
4 o 5 ajos frescos enteros
4 lonchas finas de tocineta de cerdo curada
2 huevos
Sal y aceite de oliva

Poner el pan sobre la tabla y untarlo de ajo + tomate + aceite de oliva.
Laminar el diente de ajo.
Cortar el tallo a los pimientos y limpiar los ajos frescos.
Verter en una sartén aceite y freír los pimientos + ajos frescos, rápidamente.
Escurrir.
Freír los 2 huevos + añadir el ajito laminado.
Sazonar y colocarlo sobre el pan.
Pasar la tocineta por la sartén, escurrirla sobre los huevos.
Coronar con los ajos frescos + pimientos de Gernika.
Listo.

BOCATA «MATRIMONIO»

2 panes «pulga» abiertos en dos y tostados
12 pimientos de Padrón
6 anchoas en vinagreta gordas
6 anchoas en salazón gordas
1 diente de ajo en dos
1 tomate pequeño maduro
Aceite de oliva

Freír los pimientos verdes y escurrirlos.
Untar con ajo + tomate los medios panes.
Rociarlos de aceite de oliva.
Mientras, colocar sobre los panes las anchoas, alternando.
Cubrir con los pimientos.
Listo.

BOCATA «SEVE»

1 bollo de pan hermoso, abierto en dos
1 lata pequeña de *mendreska* en aceite
6 anchoas en salazón, escurridas
8 guindillas medianas encurtidas, sin el tallo
Aceite de oliva
Mahonesa

Rociar el bollo con aceite de oliva + untura de mahonesa.
Colocar encima la *mendreska* + anchoas + guindillas.
Cerrar el bocata y zampar con una cervecita fría.

«CROQUE MONSIEUR»

2 rebanadas de pan de molde sin corteza
150 g de jamón cocido extra
150 g de queso gruyer rallado
40 ml de nata doble
50 g de parmesano rallado
1 yema de huevo
Mantequilla
Pimienta

Mezclar 100 g de gruyer + parmesano + yema de huevo + nata + pimienta.
Dorar en una sartén las rebanadas de pan con mantequilla por ambas caras.
Sobre una bandeja, rellenar con parte del jamón y parte del gruyer rallado restante.
Cerrar con el pan y colocar encima el resto del jamón y el resto del gruyer rallado.
Pringar la rebanada superior de pan tostado con la mezcla de queso y nata, que chorree por los costados.
Gratinar en el horno unos 5 min.
Listo.

«PEPITO» DE TERNERA

1 bollo de pan abierto en dos
1 tomate maduro pequeño, para untar
1 filete de solomillo de ternera, no muy grueso
2 dientes de ajo fileteados
1 pizca de aceite de oliva
Sal

Untar uno de los lados del pan con tomate y rociarlo de aceite crudo.
En una sartén añadir aceite de oliva + dientes de ajo fileteados. Dorar.
Colocar los ajos fritos sobre el pan.
Subir el fuego, freír el filete vuelta y vuelta, y colocarlo sobre el pan con ajo. Sazonar.
Apoyar el otro bollo sobre el jugo de la sartén, dar vueltas y cerrar el bocata.

PERRITO CALIENTE GUARRO

1 barra de pan larga y estrecha
4 salchichas tipo Frankfurt o Estrasburgo
Mostaza de Dijon
200 ml de nata doble
2 yemas de huevo
200 g de queso gruyer rallado

Poner agua a hervir y añadir las salchichas, bajando el fuego al mínimo cuando las salchichas suben a la superficie. Escurrirlas.
Mezclar en un bol nata + yemas + queso, sazonar + pimienta.

Partir la barra de pan en cuatro y cortar cada trozo por la mitad, sin llegar al final.

Untar el interior con la mostaza (y al que le guste, que le meta kétchup).

Meter en cada bollo la salchicha, cubrir con la crema y gratinar durante 3 o 4 min.

Servir inmediatamente.

PERRITO «INTELECTUAL»

Salchicha de Frankfurt
Panecillo de perrito
Mostaza
Coleslaw **(véase la receta en p. 65)**

Dorar sobre la sartén un panecillo de perrito abierto en dos, por la miga.

Acomodar la salchicha sobre el pan, cubrir de *coleslaw* + mostaza.

QUICHE CASERA DE PIQUILLOS Y EMMENTAL

1 barra de pan
100 g de beicon en dados
300 g de cebolleta
250 g de pimientos del piquillo
200 g de tomates cherry
100 g de emmental rallado
2 huevos
250 ml de nata
10 ml de aceite de oliva
5 g de mantequilla
Sal

Cortar el pan finamente y cubrir un molde previamente untado con mantequilla.

Sofreír los dados de beicon hasta que estén dorados.

Agregar la cebolleta y rehogar 7 min.

A continuación, añadir los pimientos del piquillo y dejar 3 min. más.

Mezclar la nata, los huevos y el queso.

Agregarlo a la mezcla anterior y ponerlo a punto de sal.

Poner los tomates cherry en la base del molde cubierto de pan.

Verter la mezcla sobre el molde y hornear a 165 ˚C durante 45 min.

QUICHE LORRAINE

Para el fondo:
Pan cortado en tiras anchas muy finas
1 pizca de mantequilla derretida

Para el relleno:
330 g de tocineta ahumada, sin piel y cortada en tiras estrechas
3 chalotas en tiras finas
4 huevos + 3 yemas
375 ml de leche
375 ml de nata
1 pizca de mantequilla
Queso gruyer rallado
Sal

Además:
3 puñados de berros
2 dientes de ajo picado
1 pizca de nata líquida
1 pizca de mostaza de Dijon
Aceite de oliva y zumo de limón
1 cuña de queso parmesano

Horno a 220 ˚C.
Untar un molde redondo u ovalado con mantequilla derretida y forrarlo con las láminas finas de pan.
Saltear las tiras de beicon + mantequilla + chalotas y colocarlas sobre el fondo de tarta.
En un bol batir yemas + huevos enteros.
Añadir leche + nata + sal.
Pasar esta mezcla por un colador sobre la tarta.
Espolvorear el queso.
Meterla en el horno durante 5 min.
Transcurrido ese tiempo, bajar a 180 ˚C y terminar de cocer la tarta unos 20 min. más.

Preparar la vinagreta en tarro de rosca con ajo + nata + mostaza + aceite + zumo de limón.
Agitar, aliñar berros, esparcir lascas de queso.
Servir con la quiche.

QUICHE LORRAINE SENCILLA

250 g de tocineta ahumada
3 huevos
100 ml de leche
200 ml de nata
80 g de queso rallado
Pan viejo en rodajas
Sal y pimienta

Batir los huevos.
Añadir la nata, la leche, el queso rallado y salpimentar.
Saltear la tocineta cortada en dados.
Disponer el pan en rodajas cubriendo el molde, primero las paredes y después el fondo.
Esparcir los dados de tocineta sobre el pan y cubrirlo todo con la mezcla de los huevos y el queso rallado.
Hornear a 150 ˚C durante 20 min.

SÁNDWICH «ÁFRICA BAETA»

2 panes de molde blanco
Salsa gribiche (véase la receta en p. 544)
1 pizca de mantequilla a punto de pomada
Cabeza de jabalí cortada muy fina
Hojas de rúcula

Untar el pan con la mantequilla y acomodarlo sobre una sartén a fuego suave.
Colocar salsa gribiche + rúcula salteada + cabeza de jabalí + gribiche + rúcula.
Untar el otro pan con mantequilla y por la otra cara con gribiche, y colocarlo sobre el otro sándwich con la mantequilla hacia arriba.
Darle la vuelta, dorarlo y retirarlo.
Cortarlo en dos.
Servir.

SÁNDWICH «CLUB»

3 rebanadas de pan de molde tostadas ligeramente
1 tomate mediano en rodajas
4 hojas de lechuga en tiras
2 lonchas de jamón cocido
4 lonchas de beicon
1 aguacate
1 huevo duro
Salsa gribiche (véase la receta en p. 544)
Patatas fritas
Aceite de oliva

Mezclar lechuga + gribiche.
Cortar el aguacate en láminas.
Freír el beicon.
Comenzar a «armar» el sándwich, que estará compuesto por tres pisos.
Untar el pan con aceite de oliva.
Sobre los primeros dos pisos jamón + beicon + lechuga-gribiche + tomate +
aguacate + huevo duro + lechuga-gribiche.
Colocar uno de los pisos encima del otro y tapar con la última rebanada de
pan.
Recortar los cuatro bordes del sándwich, para un acabado mejor, y dividirlo
en dos triángulos que sujetaremos con un palillo.
Disfrutar del rey de los sándwiches, acompañado de patatas fritas.

SÁNDWICH «CON TODO»

Lomo adobado
Pimientos del piquillo confitados
1 huevo
Mostaza
Lascas de Idiazábal

Freír los lomos y el huevo.
Poner en el pan de molde untado previamente de mostaza, los lomos, los
pimientos confitados, el huevo y las lascas de Idiazábal.

SÁNDWICH DE FOIE GRAS Y HONGOS

4 rebanadas de pan o de brioche
40 g de mantequilla a punto de pomada
1 puñado de hojas de rúcula
160 g de foie gras *micuit*
80 g de hongos cortados en finas láminas
60 g de cebolleta pochada
Sal y pimienta
Lonchas de jamón

Untar cada una de las rebanadas de pan con mantequilla por un solo lado.
Añadir la sal y darles la vuelta a las rebanadas.
Extender 80 g de foie gras con la ayuda de una espátula o un cuchillo.
Espolvorear con un poco de sal y pimienta, poner encima una capa de hongos y sobre esta la cebolleta pochada.
Añadir las hojas de rúcula.
Terminar de montar el sándwich con la otra rebanada de pan, con la mantequilla hacia fuera.
Poner el sándwich en una sartén precalentada hasta que se dore ligeramente y se introduzca el calor en su interior.
A la hora de presentar quitarle las cortezas al sándwich, de forma que quede rectangular, y cubrirlo con unas lonchas de jamón.

SÁNDWICH DE JAMÓN IBÉRICO, MOZZARELLA Y VINAGRETA DE HIERBAS

Para la vinagreta de hierbas:
1 huevo mollet (cocido 3 min., yema cruda)
1 cucharilla de café de buena mostaza
70 ml de aceite de oliva virgen
300 ml de caldo de ave reducido a 30 g
1 cucharada sopera de miga de brioche remojada en leche y escurrida
1 cucharada sopera de perejil
1 cucharada sopera de cebollino
1 cucharada sopera de perifollo
1 cucharada sopera de alcaparra
1 cucharada sopera de pepinillo
1 cucharilla de café de vinagre de sidra

2 rebanadas de pan de molde
30 g de jamón ibérico
50 g de mozzarella de búfala
Vinagreta de hierbas
1 pizca de mantequilla
Sal

Para la vinagreta de hierbas:
Sobre la rebanada de pan estirar la vinagreta + mozzarella fina + jamón + vinagreta.

Cerrar y marcar en sartén por los dos lados con mantequilla, durante 3 min. por cada lado.

SÁNDWICH GITANO

4 rebanadas de pan
2 cucharillas de café de mantequilla blanda
2 lonchas de queso de cabra suave
Lechugas variadas
1 pizca de sal

Para la crema gitana:
2 cucharadas soperas de nata líquida
4 cucharadas soperas de queso emmental rallado
1 cucharada sopera de vino blanco seco
1/2 cebolla pequeña cortada fina
60 g de pequeños trozos de tocineta ahumada

Para la crema gitana:
Dorar los trozos de tocineta ahumada.
Escurrir sobre papel absorbente.
Dejar la media cebolla picada 1 hora en agua fría.
Pasado ese tiempo se escurre, se seca en papel absorbente y se mezcla en orden con el resto de los ingredientes.

Untar con mantequilla uno de los lados de cada rebanada de pan.
Espolvorear la sal.
Dar la vuelta al pan.
Extender una loncha de queso de cabra + una buena cucharada de crema gitana.
Poner en el otro pan una variedad de lechugas y un poco más de crema gitana.
Tapar con la otra rebanada de pan, con la cara untada de mantequilla hacia arriba.
Tostar los sándwiches durante 3 min. en una sartén a fuego lento o hasta que adquieran un color dorado bonito.

SÁNDWICH KEIA

Para la crema de eneldo:
2 cucharadas soperas de nata montada
1 cucharada sopera de aceite de oliva
1 cucharilla rasa de café de mostaza fuerte
1 pizca de sal
1 pizca de azúcar
Pimienta molida
1 cucharilla de café de zumo de limón
1 cucharada sopera de eneldo picado
4 rebanadas de pan
2 cucharadas soperas de mantequilla a punto de pomada
2 pizcas de sal
1 puñado de ensalada de rúcula
2 cucharadas soperas de crema de eneldo
2 rodajas de salmón ahumado
2 cucharadas soperas de vinagreta balsámica
Sal y pimienta

Para la crema de eneldo:
Mezclar todo y mantener fresco.

Para el sándwich:
Untar con mantequilla uno de los lados de cada rebanada de pan.
Espolvorear la sal. Darle la vuelta al pan.
Echar un chorrito de vinagreta y un poquito de sal.
Poner algunas hojas de rúcula, una cucharada de crema de eneldo y, por encima, una rodaja de salmón ahumado.
Sobre la cara sin mantequilla del pan, echar un chorrito de vinagreta y un poco de pimienta.
Terminar el sándwich siempre con la cara de la mantequilla hacia el exterior.
Tostar los sándwiches en la sartén durante 3 min., minuto y medio por cada lado o hasta que adquieran un color dorado bonito.

SÁNDWICH «SPECULOOS»

Mantequilla
Galletas *speculoos*

Untar con mantequilla dos rebanadas de pan + galletas.
Listo.

SÁNDWICH TOMATE-MOZZARELLA

4 rebanadas de pan de molde
2 cucharillas de café de mantequilla a punto de pomada
2 pizcas de sal
6 hojas de albahaca
8 lonchas de parmesano
6 rodajas de tomate
2 cucharadas soperas de tomate frito
2 cucharillas de café de aceite de oliva
4 lonchas (de 1 cm de espesor) de una bola grande de mozzarella
Aceite de oliva y vinagre de Módena
Sal y pimienta

Además:
Rúcula

Untar de mantequilla un solo lado de cada rebanada de pan, espolvorear la sal y darle la vuelta.
Poner sobre el pan 1 cucharada sopera de tomate frito, rodajas de parmesano finas y 3 finas lonchas de tomate.
Echar un chorrito de aceite de oliva, espolvorear con sal y darle dos vueltas de molino de pimienta.
Por encima 2 lonchas de mozzarella, una hoja de albahaca y un poco de vinagreta.
Cubrir con otra rebanada de pan, con la parte untada de mantequilla siempre hacia el exterior.
Tostar los sándwiches en la sartén durante 3 min. o hasta que adquieran un color dorado bonito.
Acompañar con rúcula aliñada.

TARTA DE CEBOLLA Y QUESO

1 base de masa quebrada estirada sobre un molde redondo, horneada
   hasta quedar blanca
6 cebolletas en tiras finas
2 dientes de ajo picados
3 huevos
125 ml de nata líquida
150 g de queso de cabra fresco (rulo o similar)
Tomillo fresco
Aceite de oliva, sal y pimienta molida

Horno a 200 ˚C.
Sofreír las cebolletas + ajos hasta que se doren.
Mezclar en un bol huevos + nata y salpimentar.
Colocar el sofrito de cebolla sobre la masa quebrada estirada y horneada
durante 30 min.
Esparcir el queso roto con las manos por encima + tomillo.
Verter la mezcla en la boca del horno y hornear 20 min.
Listo.

ENSALADAS

AGUACATES RELLENOS

3 aguacates partidos en dos
500 g de langostinos cocidos, pelados y picados
1 limón
2 puerros limpios, picados y cocidos en agua, fríos
2 cucharadas de salsa de tomate
2 manzanas granny smith, sin pelar, limpias y en dados pequeños
3 cucharadas soperas de mahonesa
3 cucharadas soperas de yogur griego o similar
1 pizca de mostaza de Dijon
1 pizca de pimentón de La Vera dulce
3 puñados de germinados verdes
2 chalotas crudas en tiras muy finas
Aceite de oliva
Pimienta

Meter la carne de los aguacates en un bol.
Colocar las cáscaras vacías en una fuente, sobre hielo pilé.
Añadir al bol ralladura de limón + zumo + langostinos + puerro + tomate +
manzana + mahonesa + yogur + mostaza + pimentón + sal + pimienta +
aceite de oliva.
Rectificar el sazón y rellenar las conchas de aguacate.
Aliñar los germinados con aceite + sal + chalota.
Colocar sobre el relleno y espolvorear con pimentón de La Vera.
Listo.

CHAMPIÑONES CRUDOS EN ENSALADA
CON IDIAZÁBAL

1 kg de champiñones crudos limpios
1 chorro de aceite de oliva
Tallos y peladuras de champiñón
2 cucharadas de vinagre de sidra
Unas gotas de salsa de soja
12 cucharadas de aceite de oliva
Cebollino picado
Queso de Idiazábal
Unas gotas de limón
Sal y pimienta

Picar los tallos y rehogarlos en aceite unos segundos + sal + vinagre.

Fuera del fuego añadir el aceite crudo para hacer la vinagreta.

Laminar los hongos + sal + pimienta.

Rociarlos con la vinagreta y esparcir el queso en lascas + gotas de limón + salsa de soja.

Decorar con el cebollino.

CHARLOTA DE ESPÁRRAGOS Y QUESO

350 g de queso de cabra fresco
4 cucharadas soperas de nata
Cebollino picado
Chalota picada
1 pizca de ajo picado
Espárragos de lata
Aceite de nuez
Aceite de oliva y sal
Brotes de espinacas frescos o germinados de rábano picante
Nueces peladas
Bastones de cebollino
Higos frescos
Vinagreta de huevo cocido

Cortar las yemas de espárrago a la altura de los moldes. Los tallos, cortarlos en trozos.

En un bol añadir queso fresco + nata + aceite de oliva y de nuez + cebollino + chalota picada + ajo + tallos de espárragos y salpimentar.

Meter las yemas de espárrago en los moldes untados de aceite con las puntas hacia abajo + rellenar con la crema de queso aliñada.

Cubrir con film y meter en el congelador media hora o en la nevera un buen rato.

Desmoldar y servir con una ensalada aliñada de espinacas + nueces + higos frescos.

Coronar con bastones de cebollino + cordón de aceite de oliva. Golpe de pimentero.

CÓCTEL DE GAMBAS «FOFÓ»

1 kg de langostinos cocidos y pelados
Las cabezas enteras de los langostinos cocidos
4 cucharadas del extracto de las cabezas
3 cogollos frescos, cortados en finas tiras
1 aguacate maduro
1 manzana verde, pelada, descorazonada y en dados pequeños
8 cucharadas soperas de salsa mahonesa
1 yogur natural
1 cucharada sopera de salsa de tomate
1 cucharada sopera de zumo de naranja
1 cucharada de café de zumo de limón
1 pizca de salsa Worcestershire
1 cucharada sopera de perejil cortado en tiras
1 pizca de sal
Pimienta de molinillo

Verter la mahonesa en el fondo del bol de cristal.
Añadir yogur + pimienta + perejil + salsa de tomate + extracto de cabeza de langostino + zumo de naranja y limón + sal.
Agregar después la manzana + el aguacate + cogollos + langostinos + salsa Worcestershire. Filmar y enfriar en la nevera.
Servir en las cáscaras de aguacate o en copas de cóctel de marisco.

«COLESLAW»

2 zanahorias
1/2 lombarda
1/2 berza blanca
1 bulbo de hinojo
Zumo de limón
Perejil picado
Curry en polvo o pimentón
Salsa mahonesa

Cortar superfino, en tiras, las zanahorias, la lombarda, la berza y el hinojo.
Mezclarles mahonesa + especia + zumo de limón y salpimentar.
Enfriar.

«EMPEDRAT»

400 g de judías del *ganxet* cocidas
250 g de bacalao desalado
1 cucharada de café de pimentón ahumado de La Vera
2 cucharadas soperas de pimentón picante
1 cucharada sopera de aceite de oliva virgen extra arbequina
1 cucharada sopera de vinagre de Jerez
1 cucharada sopera de sal
1 cebolleta
1 pimiento verde tipo italiano
1 pimiento rojo
50 g de aceitunas negras o aceitunas arbequinas

Desgarrar con los dedos el bacalao en trocitos de 3 x 3 cm (a esto se le llama *esqueixar*), probar que esté a punto de sal y reservar.
Por otra parte, cortar en cuadraditos pequeños la cebolleta, el pimiento rojo y el verde. Previamente, disolver los pimentones en una taza de café de aceite de oliva.
En un bol espacioso echar las judías cocidas y frías, el bacalao y, por último, las verduras cortadas junto con las olivas.
Aliñar con la sal, el vinagre y el aceite de oliva con el pimentón. Probar y rectificar de nuevo si hace falta sal.
Emplatar en una fuente espaciosa y servir bien frío. No debe quedar trabado sino desligado, para que sea fácil servirlo con una cuchara.

ENDIBIAS EN ENSALADA

6 endibias grandes lavadas
2 cebolletas tiernas en tiras
2 cucharillas de café de mostaza tipo Dijon
2 cucharadas soperas de vinagre de sidra
2 cucharadas soperas de yogur natural
8 cucharadas soperas de aceite de oliva virgen extra
Sal y pimienta recién molidas

En un bol mezclar mostaza + vinagre + sal y pimienta con la ayuda de una varilla.
Añadir el yogur + aceite de oliva en fino cordón, sin dejar de batir.
Mezclar en una ensaladera endibias + cebolleta y rociar con la vinagreta, removiendo con cuidado.
Listo.

ENSALADA CÉSAR

4 cogollos de lechuga
8 hojas de lechuga
50 g de copos de parmesano
200 g de pechuga de pollo
50 g de jamón cocido ibérico
50 g de ventresca de bonito
50 g de bastones de pan
1 cucharada sopera de aceite de oliva virgen extra
Mantequilla
Sal y pimienta

Para la salsa:
50 ml de parmesano rallado
12 filetes de anchoa en aceite
150 ml de mahonesa
1 cucharada de café de mostaza
1 diente de ajo
50 ml de agua

Dorar los bastones de pan en una sartén con mantequilla.
Saltear la pechuga en la misma grasa.
Triturar con túrmix los ingredientes de la salsa.
Cortar en tiras la pechuga.
Montar la ensalada con los ingredientes y aliñar con la salsa.

ENSALADA CON HIGOS, JAMÓN E IDIAZÁBAL

1 bol hermoso de *mesclun*
1 pedazo de queso de Idiazábal
1 buen puñado de higos frescos
Jamón o paletilla ibérica cortada fina
1 poco de mantequilla de cacahuete
2 cucharadas soperas de vinagre de Jerez
1 pizca de ralladura y zumo de limón
4 cucharadas soperas de aceite de oliva
1 cucharada sopera de aceite de avellanas
1 puñado de medias avellanas tostadas
Aceite de sésamo
Sal y pimienta

En un bol, mezclar mantequilla de cacahuete + vinagre + zumo de limón y ralladura + aceite de oliva + aceite de avellanas + unas gotas de aceite de sésamo y salpimentar.

Pelar los higos si es necesario y dejarlos bien limpios.

En un plato acomodar el jamón + higos + avellanas.

Rociar los higos con la vinagreta.

Aliñar la ensalada de *mesclun* con el resto de la vinagreta y esparcir lascas de Idiazábal por encima.

Servir con el jamón + higos.

Si se quiere, se pueden añadir distintos germinados.

ENSALADA CON SARDINAS

Escarola
1 tomate maduro
2 pétalos de tomate confitado
1 lata de sardinilla en aceite
Gazpacho
Ajo picado
Aceite de oliva
Vinagre
Sal y pimienta

Poner en la base un golpe de gazpacho.

Trocear el tomate, salpimentar y verter 1 chorro de aceite de oliva.

Preparar una vinagreta con ajo picado + tomate confitado + sal + vinagre + aceite.

Remojar el tomate en la vinagreta y colocarlo sobre el gazpacho.

Remojar la escarola en la vinagreta y colocar sobre el tomate.

Esparcir las sardinillas.

ENSALADA DE APIO CON SALSA LIGERA

Para la salsa ligera:
1 pizca de fécula de maíz
1 cucharada de café de pimienta verde fresca
1 cucharada de café de mostaza en polvo
1 pizca de sal
1 taza de leche desnatada
1 pizca de azúcar moreno
2 yemas de huevo batidas
1 chorrito de vinagre de sidra
Aceite de oliva virgen

Para la ensalada:
4 tallos de apio sin hilos
1 aguacate en dados
1/2 taza de almendras tostadas en láminas
1 manzana verde en dados
1/2 taza de pasas remojadas en té frío
1 chorrito de zumo de limón
Sal y pimienta

Para la salsa:
Mezclar fécula de maíz + pimienta verde fresca + mostaza en polvo + sal + leche + azúcar.
Arrimar al fuego y cocer a fuego suave unos minutos.
Cuando se temple, añadir yemas de huevo + vinagre + aceite de oliva virgen.
Refrigerar.

Cada cucharada tiene 15 calorías.

Para la ensalada:
Escurrir las pasas.
Limpiar el apio en bastones y cortar los extremos para que se ricen.
Sumergirlos en agua helada con hielos y dejarlos 30 min. en remojo.
Mezclar apio + manzana + pasas + aguacate + almendras + zumo de limón + sal + pimienta.
Aliñar con la salsa.

ENSALADA DE BACALAO VERANIEGA

1 limón
1 aguacate maduro
350 g de bacalao en dados de 5 mm
100 g de bacalao ahumado en dados de 5 mm
1 huevo duro muy picado
1 pizca de mostaza de Dijon
8 pepinillos muy picados
2 cucharadas soperas de alcaparras picadas
4 pimientos de Gernika crudos, muy picados
1 tomate pequeño en dados, pelado y despepitado
2 dientes de ajo picados
1 pizca de pulpa de guindilla picante
Aceite de oliva virgen extra
Vinagre de Jerez
200 g de pochas frescas guisadas y escurridas
Cebollino picado
Sal

Además:
Tomate maduro
Cebolleta cortada muy fina, metida en agua y hielos

En un bol rallar el limón. Pelarlo a vivo, soltar los gajos y picarlos con zumo + ralladura.
Abrir el aguacate y añadirlo al bol a bocados.
Añadir los bacalaos + huevo + mostaza + pepinillo + alcaparras + pimiento + tomate + ajos + guindilla + aceite + vinagre + cebollino + sal. Añadir las pochas.
Rectificar la sazón.
Poner en el fondo de una bandeja, cortar el tomate en gajos y colocar los gajos de tomate + sal.
Cubrir con la cebolleta rizada, escurrida.
Rociar con aceite de oliva.
Listo.

ENSALADA DE BOGAVANTE

1 bogavante de 750 g recién cocido
1 escarola limpia, seca y con las hojas sueltas
1 diente de ajo picado
Aceite de oliva virgen
Zumo de limón
Salsa rosa espesa
Cebollino en bastones y picado
Sal
Pimienta

Pelar el bogavante, separando las pinzas y la cola.
Preparar la vinagreta con aceite, zumo, corales y sal + cebollino picado.
Untar el bol con 1/2 ajo y meter la escarola + trozos menudos de bogavante.
Aliñar con la vinagreta, dar vueltas.
Colocar encima los pedazos más grandes, trinchados.
Acompañar con la salsa rosa.
Espolvorear con el cebollino.

ENSALADA DE BONITO COCIDO CON PIMIENTOS

2 kg de lomos de bonito cortado en trozos de 15 cm de grosor
   con piel y espinas
1 kg de sal gruesa
12 l de agua

Además:
4 pimientos morrones
Aros de cebolleta
Aceite de oliva virgen extra
Vinagre de Jerez
Cebollino picado
Sal

Asar los pimientos durante 30 min. a 180 ˚C, manteniéndolos 15 min. por cada lado.

Calentar el agua con la sal hasta 75 ˚C.

Meter los trozos gordos de bonito y, cuando empiece a hervir, tenerlo 7 min. y apartarlo del fuego.

Una vez fuera del fuego, tenerlo 30 min. reposando dentro del agua, escurrirlo y limpiarlo de piel, espinas y de partes de sangre coaguladas. Sacarlo a un plato y dejarlo enfriar.

Secar con un paño seco los trozos de bonito y cubrirlos con aceite de oliva 0,4˚ para que no resulte fuerte.

Montar la ensalada con tiras de pimiento morrón, aros de cebolla, trozos de bonito cocido y una vinagreta sencilla.

Espolvorear con cebollino picado y sazonar.

Utilizar el bonito que se quiera en la ensalada y reservar el resto en la cámara frigorífica para otras elaboraciones.

ENSALADA DE CABEZA DE JABALÍ

1 cebolleta pequeña en tiras muy finas
1 pimiento verde pequeño en tiras finas
2 chalotas en tiras muy finas
2 dientes de ajo picados
3 pimientos del piquillo en tiras finas
5 rodajas finas de cabeza de jabalí
Aceite de oliva
Vinagre de Módena
1 pizca de mostaza de Dijon
1 chorrito de zumo de limón
Aceite de oliva
Sal y pimienta
1 patata cocida fría en rodajas finas
1 puñado de *mesclun* o de lechugas
Cebollino en bastones

Sofreír cebolleta + pimiento + chalota + ajo + sal.

Añadir los piquillos al sofrito y rehogar.

Perfumar con unas gotas de vinagre de Módena.

Apartar la sartén del fuego y romper las rodajas de cabeza de jabalí por encima.

Preparar la vinagreta en un tarro.

Agitar mostaza + zumo + aceite + sal + pimienta.
Aliñar en un bol las patatas con la vinagreta, menear.
Colocar en un plato la fritada con la cabeza + patatas + fritada + patatas.
Aliñar en el bol de las patatas el *mesclun* + vinagreta.
Colocar el *mesclun* sobre el montón.
Espolvorear los bastones de cebollino.
Listo.

ENSALADA DE CAQUIS

3 caquis maduros
1 mozzarella tierna
1 lima verde
Vinagreta de naranja
Aceite de oliva virgen extra
Pimienta

Pelar cuidadosamente los caquis. Cortarlos en gajos y estirarlos en una bandeja.
Romper la mozzarella por encima.
Rociar con la vinagreta de naranja + aceite de oliva y pimentar.
Rallar el limón verde por encima.
Listo.

ENSALADA DE CAQUIS Y JAMÓN

4 caquis
1 chorrito de aceite de oliva virgen extra
250 g de jamón ibérico o serrano cortado en lonchas muy finas

Pelar los caquis, cortarlos en gajos y estirarlos.
Esparcir el jamón por encima, dando volumen.
Rociar la superficie con aceite de oliva.

ENSALADA DE CIGALAS, VAINAS Y TOMATE

750 g de vainas, limpias de hilos
18 cigalas medianas
1 cebolleta picada
2 tomates medianos maduros y pelados en dados
1 pizca de mostaza de Dijon
Aceite de oliva virgen
Vinagre de sidra
Sal y pimienta
Perifollo deshojado

Poner agua en dos cazuelas.
Añadir sal a las aguas.
Meter en una las vainas y en otra las cigalas.
Cuando hierva, escurrir las cigalas a un plato.
Mezclar en un bol pequeño la cebolleta + tomates + vinagre + mostaza + aceite + sal + pimienta.
Escurrir las vainas en un bol con abundante hielo + agua.
Pelar el marisco, dejando la cabeza entera y pelando las colas.
Aliñar las vainas con la vinagreta y pimentar.
Colocarlas sobre una bandeja, con las cigalas tibias encima, y añadir vinagreta.
Coronar con perifollo deshojado.
En un costado colocar las cabezas para rechupetearlas.

ENSALADA DE CREMA DE QUESO Y SARDINILLA

Para la crema de queso y sardina:
130 g de sardinilla en aceite desespinada
130 g de queso en porciones
150 ml de aceite de oliva
70 ml de agua
20 g de mostaza
1 tomate
1 patata cocida
1 aguacate
Guindillas
Sardinillas de lata
Aceite de oliva
Germinados

Triturar las sardinas con el fumé y pasar por un colador.

Agregar a la mezcla el queso y la mostaza.

Finalmente, añadirle el aceite a chorro fino emulsionando con la túrmix o la batidora americana.

Con la crema de queso montar el plato junto con los germinados + tomate + patata cocida + aguacate + sardinillas + guindillas.

Listo.

ENSALADA DE ESCAROLA, PAN Y LARDONES

3 puñados hermosos de escarola recién lavada
150 g de lardones de tocineta ibérica
2 dientes de ajo picados
1 puñado de pan fresco cortado en dados
Mostaza
Aceite de oliva y vinagre de Jerez
Perejil picado
Pimienta

Dorar los lardones de tocineta en la sartén y echarlos en una ensaladera.

Sobre los lardones, mezclar la vinagreta (mostaza + vinagre + aceite + pimienta).

Añadir la escarola. Mientras, en la grasa de la sartén, tostar el pan + ajo + perejil.

Añadirla sobre la escarola.

Menear y listo.

ENSALADA DE FOIE GRAS Y BERROS

4 puñados de berros bien limpios
1 pizca de foie gras
1 puñado de tocineta curada en lardones muy finos
1 cucharada de avellanas partidas en dos
1 manojo hermoso de rabanitos pequeños, limpios y con sus hojas verdes
1 diente de ajo picado
Vinagreta de *teriyaki*
Aceite de oliva
Sal y pimienta recién molida

En una sartén, calentar ligeramente los lardones + avellanas + rabanitos y escurrir a un bol.

Añadir el ajo picado, dar vueltas y agregar berros + aceite de oliva + salpimentar + 1 pizca de vinagreta.

Colocar la ensalada en una fuente + foie gras + rociar con el resto de la vinagreta.

Listo.

ENSALADA DE HONGOS AL IDIAZÁBAL

200 g de hongos frescos, pequeños y bien prietos
1 cuña de queso de Idiazábal curado
1 pizca de mostaza de Dijon
2 cucharadas soperas de aceite de oliva virgen
Vinagre de Jerez
Pistachos picados
1/2 diente de ajo muy picadito
1 cucharada sopera de perejil picado
2 puñados de *mesclun* de lechugas
1 taza de germinados
Pesto de berros
Sal y pimienta

Limpiar los hongos de tierra y lavarlos con un trapo húmedo.

Preparar la vinagreta con mostaza + aceite + vinagre + pistachos + ajo + perejil + pesto.

Laminar el hongo crudo muy finamente.

Aliñar lechugas + vinagreta + lascas de queso + láminas de hongo.

Sobre un plato colocar pesto de berros + ensalada aliñada + láminas de queso y hongos + germinados.

Vuelta de molinillo + golpe de aceite de oliva.

ENSALADA DE LANGOSTINOS Y BERROS

300 g de berros
150 g de aguacate
70 g de manzana granny smith
100 g de patatas
200 ml de aceite de oliva
3 dientes de ajo con piel
1 rama de tomillo

Para la vinagreta de piquillo:
60 g de pimientos del piquillo cortados en trozos
2 dientes de ajo sin germen
50 ml de aceite de oliva virgen extra
20 ml de vinagre de sidra
15 g de roquefort
5 g de hojas de perejil
1 pizca de sal

Para los langostinos con mahonesa:
250 ml de mahonesa
50 ml de puré de pimiento del piquillo
12 langostinos cocidos

Poner los pimientos, el ajo, el aceite de oliva, el vinagre de sidra, el roquefort y el perejil en el vaso de la túrmix y triturar a la máxima potencia durante unos minutos.
Se puede pasar por un chino fino.
Esta vinagreta es para aliñar la ensalada.

Lavar y escurrir las hojas de berros.
Cortar el aguacate y la manzana en bastones de 3 cm de largo por 3 mm de ancho.
Reservar.

Poner a confitar las patatas, cortadas también en bastones, junto con los 3 ajos y el tomillo. Una vez que estén bien blandas, escurrir el aceite.
Pelar los langostinos cocidos dejando la terminación de la cola.
Mezclar la mahonesa con el puré de piquillos y la sal; tiene que quedar una textura espesa. Rectificar de sal si fuese necesario.
Coger los langostinos por la cola, ir bañándolos en la mahonesa anterior e ir dejándolos sobre la ensalada aliñada que vamos a servir.
Decorar con brotes de berro si es posible.

ENSALADA DE LECHUGA

2 lechugas medianas muy tiernas
1 diente de ajo entero pelado
Aceite de oliva virgen
Vinagre de sidra
2 chalotas pequeñas, peladas y picadas
1 chispa de nata líquida
Sal y pimienta

Escurrir las hojas del agua, centrifugarlas un par de veces y colocarlas en un trapo.
Restregar el fondo del bol con los 2 medios ajos.
Preparar la vinagreta en un tarro de cristal con aceite + vinagre + sal + nata + pimienta.
Romper en un bol las hojas de lechuga por los nervios.
Aliñar la lechuga y añadir la chalota.

ENSALADA DE LECHUGA Y CEBOLLETA

1 lechuga limpia muy tierna de caserío
1 cebolleta o cebolla pequeña roja en tiras finas
6 cucharadas soperas de aceite de oliva virgen
El zumo de 1 limón
1 chorrito de nata líquida
Mostaza, sal y pimienta recién molida

Mezclar en un bol el zumo + mostaza + sal + pimienta + nata + aceite.
Añadir lechuga y dar vueltas.
Espolvorear la cebolleta.

ENSALADA DE LENTEJAS

500 g de lentejas cocidas y escurridas
1 trozo hermoso de codillo de cerdo cocido, deshuesado y desmigado
1 tomate grande maduro cortado en dados
2 puñados de pepinillos en vinagre picados
2 cucharadas soperas de mahonesa
2 cucharadas soperas de chalota picada fina
8 cucharadas soperas de aceite de oliva virgen
2 cucharadas soperas de vinagre de sidra
Cebollino picado
Sal y pimienta recién molida

Empezando por la vinagreta, en un bol mezclar los ingredientes.
Enfriar en la nevera un rato antes de comerla.

ENSALADA DE MANZANA Y POLLO CON CÍTRICOS

200 g de queso emmental o comté
1 aguacate en láminas
1 pechuga de pollo a la plancha
1 cebolla nueva
Unas ramitas de cebollino
4 manzanas granny smith o golden
Aceite de oliva + pimienta de molinillo + sal gorda
2 cucharadas soperas de nata fresca espesa
El zumo de 1/2 limón
Ralladura fina de 1 lima
Filetes de anchoa en salazón

Quitarle la corteza al queso y partirlo en lonchas de unos 5 mm de grosor.
Cortar asimismo las lonchas en bastones, y estos en dados de 5 mm de lado.
Partir el pollo en lonchas y después en tiras.
Pelar la cebolla y picarla.
Lavar las manzanas, secarlas, vaciarlas y cortarlas en bastones.
Pelar y cortar los aguacates en láminas con la ayuda de un pelador o en bastones.
Mezclar todos estos ingredientes en una ensaladera.
Esparcir por encima el cebollino picado y rociar con un chorrito de aceite de oliva. Pimentar y salar con sal gorda.
Servir con la nata aderezada con el zumo de limón, la cáscara de la lima, los filetes de anchoa en salazón picada, sal y pimienta.

ENSALADA DE MOJO DE AGUACATE

500 g de aguacates
Unas piparras
1 diente de ajo
Hojas de perejil
50 ml de aceite de oliva
15 ml de vinagre de sidra
1 chorrito de zumo de limón
Sal

Para la vinagreta:
1 yogur natural
10 ml de zumo de limón verde
2 cucharadas soperas de aceite de oliva
1 cucharilla de café de eneldo picado
Sal y pimienta

Además:
Mesclun de lechugas
Hojas de endibia
Jamón de pato
2 cucharadas soperas de huevas de salmón o de trucha

Colocar todos los ingredientes juntos en un vaso de túrmix y triturarlos
hasta obtener una masa homogénea.
Si se quiere que sea más rústico, hay que hacerlo en el mortero, majando
primero las piparras junto con los ajos y el perejil, y agregándole después el
vinagre y el aceite.
A continuación, majar también el aguacate y dejarlo en trozos un poco más
gruesos.
Se puede completar con salmón y anguila ahumada, huevas de trucha,
magret de pato, aceite de oliva, cebollino y alcaparras.

Para la vinagreta, mezclar todos los ingredientes.
Poner en un plato las hojas de endibia, rellenarlas con el mojo de aguacate
y ponerles encima 1 loncha de jamón de pato, un poco de la vinagreta y las
huevas de salmón o de trucha.
Aliñar el *mesclun* de lechugas con la vinagreta y acompañar el plato.

ENSALADA DE NARANJA Y BACALAO

3 naranjas
2 cebolletas
Aceitunas negras muertas
Bacalao desalado
Aceite de oliva virgen extra
Ajo o ajetes tiernos

Untar un bol con el ajo o bien cortar en juliana los ajetes, añadir la naranja y mezclar con la cebolleta en juliana, las aceitunas negras muertas sin hueso y el bacalao desmigado en trozos gordos.
Aliñar con el aceite de oliva.

ENSALADA DE PALOMA

2 palomas limpias, desplumadas
Grasa de jamón ibérico
Mantequilla
2 dientes de ajo enteros, con piel
1 chorro de vino tinto

Para la vinagreta:
4 cucharadas soperas de aceite de sésamo
2 cucharadas soperas de vinagre de Módena
1 chorrito de coñac
El jugo del asado de las palomas
20 medias avellanas peladas y tostadas
Perifollo deshojado
Sal y pimienta

Además:
2 cogollos de Tudela limpios + brotes verdes + costrones pequeños de pan, dorados
Bastones de cebollino

Horno a 240 °C.

Deshacer en la sartén la grasa de jamón + mantequilla, introducir las palomas salpimentadas + ajos aplastados y dorarlas.

Soasarlas con la grasa y añadirles el vino.

Asarlas durante 8 min. en el horno, hasta que queden sangrantes.

Sacarlas del horno y dejarlas reposar 15 min., para que los jugos se repartan uniformemente en el interior de sus carnes.

Una vez reposada, trinchar la carne de las palomas, trocear las carcasas y volverlas al sauté, que está al fuego.

Colocar las pechugas en una bandeja pequeña, que va al horno.

Colar el jugo del sauté a un bol —en el propio sauté— y preparar la vinagreta añadiendo aceite de sésamo + vinagre de Módena + coñac + avellanas + hojas de perifollo y salpimentar.

Aliñar los cogollos, acomodarlos en un plato, colocar la paloma asada por encima, salsear con la vinagreta y esparcir hierbas y costrones.

ENSALADA DE PAN, QUESO Y BEICON

1 lechuga tierna limpia
2 lonchas gruesas de tocineta ahumada
1 rebanada de pan en dados irregulares
1 diente de ajo partido en dos
Queso roquefort
Vinagreta de hierbas
Cebollino picado
Nueces peladas

Untar un bol con los dientes de ajo.

Partir la tocineta en tiras y cortar estas en lardones un poco gruesos.

En una sartén con 1 gota de aceite, saltear los lardones hasta que se doren.

Añadir el pan, también cortado en lardones, y dejar que todo se dore durante 8-10 min.

Mezclar el pan con la ensalada y aliñar.

Desperdigar pedazos de queso y las nueces cortadas. Espolvorear cebollino.

Listo.

ENSALADA DE PAN Y TOMATE

Aceite de oliva virgen
Vinagre de Jerez
2 dientes de ajo picados
1 conserva de morrón asado
1 punta de pimiento verde crudo picado
2 tomates maduros grandes
Picos de pan andaluces
Hojas de albahaca
Sal y pimienta
Cebolla roja en tiras muy finas
Queso de Burgos

En el fondo de un bol, vinagre + ajo + sal + pimienta + aceite de oliva.
Romper los picos en la vinagreta + pimiento verde + morrones en tiras (con las manos) + albahaca rota.
Trocear el tomate y colocarlo todo en una bandeja + vinagreta.
Espolvorear la cebolla + queso al final, en tacos.

ENSALADA DE PATATA Y ARENQUE

750 g de patatas recién cocidas en agua, peladas
2 cucharadas soperas de mostaza de Dijon o de grano
2 cucharadas soperas de vinagre de sidra
8 cucharadas soperas de aceite de oliva virgen
2 chalotas picadas muy finas
4 arenques ahumados o marinados en aceite, cortados en dados
1 escarola limpia y en manojos
1 cebolla roja cortada en tiras
Eneldo picado
Pimienta recién molida y sal

Mezclar con una varilla vinagre + sal + pimienta + chalota + mostaza + aceite de oliva.
Añadir el eneldo picado + arenque.
Cortar las patatas tibias en rodajas, salpimentarlas, agregarlo al resto y darle vueltas hasta integrar bien todos los ingredientes.
Mezclar la cebolla roja con la escarola y coronar con esta ensalada por encima.

ENSALADA DE PATATA Y HIERBAS

1 kg de patatas nuevas pequeñas
1 pedazo de puerro + 1 cebolleta + granos de pimienta negra + 2 dientes de ajo
1 manojo de hierbas (perejil, perifollo, eneldo y estragón)
Aceite de oliva virgen
Vinagre de sidra
1 chorrito de zumo de limón + ralladura
1 pizca de mostaza
Sal y pimienta recién molida

Cubrir de agua las patatas + puerro + cebolleta + granos de pimienta + ajos + sal.
Arrimarlas al fuego y cocerlas muy lentamente para que no revienten, durante 20 min.
Reducir el vinagre al fuego y añadirlo al tarro de rosca + sal + mostaza + aceite de oliva + zumo de limón + ralladura.
Picar las hierbas y añadirlas a las patatas.
Agitar la vinagreta y añadirla a las patatas.
Remover y pimentar.

ENSALADA DE PATATA Y PAN VIEJO

750 g de patatas pequeñas con su piel
1 *bouquet garni*
1 puerro pequeño
10 granos de pimienta negra
50 g de pan viejo desmenuzado con la mano
2 cucharadas soperas de perejil fresco picado
2 dientes de ajo picados
1 puñado de pistachos
200 ml de aceite de oliva virgen
2 cucharadas soperas de vinagre de Jerez
1 naranja pequeña, para usar un poco de ralladura
1 puñado hermoso de perifollo deshojado

Cubrir las patatas de agua + *bouquet* + puerro en 3 + pimienta y ponerlas a cocer a fuego suave, a borbotones muy suaves para que no se revienten.
Sofreír en una sartén el ajo + perejil + pistachos + pan, bien dorado.
Añadirlo al mortero y majarlo, añadiendo poco a poco el aceite de oliva virgen y el vinagre.

Rectificar de sal y listo.
Escurrir las patatas y dejarlas entibiar.
Aplastarlas ligeramente con las manos y meterlas en un bol.
Aliñar con la vinagreta y menear.
Añadir la ralladura de naranja y el perifollo.
Rectificar y listo.

ENSALADA DE PATATAS Y LENGUA

8 lenguas de cerdo crudas
Los dientes sueltos con piel de 1 cabeza de ajos
1 puerro entero
1 cebolleta entera
1 vaso de vino blanco
Agua caliente
1 kg de patatas pequeñas cocidas en agua y peladas
1 *bouquet garni*
1 manojo de perifollo bien fresco
Aceite de oliva virgen
El zumo de 1 limón
Vinagre de Jerez
Mostaza de grano
1 chorrito de nata líquida
Sal y pimienta recién molida

Además:
Pepinillos pequeños en vinagre

En una olla con aceite de oliva, dorar las lenguas por todas las caras.
Retirar el exceso de grasa, volcar ajos + puerro + cebolleta y rehogar.
Dar unas vueltas, mojar con vino, cubrir con agua y sazonar ligeramente.
Cocerlo tapado a pequeños borbotones por espacio de 2 horas, 35 min. en olla exprés.
Poner las patatas cubiertas de agua al fuego + sal + *bouquet garni*.
Reservar el caldo de cocción de las lenguas; colado servirá para hacer una vinagreta de jugo de carne.
Pelar las lenguas sobre la tabla y partirlas en lonchas medianas.
Preparar la vinagreta en un tarro de cristal con aceite + zumo + vinagre + mostaza + nata + sal + pimienta.
Picar el perifollo a cuchillo sobre la tabla.
Aliñar patatas + lengua + vinagreta y espolvorear el perifollo picado.
Acompañar con un bol de pepinillos y una cerveza helada.

ENSALADA DE PATATAS Y SALMÓN AHUMADO

8 patatas medianas con piel, lavadas
1 cabeza de ajos
1 trozo de puerro
3 granos de pimienta negra
8 lonchas hermosas de salmón ahumado
5 cucharadas soperas de agua
150 g de mantequilla fría
1 puñado de cebollino picado y perejil cortado en tiras
El zumo de 1/2 limón
Sal y pimienta
Pan tostado

En una cazuela con agua, introducir la cabeza de ajos + puerro + sal + pimienta en grano + patatas y cocer muy despacio durante 20 min.
Escurrirlas, pelarlas y cortarlas en rodajas de 1 cm.
Hervir en un cazo las cucharadas de agua e ir añadiendo la mantequilla, batiendo sin cesar con unas varillas, hasta que la salsa se espese.
Añadir fuera del fuego zumo de limón + hierbas y salpimentar.
Meter las patatas en la salsa. Colocarlas bien ordenadas en una fuente y, sobre ellas, los escalopes de salmón ahumado, cubriéndolas completamente.
Espolvorear las hierbas.
Acompañar con pan tostado.
Listo.

ENSALADA DE PATO «ILLARRAMENDI»

2 muslos de pato confitados bien escurridos

Para la vinagreta:
Zumo de limón
8 cucharadas soperas de aceite de oliva virgen
3 dientes de ajo picados
1 cucharada sopera de mostaza de grano
1 tomate maduro pelado y cortado en dados pequeños
1 manojo de perifollo
1 chorro de vinagre
Sal y pimienta

Para la ensalada:
1 taza de mahonesa ligera
1 latita de huevas de trucha
1 bol grande de *mesclun*
Sal y pimienta
Foie gras

Horno a 250 ˚C.
Deshuesar el muslo de pato y cortarlo en escalopes gruesos.
Disponerlos sobre una bandeja de horno y hornear a 250 ˚C durante
5 o 6 min.
Mientras, mezclar con las manos zumo de limón + sal + aceite de oliva +
ajos + mostaza + dados de tomate + perifollo.
Mezclar salsa mahonesa + huevas de trucha.
Sacar el pato del horno y rociarlo con parte de la vinagreta.
Aliñar lechugas + pato.
Rociar con la mahonesa de huevas de trucha.
Cortar 2 trozos hermosos de foie gras y disponer en la ensalada.
Listo.

ENSALADA DE PIMIENTOS RELLENOS

500 g de patata
100 ml de aceite de oliva
100 ml de vinagre de Jerez
2 dientes de ajo picados
100 g de jamón picado
Cebollino picado
Sal y pimienta
Agua

Además:
2 dientes de ajo con piel
200 ml de aceite de oliva
2 latas de pimientos de Lodosa
Sal

Otros:
Brotes de ensalada
Pasta de aceitunas negras

Cocer la patata con piel durante 30 min.

Pelarla y pasarla por un pasapuré.

Rehogar ajo picado + aceite + vinagre + jamón y, fuera del fuego, agregar el cebollino. Añadirlo al puré de patata, poner a punto de sal y rellenar los pimientos.

Poner el aceite a calentar + ajos.

Una vez dorados, añadir los piquillos y dejarlos confitar 30 min. aprox.

Escurrirlos y, con la ayuda de una batidora, emulsionarlos con el aceite + sal + azúcar. Colar y listo.

Servir los pimientos rellenos con la pasta de aceituna negra, el puré de piquillos y los brotes de ensalada aliñados.

ENSALADA DE POLLO CON VINAGRETA DE MIEL

2 pechugas de pollo de caserío con su piel
5 patatas medianas cocidas con su piel
Aceite de oliva
1 pizca de mostaza de Dijon
1 pizca de miel
Zumo de limón
Aceite de oliva virgen
Sal y pimienta
3 cogollos bien limpios, en hojas sueltas
8 huevos de codorniz cocidos, con la yema líquida
Cebollino picado

Dorar las pechugas de pollo en una sartén y dejarlas reposar.

Mezclar mostaza + miel + limón + sal + pimienta y ligar con el aceite.

Trocear las patatas en rodajas.

Rociar las patatas + cogollos con la vinagreta y colocarlo en el fondo de un plato.

Filetear las pechugas sobre una tabla.

Apoyar la pechuga de pollo fileteada + los medios huevos de codorniz.

Rociar con más vinagreta.

Espolvorear el cebollino picado.

ENSALADA DE POMELO Y CACAHUETE

1 pizca de pasta o mantequilla de cacahuete
1 pomelo
Aceite de avellanas y aceite de oliva virgen
3 cogollos con las hojas sueltas
1 puñado de escarola
1 puñado de cacahuetes salados, pelados y tostados

En un bol colocar la pasta de cacahuete.
Pelar el pomelo a vivo, poner los gajos en un bol, exprimir la pulpa sobre la pasta y mezclar.
Añadir los aceites y salpimentar.
Añadir cogollos + escarola y dar vueltas.
Añadir gajos de pomelo + cacahuetes y menear.

ENSALADA DE PUERROS Y JAMÓN

16 puerros medianos
16 lonchas finas de jamón ibérico
8 cucharadas soperas de aceite de oliva
2 cucharadas soperas de vinagre de sidra o de Jerez
Perejil picado
Sal y pimienta recién molida
Agua y sal

Quitar las barbas a los puerros y eliminarles el verde.
Retirar la primera capa y lavarlos.
Partirlos en trozos de unos 8-10 cm de largo.
Poner abundante agua con sal a hervir, sumergir los puerros y cocerlos a pequeños borbotones, destapados, al menos durante 15-20 min.
Escurrirlos y dejar enfriar.
Colocarlos en una bandeja o bol una vez fríos y rociarlos con una vinagreta hecha con vinagre + sal + pimienta molida + perejil + aceite de oliva.
Darles unas vueltas para que se empapen bien y acompañarlos con el jamón.
Listo.

ENSALADA DE QUIMBOMBÓ

500 g de quimbombó u okras limpias, sin el tallo
2 pimientos morrones asados y pelados, en tiras
1 tomate mediano entero asado
1 cebolleta muy picada
3 dientes de ajo picados
Aceite de oliva
Vinagre de Jerez
Sal y pimienta

Añadir sal al agua y volcar los quimbombós.
Aplastar con un tenedor el tomate asado en la bandeja y añadir cebolleta +
ajo + aceite + vinagre.
Añadir los pimientos y dar unas vueltas.
Escurrir los quimbombós y sumergirlos en agua + hielo.
Rescatarlos y añadirlos a la ensalada, dar unas vueltas y salpimentar.

ENSALADA DE REMOLACHA CON NARANJA

Remolachas cocidas cortadas en finas rodajas
Naranjas peladas al vivo y también cortadas en rodajas
Pomelo rosa en rodajas

Para el aliño:
Aceite de oliva
Vinagre de manzana
Un poco de miel
Pasas de Corinto, avellanas y piñones para adornar
Sal y pimienta

Machacar las avellanas en el mortero.
Disponer de forma bonita las remolachas y las naranjas en un plato o bol.
Mezclar el aliño en el mortero, pero no hacerlo hasta el momento de servir,
porque la remolacha tiñe la naranja.
Salpimentar.
Rociar en el último momento y esparcir por encima las pasas de Corinto y
los piñones.

ENSALADA DE REMOLACHA Y QUESO

800 g de remolachas pequeñas crudas, con su tallo
Queso de cabra de media curación
6 dátiles
1 puñado hermoso de rúcula
Nueces peladas
Perifollo deshojado
Sal y pimienta
1 pizca de miel
1 diente de ajo picado
Vinagre
Aceite de oliva virgen

Colocar las remolachas en una bandeja con sal + pimienta + aceite de oliva y hornear a 200 ˚C durante 45 min. con un poco de agua en el fondo.
Deshuesar los dátiles.
Preparar la vinagreta en un tarro con miel + ajo + vinagre + aceite.
Partir en cuartos las remolachas asadas.
Cortar el queso de cabra.
Acomodar la ensalada: remolacha + vinagreta + queso + dátiles + nueces + rúcula.
Espolvorear con perifollo.

ENSALADA DE RÚCULA E IDIAZÁBAL

250 g de rúcula
100 g de queso de Idiazábal
1 cucharada sopera de vinagre balsámico
2 cucharadas soperas de aceite de oliva

Lavar las hojas de rúcula y dejar secar en un escurridor sobre papel absorbente.
Con la ayuda de un pelador, cortar el Idiazábal en láminas.
Mezclar el vinagre y el aceite de oliva con una pequeña varilla.
Poner en un bol la rúcula y las láminas de Idiazábal.
Aliñar con la vinagreta.
Listo.

ENSALADA DE TIBURONES CON LANGOSTINOS

100 ml de mahonesa
8 cucharadas soperas de salsa americana fría
1 pizca de mostaza de hierbas
1 pizca de salsa de soja
1 tarro de huevas de trucha
12 langostinos crudos y pelados
2 chalotas picadas
1 diente de ajo picado
1 puñado de alcaparras
Perejil cortado en tiras finas
Perifollo deshojado fresco
Cebollino picado
Aceite de oliva y sal
500 g de pasta tipo tiburón, cocida y refrescada

Reservar el agua de cocción de la pasta.
En un tarro de rosca preparar una salsa con mahonesa + americana +
mostaza + soja.
Estirar la salsa del tarro con un poco de agua de cocción de la pasta.
Trocear los langostinos en pedazos menudos.
En una sartén antiadherente, añadir aceite + chalota + ajo + alcaparras.
Añadir los langostinos y darles una vuelta rápida + pasta + perejil +
cebollino.
Fuera del fuego, añadir la mitad de la salsa del tarro y dar vueltas.
Acomodar en un gran plato hondo.
Verter por encima el resto de la mahonesa.
Añadir las huevas de trucha + perifollo deshojado.
Listo.

ENSALADA DE TOMATE CON BACALAO

4 tomates bien maduros
4 cebolletas tiernas en tiras
1 lomo de bacalao desalado y sin espinas de unos 200 g
1 limón verde
1 cucharilla de salsa de soja
4 cucharadas soperas de aceite de oliva
1 pizca de pimienta molida

Pelar los tomates, partirlos en dos y, a su vez, en medias rodajas bien gruesas.

Obtener escalopes bien finos de los lomos de bacalao.

Ir extendiendo los escalopes sobre una bandeja, pimentarlos al tenerlos todos listos y añadir zumo de limón + ralladura de limón + salsa de soja + 2 cucharadas de aceite de oliva.

Dejar el pescado en la nevera, al menos 20 min.

Aliñar el tomate + cebolletas con 1 pizca de sal + las 2 cucharadas restantes de aceite de oliva virgen.

Rescatar el pescado de la nevera, empaparlo bien del aliño y acomodarlo en una fuente cuidadosamente, intentando que quede con volumen.

Entre las lascas de pescado, intercalar las rodajas de tomate aliñado.

Esparcir las tiras de cebolleta + rallar 1 pizca de limón verde.

Listo.

ENSALADA DE TOMATE CON QUESO CASERO

2 tomates maduros
Aceite de oliva virgen
Vinagre de sidra
Hierbas aromáticas
Sal y pimienta

Para el queso casero:
8 yogures naturales sin azúcar

Vaciar los 8 yogures, mezclarlos y meterlos en una servilleta de lino blanco.

Coger la servilleta y apretar con fuerza hasta obtener una masa compacta, dándole forma de pelota.

Dejarlo colgado de un punto para que el suero caiga a un cacillo durante unas 4 horas.

Transcurrido ese tiempo, introducir en la nevera durante 12 horas más.

Cuando ya hayamos conseguido un buen queso, cortarlo en gajos.

Disponer en un plato el tomate en gajos y las lascas de queso por encima, y salsear con una vinagreta de aceite de oliva virgen, un buen vinagre de sidra y sal y pimienta.

Decorar con las hierbas aromáticas.

ENSALADA DE VAINAS

750 g de vainas limpias en tiras
6 cucharadas soperas de aceite de oliva virgen
2 cucharadas soperas de vinagre de sidra
2 puñados de aceitunas negras sin hueso troceadas con las manos
1 diente de ajo picado
6 lonchas de cabeza de jabalí
8 tomates confitados
1 taza de perifollo deshojado en ramitas
Sal y pimienta

Agua hirviendo a borbotones + sal.
Limpiar y cortar las vainas en tiras.
Cocerlas 6 min. sin tapar.
En un bol mezclar ajo + vinagre de sidra + sal + pimienta + aceite +
aceitunas + tomates confitados picados y batirlo con un tenedor.
Disponer las vainas sobre las lonchas de cabeza de jabalí, añadir el perifollo
deshojado y salsear con la vinagreta.

ENSALADA DE VAINAS Y PULPO

750 g de vainas limpias de hilos, cortadas al bies
1 pulpo pequeño cocido, tibio
1 cebolleta picada
2 ajetes tiernos picados
1 cucharada de café rasa de pimentón dulce de La Vera
2 patatas pequeñas cocidas y peladas
Aceite de oliva virgen
Vinagre de sidra
Perifollo fresco
Sal y pimienta

Sazonar y meter las vainas en agua hirviendo. En una sartén pequeña,
rehogar cebolleta + ajetes y, fuera del fuego, añadir el pimentón.
Trocear la patata + el pulpo sobre la tabla y añadirlo a un bol.
Sobre el pulpo y las patatas, poner aceite + vinagre + sofrito + sal +
pimienta.
Escurrir las vainas y aliñarlas tibias o frías, según el gusto.
Salpimentar.
Espolvorear el perifollo.

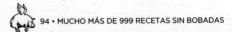

ENSALADA DE ZANAHORIAS Y NARANJA

5 zanahorias grandes ralladas
1 naranja gorda y jugosa pelada
4 galletas *crackers* o, en su defecto, 12 picos de pan
1 pizca de menta fresca
Aceite de oliva virgen
1 limón
Cebollino picado
1 queso fresco de cabra
Sal y pimienta

Sobre una tabla, cortar la naranja en gajos un poco toscos y meterlos en un bol.
Añadir la zanahoria + *crackers* rotas.
Aliñar con la menta + aceite + limón —ralladura y zumo— + cebollino + sal y pimienta.
A poder ser, refrescar la ensalada en la nevera antes de consumirla.
A la hora de servir, desmenuzar el queso por encima.

ENSALADA ILUSTRADA DE PATÉ

1 puñado de escarola
1 puñado de *mesclun* de lechugas
1 puñado de vainas crudas
2 alcachofas crudas
4 espárragos trigueros gruesos crudos, pelados
5 champiñones crudos de buena cabeza
1 lata de paté
6 huevos de codorniz cocidos con las yemas líquidas
Mostaza de Dijon
Aceite de oliva virgen
Vinagre de sidra
El zumo de 1 limón
1 cuña de queso de Idiazábal ahumado viejo
Cebollino picado
Perifollo en rama

Preparar la vinagreta en un tarro de cristal: mostaza + aceite + vinagre + zumo.

Limpiar las alcachofas y laminarlas, mientras salteamos el espárrago triguero partido en dos.

Añadir las alcachofas, menear y dejar que se hagan a fuego lento.

Añadir también las vainas. En el último momento, añadir 1 pizca de vinagreta para que desglase todo el conjunto.

Pelar los champis, laminarlos y echarlos en un bol.

Laminar el queso con un pelador y añadirlo al bol.

Partir el paté en triángulos.

Aliñar la ensalada + vainas + champiñones + queso + cebollino con la vinagreta.

Colocar en un gran plato, sobre la verdura, el paté + alcachofas + espárragos + medios huevos.

Espolvorear perifollo sobre la ensalada + láminas de queso.

ENSALADA «ÍZARO»

2 patatas medianas
8 langostinos cocidos
8 huevos de codorniz
1 bote de guindillas
Miniespinacas
Hojas de perifollo

Para la salsa:
150 ml de mahonesa
30 g de queso de cabra mantecoso
30 ml de kétchup
35 g de pimientos del piquillo
15 g de pepinillos
25 g de alcaparras
15 g de cebollino picado
Sal y pimienta negra molida

Hervir las patatas en abundante agua con sal hasta que estén cocidas. Comprobar con un palillo que estén en su punto. Dejar enfriar, pelar y cortar en rodajas de 1 cm de alto.

Pelar los langostinos.

Atemperar los huevos en agua tibia para que estén a temperatura ambiente.

Cocer los huevos de codorniz en agua hirviendo con sal durante 2 min. Pasarlos a agua con hielos y, cuando estén fríos, pelarlos y cortarlos por la mitad.

Para la salsa:
Picar en daditos muy pequeños el pimiento del piquillo, los pepinillos y las alcaparras.

Mezclar el queso con la mahonesa y el kétchup.

Agregar el pepinillo, el piquillo, las alcaparras y el cebollino, y mezclar bien.

Poner a punto de sal y pimienta.

Disponer las rodajas de patata en un plato llano.

Poner 1 cucharada de salsa sobre cada una y, encima, 1 huevo de codorniz.

Colocar las colas de langostinos al lado de cada patata y decorar con un poco más de salsa, unas hojas de perifollo, unas guindillas de bote y unas espinacas salteadas.

ENSALADA «LASARTE»

10 tomates cherry
1 aguacate
1 manzana
2 huevos
1 filete de presa ibérica de 200 g
16 piparras
1 lechuga de caserío
1 limón

Para el aderezo:
300 ml de nata
50 g de queso azul
30 ml de mostaza de Dijon
40 ml de vinagre de sidra
Sal y pimienta

Lavar, escurrir y cortar a mano la lechuga, dándole un toque rústico.

Cortar los tomatitos por la mitad.

Pelar el aguacate y cortarlo en gajos finos.

Cortar la manzana en bastones finos y mantenerla en agua con un poco de limón.

Cocinar los huevos en abundante agua con sal durante 10 min. Una vez fríos, pelarlos y cortarlos en cuartos.

Sacar la carne un rato antes de cocinarla para que pierda el frío del frigorífico.

Marcar la carne por las dos caras en una sartén antiadherente y dejar reposar unos 10 min. con papel de aluminio, cortarla en tiras de 1 cm de ancho y salarlas.

Freír las piparras en aceite de oliva durante unos 15 segundos.

Reservarlo todo para el emplatado.

Para el aderezo:

Diluir el queso en 100 ml de nata caliente.

Agregar la mostaza, el zumo, la sal, pimienta y el resto de la nata.

Disponer una capa del aderezo en la base del plato.

Colocar encima la lechuga y rodearla de los tomates cherry.

Poner la manzana, el huevo y el aguacate alternándolos.

Aderezar de nuevo la ensalada.

Acabar colocando la carne y, por encima, las piparras fritas.

ENSALADA «LERELE»

1 lomo de bacalao con piel desalado
1 naranja bien jugosa
1 tallo de apio fresco y tierno
1 cebolleta fresca tierna, cortada en tiras finísimas
Aceite de oliva virgen extra
Vinagre de Jerez
Huevos de codorniz cocidos con la yema cruda
1 pizca de sal y pimienta

Pelar las naranjas a vivo y cortarlas en gajos gruesos.

Añadir el zumo del corazón a un bol.

Cortar el apio en tiras y meterlas en agua + hielos con la cebolleta.

Quitarle la piel al bacalao con un cuchillo y desmigarlo con la mano.

Sobre las naranjas colocar el bacalao.

Escurrir el apio + cebolletas.

Añadir el aceite + vinagre + sal al zumo de naranja.

Pelar los huevos de codorniz y partirlos en dos.
Aliñar la ensalada con unas hojas de apio por encima.
Listo.

ENSALADA MIXTA BIEN HECHA

1 corazón de lechuga limpia sin deshojar
1 escarola limpia
1 cebolleta fresca
2 tomates
Yemas de espárragos blancos
3 huevos duros enteros
8 filetes de anchoa en aceite
Mendreska de bonito en aceite
3 patatas pequeñas cocidas
Aceitunas gordal
Mostaza
Ajo picado
Pétalos de tomate confitado
Vinagre de Jerez
Aceite de oliva virgen extra
Sal y pimienta

Colocar en el fondo de la fuente mostaza + vinagre + sal + pimienta + ajos + aceite de oliva virgen y mezclar. Cortar las patatas en rodajas y depositarlas en el fondo.
Hacer juliana de cebolleta y ponerla encima.
Pelar los tomates y cortarlos en gajos. Poner encima y salpimentar.
Aliñar las lechugas en un bol con vinagreta (aceite + mostaza + vinagre + sal + pimienta) y colocarlas encima.
Sobre la ensalada colocar el resto de los ingredientes.
Rociar aceite de oliva y desperdigar la cebolleta restante en tiras finas.

ENSALADA MORUNA

6 zanahorias naranjas enteras
6 zanahorias rojas enteras
12 nabos pequeños enteros
12 remolachas pequeñas enteras
12 rabanitos
1 pellizco de cominos
1 diente de ajo picado
Tomillo fresco deshojado
Cayena picada
1 pizca de *ras el hanout*
1 chorrito de aceite
1 chorrito de vinagre de Jerez
Sal y pimienta
1 pomelo
1 limón verde

Además:
2 aguacates maduros
4 cucharadas de avellanas tostadas
3 rebanadas de pan de hogaza tostadas a la parrilla
Aceite de oliva
Vinagre de Jerez
Espinacas frescas para ensalada
Brotes verdes para ensalada
Yogur griego

Horno a 180 ˚C.
Preparar un aliño en el mortero: majar cominos + ajo + tomillo + cayena + *ras el hanout* y añadir aceite + vinagre + sal + pimienta.
Verter el aliño sobre las verduras y hortalizas, empaparlas y colocar el pomelo + limón verde partidos en dos, con la parte plana hacia abajo.
Hornear durante 25 min.
Colocar las verduras asadas en una ensaladera.
Romper por encima las hogazas de pan.
Mezclarle los aguacates cortados en cuartos + avellanas.
Añadir a un bol el jugo y la pulpa de pomelos + limones verdes, exprimiéndolos con unas pinzas, + aceite de oliva + sal + vinagre de Jerez.
Remover y echar unos golpes de yogur por encima.
Terminar con espinacas + brotes.
Rociar con aceite de oliva.
Listo.

ENSALADA TEMPLADA DE JUDÍAS VERDES

200 g de judías peronas frescas
50 g de panceta ibérica en dados
1 loncha de jamón ibérico
4 cucharadas de aceite de girasol
4 gambas
2 cucharadas soperas de aceite de oliva
Vinagre de manzana
Sal

Quitar las puntas y trocear en juliana las judías verdes, y cocerlas en agua y sal durante 2 min.
Hornear la loncha de jamón a 150 °C durante 20 min., hasta que quede crujiente.
Saltear los dados de panceta a fuego medio en aceite de girasol.
Saltear a fuego vivo las gambas con aceite de oliva y sal.
Colocar las judías en el centro del plato.
Rociarlas con los dados de panceta y el aceite de saltearlas, poner las 4 gambas alrededor y terminar con el crujiente de jamón.
En la sartén donde se han salteado los langostinos echar el vinagre, dejar que reduzca un poco y volcarlo sobre la ensalada.

ENSALADA VERDE CON GRANADAS

4 puñados de *mesclun*, ensaladas verdes o rúcula
1 rebanada fina de pan
1 diente de ajo partido en dos
100 g de tocineta curada en lardones finos
1 pizca de turrón blando
1 chorrito de nata líquida
Mostaza de Dijon
Aceite de nuez
Aceite de oliva
Vinagre de Jerez
1 granada
Sal y pimienta

En una sartén + aceite, dorar los lardones de tocineta y escurrirlos.

Añadir pan + diente de ajo, dorarlos y añadirlos al mortero.

Majar el pan + ajo + sal.

Añadir 1 pizca de turrón y majar de nuevo.

Echar la papilla en un tarro de cristal con rosca + nata + mostaza + aceites + vinagre + sal + pimienta y agitar.

Partir la granada en dos y soltar los granos golpeando sobre la fuente con la ensalada.

Verter la vinagreta + lardones.

Menear y servir.

Listo.

ENSALADA VERDE «ROBUCHON»

Hojas tiernas de lechuga de caserío
Hojas tiernas de lollo rosso
Puntas de miniendibias
Hojas tiernas de treviso o achicoria morada
Hojas tiernas de hoja de roble
Perifollo deshojado
Albahaca deshojada
Cebollino en bastones
Perejil deshojado
1 puñado de tallos frescos de espinaca

Para la vinagreta:
100 ml de aceite de oliva
5 cucharadas soperas de aceite de nuez
5 cucharadas soperas de vinagre balsámico
4 cucharadas soperas de jugo de trufa natural
5 cucharadas soperas de caldo reducido
Sal y pimienta de molinillo

Lavar la verdura en agua + gotas de vinagre o lejía.

Escurrirla y ya está lista para aliñar.

Preparar la vinagreta en tarro de cristal, agitar y menear con las manos.

Aliñar en un bol la verdura con la vinagreta.

Listo.

ENSALADA WALDORF TUNEADA

2 endibias
Raíz de apio encurtida
1 manzana ácida
Maíz dulce
1/2 piña natural
Aceite de oliva
Tofunesa (véase la receta en p. 548)

Además:
Queso de Idiazábal fresco
Bacalao ahumado

Picar todos los ingredientes en taquitos y aliñar con la tofunesa.

ESCAROLA «PETER SELLERS»

1 pizca de jengibre fresco
1 chorrito de aceite de oliva virgen
El zumo de 1/2 limón
1 pizca de mermelada de tomate verde (o parecida)
Sal y pimienta
1 escarola limpia
Cebollino en bastones largos
1 cebolleta roja en tiras

Rallar 1 pizca de jengibre y añadir la mermelada + zumo de limón + pimienta
+ aceite de oliva virgen hasta hacer la vinagreta. Sazonar.
Con cubiertos de madera, aliñar la ensalada con el resto de los ingredientes.

GARBANZOS «ALIÑAOS»

Garbanzos cocidos y escurridos
1 puñado de pepinillos pequeños
8 lonchas de cabeza de jabalí cortadas finas
1 cucharada sopera de mahonesa
1 pizca de mostaza
1 chorrito de vinagre de sidra
1 huevo cocido y picado
Cebollino picado
Aceite de oliva y sal

 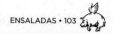

En un bol preparar una vinagreta mezclando mahonesa + mostaza + vinagre + aceite de oliva y salpimentar.

Mezclar los garbanzos + pepinillos + cabeza de jabalí y darle vueltas.

Echar la vinagreta y dar vueltas.

Espolvorear el huevo cocido y mucho cebollino picado.

MOLLEJAS DE PATO CONFITADAS EN ENSALADA

250 g de mollejas de pato confitadas en grasa, escurridas
1 pizca de grasa de pato
2 chalotas en tiras
2 dientes de ajo picados
100 g de tocineta en tiras finas
Cebollino y perejil picado
Perifollo deshojado
Escarola, lechuga o verdura de ensalada, limpia y escurrida
Aceite de oliva virgen
Vinagre de Módena
Mostaza en grano
Sal

Rehogar chalotas + ajos en 1 pizca de grasa de pato.

Ir laminando las mollejas sobre la tabla.

Añadir tocineta al sofrito y dar unas vueltas.

Escurrir la grasa sobre un colador.

Añadir las mollejas y sofreírlas perfectamente.

Desglasar con el vinagre de Módena + perejil.

Elaborar una vinagreta en un tarro de rosca: aceite + mostaza + vinagre + sal + pimienta.

Colocar las mollejas templadas en el fondo de una fuente.

Aliñar la ensalada y colocarla sobre las mollejas.

Espolvorear cebollino picado + perifollo deshojado.

PEPINO VILLA CAPRI

2 pepinos de tamaño medio, muy frescos
Mozzarella
Aceite de oliva virgen
Nata líquida
El zumo de 1 limón
Cáscara de limón muy fina
Sal y pimienta recién molida
Cebollino picado

Sacar cáscaras de limón muy finas con el pelador y cortarlas en tiras finísimas.
Pelar los pepinos dejando los corazones.
Cortarlos en rodajas y esparcirlos sobre una bandeja.
Exprimir el zumo y meterlo en un tarro de cristal con rosca.
Añadir nata + aceite + sal + pimienta.
Rociar el pepino con la vinagreta y romper la mozzarella por encima.
Esparcir la cáscara fina de limón + cebollino picado + aceite de oliva virgen.

PIMIENTOS DEL PIQUILLO RELLENOS EN ENSALADA

1 lata de pimientos del piquillo
1 chorrito de aceite de oliva
2 pimientos verdes cortados en tiras
4 cebolletas hermosas cortadas en tiras
1 diente de ajo picado
6 pedazos hermosos de bonito en aceite o en escabeche, de buena conserva
7 cucharadas soperas de salsa de tomate
1 chorrito de vinagre de Jerez
Hojas de albahaca
Perejil picado
1 poco de escarola
Sal
Pimienta

Pochar a fuego lento pimientos verdes + cebolleta + ajo con 1 pizca de sal al menos durante 30 min., hasta que cojan un ligero toque dorado.

Mientras, escurrir el bonito en un bol y desmigarlo con las manos.

Añadir la verdura pochada al bol del bonito y agregar salsa de tomate + vinagre + hojas de albahaca desmenuzadas + perejil + pimienta.

Rellenar los pimientos, con cuidado de que no revienten.

Aliñar un poco de escarola y colocarla de nido en una fuente.

Encima poner los pimientos, sazonar por fuera y rociar de aceite de oliva.

SARDINAS MARINADAS SOBRE TOMATE Y ALBAHACA

24 sardinas

Para la marinada:
2 l de agua de mar (o, en su defecto, salada)
225 ml de vinagre de sidra
Zumo y cáscara de lima

Para el tomate:
3 tomates maduros
1 cebolleta
1 manojo de albahaca
125 ml de jarabe al 30 por ciento
Aceite
Sal

Además:
4 cocas de pan
Ensalada de hojas de albahaca, cebollino, perifollo, germinados, etc.
Aliño de vinagre de Módena y aceite de oliva

Para las sardinas:
Desescamar las sardinas, deslomarlas y limpiarlas.
Introducirlas en la marinada durante 1 hora.
Sacarlas y reservarlas.
Aliñarlas y rallar lima sobre ellas. Deben quedar crudas por dentro.

Para el tomate y la albahaca:
Primero preparar un jarabe base (agua y azúcar), escaldar en este jarabe la albahaca y escurrirla, esperar a que se enfríe y triturar.

A continuación, pelar y despepitar los tomates y picarlos en daditos finos, al igual que la cebolleta.

Ponerlo al fuego en una sauté con un poco de aceite y dejar que cueza lentamente.

Por último, añadir un poco de jarabe de albahaca y sal.

Para la coca de pan:

Cortar una tosta de pan (si es pan de cristal mejor; si no, con un bollo de pan artesano), de forma horizontal y lo más fina posible, y tostarla con un poco de aceite de oliva.

Sobre un plato o fuente colocar la tosta de pan, y encima poner el tomate con la albahaca (queda como una crema con trocitos).

Sobre el tomate poner las sardinas marinadas y, para acabar, ir colocando pequeñas hojas de albahaca y otro tipo de brotes y germinados frescos. Aliñar con la vinagreta y el jarabe de albahaca.

TABULÉ DE VERDURAS Y MENTA

400 g de sémola de cuscús precocida (grano mediano-grande)
60 g de pimiento rojo en dados pequeños
60 g de tomate en dados pequeños (escaldado, pelado y sin pepitas)
60 g de calabacín en dados pequeños
60 g de carne de pepino en dados pequeños
20 hojas de menta en juliana fina
75 ml de zumo de limón
6 cucharadas soperas de aceite de oliva
550 ml de agua
1 pastilla de caldo de verduras
Sal

Poner a hervir el agua + pastilla de caldo, colocar la sémola en un bol y, cuando rompa el hervor, verterla sobre la sémola + zumo de limón.

Cubrir con papel film y dejar reposar en una zona caliente durante 15 min.

Levantar el papel film y rascar la sémola para despegar el grano y que quede suelto.

Mezclar cuidadosamente todos los ingredientes y rectificar el sazonamiento + 1 pizca de pimienta molida o más aceite si fuera necesario.

Dejar refrescar en la nevera y servir bien frío.

TOMATES FRÍOS RELLENOS DE QUESO

8 tomates pequeños maduros, pelados y vaciados, con tapas y penachos
250 g de queso fresco cremoso, frío
Aceite de oliva virgen
Perejil picado
El zumo de 2 limones
2 chalotas picadas
Mostaza suave
Cebollino picado
Hojas de albahaca picadas
Hojas de estragón picadas
Sal y pimienta

Para la salsa fría:
150 g de pulpa de tomate
50 ml de nata líquida
Aceite de oliva virgen
1 pizca de cayena
100 g de pimientos rojos asados
1 chorrito de vinagre de Jerez
Sal y pimienta

Además:
Hojas de perifollo
Hojas de perejil
Hojas pequeñas de albahaca
Bastones de cebollino
Vinagreta de hierbas
Queso parmesano para sacar lascas

Sobre hielo pilé en un bol, mezclar el queso + perejil + zumo + aceite + chalotas + mostaza + cebollino + hierbas y salpimentar.
En una batidora preparar la salsa con pulpa de tomate + aceite + cayena + pimientos + vinagre + sal + pimienta, batir y al final añadir la nata. Reservar la salsa en frío.
Salpimentar los tomates por dentro y rellenarlos con el queso. Enfriarlos.
Aliñar las hierbas con la vinagreta.
Colocar la salsa en el fondo, cubrir con la ensalada y apoyar los tomates rellenos.
Añadir lascas de queso + bastones de cebollino + 1 chorrito de vinagreta de hierbas.
Listo.

TOMATES RELLENOS DE VENTRESCA DE BONITO CON ROMESCO

8 tomates medianos, maduros y escaldados, huecos para rellenar con tapa
8 pedazos hermosos de ventresca de bonito en aceite
1 cebolleta picada
3 dientes de ajo picados
4 anchoas en aceite de oliva virgen
1 cucharada sopera de albahaca picada
2 cucharadas soperas de aceite de oliva virgen
Salsa romesco (véase la receta)
Un poco de escarola
Sal y pimienta

Sazonar el interior de los tomates con 1 pizca de sal y pimienta.
En un bol desmenuzar los pedazos de bonito + cebolleta + ajo + albahaca + anchoa + aceite.
En una bandeja poner sal + pimienta + aceite de oliva + escarola lavada. Sobre ella depositar los tomates.
En el fondo de los tomates, colocar romesco + bonito aliñado. Una vez rellenos, cubrir con más romesco, colocar anchoa y tapar.
Rociar los tomates con un hilo de aceite de oliva virgen y servir.

SOPAS, CALDOS & CREMAS

AJOBLANCO

200 g de almendras peladas sin tostar
2 dientes de ajo
250 ml de aceite de oliva refinado suave
50 ml de vinagre suave
3 migas de pan blanco
Clara de huevo
Sal
1,3 l de agua

Moler la almendra hasta dejarla muy fina, tanto que parezca mazapán.
Una vez picada, añadir la miga de pan blanco que ha estado en remojo +
vinagre + clara de huevo + sal y un poco de agua.
Añadir aceite poco a poco hasta conseguir una pasta consistente, con la
ayuda de una batidora.
Agregar agua suficiente y corregir de sal y vinagre si hace falta.

AJOBLANCO DE COCO

125 g de almendra pelada fresca
1 punta de ajo
75 g de miga de pan de pueblo empapado en agua muy fría
150 ml de aceite de oliva virgen
125 g de puré o pulpa de coco
500 ml de agua fría
1 cucharada sopera de vinagre de Jerez
Hielos
Sal
Pimienta molida

Montar las almendras + ajos + pan en batidora americana o túrmix.
Añadir aceite de oliva como si de una mahonesa se tratara.
Añadir el puré de coco + agua fría + hielos.
Añadir sal + vinagre + pimienta molida.
Dejarlo reposar 2 horas y listo.

AJOBLANCO DE HIERBAS

50 hojas de perejil
20 tallos de cebollino
50 hojas de perifollo
100 hojas de estragón
1 pizca de ajo crudo
15 almendras frescas
300 ml de aceite de oliva virgen extra
100 ml de leche
100 ml de nata
1 pizca de sal

Además:
Uvas frescas
Mojama cortada muy fina

Meter las hierbas en agua hirviendo y escurrirlas al agua helada.
Meter en la batidora las hierbas + ajo + almendra + leche + nata y triturar.
Añadir poco a poco el aceite + sal.
Triturarlo todo 3 min. y dejarlo enfriar.
Servir con uvas + pétalos de mojama.
Rociar aceite + sopa.
Listo.

AJOBLANCO DE MELÓN

1 puñado de almendras crudas remojadas en agua y secas
1 pizca de miga de pan remojada en agua
1 diente de ajo sin germen
Vinagre de Jerez
100 ml de aceite de oliva virgen extra
1/2 melón bien maduro, sin pepitas ni piel
Hielo en escamas y sal
1 chorro de vino manzanilla

Además:
Grisines de pan
Jamón ibérico fino
6 huevos de codorniz cocidos 2 min., con las yemas líquidas y pelados

Triturar las almendras en una picadora 1-2-3, tan finas que parezcan mazapán.

Meter la pasta de almendra en la batidora americana + pan + ajo + vinagre + sal + 1 chorrito de agua y hacer una papilla en la batidora.

Añadir poco a poco el aceite + melón.

Triturar perfectamente + hielo en escamas + golpe de manzanilla.

Verter a una jarra metida en agua y hielo pilé.

Servir con los medios huevos de codorniz + jamón enrollado en los grisines.

Rociar con aceite de oliva virgen, pimentar y listo.

CALDO DE AVE

2 kg de cuellos, alas y carcasas de pollo en pedazos menudos
700 g de gallina en pedazos menudos
1 cebolla roja troceada
2 chalotas
1 blanco de puerro
2 puñados de champiñones
2 tomates
2 zanahorias
1 rama de apio
3 dientes de ajo
1 *bouquet garni* hermoso
1 clavo de olor
250 g de garbanzos
4,5 l de agua
Sal y pimienta en grano

Horno a 200 ˚C.

Colocar a rustir las carcasas + los pedazos de gallina en una placa de horno, durante 45 min.

Trocear sobre la tabla la cebolla + chalota + puerro + champis + tomate + zanahorias + apio + ajo.

Sacar las carcasas asadas y añadirles las verduras, dando vueltas con cuidado.

Tenerlo en el horno 40-45 min. más.

Escurrir las verduras y carcasas, dejando la grasa en la bandeja, e introducirlo todo en una olla alta.

Añadir el *bouquet* + clavo + garbanzos + pimienta + agua.

Arrimarlo al fuego y cocerlo lentamente unos 45 min.

Desespumar con frecuencia.

Colar, desgrasar y listo. Se puede emplear ya o congelar en bolsas.

CALDO DE CARNE

4 l de agua
1 kg de carcasas de pollo
1 pedazo de gallina
1 pedazo de morcillo
1 trozo de rabo de vaca
1 nabo
1 cebolla
1 chalota
1 puerro
1 zanahoria
1 diente de ajo
1 *bouquet garni*
Sal gorda
6 granos de pimienta negra
1 clavo
150 g de garbanzos en una red
1 chorro de vino blanco

En una cazuela hervir los 4 l de agua.

En una sartén antiadherente tostar la cebolla partida en dos.

Meter las carnes, carcasas, gallina, morcillo y rabo y un chorro de vino blanco.

A medida que se cuece ir desespumando.

Incorporar el resto de los ingredientes y hervir 2 horas en una cazuela o 40 min. en una olla exprés.

Transcurrido ese tiempo, colarlo.

CALDO DE LA ABUELA DE TAFALLA

750 g de costillar de vaca
500 g de espaldilla de ternera
1 trozo de gallina
1 hueso de jamón
1 hueso de caña
2 zanahorias enteras
3 cebollas peladas enteras
2 clavos
1 rama de apio entera
1 ramillete de hierbas bien atado
Sal y pimienta
1 chorrito de vino blanco
Agua

Además:
6 huevos
500 ml de caldo de carne ya hecho y colado
Jamón ibérico
1 chorrito de manzanilla de Sanlúcar o de Jerez

Blanquear en el agua el costillar + espaldilla + gallina + huesos.
Pinchar los clavos en 1 cebolla.
Partir las otras en 2 mitades y colorearlas a fuego fuerte en una sartén antiadherente.
Vueltos los hervores del agua, escurrir las carnes y lavarlas en la fregadera.
Cubrirlas de agua fría y volverlas al fuego.
Añadir zanahorias + apio + ramillete + cebolla con clavos + 4 medias cebollas tostadas + vino blanco + sal + granos de pimienta.
Si se prepara en un puchero, 3 horas largas; en olla exprés, 45-50 min. Al finalizar, pasar por un colador y dejar limpio el caldo.
Horno a 160 °C.
Con 1/2 l de caldo + 6 huevos batidos + sal + pimienta, rellenar 6 flaneras individuales.
Meterlas 30 min. en el horno al baño maría, hasta que estén cuajadas.
Desmoldar el flan en el centro del plato hondo, colocar alrededor el jamón y verter la sopa bien caliente + chorro de manzanilla o de Jerez.

CALDO DE PESCADO

2 cucharadas soperas de aceite de oliva
2 cebollas medianas en rodajas
1 puñado de champiñones limpios en rodajas
1 verde de puerro picado
1 kg de cabezas y espinas de pescado blanco, lavadas y en pedazos pequeños
1 chorro de *txakoli*
2 l de agua
1 pizca de sal gorda

Arrimar al fuego una olla con aceite y rehogar cebollas + champiñones + verde de puerro.
Añadir el pescado, subir el fuego y rehogar 2 min. más.
Verter el vino, hervirlo con agua hasta cubrir y 1 pizca de sal gorda.
Dejarlo hervir durante 15 min.
Retirar del fuego y dejar reposar 10 min., para que se precipiten las impurezas.
Colar.

COCIDO «CHAMPENOISE»

1 pedazo hermoso de lacón desalado y blanqueado
1 jarrete pequeño de cerdo, fresco y blanqueado
1 hueso pequeño de jamón blanqueado
10 granos de pimienta
1 cebolleta + 1 clavo de olor
200 g de judión de La Granja en una red
1 ramillete aromático (tomillo, laurel, salvia, rabos frescos de perejil)
250 ml de champán brut
3 salchichas frescas gruesas
1 cogollo de berza pequeña rizada, limpio y partido en dos
12 patatas medianas peladas
6 zanahorias gruesas

Sumergir lacón + jarrete + hueso de jamón + pimienta + cebolla + clavo, blanquear y añadir agua de nuevo.
Añadir los judiones + ramillete + champán + pimienta + clavo + sal.
Cocer a fuego muy suave durante 2 horas aprox.
Ir desespumando.
Añadir a la olla la berza + patatas + salchichas + zanahorias.

Cocer a fuego muy suave otros 30 min. más.
En una sopera, poner el caldo colado + judiones.
En una fuente, la berza + patatas + zanahorias.
Sobre la verdura, lacón + jarrete + salchichas.
Servir.

COCIDO DE BERZA

1 berza pequeña partida en cuartos
1 puerro entero limpio
1 zanahoria limpia pelada
2 dientes de ajo enteros
1 chorrito de aceite de oliva
1 hueso pequeño de rodilla de ternera
1 trozo de costilla de cerdo
1 trozo de tocino con magro de cerdo
1 trozo de morcillo de vaca
1 carrillera de vaca
1 pizca de perejil en rama atado con liz
1 puñado de garbanzos remojados de víspera, metidos en su red
1 puñado de fideos finos
1 chorizo fresco
2 patatas medianas peladas
3 cucharadas de tocineta curada en lardones
2 huevos cocidos y picados
Agua y sal

Colocar en la olla todos los ingredientes, salvo los fideos, el chorizo, las patatas, la tocineta y el huevo picado.
Cubrir con agua y hervir a fuego suave durante 2 horas y 30 min. aprox.
Media hora antes de finalizar, incorporar chorizo sin pinchar + patatas.
Proseguir con la cocción.
En una sartén antiadherente, dorar al fuego los lardones de tocineta, para hacer el *trinxat*.
Añadir la verdura picada + patata desmenuzada + 1 chorrito de caldo de sopa.
Con el caldo hirviendo al fuego, añadirle los fideos + garbanzos + huevos cocidos picados + patatas enteras.
Sobre el *trinxat* de verdura, acomodar las carnes del cocido (morcillo + carrillera + costilla + tocino + chorizo) y añadir también las patatas cocidas rescatadas del caldo.
Colocar al lado la sopera.
Listo.

«COCIYAKI»

500 g de morcillo de ternera
200 g de tocino blanco salado de cerdo
1 punta de jamón ibérico
1 muslo de gallina
2 puerros
2 zanahorias gordas
1 cebolla
200 g de falda de ternera
2 huesos de caña
2 huesos de rodilla
1 hoja de laurel
300 g de garbanzos remojados en una red
Agua hasta cubrir
150 g de chorizo para guisar
2 patatas para cocer
100 g de *shirataki* (fideos finos)
150 g de lomo de vaca
4 setas shitake remojadas
El corazón de 1/2 berza en tiras
3 cucharadas de salsa de soja
3 cucharadas de *mirim*
1 bloque de tofu firme en dados
2 hojas de hierbabuena
4 huevos

En una olla colocar el morcillo + tocino + punta de jamón + muslo de gallina +
1 puerro + 1 zanahoria + cebolla + falda + huesos + garbanzos + laurel.
Poner al fuego, hervir, escurrir, volver a cubrir de agua y cocer 2 horas.
Por otro lado, cubrir el chorizo con agua y poner a cocer.
Cubrir también las patatas de agua y poner a cocer.
Retirar las pitanzas del caldo y enfriar.
Reservar el caldo en frío.
Cortar el chorizo cocido en rodajas finas y reservar el caldo de cocción.
Cortar el tocino cocido, el morcillo y la falda en láminas de 2 mm.
Cocer en agua los *shirataki*.
Cortar las patatas cocidas en dados de 2 x 2 cm o en láminas.
Cortar la verdura restante (puerro y zanahoria) en finas tiras. Cortar el lomo
de vaca en finas láminas y reservar.
Calentar la cazuela donde hemos preparado el *cociyaki* y untar el fondo con
un poco de grasa del lomo de vaca + aceite de oliva.
Pasar muy ligeramente la carne de vaca por la cazuela caliente.
Rehogar el puerro y la zanahoria restante + setas + berza.

Añadir caldo del cocido + salsa de soja + *mirim* y hervir.

Añadir el resto de los ingredientes a la cazuela, colocados por orden.

Al final, añadir garbanzos + *shirataki* + hojas de hierbabuena.

En un bol poner 1 huevo crudo, volcar el caldo de toda esta cocción sobre el huevo, mezclar con palillos y listo, comer con las guarniciones.

CREMA DE ALCACHOFAS

1 l de caldo de cocción de foie gras
300 g de alcachofas de bote escurridas
150 ml de nata
150 g de mantequilla
Unas lonchas de jamón ibérico
Sal y pimienta

Hervir en un cazo el caldo de foie gras y añadir las alcachofas.

Hervir a fuego lento durante 5 min.

Triturar bien, pasar por un colador fino y pasar a un cazo nuevo.

Calentar y agregar la nata y la mantequilla.

Mezclarlo todo bien con la túrmix y ponerlo a punto de sal y pimienta.

Se sirve en un plato hondo con alcachofas cortadas en cuartos, dados de foie gras y unas lonchas de jamón ibérico.

CREMA DE ALUBIAS CON SACRAMENTOS

500 g de alubias de Tolosa
1 cebolla
1 chorro de aceite de oliva extra

Guarnición de morcilla:
2 morcillas de arroz
Clara de 2 huevos
200 g de almendra granillo

Guarnición de berza, piparras y tocino:
1 berza
Vinagre agridulce de *txakoli*
4 láminas de tocino ibérico curado
Piparras en vinagre
Sal de escamas

Poner las alubias en remojo el día anterior, eliminarles la mitad del agua y cubrir con agua nueva.

Añadir la cebolla entera + aceite de oliva y guisar 2 horas a fuego suave.

Durante la cocción, asustar con agua fría en tres ocasiones.

Una vez bien cocinado, pasarlo por la batidora y sazonarlo.

Horno a 180 ˚C.

Eliminar la piel de la morcilla y trabajar con la ayuda de una espátula.

Formar pequeñas bolitas y pasarlas por la clara de huevo y por las almendras.

Hornear durante 5 min.

Cortar la berza finamente y limpiarla en agua con hielos. Dejarla 20 min. hasta que se quede bien tiesa y escurrir.

En un bol, aliñar esa berza con sal + vinagre de *txakoli*.

Colocar el tocino y, encima, la berza aliñada. Sobre ella la morcilla + piparras.

Finalmente, verter la crema bien caliente + aceite de oliva.

Listo.

CREMA DE APIONABO

50 g de mantequilla
1 chorrito de aceite de oliva
1 blanco de puerro picado
500 g de apionabo pelado y en dados
1 cebolleta picada
375 ml de leche
375 ml de agua
1 pastilla de caldo de verduras
Sal y pimienta

Además:
50 ml de leche
50 ml de nata
75 ml de nata montada

Rehogar el puerro + apionabo + cebolleta en la mantequilla + aceite y pochar sin colorear.

Mojar con la leche + agua + pastilla y cocerlo 30 min.

Añadir leche + nata y triturar.

Añadir nata montada y mezclar con una varilla.

Rectificar de sal y pimienta.

CREMA DE BACALAO CON MEJILLONES Y ESPINACAS

Para el caldo de mejillón:
2 l de agua
1 kg de mejillón

Para la sopa de bacalao:
250 g de almendra marcona
350 g de bacalao desalado
15 g de ajo en trozos
15 g de perejil deshojado
70 g de espinaca joven
1,1 l de caldo de mejillón
170 ml de aceite de oliva
Sal

Para el caldo de mejillón:
Limpiar los mejillones con agua fría y retirar las barbas, siempre hacia la punta.
Poner el agua en una olla, agregar los mejillones limpios y, una vez abiertos, escurrirlos y reservarlos.
Colar el caldo y reservarlo.

Quitar los mejillones de su concha y reservar.
Colocar el aceite de oliva en una sartén, añadir el ajo y, cuando empiece a bailar, añadir los trozos de bacalao.
Rehogar ligeramente a fuego suave el bacalao durante 30 segundos por cada lado; debe quedar más bien crudo.
Retirar el bacalao y también reservarlo.
Añadir en este mismo aceite las almendras y rehogarlas durante 2 min. sin dejar que cojan color.
Agregar las hojas de perejil y remover.
Seguidamente, añadir el caldo de mejillón y cocer durante 3 min.
Enfriar esta mezcla en un baño maría con hielos y, una vez bien fría, triturarla en la batidora junto con la espinaca y el bacalao anterior. Triturar durante 3 min. a velocidad máxima.
Servir a temperatura ambiente.
Decorar con los mejillones.

CREMA DE «CALABAZA-CÍN»

2 calabacines en dados
300 g de calabaza sin piel en dados
2 zanahorias en láminas
2 patatas
2 quesitos en porciones
1 chorrito de aceite de oliva
Agua y sal
Pan de hogaza cortado en dados hermosos
1 diente de ajo picado
Perejil picado

Pochar la verdura + patatas cascadas 5 min. en una olla + aceite de oliva + sal.
Cubrir de agua y cocer durante 35 min.
En una sartén antiadherente saltear los costrones + ajo + perejil y escurrir.
Pasar la mezcla por una batidora e incorporarle los quesitos.
Rectificar el sazonamiento.
Servir con los costrones.

CREMA DE COLIFLOR

600 g de coliflor
1 l de caldo de ave
25 g de mascarpone
200 ml de nata
50 ml de leche
100 ml de aceite de oliva
2 dientes de ajo
Sal y pimienta negra

Además:
Cebollino
Curry en polvo
Jamón de pato

Escaldar los ramilletes de coliflor, cortados por la mitad, durante 7 min.
Hacer un sofrito con el aceite y el ajo, y agregarlo a la coliflor o al caldo.
Poner a hervir el caldo, agregar la coliflor y dejar cocinar unos 7-10 min.
Pasar por la batidora americana y, si se quiere, colar.
Añadir el mascarpone, la nata y la leche.

Llevar a ebullición y mezclar con la túrmix o la batidora americana.
Salpimentar y reservar.

Servir con unas lonchas de jamón de pato, unas gotas de curry y cebollino picado.

Le irían también muy bien unas gambas, langostinos y vieiras salteadas, las huevas de salmón y trucha y, por supuesto, el jamón ibérico.

CREMA DE COLIFLOR AL CURRY

1 l de caldo o agua
500 g de coliflor
1 patata pequeña pelada
1/2 cucharada de café de curry
200 ml de nata
Sal

Limpiar la coliflor y partirla.
Colocarla a cocer con el caldo + curry + patata + sal durante 15 min.
Batir con la túrmix, añadiendo la nata + sal.
Listo.

CREMA DE ESPÁRRAGOS BLANCOS

750 g de espárrago escurrido
350 ml de caldo
125 ml de agua de espárragos de bote
1 yema de huevo de caserío
250 ml de nata líquida

Para la guarnición:
Yemas de espárrago
Salmón ahumado
Huevas de trucha
Perifollo

En una cazuela echar los espárragos escurridos, el caldo y el agua de espárragos.

Cocer 20 min. más o menos, hasta que se reduzca a la mitad o un poco más.
Triturar con la túrmix un buen rato y colar por un fino.
Poner de nuevo al fuego, añadir la yema y la nata líquida, y subir a 80 °C.
Triturar de nuevo con la túrmix durante unos segundos y poner a punto de sal. Se puede colar una segunda vez si se quiere.

Para la guarnición:

Poner de base una fina lámina de salmón ahumado.

Enrollar con ella la yema de espárrago y ponerlos en el plato hacia arriba.

Verter la crema de espárragos desde un lado y decorar con las huevas de trucha y el perifollo.

CREMA DE ESPINACAS

300 g de espinacas
150 g de coliflor
150 g de guisantes pelados
1 l de caldo de ave
25 g de mascarpone
200 ml de nata líquida
50 ml de leche
Perifollo y cebollino
Sal gorda
Pimienta

Blanquear por separado las espinacas y la coliflor. La coliflor durante 5 min. aprox. y las espinacas solo unos segundos.

Reservar algunos guisantes para decorar al final.

En una olla calentar el caldo de ave.

Sumergir la coliflor y dejar cocer a fuego lento unos 15 min.

Añadir a continuación las espinacas, los guisantes, la nata y la leche.

Esperar hasta que rompa a hervir y añadir entonces el mascarpone, batirlo todo bien y salpimentar.

Enfriar en la nevera.

Servir la crema bien fría, salpicada con unas quenelles de mascarpone.

Espolvorear con sal gorda, cebollino y perifollo.

CREMA DE MEJILLONES AL AZAFRÁN

1,5 kg de mejillones
100 ml de *txakoli*
50 g de chalotas picadas
50 g de cebollas picadas
Unos tallos de perejil
6 g de pieles de naranjas enteras
800 ml de caldo de pescado
100 g de tomate frito
1 g de azafrán

300 ml de nata líquida
Cebollino picado
Sal y pimienta

Para la cocción de los mejillones:
Raspar con un cuchillo las conchas de los mejillones, retirarles las barbas y enjuagarlos. Dejarlos escurrir en un colador.
En una olla con tapa agregar los tallos de perejil, las chalotas, la cebolla, el vino, las pieles de naranja y los mejillones.
Tapar y llevar a ebullición rápidamente, a fuego fuerte.
Cuando se abran los mejillones, colocarlos en un colador poniendo debajo un bol para recuperar el líquido de cocción.
Sacar con cuidado los mejillones de sus conchas y desbarbarlos sin romper la carne.
Separar 60 g de carne para ligar la sopa.
Conservar el resto de los mejillones colocándolos en un recipiente y cubrirlos con un poco de caldo.

Para la crema de mejillones:
Filtrar el resto del jugo de cocción de los mejillones y verterlo dentro de una cacerola.
Añadir el caldo de pescado y reducir a la mitad.
Agregar el tomate frito y cocinar 3 min. a fuego medio.
Echar la nata y los pistilos de azafrán y hervir unos 3 min. a fuego lento.
Incorporar los 60 g de mejillones que separamos anteriormente y triturar con la túrmix.
Pasar por un chino fino y agregar los mejillones restantes, rectificar de sal y pimienta, servir en una sopera o en los platos y esparcir cebollino picado por encima.

CREMA DE PATATA Y PUERRO

200 g de blanco de puerro
650 g de patata pelada y cascada
30 g de mantequilla
1 pastilla de caldo
1,5 l de agua
2 cucharadas soperas de nata
2 cucharadas soperas de mantequilla
4 cucharadas soperas de aceite de oliva virgen
Sal

Sudar puerro + mantequilla.
Añadir la patata cascada + pastilla y sofreír + sal.
Verter agua y hervir de 15 a 20 min.
Batir y terminar la sopa, añadiendo nata + mantequilla + aceite.

CREMA DE QUESITOS Y HIERBAS PARA BEBER

500 ml de leche
200 g de quesitos
1 cucharada de cebollino picado
1/2 puñado de hojas de perejil
1/2 puñado de hojas de perifollo
Sal y pimienta

Colocar la leche en un cazo, llevar al fuego y, cuando llegue a unos 80 °C o antes de que rompa hervor, añadir los quesitos. Tapar con papel film y dejar infusionar unos 30 min. Cuando esté frío, agregar las hierbas, triturar bien y colar con un colador fino. Rectificar la sal y pimienta. Servir en pequeños vasos.

CREMA DEL PIRAÑA

1 cebolleta pequeña picada
1 zanahoria pequeña en rodajas
1 calabacín pequeño en rodajas
1 puerro pequeño en rodajas
2 patatas pequeñas, peladas y troceadas
Unos ramilletes de coliflor
Unos ramilletes de brócoli
1 trozo pequeño de calabaza, pelado y troceado
1 puñado de judías verdes sin hilos, troceadas
3 puñados de espinacas lavadas
4 hojas verdes de acelga
2 dientes de ajo laminados
Aceite de oliva virgen
Agua y sal
3 quesitos grasos en porciones
Picatostes de pan frito

Colocar toda la verdura en una cazuela (salvo la espinaca y las hojas verdes de acelga), añadir aceite de oliva, cubrir de agua y arrimar a fuego fuerte. Cuando arranque el hervor, añadir sal, bajar el fuego y hervir 10 min.

En una sartén dorar el ajo + aceite y colar sobre la verdura.

Cocer 5 min. más.

Añadir espinacas + acelga + quesitos y triturar.

A la hora de servir, esparcir picatostes por encima.

CREMA HELADA DE COLIFLOR AL ACEITE DE PIMENTÓN

Para el aceite de pimentón:
Pimentón
Dientes de ajo
Romero
Peladuras de naranja
Aceite de oliva

Para la crema helada de coliflor:
250 g de ramilletes de coliflor
100 g de cebolla cortada
15 g de mantequilla
25 ml de caldo de ave
250 ml de nata
100 ml de leche entera
50 ml de nata montada
Sal y pimienta
Cebollino picado

Además:
Huevas de trucha
Lardones de beicon fritos
Pan tostado

Para el aceite de pimentón:
Pelar y filetear los dientes de ajo, quitándoles el germen.

Calentar el aceite e introducir los ajos.

Cuando empiecen a bailar, añadir el pimentón fuera del fuego.

Agregar la cáscara de naranja + romero. Dejar infusionar unas horas y guardar en un bol de cristal que reservaremos en la nevera.

Para la crema helada de coliflor:
Hervir 2 l de agua en una cacerola y blanquear la coliflor durante 40 segundos. Escurrir.

Calentar la mantequilla en una cazuela y rehogar la cebolla, untada en aceite, sin que coja color, durante unos 2 o 3 min. a temperatura media.

Entonces, verter el caldo de ave caliente, añadir la coliflor y dejar cocer a fuego suave durante 30 min., con tapa.

Transcurrido ese tiempo, añadir la crema fresca y la leche. Cocer durante 2 o 3 min. Rectificar el punto de sazón.

Batir con la túrmix y, si se quiere, pasar por un chino.

Mezclar bien la nata montada.

Dejar enfriar en la nevera durante unas 3 horas.

Servir la crema fría de coliflor en platos hondos o en vasos de cristal, añadir un poco de aceite de pimentón encima —unas gotas— y unas hojas de romero, cebollino picado muy fino, un lardón de tocineta y pan tostado.

GAZPACHO ANDALUZ

800 g de tomate maduro troceado
1 trocito de pimiento rojo
1 trocito de pimiento verde
1 diente de ajo sin germen
1 pizca de pepino
40 g de miga de pan
150 ml de aceite de oliva virgen extra
400 ml de agua
1 pizca de comino en grano
1 golpe de vinagre de Jerez
Hielos
Sal

Quitarles los pedúnculos a los tomates y cortarlos en trozos.

Pelar el pepino y reservar la pulpa.

Cortar también el resto de los ingredientes. Ponerlos todos juntos y meterlos en la nevera 24 horas.

Triturarlos y añadir hielos.

Se obtiene una sopa maravillosa o una salsa para base de una ensalada.

GAZPACHO DE LA SIEGA

1 pizca de cominos
2 dientes de ajo
2 tomates maduros grandes, pelados y picados
1 pimiento verde pequeño picado
1 pizca de pimiento morrón rojo picado
1 cebolleta picada

1 pepino pequeño en dados
1 pedazo de miga de pan de hogaza
Aceite de oliva virgen extra
1 chorrito de vinagre de Jerez
1 pizca de pimentón de La Vera
Agua helada y hielos
Sal

Machacar en un mortero cominos + sal + ajos picados y añadir el pimentón.
El majado se rescata con 1 chorrito de vinagre y se echa en el fondo de un bol.
Añadir tomates + pimientos + cebolleta + pepino + aceite + sal y menear.
Cubrir de agua helada sin pasarnos, justo unos dedos por encima.
Añadir el pan desmigado con las manos + hielos.
Rectificar de sazón, aceite y vinagre; ha de quedar viva.
Meterlo a enfriar 2 horas, bien cubierto.

Para servirlo, añadirle más hielos.
Volver a rectificar.

GAZPACHO DE MELOCOTÓN

1 kg de tomate en rama
1 trocito de cebolla
1 trocito de pimiento verde
1/2 diente de ajo
10-15 g de miga de pan blanco
300 g de melocotón o nectarina
Aceite de oliva virgen extra
Vinagre de Jerez
Sal

Triturar todo y emulsionar con el aceite de oliva.

GAZPACHO «EN CRUDO»

Agua o hielo pilé
1 puñado de piñones
1 rama de apio pequeña
1 pimiento verde pequeño limpio
1 pepino lavado
1 kiwi
1 pizca de miga de hogaza de pan remojada en agua

2 dientes de ajo pelados y sin germen
3 puñados de espinacas frescas
1 puñado de albahaca fresca
1 puñado de hojas de perejil
1 chorrito de vinagre de Jerez
2 cucharadas soperas de yogur
Aceite de oliva virgen extra
Sal y pimienta

Además:
Costrones de pan tostados

Añadir a la batidora hielo pilé o agua + piñones + sal y batir.
Añadir el resto de los ingredientes salvo el yogur y el aceite.
Batir enérgicamente.
Añadir yogur + aceite + pimienta.
Rectificar el sazonamiento.
Servir muy frío + costrones. Listo.

GAZPACHUELO MALAGUEÑO

500 g de mejillón mediano fresco
200 g de berberechos frescos
200 g de almejas arroceras
200 g de gamba mediana pelada
1 chorrito de vino de Jerez
200 g de cebolla en juliana pochada
100 ml de aceite de oliva
150 g de judías verdes en dados
150 g de zanahorias en rodajas
250 g de patatas en cachelos
300 ml de mahonesa
Perejil picado
Sal

Abrir cada variedad de crustáceos con la cebolla pochada + vino de Jerez, con cuidado de que no se pasen de cocción.
Retirar la carne de los mismos y reservar para la guarnición.
Saltear ligeramente las gambas.
En 2 l de agua previamente salada, cocer las verduras una por una y reservarlas para la guarnición. Guardar el agua de cocción.
Mezclar esta agua + jugo de abrir crustáceos, calentarlo y ligarlo fuera del fuego con la mahonesa + sal, con la ayuda de una varilla.

Añadir el perejil.

Servir la guarnición en un plato hondo y cubrir con el gazpachuelo, servido en sopera.

«HARIRA» O SOPA DEL RAMADÁN

500 g de falda o cuello de cordero en dados pequeños
1 chorrito de aceite y mantequilla
2 cebolletas picadas
Unas hebras de azafrán
1 pizca de jengibre molido
1 manojo de cilantro y de perejil picados
1 pizca de apio picado
1 pizca de salsa de tomate
2 tomates picados
2 l de agua
1 pastilla de caldo
200 g de garbanzos
100 g de lentejas
1 puñado de fideo para sopa
Sal y pimienta

Remojar en agua fría los garbanzos y las lentejas.

Sofreír la carne en aceite y mantequilla, añadir cebolleta + azafrán + jengibre + hierbas + apio + tomates, salpimentar + agua + pastilla.

Añadir los garbanzos y guisar 30 min. a fuego lento.

Añadir las lentejas y guisar 15 min.

Al final, añadir la pasta y dejar cocer 2 min.

Rectificar de sal y pimienta, y añadir cilantro fresco y perejil picados.

«MIYOKU» O SOPA DE ALGAS COREANA

150 g de alga *miyo* (secas y rehidratadas)
4 g de ajo picado
6 ml de aceite de sésamo
1 l de agua
120 g de colas de langostino en dados
15 ml de salsa de soja
Sal y pimienta

Rehogar el ajo en el aceite de sésamo, añadir el alga *miyo* y seguir rehogando.
Incorporar las colas de langostino, rehogar, verter el agua, llevar a hervor, añadir la salsa de soja y dejar cocer durante 15 min.

PORRUSALDA CON BACALAO

4 puerros en rodajas
2 zanahorias en rodajas
4 dientes de ajo
500 g de patatas
1 l de agua
1 trozo grande de bacalao desalado, con piel
1 cayena picada
Aceite de oliva
Cebollino picado

Arrimar a fuego medio una olla con aceite y las verduras (solo 2 ajos), sin dejar de dar vueltas.
Cascar las patatas, añadirlas y sofreír unos minutos.
Cubrir con agua, sazonar (ojo) y cocer durante 25 min.
Aceite a fuego no muy fuerte + 2 ajos + cayena y, cuando empiece a bailar, añadir el bacalao roto con las manos y ligarlo ligeramente.
Agregar el bacalao ligado a la sopa.
Rectificar el sazonamiento.
Espolvorear con cebollino.

POTAJE DE INVIERNO «TÍO GILITO»

2 carrilleras de ternera
2 zanahorias peladas
1 nabo pelado
1/2 berza
2 dientes de ajo
2 puñados de garbanzos remojados
2 clavos
Vino blanco
Agua
1 foie gras de pato a temperatura ambiente
1 chorrete de armañac
1 chorrete de oporto tinto
Sal, azúcar, nuez moscada y pimienta molida

Además:
3 lonchas gruesas de tocineta ibérica en dados
1 nabo en dados pequeños
1 rama de apio en dados pequeños
1/2 bulbo de hinojo en dados pequeños
1 cebolleta en dados pequeños
3 dientes de ajo picados
1/2 berza en tiras muy finas
2 patatas hermosas en dados pequeños
3 cucharadas soperas de tapioca
3 rebanadas finas de pan de hogaza
Cebollino picado
Sal y pimienta
Salsa de soja

Preparar un caldo metiendo en la olla carrilleras + zanahorias + nabo + berza + ajo + garbanzos + clavo + vino blanco.
Cubrir con agua y poner a hervir unas 2 horas o 45 min. en una olla exprés.
Desnervar el hígado sobre una fuente estrecha, en la que quepa bien ajustado.
Salpimentarlo + nuez moscada + azúcar + armañac + oporto.
Cubrirlo mientras el caldo hierve.

En otra olla, y sin que coja color, sofreír tocineta + aceite de oliva + nabo + apio + hinojo + cebolleta + ajo.
Escurrir el foie gras marinado y enrollarlo en una servilleta fina limpia.
Atar los extremos con liz. Sumergir el foie gras en el caldo y dejarlo

5-10 min. Apagar el fuego, cubrir y dejarlo templar allá.

Añadir la berza en tiras muy finas + patata y salpimentar.

Cuando el caldo esté templado, escurrir el foie gras y meterlo al frío, escurrir carrilleras y colar el caldo.

Sobre el fondo de verduras, volcar el caldo caliente + tapioca y hervir suavemente durante 20 min.

Mientras, sobre una sartén con 1 chorrito de aceite, dorar las rebanadas de pan de hogaza.

Sobre la tabla, cortar finamente la carrillera y colocarla sobre la rebanada de pan + foie gras laminado.

Colocar las hogazas sobre platos hondos y espolvorearlas con cebollino picado + garbanzos alrededor.

Rectificar el sazonamiento de la sopa, 1 pizca de salsa de soja + gotas de armañac.

Verter la sopa sobre las hogazas en los platos.

Listo.

SALMOREJO

2,2 kg de tomate maduro
500 g de pimiento rojo
200 g de miga de pan
1 diente de ajo
20 ml de vinagre de Jerez
650 ml de aceite de oliva virgen extra
Sal

Remojar el pan en agua.

Triturar el pan remojado y escurrido + tomate + pimiento rojo + ajo + vinagre + sal + la mitad del aceite.

Pasar por el colador.

Añadir el resto del aceite en fino hilo para que vaya emulsionando.

Rectificar el sazonamiento.

Enfriar y listo.

SOPA CREMOSA DE CHAMPIÑÓN CON «PAN TUMACA»

750 g de champiñones fileteados
150 g de cebolleta picada
150 g de mantequilla
3 dientes de ajo
150 ml de nata fresca
2 l de caldo de carne
50 ml de aceite de oliva virgen
Sal

Además:
Tostas de pan
1 diente de ajo
1/2 tomate maduro
Aceite de oliva virgen extra

Saltear en el aceite de oliva los 3 dientes de ajo picados junto con la cebolleta durante 5 min. sin que coja color.

Añadir los champiñones fileteados, sazonar y dejarlo guisando 10 min. más.

Añadir los 2 l de caldo y dejar al fuego otros 10 min.

Transcurridos los 10 min., triturar a máxima potencia a la vez que vamos echando la nata líquida y la mantequilla en dados. Rectificar de sal. Si se quiere, se puede pasar por un colador fino.

Tostar rodajas de pan en la tostadora de manera que queden tiernas por dentro y tostadas por fuera.

Frotar con 1 diente de ajo y 1/2 tomate hasta que la miga se empape bien de ambos jugos.

Rociar con un poco de aceite de oliva virgen extra por encima y, si se quiere, poner unas lonchas de jamón ibérico.

Acompañar con las tostas de *pan tumaca*.

SOPA DE AJO

De 12 a 16 dientes de ajo laminados
1 guindilla seca
1 pizca de cayena
4 cucharadas soperas de aceite de oliva
1 trozo de pan *sopako* del tamaño de un puño
8 cucharadas soperas de salsa de tomate
1 cucharada sopera de pulpa de pimiento choricero en conserva
1 pizca de pimentón dulce de La Vera
2 l de agua caliente
Sal
2 o 3 huevos

Arrimar a fuego suave una cazuela amplia con el aceite y volcar en ella la guindilla seca y los dientes de ajo.

Cuando comiencen a bailar, y sin quemarse, añadir el pan *sopako* cortado en finísimas láminas y dejar que se empape con el aceite y se dore muy despacio, dando vueltas en todo momento con una cuchara de madera durante unos 10 min.

Añadir entonces el pimentón y dejar que se dore unos segundos más.

Verter a continuación la salsa de tomate, la pulpa de pimiento y el agua caliente. Sazonar ligeramente y dejar que se cueza muy despacio durante al menos otros 15-20 min. más.

Añadir los huevos batidos en hilo.

Dejar reposar durante unos minutos para que el pan termine de inflarse y ligue la sopa. Servir muy caliente.

SOPA DE AJO AL MICROONDAS «CAPITÁN TRUENO»

8 dientes de ajo laminados
1 pizca de guindilla seca
1 chorretón de aceite de oliva
60 g de pan *sopako* en finas láminas
4 cucharadas soperas de salsa de tomate frito
1 cucharada sopera de pulpa de pimiento choricero en conserva
1 pizca de pimentón dulce de La Vera
500 ml de agua caliente + pastilla de caldo
2 lomos de bacalao desalado congelado
1 pizca de sal

Colocar en un recipiente apropiado los ajos + aceite + 1 pizca de guindilla y sal.

Cocinar destapado a la máxima potencia durante 2 min.

Añadir el pan + salsa de tomate + choricero + pimentón + pastilla de caldo + agua caliente + sal + 2 lomos de bacalao.

Cocinar tapado, a la máxima potencia, durante 15 min.

Rescatar los lomos de bacalao, que luego harán de tropezón, y desmigarlos.

Dejar reposar a cubierto unos minutos.

Introducir el bacalao desmigado en el interior y dar unas vueltas.

SOPA DE AJO CON BACALAO

16 dientes de ajo laminados
80 ml de aceite de oliva
50 g de pan *sopako* en láminas finas
1 guindilla seca
1 pizca de pimentón de La Vera
1 cucharada sopera de pulpa de choricero
8 cucharadas soperas de salsa de tomate
2 l de agua
600 g de bacalao en dados de 3 x 3 cm
Huevos
Sal

Colocar el ajo junto con el aceite en una sartén hasta que empiece a bailar.

Agregar el pan *sopako* y la guindilla seca, y remover el conjunto durante unos 10 min.

Pasado ese tiempo, añadir el pimentón de La Vera y remover sin que se nos queme durante 1 min.

Agregar la pulpa de choricero y la salsa de tomate, y tenerlo 2 min. más sin parar de remover.

Verter el agua y cocinar 30 min. más a fuego lento.

Transcurridos los 30 min., agregar el bacalao en tacos de 3 x 3 cm, con la piel hacia arriba y sin que hierva.

Poner a punto de sal y dejar reposar durante unos 5 min. para que se integren bien los sabores y el bacalao se cocine.

Observaciones: con lo que sobra, al día siguiente se pueden meter 2 huevos batidos sin dejar de darle vueltas hasta que cuajen y así enriquecer el plato.

SOPA DE ALMENDRAS Y BACALAO

250 g de bacalao desalado en un lomo
2 dientes de ajo picados
1 cebolleta pequeña muy picada
150 g de almendras frescas enteras
10 cucharadas soperas de hojas de perejil deshojado
1 patata pequeña
1,5 l de caldo de verduras
2 puñados de espinacas crudas
Aceite de oliva virgen
Sal

Desmigar el bacalao con las manos.
Arrimar una cazuela a fuego suave con aceite + ajos + bacalao y medio
ligarlo.
Escurrir el bacalao a un plato, dejando la grasa en el fondo.
Añadir al aceite la cebolleta + almendras y sofreír.
Añadir la patata en cascos pequeños y el perejil, y rehogar.
Verter caldo de verduras y hervir 10 min.
Añadir la espinaca cruda a la batidora y sazonar ligeramente.
Mezclar el bacalao en trozos con la sopa y servir.

SOPA DE BERZA

300 g de patatas peladas y en trozos grandes
1 berza verde rizada pequeña, bien prieta
3 l de caldo de carne o de verduras o de agua
4 cucharadas soperas de aceite de oliva virgen
6 dientes de ajo laminados
5 cucharadas soperas de nata líquida
1 trozo pequeño de mantequilla
Sal
Picatostes de pan fritos

Partir la berza en dos, quitándole las hojas exteriores, retirar las partes
duras de las hojas y lavarlas en varias aguas. Escurrirlas y partirlas en tiras
en la tabla.
Hervir la berza + patatas + sal, durante 40 min.
Cuando falten 10 min. para terminar, añadir un refrito colado de aceite de
oliva + ajos.
Batir, añadiendo mantequilla + nata, hasta que resulte untuosa.
Colarla, probar de sal y servirla con picatostes.

SOPA DE BOCATA DE JAMÓN

400 g de jamón cocido
100 g de jamón ibérico
40 g de mantequilla
1 pizca de ajo
750 ml de leche
375 ml de nata
375 ml de agua
75 g de cebolleta
20 g de pan
Sal y pimienta

Además:
Flautas finas de pan
Lonchas de jamón
Perifollo

Fundir la mantequilla y rehogar el ajo y la cebolleta durante 4 min.
Añadir los dos tipos de jamón y el pan, y seguir rehogando durante 4 min.
más sin llegar a dorar.
Verter la nata, el agua y la leche calientes, hervir y dejar reducir a fuego
lento durante otros 7 min.
Triturar en la batidora americana y pasar por un chino.
Servir en tazones y decorar con unas flautas finas de pan envueltas con
unas lonchas de jamón y unas hojas de perifollo.

SOPA DE CALABAZA

1 kg de calabaza
1 l de agua
1 pastilla de caldo de verduras
1 cucharilla de café de azúcar
1 pizca de cáscara de naranja
100 ml de nata líquida
50 g de mantequilla
Sal y pimienta

Cortar la calabaza en dados.
Añadirlos a una olla con agua + pastilla + azúcar + cáscara de naranja.
Hervir, bajar el fuego, cubrir y dejar cocer 20 min.
Triturar la sopa y añadir nata + mantequilla.
Salpimentar.

SOPA DE CASTAÑAS

3 docenas de castañas asadas en el horno (darles un tajo y hornearlas a 200 °C hasta que se asen, unos 35 min.)
1 puerro picado
100 g de cebolleta picada
1 diente de ajo picado
1 rama de apio picada
1,5 l de caldo de verduras o agua + pastilla
1 l de agua fría
100 ml de nata
200 ml de leche
2 cucharadas soperas de mantequilla
1 pizca de cardamomo
2 cucharadas soperas de *chartreuse* verde
1 yema de huevo
1 pizca de pimienta y sal

Rehogar puerro + cebolleta + apio + ajo + castañas.
Cubrir con el caldo + agua y sal, y cocer 30 min. a fuego lento.
Transcurrido ese tiempo, triturarla.
Moler el cardamomo en el mortero, sin la cáscara.
Añadir la nata accionando la batidora y aligerar con un poco de leche si es necesario.
Verter mantequilla + cardamomo + *chartreuse* verde y 1 pizca de pimienta.
Rectificar de sal.

SOPA DE CASTAÑAS CON BACALAO

2 docenas de castañas crudas con piel
1 puerro picado
1 cebolleta picada
1 diente de ajo picado
1 pizca de apio picado
1 l de agua + pastilla
100 ml de nata
2 cucharadas soperas de mantequilla
1 pizca de clavo
2 cucharadas soperas de anís
Aceite de oliva
Sal y pimienta

Además:
2 tajadas de bacalao para sacar lascas

Horno a 240 ˚C.

Rehogar en una olla con aceite + puerro + cebolleta + ajo + apio + pastilla y salpimentar.

Dar un tajo a las castañas y asarlas en el horno durante 25 min.

Moler el clavo en el mortero y añadirlo a la olla.

Añadir las castañas desmenuzadas al fondo de verdura y rehogar.

Cubrir con el agua + sal y hervir unos 35 min.

Meter las 2 tajadas de bacalao en el microondas, a potencia media, durante 3 min.

Añadir a esa sopa la piel del bacalao + nata + mantequilla + anís + pimienta + sal.

Rectificarla.

Sacar lascas de los lomos de bacalao y colocarlas en el fondo de un plato hondo. Verter la sopa.

Listo.

SOPA DE CEBOLLA

2 cucharadas soperas de aceite de oliva
2 cucharadas soperas de mantequilla
500 g de cebollas cortadas en tiras
1 cucharada sopera rasa de harina
1 diente de ajo picado
1 chorro de armañac
1 l de caldo de carne o agua + pastilla
8 rebanadas gruesas de pan frotadas con ajo
3 puñados grandes de queso rallado tipo gruyer o Idiazábal muy joven
Sal y pimienta

Rehogar cebollas + ajo + mantequilla + aceite + sal, sin que coja color, durante 20-25 min.

Añadir la harina, rehogar con armañac + caldo, salpimentar y hervir 20 min. a fuego muy suave.

Frotar las rebanadas con ajo.

Colocar el pan sobre la sopa, espolvorear queso y gratinar 10 min. a 230 ˚C.

SOPA DE CHAMPIÑONES

150 g de cebolleta picada
800 g de champiñones limpios
2 l de caldo de ave o de carne
150 ml de nata
150 g de mantequilla
5 cucharadas soperas de aceite de oliva
Sal

Para la guarnición:
Picos andaluces
Lonchas de jamón ibérico
Unas hojas de perifollo

En una cazuela sudar a fuego lento, durante unos 3 min., la cebolleta con el aceite de oliva.

Cuando esté blandita, y sin que coja color, añadir los champiñones laminados.

Dejar rehogando de 7 a 8 min., hasta que se evapore toda el agua que sueltan los champiñones.

Añadir entonces el caldo y dejar hervir durante 20 min.

Triturar con la túrmix y montar con la nata y la mantequilla. Poner a punto de sal.

A la hora de emplatar, enrollar los picos andaluces con el jamón ibérico y poner 2 por plato.

Decorar por encima con unas hojas de perifollo y unas gotas de aceite de oliva.

En un costado verter la crema de champiñón.

SOPA DE CODILLO CON JAMÓN

1 zanahoria en dados pequeños
1 puerro picado
1 pizca de apio fresco en dados pequeños
1 cebolleta picada
1 diente de ajo picado
1 codillo fresco de jamón de cerdo con hueso (1 kg)
1 clavo de olor
1 pizca de laurel
Aceite de oliva y agua
Sal y pimienta
6 hojas de berza en tiras muy finas
2 patatas en dados
1 puñado de fideos

En una olla dorar en aceite la zanahoria + puerro + apio + cebolleta + ajo.
Añadir entonces el jamón + clavo + laurel + sal y pimienta + agua.
Hervir despacio durante al menos 3 horas, hasta que el codillo esté cocido.
Transcurrido ese tiempo, por un lado tenemos el caldo y, por otro, el codillo escurrido y templado.
Añadir al caldo las patatas + berza y dejar que cuezan 15 min.
Desmigar la carne.
Rectificar el sazonamiento y añadir la carne de jamón.
En los últimos minutos agregar los fideos y servirlo todo junto.

SOPA DE COLIFLOR CON BACALAO Y BERZA

80 g de mantequilla
160 g de blanco de puerro picado
1,5 l de caldo caliente
800 g de coliflor en pequeños manojos
100 ml de nata
Sal
4 tacos de 50 g de bacalao desalado
Aceite de oliva
Berza cocida en agua + refrito
Puré de patata
Pimentón de La Vera

Pochar en mantequilla el puerro, sin colorear.
Verter el caldo y añadir la coliflor.

Cocer 30 min.

Añadir la nata y triturar; salpimentar.

Colocar el bacalao en una bandeja, rociado con aceite, y meterlo en el microondas 5 min a media potencia.

Colocar en el fondo de un plato puré de berza + lomo de bacalao encima.

Espolvorear con pimentón de La Vera.

Verter la sopa de coliflor por encima.

Listo.

SOPA DE COLIFLOR CON POLLO

2 cebolletas pequeñas picadas
2 dientes de ajo picados
1 puerro picado
1 coliflor pequeña lavada, en ramilletes
1 pastilla de caldo + agua
1 cucharada sopera de mostaza de Dijon
150 g de queso Comté
Aceite de oliva y mantequilla
Sal y pimienta

En una olla rehogar cebolletas + ajo + puerro. Pasados unos minutos, añadir la coliflor al fondo de verdura + pastilla + agua.

Salpimentar y cocer durante 15 min.

Pasado el cuarto de hora, añadir mostaza + queso y triturar la sopa.

Servir.

SOPA DE ESPÁRRAGOS BLANCOS

2 l de caldo ligero
1 kg de espárragos blancos pelados y desprovistos de sus bases duras, cortados finamente, salvando las yemas
16 cucharadas soperas de nata líquida
1 pizca de azúcar
Sal y pimienta
Costrones de pan no muy dorados
Cebollino picado

Pelar los espárragos, separar las yemas y cortar los tallos en rodajas.
En una olla añadir las puntas de espárrago blanco y en otra añadir los tallos de espárragos.
Cuando vuelven los hervores, escurrirlos.
Colocarlos en la misma cazuela, escurridos + caldo.
Arrimar a fuego suave y hervir unos 10 min. + sal.
Escurrir las yemas de espárrago.
Triturar la sopa + nata.
Salpimentar.
Meter en una jarra con agua y hielos.
Colocar las yemas de espárrago en un plato + costrones + cebollino + 1 hilo de aceite.
Verter la sopa por encima y salpimentar.
Listo.

SOPA DE GALLINA «TURULECA»

1/2 gallina deshuesada y cortada en pedazos, con sus menudillos picados
1 cebolleta picada muy fina
1 zanahoria en dados
1 trozo de calabaza en dados
1 puerro picado
2 dientes de ajo
1 pizca de cayena
1 pizca de pan *sopako*
Vino blanco
4 cucharadas soperas de salsa de tomate
Aceite de oliva virgen
1 puñado de pasta o fideo
Huevos
Sal y 1 chorrito de Jerez

En una olla, aceite de oliva y rehogar la gallina + sal.
Añadir cebolleta + zanahoria + calabaza + puerro + menudillos y rehogar.
Añadir ajos + cayena + *sopako* + vino + salsa de tomate, cubrir con abundante agua + sal y hervir durante 50 min.
Cuando falten 5 min. para retirarlo del fuego, añadir la pasta + Jerez.
Al servirlo añadir 1 huevo batido, como a las sopas de ajo.

SOPA DE GUISANTES CON MENTA

1 zanahoria en rodajas
1 trozo de apio
2 cebolletas picadas
3 dientes de ajo picados
1 pastilla de caldo + 2 l de agua caliente o caldo
600 g de guisantes congelados
1 manojo pequeño de menta fresca
Aceite de oliva + mantequilla
6 lonchas de tocineta muy fina
Sal y pimienta
Yogur griego + piel rallada de limón

En una olla poner zanahoria + apio + cebolleta + ajo y rehogarlo bien con aceite + mantequilla.
Salpimentar, añadir la pastilla y dejar unos minutos.
Añadir el agua o el caldo, rectificar y dejar unos minutos.
Pasado ese tiempo añadir los guisantes y, en cuanto vuelva el hervor, triturar la sopa + menta.
Tostar la tocineta en una sartén, que quede crujiente.
Rectificar el sazonamiento de la sopa.
Servir con la tocineta + yogur griego aromatizado con limón.

SOPA DE JAMÓN Y QUESO

1 diente de ajo picado
1 cebolleta pequeña picada
1 pizca de mantequilla
400 g de jamón cocido en dados
150 g de quesitos en porciones
20 g de pan
700 ml de leche
375 ml de nata
375 ml de agua
Aceite de oliva
Hojas de perifollo
Sal y pimienta

En una olla con mantequilla y aceite de oliva sofreír el ajo junto con la cebolleta y una pizca de sal.
Añadir el jamón y el pan y seguir sofriendo unos minutos más.
Verter la nata, el agua y la leche, llevar a ebullición y hervir todo durante 7-8 min.

Pasado ese tiempo, añadir los quesitos en porciones, triturar con un vaso americano y colar con un colador fino.

Rectificar la sazón, añadir un hilo de aceite de oliva y listo.

Acompañar la sopa con unas flautas o grisines y unas lonchas finas de jamón ibérico, y decorar con unas hojas de perifollo.

SOPA DE MEJILLONES

2 kg de mejillones con sus conchas, limpios
500 g de puntas de pescado, aletas o carrilleras
4 chalotas troceadas
1 cebolleta picada
1 puerro picado
1 zanahoria picada
2 dientes de ajo picados
Aceite de oliva
1 vaso de vino blanco
3 l de agua
10 cucharadas soperas de salsa de tomate
1 punta de nata líquida
Sal y pimienta

En una olla sudar chalota + aceite y volcar los mejillones + vino.
Cuando se abran escurrirlos, quitar las conchas y guardar el jugo de cocción.
En una olla con aceite, rehogar cebolleta + puerro + zanahoria + ajo + aceite + pimienta.
Añadir recortes de pescado y rehogar unos minutos.
Añadir salsa de tomate + la mitad de los mejillones.
Añadir jugo de mejillón + agua y cocer 15 min.
Añadir la nata por la boca de la batidora y pimentar.
Servir con la otra mitad de los mejillones.

SOPA DE MELÓN, BROCHETA DE JAMÓN Y LANGOSTINOS

800 g de melón limpio
60 ml de zumo de naranja
10 ml de vinagre de Módena
Jamón de pato
Pimienta negra
Hojas de menta
12 langostinos cocidos

Pelar y despepitar el melón, cortar dados de pulpa y triturarlos en la túrmix + vinagre + zumo.

Colar y reservar en frío hasta servir.

A la hora de servir, bien frío, espolvorear pimienta por encima.

Emplatar con unas bolas de melón, unos langostinos y hojas de menta, y preparar una brocheta de jamón de pato y langostinos cocidos intercalados.

SOPA DE MELÓN, PEPINO Y TOMILLO LIMÓN

1/2 melón
1/2 pepino
El zumo de 1/2 limón
1 puñado de menta
1 pizca de tomillo limón
1 pizca de sal
Yogur natural, para acompañar

Pelar y trocear el melón y el pepino (quitar las semillas de ambos).

En una batidora, triturar melón + pepino + menta + tomillo limón + sal + zumo de limón.

Guardar en la nevera.

SOPA DE MORCILLO, FIDEO Y CALABAZA

1 trozo de morcillo de 1 kg
1 hueso pequeño de jamón
1 zanahoria
1 puerro
1 cebolleta pequeña
1 nabo pequeño
1 puñado de garbanzos en una red
1 diente de ajo
Unas ramitas de perejil
Aceite de oliva
1 puñado pequeño de fideos
1 trozo de calabaza en dados pequeños
1 chorro de vino blanco
Agua y sal

Meter el morcillo + hueso en agua y dejar que hierva unos segundos.

Escurrir el morcillo + hueso y cubrir de nuevo con agua.

Meter zanahoria + puerro + cebolleta + nabo + garbanzos + ajo + perejil + chorro de aceite + vino blanco. En una olla exprés cocerlo 25 min.; a fuego normal, unas 2 horas.

Escurrir el morcillo y el hueso, y desgrasar.

Triturar la sopa con la túrmix, añadir la calabaza, cocer 5 min. + fideo y acabar de cocer 2 últimos min.

Lista, servir.

SOPA DE «NOODLES» Y POLLO

1 cucharada sopera de pistachos
1 cucharada sopera de almendras
1 cucharada sopera de cacahuetes
1 pizca de jengibre picado
1 pizca de cayena
2 yemas de huevo cocido
2 pechugas de pollo
1 pizca de canela
1 pizca de curry
1 puñado de *noodles* de arroz crudos
1 puñado de vainas cortadas al bies
6 espárragos trigueros pelados
1 nabo pequeño cortado en láminas muy finas con la mandolina
1 pizca de salsa de soja
1 lima
2 puñados de espinacas crudas
1 l de caldo o 1 l de agua + pastilla
Verde de cebolletas tiernas crudas en tiras finas

Saltear con 1 chorrito de aceite los pistachos + almendras + cacahuetes + cayena.

Añadir los frutos secos a un mortero + jengibre + yemas de huevo y majar.

Cortar los espárragos en tacos.

Embadurnar las pechugas con canela + curry y salpimentar.

Añadir al caldo o el caldo (+ pastilla si es agua) + vainas + espárragos + nabo + salsa de soja y cocerlo 10 min.

Añadir al caldo los *noodles* + zumo de lima + majado. Hervir unos minutos.

En la sartén, asar las pechugas de pollo con 1 pizca de mantequilla o aceite.

Colocar las espinacas crudas en el fondo de los boles + pechugas trinchadas.

Verter la sopa por encima.

Espolvorear verde de cebolleta en tiras finas.

SOPA DE PATATA Y SALMÓN AHUMADO

80 g de salmón ahumado
500 g de patatas
1 cebolleta
30 g de mantequilla salada
750 ml de leche entera
Sal y pimienta

Poner las patatas en una cacerola con agua salada, llevar a ebullición y dejar cocer hasta que se puedan atravesar fácilmente con la punta de un cuchillo.
Pelarlas y cortarlas en dados de 1,5 cm aprox.
Pelar la cebolleta, untada en aceite, y cortarla en rodajas. Pocharla en la cazuela.
Añadir los dados de patata y dejarlo 3 min.
Echar la leche, la sal y la pimienta, llevar a ebullición, cubrirlo con la leche y dejarlo cocer durante 12 min.
Transcurrido ese tiempo, triturar con la túrmix y montarlo con la mantequilla.
Cortar el salmón en pequeñas láminas.
Echar la sopa en 4 vasos y poner en el centro algunas láminas de salmón ahumado.

SOPA DE PEPINO Y CUAJADA

1 pepino pelado y troceado
80 g de aceitunas verdes buenas, deshuesadas
2 filetes de anchoa en aceite
Cebollino picado
Perejil picado
200 ml de leche entera
2 cuajadas de oveja
Sal y pimienta
Costrones de pan frotados con ajo

Meter el pepino en trozos en una batidora.
Añadir aceitunas + anchoas + hierbas + leche + cuajada y salpimentar. En unos platos hondos, poner 1 cucharada de cuajada desgajada, rociar aceite y servir la sopa sobre ella.
Repartir los costrones de pan y ajo.

SOPA DE PESCADO

50 ml de aceite de oliva virgen
1 cebolleta en juliana
1 puerro en rodajas
1 zanahoria en rodajas
7 cucharadas soperas de salsa de tomate
2 dientes de ajo laminados
1 chorretón de coñac
100 g de pan *sopako*
1 cucharada sopera rasa de pimentón dulce

Para la guarnición:
500 g de gambas peladas
1 puñado de almejas
1 cucharada sopera de aceite de oliva virgen
Pescado desmigado
2 l de caldo de pescado

Para el caldo:
Las cáscaras de las gambas que hemos pelado
500 g de cabeza de rape troceada
500 g de cabeza de merluza
2 l de agua
2 cucharadas soperas de aceite de oliva virgen
Un chorretón de vino blanco

Para la elaboración del caldo:
Pochar en aceite de oliva las cabezas de rape y merluza + las cáscaras de gamba.
Sazonar, verter el agua y un chorretón de vino blanco, y cocer 40 min. a fuego lento.
Colar y reservar.
Rescatar la carne de las cabezas.

Para la elaboración de la sopa:
Pochar en una cazuela con el aceite cebolleta + ajo + puerro + zanahorias.
Añadir salsa de tomate + *sopako* + pimentón + coñac y sazonar.
Mojar con el caldo y cocer durante 30 min.
Triturar la sopa y colarla (optativo).
En una sartén antiadherente con aceite de oliva, saltear las colas de gamba y añadirlas.
En la misma sartén con una gota de aceite más, agregar las almejas y abrirlas.
Añadir el pescado desmigado.

SOPA DE PESCADO ULTRARRÁPIDA EN MICROONDAS

1/2 cebolla pequeña picada
4 dientes de ajo pelados y laminados
2 cucharadas soperas de aceite de oliva
1 pastilla de caldo concentrado de marisco
6 cucharadas soperas de salsa de tomate frito
1 cucharada de café de pulpa de pimiento choricero en conserva
60 g de pan viejo
1 l de agua caliente del grifo
2 lomos de merluza congelada
1 puñado de gambas congeladas
1 chorretón de Jerez
1 pizca de sal

En un recipiente adecuado pochar cebolla + ajos + aceite + sal, destapado 5 min. al microondas a la máxima potencia.
Añadir pastilla caldo + tomate + choricero + pan + agua + merluza congelada + gambas + sal y cocinar tapado 15 min. más.
Pasados ese tiempo, pescar tropezones y triturar con la túrmix + Jerez.
Volver a añadir tropezones + sal.
Listo.

SOPA DE PUERRO Y QUESO

3 blancos de puerro hermosos muy picados
1 cebolleta muy picada
1 rama de apio fresco picado
3 patatas en dados
1 pera
2 l de caldo de verduras
150 ml de nata líquida
1 cucharada sopera de nata doble
1 pellizco de queso de Cabrales o roquefort
1 puñado de avellanas tostadas
Aceite de oliva y mantequilla
Sal y pimienta

Rehogar en mantequilla + aceite + puerros + cebolleta + apio y salpimentar.
Añadir la patata + pera al fondo de verduras y rehogar 5 min.
Mojar con el caldo y cocer 25 min.
Triturar con la túrmix, añadir las natas y salpimentar.
Verter la sopa fría o caliente y colocar unos pellizcos de queso + avellanas.
Listo.

SOPA DE QUESO CAMEMBERT

500 ml de leche
100 g de camembert limpio
Un poco de pimentón

Poner a entibiar la leche y añadirle el pimentón. Cuando alcance 80 ˚C
aprox., añadir el queso limpio de cortezas.
Infusionar 5 min., tapado con papel film.
Triturar y pasar por un colador fino.
Calentar antes de servir.

SOPA DE QUESO DE ARZÚA

300 g de queso de Arzúa rallado
100 g de mantequilla
400 ml de leche
400 ml de caldo
Jamón de pato
Tomates cherry

Llevar a ebullición el caldo dentro de una cacerola junto con la leche.
Fuera del fuego, incorporar el queso rallado y la mantequilla cortada en
trozos.
Poner los tomates cherry en el plato acompañados del jamón de pato.
Mezclar bien con la túrmix para homogeneizar la mezcla.
Filtrar y servir caliente.

SOPA DE RABO Y PASTA

1/2 morcillo de vaca
1 kg de rabo de vaca troceado
1 hueso de caña de vaca
1 zanahoria pelada
1 cebolla
1 rama de apio
1 puerro
1 ramillete aromático
500 g de garbanzos remojados de víspera
Agua y sal
1 puñado de pasta *coquillete*
1 chorrete de Jerez
1 yema de huevo
Vino blanco

Meter el morcillo + rabo + hueso y escurrir en cuanto hierva.
Lavar en el fregadero, volver a cubrir de agua y arrimar al fuego.
Meter el resto de los ingredientes: zanahoria + cebolla + apio + puerro + ramillete + garbanzos + vino blanco + sal y hervir suavemente unas 4 horas; en olla exprés, 1 hora y 30 min. aprox.
Añadirle a la sopa la pasta y dejar que hierva.
Deshuesar la carne de rabo y hacer hebras.
Añadir un golpe de Jerez a la sopa.
Colocar la carne de rabo en el centro de un plato hondo y verter la sopa.
Colocar en medio una yema de huevo. Listo.

SOPA DE TOMATE

2 zanahorias en rodajas
1 pizca de apio en rama picado
2 cebollas rojas picadas
3 dientes de ajo picados
6 ramitas de tomillo fresco
1 pastilla de caldo + agua caliente
1 kg de tomate pera maduro
1 chorro de salsa kétchup
1 manojo de albahaca fresca
Aceite de oliva
Sal y pimienta
1 chorrito de nata doble

Rehogar en una olla las zanahorias + apio + cebolla + ajo + tomillo, salpimentando a cada paso.

Trocear el tomate en dados.

Añadir a la verdura la pastilla + tomate + kétchup y rehogar.

Cubrir con agua y cocer 20 min.

Pasado ese tiempo, se tritura con la albahaca a la máxima potencia.

Rectificar de sal.

Servir caliente, con una *quenelle* de nata doble, y pimentar.

SOPA «DESASTRE» DE PUERROS

1 barqueta de ñoquis de supermercado
2 puerros medianos cortados en rodajas
1 patata cortada en cubos
2 dientes de ajo picados
2 cucharadas soperas de tocineta en tiras finas
1 pastilla de caldo de verduras
Huevos
Queso de Burgos
Queso rallado
Agua
Sal y pimienta

En una olla con aceite de oliva, rehogar los puerros + patatas + ajos + tocineta y sazonar.

Mojar con agua + pastilla y hervir suavemente durante 25 min.

Cuando falten 5 min. para terminar, añadir los ñoquis y dejarlos 2 min. más.

Transcurrido el tiempo, acabar de ligar con 1 huevo en hilo muy fino.

Espolvorear con queso rallado para servir y con queso de Burgos desmenuzado en el fondo de un tazón.

Servir por encima la sopa.

SOPA EXPRÉS DE FIDEOS CON PATO

1,5 l de agua y 1 pastilla de caldo
Salsa de soja
1 chorrito de vino blanco
2 muslos de pato confitados en su grasa, escurridos
2 cebolletas en tiras muy finas
2 dientes de ajo
1 pizca de jengibre fresco picado
Pasta roja de chile

1 cayena
1 puñado de champiñones picados muy finos
1 chorrito de vinagre
250 g de fideos chinos secos
Aceite de oliva y aceite de sésamo
1 yema de huevo
Cilantro en hojas

Hervir el agua y añadir la pastilla de caldo + chorro de salsa de soja + chorrito de vino blanco.
Deslizar los muslos de pato, bajar la temperatura y dejar al fuego unos 10 min.
Mientras, sofreír cebolletas + aceite de oliva + ajo + jengibre + pasta de chile + cayena.
Escurrir los muslos de pato y deshuesarlos, reservando la carne en hebras.
Cuando la cebolla esté sofrita, añadir champis + 1 chorrito de vinagre + yema de huevo + salsa de soja.
Reducir durante 15 min. y rectificar el sazonamiento.
Meter los fideos en el caldo caliente y dejar que se hidraten unos 2 min.
Añadir la carne de pato a la cebolleta y dar vueltas.
Escurrir los fideos, añadirlos a la cebolla sofrita y dar unas vueltas rápidas + aceite de sésamo.
Picar el cilantro en tiras finas.
Verterlo en un bol con 1 yema de huevo y comerlo añadiendo un poco de caldo de cocción al propio bol.
Espolvorear por encima el cilantro.

SOPA EXPRÉS DE LANGOSTINOS Y VERDURAS

24 langostinos pelados + cáscaras y cabezas, sin intestinos
2 dientes de ajo laminados
1 tomate grande bien maduro, pelado y en dados
2 cebolletas tiernas picadas
3 zanahorias hermosas en dados
1 calabacín mediano en dados, con piel
2 l de caldo de pescado
1 pedazo de jengibre
1 rama de *lemon grass*
Ají amarillo
Ají limo
Cilantro picado
Aceite de oliva y sal

Se ponen en aceite los ajos laminados + *lemon grass* hasta que empiecen a tomar color.

En ese momento, añadir las cáscaras y cabezas de los langostinos.

Mantenerlas a fuego fuerte, tostarlas y machacarlas con el culo de una botella.

En 5 min., moviendo fuerte y aplastando, se resecarán los jugos contra las paredes de la olla.

Añadir el caldo y aplastar. Dejar que hierva.

Mientras, rehogar cebolleta + tomate.

Añadir la zanahoria + calabacín + jengibre + ají limo + ají amarillo. En 4 min. estará listo.

Añadir esta verdura pochada al caldo.

Cortar los langostinos en 3 pedazos y sazonarlos.

Añadirlos a la sopa + cilantro.

Listo.

SOPA FRÍA DE TOMATE

4 tomates medianos muy maduros
Albahaca fresca
1 punta de pimiento verde crudo
1 pizca de miga de pan de hogaza
1 punta de diente de ajo
Aceite de oliva virgen
Vinagre de sidra
Kétchup
Pulpa de guindilla picante
1 pizca de salsa de soja
200 ml de agua
Hielos
Sal

Cortar los tomates en pedazos y meterlos en la batidora + albahaca + pimiento + pan + ajo + aceite + vinagre + kétchup + guindilla picante + salsa de soja.

Hacer un puré bien fino.

Añadir hielos y batir.

Añadir agua helada.

Rectificar el sazonamiento.

Listo.

SOPA FRÍA DE TOMATE Y FRUTOS ROJOS

4 tomates grandes maduros
300 g de frutos rojos (mora, frambuesa, etc.)
Jarabe
Sal y pimienta
Vinagre balsámico
Aceite de oliva virgen
Costrones pequeños de pan frito

Poner en el vaso triturador tomates + frutas y triturar.

Añadir sal + jarabe + vinagre + aceite + pimienta. Rectificar y enfriar.

Acompañarlo de unos costrones y un chorretón de aceite de oliva.

SOPA FRÍA VERDE DE HIERBAS

4 cucharadas soperas de aceite de oliva
1 cebolleta picada
1 puerro picado
1 lechuga limpia y troceada
1,25 l de agua
1 pastilla de caldo de carne
650 g de guisantes congelados
6 cucharadas soperas de queso fresco y cremoso
2 tazas de brotes de hierbas limpias en agua y escurridas (perejil, perifollo, estragón y albahaca; sobre todo es muy importante la presencia de esta última)
Sal

En una cazuela amplia poner 2 cucharadas de aceite, arrimar a fuego suave, añadir cebolleta + puerro + lechuga y cocinar 5 min., sin que coja color.

Verter el agua caliente + pastilla de caldo y sazonar ligeramente.

Añadir los guisantes congelados y dejar que hiervan 4 min., a borbotones fuertes.

Pasar por un colador y separar el caldo de la verdura cocida. Dejar que se enfríen ambos en la nevera.

Una vez bien frío, introducir la verdura en el vaso de una túrmix y triturar añadiendo poco a poco el caldo frío.

Añadir también las hierbas frescas + queso + las 2 cucharadas de aceite restantes + sal.

Si vemos que queda un poco espesa, añadimos unos cubitos de hielo mientras batimos en la túrmix, para que, además de aligerar, enfríe aún más. Listo.

SOPA «MATAMARÍOS»

1 zanco de gallina
1 hueso de cañada
1 trozo de morcillo de 750 g
1 oreja de cerdo pequeña
1 cebolla roja entera
1 puerro grueso entero, limpio
1 ramillete bien atado de tallos de perejil
1 rama de apio
2 zanahorias hermosas enteras, peladas
2 nabos pelados
1 chorrete de aceite de oliva
1 chorrete de vino blanco
2 puñados de garbanzos remojados de víspera
Agua hasta cubrir
Jerez
Sal y pimienta

Además:
3 huevos
1 pan de hogaza viejo cortado muy fino y remojado en leche
Perejil picado
Sal y pimienta

Sumergir la gallina + cañada + morcillo + oreja.

Vueltos los hervores, escurrir en la fregadera y volver a cubrir con agua limpia.

Añadir cebolla + puerro + tallos de perejil + apio + zanahoria + nabo + aceite + vino + garbanzos + sal y cocer a fuego suave durante 2 horas aprox.

Batir los huevos + salpimentar.

Escurrir la miga de pan de la leche, apretando mucho con las manos.

Añadir poco a poco los huevos al pan + perejil. Debe quedar una masa no muy gruesa. Salpimentarla.

Moldear la masa de pan y huevo con dos cucharas pequeñas y freír las bolicas hasta que queden doradas.

Escurrirlas a una fuente con papel, para eliminar la grasa.

Añadir el chorrete de Jerez a la sopa.

Sobre una tabla, cortar en tiras muy finas la oreja de cerdo.

Colocar en un plato hondo la oreja + hebras de morcillo + gallina + garbanzos + zanahoria.

Verter el caldo + matamaríos.

Listo.

SOPA MINESTRONE CON POCHAS

Aceite de oliva
1 cebolleta picada
2 dientes de ajo picados
100 g de panceta en dados
1 pizca de apio en cubos
2 zanahorias en cubos
1 patata en cubos
1 calabacín en cubos
1 tomate maduro picado
2 l de caldo de pollo o de agua + 1 pastilla
1 punta de laurel seco
1 corteza de queso parmesano duro
250 g de pochas desgranadas crudas
250 g de pasta para minestrone
1 corazón de berza en tiras finas

1 puñado de vaina francesa en trozos
Pesto de albahaca recién hecho
Queso parmesano rallado

En una olla sudar cebolleta + ajo + panceta durante 5 min.
Añadir el apio + zanahoria + patata + tomate y rehogar 5 min.
Mojar con el caldo o el agua + pastilla + laurel + corteza de queso + pochas
y hervir suavemente durante 20 min.
Añadir la pasta + vainas + berza + calabacín, rectificar el sazonamiento y
hervir 8 min. más. Salpimentar.
Un segundo antes de llevarla a la mesa, añadir el pesto y queso rallado.

SOPA NARANJA

1 diente de ajo picado
1 puñado de tocineta de cerdo en dados muy pequeños
3 puerros picados
2 zanahorias picadas
1 trozo de calabaza en dados pequeños
2 patatas en dados pequeños
1 chorrito de vino blanco
Aceite de oliva
Agua y sal

Además:
1 puñado de costrones de pan
Ajo picado + perejil picado
Aceite de oliva
Queso parmesano rallado

En una olla, rehogar aceite + tocineta + ajo + puerro + zanahoria + sal.
Añadir la calabaza + patata, agregar vino blanco y dejar reducir.
Mojar el fondo con agua y dejar cocer durante 30 min.
Rectificar el sazonamiento.
En una sartén antiadherente, saltear costrones + aceite + ajo + perejil.
Tenerlos listos.
Espolvorear la sopa en el plato con el queso + costrones.

SOPA PARMENTIER DE CHAMPIÑÓN

80 g de puerro
200 g de champiñón
100 g de patata pelada y cascada
500 ml de caldo del día
200 ml de nata
10 ml de aceite de oliva
Sal
Pimienta

Además:
Yemas de espárrago y jamón ibérico

Rehogar el puerro cortado en dados con el aceite durante 2 min.
Agregar el champiñón hasta que sude por completo durante 5 min.
Introducir la patata y rehogar 1 min.
Verter el caldo y dejar cocer 15 min. a fuego lento.
Añadir la nata y triturar hasta que quede una mezcla claramente homogénea. Colar y triturar.
Colocar por encima unas puntas de espárrago de lata y unas lonchas de jamón.
Verter un poco del *parmentier* de champiñón alrededor.

SOPA «PORTUGUESA»

1 cebolleta picada
4 dientes de ajo
2 patatas hermosas peladas
1 col pequeña
1 hueso pequeño de jamón
1 pedazo hermoso de chorizo picante fresco
Agua caliente

En el fondo de una olla sofreír cebolleta + aceite + sal.
Mientras, cascar las patatas y cortar en pedazos gruesos las hojas blancas de col.
Reservar las hojas más verdes.
Añadir las patatas y las hojas blancas de col al sofrito y dar unas vueltas.
Cubrir con agua caliente + sal + hueso + chorizo.
En una sartén hacer un refrito de ajos laminados + 4 soperas de aceite de oliva.
Colarlo sobre la cazuela para eliminar los ajos.
Cocer 40 min.

Sobre la tabla, cortar en tiras muy finas las hojas verdes de berza.

Pasado el tiempo de cocción, retirar el hueso de jamón y el chorizo.

Triturar con la túrmix la sopa de la olla; si queda gruesa, aligerar con agua.

Añadir las hojas verdes de berza y cocer 5 min.

Cortar sobre la tabla el chorizo en dados hermosos.

Para terminar, añadir el chorizo a la sopa y rectificar la sazón.

Listo.

SOPAS DE AJO

1/3 de pan lechuguino o de canteros del día anterior, sin corteza, en lonchas finas

2 ajos en tiras finas

1,5 l de caldo (hueso de jamón + casco de cebolla + ajo) o agua

1 huevo

1 pizca de pimentón de La Vera dulce

Aceite de oliva

Sal

Además:

Morcilla de arroz desmigada

Calentar el aceite y rehogar los ajos. Cuando se doren, añadir el pimentón.

Antes de que se queme, agregar el pan fuera del fuego hasta que se empape.

Añadir el caldo y hervir. Incorporar entonces el huevo y romperlo dentro de la sopa. Añadir la morcilla desmigada.

Rectificar la sazón.

Listo.

SOPAS DE GATO

1 l de caldo de carne o agua + 1 pastilla

1 diente de ajo picado

5 cucharadas soperas de aceite de oliva virgen

1 pizca de pimienta negra molida

4 buenos puñados de pan blanco de hogaza viejo, cortado en rodajas muy finas

2 huevos

1 cucharada sopera de pesto de berros

2 cucharadas soperas de queso rallado

Hervir caldo + diente de ajo + aceite + pimienta molida.

Añadir el pan poco a poco, para que se vaya espesando —hacerlo así para pillar el punto de espesor ligerito; las sopas deben quedar claras—, y que hierva al fuego 15 min.

Batir huevos + queso rallado.

Tras los 15 min. de cocción, añadir los huevos + pesto.

Rectificar el sazonamiento.

«VICHYSSOISE»

500 g de patatas peladas y cortadas en finas rodajas
2 blancos de puerro hermosos, limpios y troceados del mismo tamaño
1 pizca de mantequilla
1,2 l de agua
500 ml de nata líquida
Cebollino picado
Sal y pimienta

En una olla, poner mantequilla + puerros + nata líquida + sal + pimienta y rehogar sin que coja color. Debe quedar blanco.

Añadir las patatas, dar unas vueltas + agua. Cocer unos 20 min.

Enfriar y rectificar el sazonamiento.

Espolvorear cebollino picado.

«ZURRUKUTUNA»

200 ml de aceite de oliva
12 dientes de ajo pelados y partidos en dos
200 g de bacalao desalado y desmigado
1 pan *sopako* pequeño cortado fino
4 cucharadas soperas de pulpa de pimiento choricero
1 pizca de guindilla picante
4 cucharadas soperas de salsa de tomate
2 l de agua
3 huevos
Agua

Confitar los ajos en el aceite.

Escurrirlos del aceite de oliva.

Añadir el pan fileteado y rehogarlo subiendo el fuego ligeramente.

Añadir la pulpa de choricero + guindilla + salsa de tomate.

Medio desmigar el bacalao con las manos y añadirlo al aceite.

Mojar con el agua caliente y cocer lentamente durante 20 min., aplastando regularmente el pan con la cuchara.

Cuanto más hierva, más densa queda y más «antigua».

Antes de servir, añadir los huevos desleídos con el tenedor.

Listo.

VERDURAS, LEGUMBRES,
PATATAS, SETAS & GUARNICIONES

ALCACHOFAS ALIÑADAS A LA PROVENZAL

4 alcachofas cocidas a la *barigoule*
1 pizca de miel
1 pizca de vinagre de Módena bueno
Jugo de cocción de las alcachofas
1 naranja
Ralladura de limón
1 bulbo de hinojo pequeño crudo
1 puñado de aceitunas negras de Aragón
1 puñado de hojas de albahaca
1 rebanada de pan tostado
12 mozzarellas pequeñas
Aceite de oliva
Pimienta y sal

En un cazo pequeño hervir miel + vinagre, oscurecer + caldo de cocción de alcachofas.
En un bol rallar 1 pizca de naranja + ralladura de limón.
En el bol, laminar el hinojo con una mandolina + sal.
Meter la reducción en un tarro + 1 pizca de zumo de limón + aceite de oliva + pimienta + sal y agitar.
Añadir las aceitunas + aceite de oliva + alcachofas en cuartos + salpimentar y menear.
Añadir el pan tostado troceado con la mano + albahaca.
Empapar con la vinagreta y menear.
Desperdigar las mozzarellas.
Listo.

ALCACHOFAS «ARMENDÁRIZ»

6 alcachofas crudas
2 dientes de ajo picados
3 cucharadas de tocineta en tiras muy finas
Aceite de oliva y sal
Perejil picado

En una sartén a fuego suave, echar una gota de aceite.
Ir limpiando las alcachofas y, conforme estén troceadas, al aceite.
Limpiarlas todas y menear.
Al final añadir el ajo picado + tocineta y dar unas vueltas.
Espolvorear el perejil y listo.

ALCACHOFAS CON ALMEJAS

24 alcachofas
500 g de almejas
2 dientes de ajo picados
250 ml aprox. de caldo de cocción de las alcachofas
3 cucharadas soperas de aceite de oliva
Perejil picado
1 cucharilla de café rasa de harina
1 chorrito de vino blanco
Agua y sal

Hay que elegir alcachofas bien prietas y duras.
Cortar el tallo, dejando 10 cm unido a la base.
Quitar las hojas exteriores de la alcachofa.
Pelar con cuidado la base, procurando quitarle lo mínimo de carne. Hacer lo mismo con el tallo.
Conforme se limpian las alcachofas, añadirlas al agua salada hirviendo.
Una vez añadida la última alcachofa, agregar 1 pizca de sal y dejar que cuezan unos 20 min.
Cuando ya estén hechas, dejarlas enfriar en el caldo de cocción.
En una cazuela, rehogar ajo picado + aceite de oliva.
Al comenzar a «bailar», añadir harina y revolver, verter el vino + caldo caliente y hervir 30 segundos.
Añadir almejas y mantenerlas al fuego, hasta que se abran.
Retirarlas a un plato, sin que se enfríen.
Introducir en la salsa las alcachofas, previamente cortadas en cuartos, y dejar hervir suavemente unos minutos, para que cojan calor.
Colocar las almejas por encima, dar unas vueltas y espolvorear con el perejil.

ALCACHOFAS ESTOFADAS CON JAMÓN

9 alcachofas
2 dientes de ajo
1/2 cebolla picada y pochada en aceite de oliva
75 g de jamón en tacos
Agua
Sal y pimienta
Aceite de oliva virgen
Cebollino picado

Limpiar las alcachofas aprovechando el tallo, cortarlas en cuartos y colocarlas en un bol de cristal con agua, sin ningún otro aditivo.

Una vez limpias y cortadas, sacarlas del agua y colocarlas en una cazuela de acero inoxidable, cubrirlas con agua y acercarlas al fuego.

Cuando rompan a hervir, bajar el fuego y mantener el hervor durante 15 min.

Tomar de las alcachofas cocidas 8 porciones y ponerlas en un recipiente con un poco de caldo de las mismas (200 ml) y 50 ml de aceite.

Triturar esta mezcla en frío y añadir un poco de sal y pimienta.

En una cazuela poner aceite + ajo picado + cebolla pochada + jamón y dorar ligeramente. Incorporar el batido que preparamos con anterioridad.

Cuando rompa a hervir, incorporar las alcachofas bien escurridas.

Hervir y rectificar de sal y pimienta + un poco de caldo de alcachofa si hiciera falta.

Presentar con un poco de cebollino picado.

ALCACHOFAS REBOZADAS EN SALSA

24 alcachofas
Harina
Huevo batido
Perejil picado
1 diente de ajo picado
3 cucharadas soperas de aceite de oliva
1 cebolleta grande picada
1 vaso grande de caldo de cocción de las alcachofas
1 pizca de harina
Aceite de oliva o de girasol para freír
Sal

Hay que elegir alcachofas bien prietas y duras.

Cortar el tallo y dejar 10 cm unido a la base. Quitar las hojas exteriores de la alcachofa.

Pelar con cuidado la base, procurando quitarle lo mínimo de carne. Hacer lo mismo con el tallo.

Conforme vamos limpiando las alcachofas, añadirlas al agua salada hirviendo.

Una vez añadida la última alcachofa, agregar 1 pizca de sal y dejar que cuezan unos 20 min.

Cuando ya estén hechas, dejarlas enfriar en el caldo de cocción.

Mientras cuecen las alcachofas, preparar la salsa.

En una cazuela ancha a fuego suave, poner aceite de oliva + cebolleta + sal y pocharla sin que coja color.

En el momento en que esté tierna, añadir harina y dejar que se sofría. Echar poco a poco el caldo de cocción hasta obtener una salsa ligada y suave. Sazonarla ligeramente.

Partir las alcachofas en dos o, si son pequeñas, dejarlas enteras, pasarlas por harina + huevo batido, al que hay que mezclarle ajo + perejil picado. Freírlas en abundante aceite a fuego medio y escurrirlas en un papel absorbente.

Dejarlas hervir muy despacio en la salsa unos 15 min., añadiendo un poco de agua o de caldo de cocción de las alcachofas si se espesa demasiado.

Rectificar de sal y servir.

ALCACHOFAS SALTEADAS

6 alcachofas crudas con tallo largo
1 pizca de ajo picado
Perejil picado
Aceite de oliva
Sal

Limpiar las alcachofas y cuartearlas.
Arrimar una sartén al fuego e ir añadiendo las alcachofas crudas.
Saltear.
Añadir al final ajo picado y perejil.

ALCACHOFAS Y PUERROS AGRIDULCES

12 puerros pequeños sin el verde
12 alcachofas limpias, enteras
2 limones
3 dientes de ajo laminados
3 cucharadas de azúcar
2 cucharadas de perejil picado
1/2 cucharadita de romero picado
8 cucharadas de aceite de oliva virgen
Sal y pimienta negra recién molida

Trocear las alcachofas.
Dorar los ajos, añadir puerros + alcachofas + sal + pimienta + azúcar + zumo de limón + romero + 250 ml de agua + sal y cubrir con papel de horno + tapa.
Cocer durante 15-20 min. a fuego suave.

Retirar del fuego, añadir el perejil y corregir de sal y pimienta.

Servir las verduras con un par de cucharadas de líquido de cocción por encima.

ALUBIAS DE TOLOSA

Para 8 personas:
1 kg de alubias negras de Tolosa
4 l de agua
1 chorro de aceite de oliva
Sal gorda
Sacramentos
2 morcillas de Beasain, hermosas
Tocino ibérico cortado en láminas
1/2 berza
Guindillas de Ibarra (1 bote pequeño)
Ajo

Poner las alubias en una cazuela (esta alubia no necesita remojo), lavarlas y reemplazar esta agua por otra.

Añadir 4 l de agua fría por kilo de alubia (en una cazuela, a poder ser, más alta que ancha) + 1 chorro de aceite de oliva y poner a fuego fuerte hasta que empiece a hervir, durante 2 horas y 30 min. aprox.

Bajar a fuego suave y dejar que la alubia se vaya haciendo suavemente, manteniendo siempre un pequeño hervor.

Nunca remover introduciendo nada en la alubia, simplemente coger el asa y agitar en círculos suavemente. De esta manera se aprecia si necesita más agua. Si es necesario, añadirle agua, siempre fría, muy lentamente, sin dejar de perder los pequeños borbotones de la alubia.

Una vez que la alubia esté hecha, agregarle la sal, dejarla cocer durante unos minutos más y dejarla reposar fuera del fuego para que su caldo se espese.

Mientras, preparar los sacramentos por separado.

Presentar las guindillas de Ibarra encurtidas, en un vaso de chupito, con sal gorda y un poco de aceite de oliva.

Cocer la morcilla de Beasain durante 1 hora aprox. y dejar reposar hasta que las cortemos (si está cocida, solo calentarla).

Cortar el tocino ibérico en finas lonchas, como si de jamón se tratara, con un poco de sal gruesa y un poco atemperado, servido en un plato.

La berza, siempre con una breve cocción (en agua, sal y aceite), casi sin dejar que toque el agua, escurrida y salteada con un poco de ajo.

«BABA GANOUSH»

4 berenjenas limpias
Zumo de limón
4 dientes de ajo aplastados
1 cucharada sopera de *tahini* (pasta de sésamo)
Pimentón de La Vera
Aceite de oliva virgen
Pan de pita cortado en triángulos
Sal y pimienta

Horno a 200 ˚C.
Clavar 3 ajos crudos y asar la berenjena + sal + zumo de limón + aceite de oliva durante 1 hora.
Dejarla reposar 10 min.
Pelar la berenjena y meter la pulpa en un mixer + 1 ajo crudo + zumo de limón + sal + *tahini*.
Triturar, colocar en una fuente, hacer un hueco, verter aceite y espolvorear con pimentón.
Comer con el pan de pita tostado.

«BARIGOULE» DE ALCACHOFAS

12 alcachofas
6 dientes de ajo con piel
1 cebolleta en tiras
1 bulbo de hinojo pequeño en tiras finas
2 chalotas en tiras
1 puerro en rodajas
1 rama de apio en rodajas
1 zanahoria en rodajas
1 vaso de vino blanco
1 pastilla de caldo de carne
1 atadillo de perejil
1 hoja de laurel
1 rama de tomillo
Aceite de oliva
Agua y sal

En una olla amplia, rehogar ajo + cebolleta + hinojo + chalotas + puerro + apio + zanahorias + sal.
Añadir las alcachofas + vino + pastilla + perejil + laurel + tomillo + agua + sal.

Cocerlo tapado hasta que las alcachofas estén tiernas, durante 25 min. aprox.
Dejar atemperar en el mismo caldo de cocción.
Listo.

BERENJENAS A LA PARMESANA

6 cebollas pochadas con aceite
3 berenjenas
200 g de harina
2 mozzarellas frescas
400 g de queso parmesano
200 g de queso pecorino
700 g de sofrito de tomate
Hojas de salvia
Sal

Tener el encebollado hecho y añadirle la salvia rota con las manos.
Cortar las berenjenas en rodajas + sal.
Enharinarlas y freírlas en aceite. Escurrirlas.
Montar en una fuente las berenjenas + tomate + quesos + mozzarella rota
con las manos.
Hornear 15 min. a 180 ˚C.
Listo.

BERZA CON PATATAS

1 berza verde y rizada
2 patatas hermosas
4 dientes de ajo laminados
Aceite de oliva
Vinagre
Sal

Partir la berza en dos (si son grandes, eliminar el tallo central) y soltar las hojas.
Lavar las hojas e introducirlas en el agua hirviendo.
Cocer destapada 15 min.
Una vez pasado el cuarto de hora, añadir las patatas peladas en pedazos grandes y cocer otros 15 min. más.
Preparar un refrito con el aceite y los ajos, y verterlo sobre las patatas y la berza.
Verter unas gotas de vinagre sobre la berza, sazonar ligeramente y servir.

BONIATOS ASADOS

Boniatos

Poner los boniatos con la piel en una bandeja y hornear a unos 180 °C hasta que estén bien blandos y se hayan caramelizado los jugos que van soltando.
Se pueden comer tal cual, añadirse a las lentejas para hacer un puré con un toque dulce o utilizarlos de base para elaborar los bizcochos de boniato.

«BOUQUET GARNI» O RAMITO AROMÁTICO

Bouquet garni *para carnes/estofados*:
Verde de puerro
Hilo de cocina
3 ramas de tomillo
1 diente de ajo partido en dos
1 rama de romero
Ramas de perejil
1 hoja de laurel
Cáscara de naranja

Opcional:
Rama de canela, vainilla, hinojo seco, clavo, anís estrellado, etc.

Bouquet garni *para pescados/mariscos*:
Gasa de farmacia (en la gasa podemos meter especias)
Hilo de cocina
1 rama de apio
3 ramas de tomillo
1 diente de ajo partido en dos
1 salvia
Ramas de perejil
1 hoja de laurel
Cáscara de limón
Azafrán
Granos de pimienta
Comino
1 pastilla de caldo

En ambos casos formar un par de hatillos, uno sobre la gasa limpia y otro unido con una liz o hilo de cocina.

CALABACINES RELLENOS DE CARNE

5 calabacines de ración
3 dientes de ajo picados
500 g de carne cruda picada (ternera, vaca y cerdo)
4 cucharadas soperas de aceite de oliva
4 cucharadas soperas de salsa de tomate
1 chorrito de vino blanco
Sal

Limpiar los calabacines y secarlos.

Abrirles una tapa en la parte superior del tallo, vaciarlos con cuidado, dejándoles 1 cm de carne adherida a la piel, y picar la pulpa de calabacín retirada.

En una sartén grande con 1 cucharada de aceite, dorar ligeramente los calabacines sazonados, por todos los lados.

Reservarlos en una fuente de horno.

En la misma sartén a fuego medio, añadir el aceite restante + pulpa de calabacín + ajo y saltear unos 10 min.; deben quedar bien cocinados.

En ese momento, añadir la carne + sal y mezclar bien, dejando que siga cocinándose una 1/2 hora. Hay que hacerlo sin dejar de dar vueltas, para que el picado de carne quede suelto y sin apelmazar.

Añadir la salsa de tomate + sal.

Rellenar los huecos de los calabacines salteados y calentarlos en el horno, rociados de 1 chorrito de aceite de oliva + vino blanco, durante unos 15 min.

Listo.

CAMEMBERT AL HORNO

1 queso tipo camembert
1 diente de ajo + 1 chalota, rehogados
1 cucharada de mostaza
1 pizca de tomillo picado
1 pizca de perejil picado
Pimienta negra molida
1 chorro de vino blanco

Horno a 210 ˚C.

Elegir un buen queso camembert, abrir la tapa y retirar el papel que lo envuelve y la etiqueta adhesiva que suele cubrir la corteza.

Con un cuchillo bien afilado, abrir la pieza en dos en el sentido del espesor; es decir, quedarán dos medias ruedas de queso.

Juntar en una taza chalota + ajo + mostaza + perejil + tomillo + pimienta negra + 1 chorro de vino blanco y untar bien el queso con esta mezcla.

Volver a meter 1 medio queso desnudo en la caja (con la corteza blanca en contacto con el fondo) y cubrir con el medio queso restante, que quedará con la corteza blanca mirando al cielo. No colocar en ningún caso la tapa de madera superior.

Meter la cajita con el queso preñado 15 min. en el horno, sobre una bandeja.

Una vez fuera del horno, servirlo inmediatamente para que no se enfríe y el corazón quede fundido.

Acompañar con pan tostado, patatas hervidas o salteadas y una buena ensalada verde de escarola o cogollos, aliñada con aceite de oliva, zumo de limón y ajo picado.

CEBOLLA ROJA CON VINAGRE DE GRANADA

1 cebolla roja
500 ml de agua
4 cucharadas soperas de vinagre de granada
Sal

Cortar la cebolla en juliana fina.
Dejar en remojo la cebolla cortada, en agua fría para que pierda el picor, entre 15 y 20 min.
Escurrir la cebolla y añadirle sal para conseguir una textura blanda.
Añadir el vinagre sobre la cebolla y dejar 30 min. macerando.
Escurrir bien y acompañar con la carne a modo de guarnición.

COLES DE BRUSELAS A LA CREMA

300 g de coles de Bruselas muy pequeñas
1 cebolleta pequeña picada
2 dientes de ajo picados
1 puñado de lardones de beicon muy finos
6 albaricoques secos en dados
1 pizca de mantequilla
1 vaso de nata líquida
Aceite de oliva y sal
1 limón

Limpiar las coles de Bruselas.
Añadir sal al agua, echar las coles y cocerlas 15 min., a descubierto.
En un sauté, poner aceite + mantequilla + cebolleta + ajo y sofreír.
Sofreír también los lardones de beicon.
Añadir nata + albaricoques y reducir hasta que se espese ligeramente.
Volcar las coles, salpimentar y añadir unas gotas de limón para realzar el gusto.

COLIFLOR CON BACALAO AL GRATÉN

1 coliflor entera lavada, sin soltar ramilletes
750 g de patatas peladas
500 g de bacalao desmigado
1 pizca de mantequilla
1 cebolleta pequeña picada
1 pizca de ajo picado
1 cucharada rasa de harina
500 ml de leche
100 ml de nata líquida
Queso parmesano rallado
Aceite de oliva y sal

Horno a 200 ˚C con grill.
En una tabla rebanar la coliflor.
Volcar la coliflor en el agua + patatas y dejarlo cocer sin tapar unos 20 min.
Poner al fuego la leche + nata.
Sumergir los pedazos de bacalao y tenerlos unos 5 min.
En un cazo bajo sofreír aceite + mantequilla + cebolleta + ajo.
Hacer un *roux*, añadiendo la harina.
Sacar el bacalao de la leche y reservar.
Verter la leche + nata hervidas + sal y cocer la bechamel durante 8-10 min.
Probar el agua de cocción de la coliflor + patatas y añadir sal.
Dejar que cuezan las patatas + coliflor.
Colocar en una fuente una base de bechamel + patatas en rodajas +
bacalao + bechamel + coliflor + bechamel.
Espolvorear el queso.
Meter en el horno unos 10 min., hasta que se gratine.
Listo.

COLIFLOR GRATINADA

1 coliflor mediana en ramilletes
4 dientes de ajo
6 cucharadas de aceite de oliva
50 g de mantequilla
2 cucharadas soperas de harina
150 ml de leche caliente
2 cucharadas soperas de mostaza de Dijon
1 cucharada sopera de nata doble
1 puñado hermoso de queso emmental

Poner la coliflor a cocer en agua hirviendo con sal.

Preparar una bechamel con mantequilla + harina + leche caliente durante unos 10 min. a fuego muy lento.

Hacer un refrito con el ajo + aceite y colarlo sobre el agua de cocción de la coliflor cuando la coliflor lleve unos 5 min cociendo.

Escurrir la coliflor.

Añadir la mostaza a la bechamel + nata doble + 1 puñado de queso.

En el fondo de una fuente poner un poco de bechamel y la coliflor, y cubrir con el resto de la bechamel + queso.

Horno a 220 ˚C durante 15 min. hasta que se gratine.

CONFITURA DE CEBOLLA CON GRANADINA

10 cebollas rojas pequeñas en tiras finas
1 cucharada sopera de mantequilla
2 cucharadas soperas de azúcar
8 cucharadas soperas de granadina
1 granada en granos
Aceite de oliva
Sal y pimienta

En una cazuela amplia poner el azúcar, arrimar a fuego medio que caramelice + mantequilla + cebollas, subir el fuego y añadir aceite + sal + pimienta.

Tener 50 min. a fuego vivo, bajar la intensidad, tapar y dejar pochar suavemente 1 hora aprox.

Añadir la granadina + granos de granada + 1 pizca de sal y hervir durante 30 min.

Meter en tarros.

Servir con carne o patés.

CREMA DE AJO A LAS 3 COCCIONES

500 g de ajos pelados
320 ml de aceite de oliva
360 ml de nata

Colocar los ajos pelados en una cazuela, cubrirlos de agua y hervirlos a fuego lento durante 10 min.

Pasado este tiempo, escurrirlos, introducirlos en el mismo cazo vacío, cubrirlos con el aceite de oliva y confitarlos a fuego suave 10 min. más.

Escurrir de nuevo y colocar los ajos en el cazo, cubiertos de nata.

Darles la tercera cocción, que se prolongará otros 10 min.

Introducir tanto la nata como los ajos en el vaso de una batidora y triturar hasta obtener una crema fina.

Montar por último esta crema con parte del aceite en el que se confitaron los ajos, hasta que adquiera el gusto y la textura que deseemos, bien lisa y cremosa.

CUARRÉCANO

1 calabaza muy naranja
4 dientes de ajo
Cominos
Tomate frito casero
Huevos
Aceite de oliva virgen extra y sal

Trocear la calabaza como si fuese para tortilla y ponerla en una sartén con 1 pizca de aceite y sal.

Cuando empiece a estar tierna (aprox. 25 min.), añadir un majado de ajos y cominos y unas cucharadas de tomate frito casero. Dejar que se dore. Listo.

CURRY DE VERDURAS

Para el sofrito:
Aceite de oliva
1 cebolla roja picada
Curry
Jengibre fresco rallado
3 dientes de ajo picados

Para las verduras:
1 pimiento morrón rojo en pedazos gruesos
2 zanahorias en rodajas gruesas
1 boniato hermoso, pelado en trozos grandes
1 coliflor pequeña en ramilletes medianos
2 calabacines medianos en trozos grandes
500 g de tomate triturado
1 chorro de vino blanco
Sal y pimienta

Además:
2 puñados grandes de espinacas frescas
1 yogur natural griego

En una olla, poner aceite + cebolla roja + curry + jengibre + ajo y sofreír
10 min. con un poco de vino blanco.
Añadir el tomate + el resto de las verduras, salvo las espinacas, y guisar
1 hora a fuego suave.
Retirar del fuego y añadir espinacas + yogur.
Salpimentar.

ENDIBIAS AL GRATÉN

10 endibias
100 g de mantequilla fría en dados
2 chalotas muy picadas
1 diente de ajo picado
1 pizca de harina
750 ml de leche
8 lonchas de jamón ibérico
3 yemas de huevo
80 g de queso parmesano
Aceite de oliva y sal

Horno a 190 ˚C.
Limpiar de hojas las endibias y hacerles una cruz en la base.
Blanquear las endibias en el agua + sal durante 8 min.
Escurrirlas.
Poner un sauté y rehogarlas en mantequilla + aceite de oliva durante 5 min.
por todas las caras.
Escurrirlas a un plato.
En el mismo fondo de rehogar, añadir más mantequilla + chalota + ajo.
Hacer un *roux* con harina + añadir leche hervida, preparar una bechamel
clarita.
Mientras, envolver las endibias en jamón.
Mezclar las 3 yemas en la bechamel.
Colocar un poco de bechamel en el fondo de una fuente + endibias
envueltas + bechamel + queso rallado.
Hornear durante 10-15 min. y terminar con el grill.
Listo.

ESPÁRRAGOS BLANCOS NATURALES

2 mazos de espárragos frescos gruesos
1 cebolleta muy picada

1 pizca de jamón muy picado
Agua y sal
Aceite

Limpiar los espárragos, eliminando la base dura.
Pelarlos delicadamente. Cocer un mazo en agua ligeramente sazonada durante 5-8 min. aprox., hasta que esté tierno.
Aparte, con el otro mazo pelado, pochar cebolleta + jamón + aceite.
Separar las yemas de espárragos de los tallos y picar estos últimos.
Añadir los tallos al sofrito, rehogar y salpimentar.
En una sartén, saltear unos minutos las puntas de espárrago blanco.
Acomodar el sofrito de cebolla + tallos en una bandeja y colocar por encima las yemas salteadas.
Escurrir los espárragos cocidos.
Se pueden acompañar los espárragos hervidos con una salsa holandesa.
Listo.

ESPINACAS A LA CREMA CON POLLO SALTEADO

500 g de espinacas
3 cebolletas frescas cortadas en finas rodajas
125 ml de nata fresca
Pechuga de pollo
Nuez moscada rallada
Sal y pimienta
Mantequilla y aceite de oliva
Huevos

Colocar las espinacas en un bol y cubrir con agua hirviendo.
Escaldarlas durante 1/2 min. y refrescar en agua con hielos para fijar el color. Escurrir y cortar finamente.
Calentar el aceite en una sartén y dejar sofreír la cebolleta fresca empapada en aceite durante 3 min. hasta que quede pochada.
Agregar las espinacas, la nata fresca y la nuez moscada. Sazonar.
Llevar a ebullición y después dejarlo 3 min. a fuego suave antes de servir.
Si se quiere, en el último momento escalfar unos huevos encima y dejar que se hagan con la tapa puesta.
A la hora de servir, volver a rallar por encima un poco de nuez moscada y pimienta.
Saltear la pechuga salpimentada por los dos lados, cortar en tiras y servir sobre las espinacas.

ESPINACAS Y ACELGAS CON PASAS Y PIÑONES

Espinacas frescas y verde de acelgas
1 cebolleta muy picada
2 dientes de ajo picados
1 chorrito de nata líquida
4 cucharadas soperas de pasas remojadas en agua
4 cucharadas soperas de piñones tostados
Aceite de oliva y sal

En un sauté, poner aceite + cebolleta + ajos picados + sal y rehogar.
Añadir las espinacas y acelgas crudas, dando vueltas sin cesar, y cubrir con una tapa.
Destapar, añadir nata + pasas + piñones y sazonar.
Pimentar.

FABADA ASTURIANA

1 kg de *fabes* de la granja de la variedad «andecha»
1/4 de cebolla asturiana dulce
1 diente de ajo
2 ramos de perejil
150 ml de aceite de oliva virgen
300 g de panceta de cerdo desalada
200 g de lacón de cerdo desalado
2 chorizos
2 morcillas
1 cucharada sopera de pimentón dulce
4 l de agua mineral
2 sobres de azafrán
Sal

Poner las *fabes* en remojo (previamente lavadas) en el agua mineral unas 8 horas.
Coger una cacerola de 34 cm de diámetro e incorporar todos los ingredientes menos la sal y el azafrán, poner a fuego fuerte e ir espumando las impurezas.
Cuando comience el hervor, bajar el fuego al mínimo para que vaya teniendo una cocción muy suave pero constante.
Pasadas 2 horas añadir el azafrán, siempre vigilando la cantidad de agua, que debe estar por encima de las *fabes* (reponiéndola en cantidades pequeñas y fría si fuera necesario).

También cuando falten 30 min. para finalizar, teniendo en cuenta que el tiempo de cocción es de 2 horas y 30 min. con unas *fabes* de calidad, rectificar el punto de sal, que siempre dependerá del que se obtenga del compango (la carne de cerdo).

Una vez finalizado el tiempo de cocción, dejarlas 1 hora en reposo antes de servir.

«FEIJOADA»

Para el arroz:
500 g de arroz blanco
3 dientes de ajo
2 hojas de laurel
Sal

Para la vinagreta:
5 tomates cortados en dados
2 cebollas cortadas en dados
Vinagre de vino blanco
Perejil
Cebollino
1 chile rojo picante en dados
Gajos de naranja limpios
Sal y pimienta

Para la col rizada:
Col rizada en juliana
Aceite de girasol
Beicon en cubos
Harina
Sal y pimienta

Para la farofa:
Beicon
Mantequilla
Harina de mandioca
Perejil y cebollino
Sal y pimienta

Para la feijoada:
1,5 kg de alubia negra
300 g de carne seca en cubos u oreja
300 g de costilla de cerdo separada del hueso
200 g de *paio* (embutido) cortado en dados

200 g de calabresa (otro tipo de embutido) en dados
120 g de rabo de cerdo cortado en dados de unos 5 cm
100 g de beicon cortado en cubos pequeños
200 g de cebolla en dados
7 dientes de ajo picados
Sal y pimienta
Chile rojo o cayena en dados
Hierbas aromáticas: tomillo, laurel, etc.

Para la feijoada:
Sacar todas las carnes saladas e introducirlas en agua fría durante 12 horas, cambiándole el agua unas 4 veces.
Luego hervirlo 3 veces y cortar todas las carnes en trozos pequeños.
Colocar las alubias en una cazuela grande y añadir las carnes cortadas y el agua hasta que lo cubra todo.
Hervir con las hierbas aromáticas. Ir sacando las carnes a medida que se vayan haciendo y reservar.

Para la salsa:
Mientras, en una sartén con aceite de girasol, dorar el beicon y añadir los ajos, las cebollas y los chiles.
Sacar 2 cucharadas grandes de la feijoada, triturar con esto, mezclar, dejar que hierva unos 4 min. y volver a ponerlo todo en la cacerola grande hasta que las alubias estén hechas.
Se acompaña de todas las guarniciones: un arroz blanco hecho con laurel; la vinagreta donde se mezclan todos los ingredientes; la col rizada, que se salteará con el beicon, y la *farofa*, que se dorará en su propio aceite con la harina de mandioca y la mantequilla, y espolvoreada con perejil.

«FONDUE» DE QUESO

600 g de queso beaufort rallado
400 g de queso comté rallado
200 g de queso emmental rallado
1 pizca de harina
1 diente de ajo
1 botella de vino blanco seco de calidad
3 cucharadas de *kirsch* o de un alcohol similar
Sal y pimienta blanca recién molida
Pan de hogaza en rebanadas gruesas, tostado

Frotar el interior de una olla con el diente de ajo cortado en dos.

Arrimar a fuego medio, verter el vino y hervirlo.

Añadir los quesos rallados mezclados con la pizca de harina y fundirlos con una cuchara de madera. Serán necesarios 15 min. más o menos, sin dejar de dar vueltas.

Pimentar + alcohol.

Verter el queso fundido en el recipiente de *fondue*.

Cortar las rebanadas de pan en dados.

Pinchar y untar.

Listo.

FRIJOLES CON ARROZ

500 g de alubias de Tolosa
1 pimiento verde picado
1 cebolla picada
3 dientes de ajo picados
1 hoja de laurel
1 pizca de comino
1 chorro de vino tinto
1 pizca de azúcar
Aceite de oliva
Sal
Arroz blanco cocido al vapor

Arrimar la olla al fuego con las alubias + pimiento + cebolla + ajo + laurel + comino majado + sal.

Dejarlas guisar unos 90 min. a fuego suave.

Añadir 1 pizca de azúcar + vino tinto, rectificar el sazonamiento y guisar 5 min. más.

Servir junto al arroz blanco.

GARBANZOS CON COSTILLA

400 g de costilla de cerdo adobada, en un pedazo
1 trozo pequeño de tocino de cerdo
1 pedazo pequeño de hueso de jamón ibérico
1 cebolleta
1 puerro
1 zanahoria
6 dientes de ajo con su piel
3 l de agua de remojo de los garbanzos
Sal

Además:
800 g de garbanzos pequeños remojados en 4 l de agua
1 cebolla roja picada
1 puerro picado
3 dientes de ajo picados
1 pizca de pimentón
1 tomate maduro
Aceite de oliva

Hacer un sofrito con aceite + cebolla roja + puerro + ajo + sal.
Colocar en el fondo de una olla la costilla + tocino + hueso + cebolleta + puerro + zanahoria + ajos + agua de remojo + sal.
Cocer el caldo y las carnes durante 1 hora.
Añadir el pimentón sobre el sofrito y dar vueltas. Rallar el tomate sobre el sofrito y estofar.
Incorporar los garbanzos remojados, sofriéndolos 1 min.
Esperar a que el caldo esté listo.
Añadir sobre los garbanzos el caldo + sal y dejar cocer la legumbre a fuego suave durante 50 min. aprox. (en olla rápida, 20 min).
Con una espumadera recuperar el tocino + la costilla cocida.
Añadir a los garbanzos la costilla y el tocino de cerdo troceado.
Si hace falta, estirar el potaje con más caldo, para que coja el cuerpo deseado.

GRANIZADO DE TOMATE

1 kg de tomates maduros lavados
1 hoja de gelatina remojada
Tabasco
50 ml de aceite de oliva virgen extra
Zumo de limón
Salsa de soja
Sal y pimienta

Licuar los tomates y añadirles el zumo de limón.
Templar un poco de jugo de tomate y disolver la gelatina. Incorporarlo al resto del tomate.
Salpimentar + tabasco + soja + aceite y congelar en una placa.
Cuando esté duro, rascar con las púas de un tenedor y obtener un granizado.
Se puede servir sobre un gazpacho, un ajoblanco o un tartar de pescado.

GRATINADO PROVENZAL

2 cebolletas en tiras
2 berenjenas en dados
3 tomates medianos en rodajas
3 calabacines en rodajas
1 pizca de tomillo fresco
Aceite de oliva
Sal y pimienta

Horno a 150 ˚C.
En una olla rehogar cebolleta + 1 chorrito de aceite de oliva + sal y pimienta.
Saltear las berenjenas en dados, con 1 chorrito de aceite.
Mezclar cebolleta + berenjena y salpimentar.
En una fuente, colocar en el fondo la cebolleta + berenjena.
Sobre ellas intercalar rodajas de tomate-calabacín, apoyadas unas sobre otras.
Espolvorear el tomillo, sazonar ligeramente y rociar con aceite.
Hornear durante 1 hora aprox.

GRATÍN DE APIONABO Y JAMÓN

500 g de raíz de apio
750 ml de nata
1 rama de tomillo
3 g de ajo
100 g de parmesano rallado
100 g de láminas de jamón ibérico cortadas en tiras de 1 cm de ancho
100 ml de agua mineral
Sal y pimienta recién molida

Colocar en una olla la nata, el agua, el ajo, el tomillo, la sal y la pimienta.
Cocinar a fuego suave durante 3 o 4 min.
Cortar el apio-nabo en pequeños trozos y cocinarlo dentro de la nata anterior durante unos 30 min.
Colocar en un recipiente de horno la mitad de esta mezcla, colocar por encima el jamón ibérico y acabar virtiendo el resto de la mezcla.
Espolvorear con el parmesano rallado y gratinar al horno a 160 ˚C durante 10 min.

GRATÍN DE CEBOLLETA, CHISTORRA Y BACALAO

1 kg de cebolleta (12 unidades)
180 ml de nata
120 g de chistorra
15 g de parmesano rallado
250 g de bacalao
Sal

Precalentar el horno a 160 ˚C.
Cocer las cebolletas en una cacerola con agua y sal.
Llevar a ebullición, bajar el fuego y dejar cocer hasta que las cebolletas estén tiernas (más o menos unos 20 min.)
Mientras, cortar y saltear la chistorra y escurrirla del aceite sobrante.
Cortar el bacalao en rodajas de unos 3 mm y reservar.
Una vez cocidas, cortar las cebolletas en rodajas y colocarlas en un recipiente hondo.
Encima, poner las rodajas de chistorra salteadas.
Verter la nata por encima.
Dejar cocinar en el horno 40 min. a 160 ˚C.
Colocar el bacalao sobre el recipiente, espolvorear el queso finamente rallado por toda la superficie y darle un golpe de horno de unos 20 segundos.

GRATÍN DE HONGOS Y PATATAS

400 g de patata laminada
200 g de hongos frescos laminados
50 ml de aceite de oliva
500 ml de nata
40 g de ajo picado
Sal y pimienta

Horno a 140 ˚C.
Hervir en una cacerola la nata + ajo + sal y pimienta.
Cocinarlo a fuego lento unos 7 min.
Colar y reservar.
Poner el aceite de oliva en otra cacerola y, cuando empiece a tomar color, añadir las setas cortadas.
En una fuente de horno, colocar primero una base de crema de ajo + láminas de patata + setas + crema de ajo.
Seguir haciendo capas hasta que se acaben.
Hornearlo durante 1 hora y 15 min.

GRATÍN DE PATATAS CON TORTA EXTREMEÑA

1 kg de patatas
300 g de torta extremeña
300 g de cebolleta en tiras
200 g de tocineta ibérica en lardones finos
100 ml de vino blanco

Cocer las patatas con piel durante 30 min.
Escurrirlas, pelarlas, cortarlas en rodajas y reservar.
Rehogar los lardones en una sartén sin grasa y retirarlos a un papel absorbente.
Rehogar la cebolleta en la misma sartén que la tocineta sin agregar ninguna grasa.
Una vez rehogada, agregar las patatas + lardones de tocineta + vino blanco y dejarlo reducir hasta la mitad.
Pasar a una fuente de horno y cubrir con la torta extremeña.
Hornear a 210 ˚C durante 30 min.
Listo.

GRATÍN DE TOMATE

1 kg de tomate maduro
1 calabacín grande en rodajas finas
Tomillo fresco
1 ramillete de albahaca
115 g de mantequilla en pomada
50 g de Idiazábal rallado
120 g de pan fresco rallado
50 g de piñones molidos
Perejil picado
2 dientes de ajo picados
Sal, pimienta, 1 pizca de azúcar y aceite de oliva

Horno a 150 ˚C.
En una sartén, saltear ligeramente los calabacines + hojas de tomillo + sal.
Cortar el tomate en rodajas.
Colocarlo en el fondo de una fuente, salpimentar + azúcar.
En medio, colocar los calabacines salteados + tapizar de hojas de albahaca.
Cubrir con más tomate en rodajas, salpimentar + azúcar.
En un bol, poner mantequilla + Idiazábal + pan rallado + piñones molidos + perejil + ajo y amasar hasta que adquiera una textura arenosa.
Ponerla por encima de los calabacines y la albahaca.
Hornear durante 10 min. hasta que se dore la superficie.

GUISANTES FRESCOS CON HUEVO ESCALFADO

2 cebolletas pequeñas picadas
1/2 diente de ajo picado
50 g de jamón ibérico muy picado
800 g de guisantes lágrima frescos
250 ml de agua
4 huevos
Sal
Aceite de oliva virgen
Lonchas de jamón ibérico

En una sartén antiadherente amplia, echar 1 chorrito de aceite de oliva y ponerlo a fuego lento durante 15 min. junto con el ajo picado y la cebolleta, hasta que quede bien rehogada.
Añadir el jamón picadito y, cuando haya pasado 1 min., echar la lágrima de guisante.
Dejar cociéndolo otros 2 min. más. Remover bien y mojar con el agua.
Cocer durante 2 min. y ponerlo al punto de sal.
Cascar los 4 huevos en la cazuela y dejar cocer un poco.
A mitad de cocción de la clara de huevo, retirar del fuego, añadir 1 buen chorro de aceite de oliva, tapar y dejar reposar 2 min. antes de servir.

GUISANTES TIERNOS CON HUEVO FRITO

20 zanahorias pequeñas tiernas
600 g de guisantes repelados (y las vainas)
1 cebolleta picada
Aceite de oliva virgen
1 pizca de mantequilla
Agua y sal
2 huevos

En una olla con aceite, rehogar las vainas de guisante, mojar con agua y cocer 10-15 min.
En un sauté con mantequilla, rehogar suavemente las zanahorias tiernas + azúcar.
Cubrirlas de caldo y dejar evaporar muy suavemente.
En otro sauté, pochar cebolleta + sal.
Añadir caldo de guisante y dejar guisar tapado durante 2 min.
Añadir los guisantes.
Mientras, calentar el aceite para freír los huevos.

Freírlos y colocarlos sobre los guisantes en un plato hondo + zanahorias + hilo de aceite de oliva virgen.
Listo.

HABITAS CON TOCINO

1 cebolleta pequeña picada
50 g de tocino curado picado
800 g de habitas frescas
100 ml de agua o de caldo de pollo
4 huevos
Aceite de oliva virgen extra
Tocino curado en finas lonchas
Sal

En un sauté echar 1 pizca de aceite de oliva y rehogar la cebolleta + tocino en dados + sal.
Añadir las habitas, rehogar un poco + mojar con agua o caldo de pollo.
Cocer durante 2 min. y poner a punto de sal.
Cascar los 4 huevos en la cazuela y cocer muy suavemente.
Retirar del fuego, añadir 1 buen chorro de aceite de oliva, tapar y dejar reposar 2 min. antes de servir.
Destapar, cubrir con tocino curado recién cortado y dejar que brille con el calor.
Listo.

HONGOS A LA BORDELESA

1 kg de hongos de tamaño medio, limpios
1 cebolleta picada
3 dientes de ajo picados
Aceite de oliva
Huevos
Perejil picado
Pan fresco rallado
Unas gotas de vino blanco
Mantequilla
Sal y pimienta

Horno a 200 ˚C.
Cortar los tallos en dados y dejar los sombreros enteros.
Pochar a fuego medio cebolleta + ajo + aceite con 1 pizca de sal + pimienta.

Añadir los tallos de hongo y saltear 5 min.

Colocar el salteado en el fondo de una bandeja de horno.

Cubrirlo con los sombreros de hongo, sazonar y rociar con 1 chorrito de aceite.

Hornear durante 25-30 min.

En una sartén, poner 1 nuez de mantequilla hasta que esté color avellana y añadir perejil picado.

Depositar sobre unos moldes de porcelana, dar unas vueltas y cascar en cada una de ellas 1 huevo + un poco de sal y pimienta.

Cuando falten 5 min. para sacar los hongos del horno, introducir los moldes en él hasta que los huevos estén hechos.

Espolvorear los hongos con perejil + pan rallado antes de acabar de hornear.

JUDÍAS VERDES REHOGADAS

500 g de judías verdes limpias, en tiras
2 dientes de ajo
4 cucharadas soperas de aceite de oliva
1 tomate rojo maduro
1 cebolleta tierna
1 hoja de laurel
Vino blanco
Sal

Poner agua a hervir + sal.

Deslizar las judías en el agua hirviendo y cocerlas durante 6 min.

Escurrirlas y refrescarlas, sin introducirlas en la nevera.

En una cazuela aparte, echar aceite de oliva + ajo picado + sal + cebolleta picada.

Arrimar a fuego suave y dejar que se caramelice ligeramente y adquiera una tonalidad rubia.

Mientras, pelar el tomate y picarlo.

En cuanto la cebolla esté lista, añadir el tomate + hoja de laurel.

Sofreír durante 15 min. aprox., hasta que quede bien reducido y el tono de la cebolla sea el de un sofrito. Podemos añadir unas gotas de vino blanco.

Añadir las judías verdes, dar unas vueltas, sazonar y servir.

JUDÍAS VERDES REHOGADAS CON PIMENTÓN

1 kg de judías verdes limpias
3 cebolletas pequeñas picadas
6 cucharadas soperas de aceite de oliva
2 cucharaditas de pimentón dulce de La Vera
6 dientes de ajo laminados
Agua y sal

Poner a cocer las judías en abundante agua hirviendo con sal, sin taparlas, durante unos 12 min. aprox. desde que surjan los borbotones.
Escurrirlas y reservarlas en una fuente aún humeantes.
En una sartén echar el aceite + cebolleta + sal.
Una vez pochado, volcar los ajos laminados, hasta que se doren.
En ese momento, retirar la sartén del fuego y añadir el pimentón + las judías verdes calientes.
Mezclar perfectamente y servir.

LASAÑA DE VERDURAS ASADAS

1 kg de calabaza en rodajas de 1 cm
2 bulbos de hinojo cortados en rodajas del mismo grosor
2 pimientos morrones crudos en tiras anchas
Aceite de oliva
Mantequilla
3 cucharadas soperas de harina
750 ml de leche caliente
1 cebolla picada
2 dientes de ajo picados
1 calabacín picado
1 zanahoria picada
Vino blanco
800 ml de salsa de tomate
Hojas de lasaña de cocción rápida
300 g de espinacas rehogadas con ajo
3 bolas de mozzarella
1 puñado de Idiazábal rallado
Sal y pimienta

Horno a 200 ˚C.
En una fuente, estirar la calabaza + hinojo + morrones + sal + aceite y hornear durante 40 min.

En una olla, sudar cebolla + ajo + calabacín + zanahoria + sal + pimienta y rehogar 5 min.

Mientras, preparar una bechamel con mantequilla + harina + leche.

Añadir a la verdura vino blanco + tomate y guisar durante 45 min.

Montar la lasaña: base, tomate + pasta + bechamel.

Capa de verduras asadas.

Capa de tomate + pasta + espinacas + bechamel.

Capa de verduras asadas.

Capa de tomate + pasta + espinacas + bechamel.

Mozzarella pellizcada + queso de Idiazábal.

Hornear durante 40 min. y dejarlo reposar 15 min. antes de comer.

LECHUGAS CHUNGAS CON HUEVOS

1 *tupper* de hojas de ensalada reblandecidas
1 puñado de champis enteros
1 puñado de tocineta en lardones finos
1 cucharada sopera de aceite de oliva
1 pizca de mantequilla
1 cebolleta pequeña picada
1 diente de ajo picado
1 chorrito de nata líquida
1 chorrito de zumo de limón
3 huevos
Sal y pimienta recién molida

En un sauté, echar aceite + mantequilla + lardones de tocineta + cebolleta + ajo + champis laminados, salpimentar y rehogar suavemente durante 5 min.

Subir el fuego, verter nata + lechugas chungas, dar vueltas y salpimentar.

Añadir zumo de limón y dar unas vueltas.

Cascar los huevos en el fondo, apagar el fuego y cubrir.

Dejar que se cuajen y pimentarlos.

LENTEJAS CON CHORIZO

1 cebolleta picada
1 blanco de puerro picado
1 zanahoria en dados pequeños
1 pizca de laurel seco
2 cucharadas soperas de salsa de tomate
1 pizca de pimentón dulce de La Vera
1 chorizo fresco con 1 pizca de picante

600 g de lentejas
Agua + pastilla de caldo
Aceite de oliva y sal
2 dientes de ajo picados
1 guindilla

En una olla, poner aceite + cebolleta + puerro + zanahoria + laurel y rehogar + sal.
Añadir tomate + pimentón + chorizo + pastilla de caldo. Agregar las lentejas. Cubrir con agua + sal.
Cocer unos 45 min.
En una sartén preparar un refrito de ajos + guindilla y tirarlo sobre las lentejas.
Sacar el chorizo, cortarlo en rodajas y volver a meterlo en la olla.
Rectificar el sazonamiento y listo.

LENTEJAS CON GALLINA

Agua
1 muslo de gallina
1 puerro
1 zanahoria
1 atadillo de perejil
1 chorrito de vino blanco

Además:
400 g de lentejas
2 puerros picados
1 zanahoria picada
1 pimiento verde picado
1 cebolleta picada
2 dientes de ajo picados
1 chorrito de aceite de oliva
1 pizca de pimentón dulce de La Vera
1 pizca de pulpa de choricero
Sal

Añadir al agua la gallina + puerro + zanahoria + perejil + vino. Cocer durante 45 min. y colar.
En una olla rehogar con aceite los puerros + zanahoria + pimiento + cebolleta + ajos + sal.
Desmigar el muslo de gallina (la piel la podemos picar y añadirla al sofrito).
Añadir al sofrito pimentón + pulpa de choricero + sal + lentejas y dar unas vueltas.

Mojar con el caldo de gallina + sal.
Estofarlas durante 45-50 min. aprox. (en olla exprés unos 14 min.).
Comprobar si hace falta añadir más caldo.
Incorporar la gallina troceada.
Listo.

LENTEJAS DE VERDURA Y CEREALES

500 g de lentejas pardinas o verdes de Puy
2 cebollas pequeñas picadas
2 dientes de ajo picados
Curry en polvo
2 calabacines pequeños en dados pequeños
250 g de mijo, quinoa o avena en copos
Sal y aceite de oliva

En una olla rehogar cebollas + ajo y sazonar.
Añadir el curry, dar vueltas y agregar calabacines + cereales.
Sazonar, añadir las lentejas y cubrir de agua.
Cocer suavemente durante 40 min.
Sacar las lentejas y servir.

LOMBARDA ESTOFADA

4 cebolletas en tiras finas
4 chalotas en tiras finas
850 g de lombarda en tiras anchas
3 manzanas granny smith ralladas
1 cucharada sopera hermosa de miel
125 ml de jugo de grosellas
125 ml de zumo de naranja
125 ml de zumo de manzana granny smith
125 ml de vino tinto
125 ml de oporto tinto
Aceite de oliva y sal

En una olla pochar la cebolleta + chalota + aceite + sal.
Añadir la lombarda cruda + manzana + miel.
Verter todos los líquidos.
Tapar y cocer a fuego lento unas 3 horas.
Listo.

MENESTRA DE BASOLLUA

250 g de vainas
100 g de zanahorias
1 cebolla picada
50 g de jamón
1 brócoli pequeño
1 bote de cardos
6 alcachofas
200 g de guisantes
200 g de patatas
Agua
Aceite de oliva
Harina
Huevos

Poner a cocer en agua las vainas y las zanahorias.

Por otro lado, rehogar en una cazuela con un poco de aceite la cebolla picada junto con el jamón.

Pasados unos instantes, añadir el brócoli para que también se vaya haciendo.

Mientras, rehogar la cebolla + jamón + brócoli, limpiar perfectamente las alcachofas, dejando el cogollo, y echarlas junto con las vainas y las zanahorias.

Una vez cocido todo, escurrir reservando el agua y agregarlo todo a la cazuela de la cebolla.

Rebozar el cardo con harina y huevo, freírlo y reservar.

En la misma agua donde hemos cocido las vainas, las zanahorias y las alcachofas, cocer los guisantes y, una vez cocidos, escurrirlos.

Añadir la mitad a la cazuela.

Triturar la otra mitad de guisantes y agregarlos a la cazuela para espesar la salsa.

Dejar hervir todo el conjunto.

Dorar también las patatas troceadas en la sartén donde hemos freído el cardo y añadir a la cazuela + cardo.

La idea es hacer una menestra fácil, sin manchar mucho y relativamente rápida.

MICHIRONES

300 g de habas frescas peladas
1 cebolleta picada
2 dientes de ajo picados
1 trozo de panceta en tiras finas
1 trozo hermoso de sobrasada
1 pizca de chorizo picado para guisar
1 pizca de pulpa de guindilla picante
1/2 hoja de laurel
1 chorrito de vino blanco
4 patatas medianas
1 l de caldo de carne
Sal

En una olla, sofreír la cebolleta + ajos + sal.
Añadir panceta + sobrasada + chorizo y rehogar.
Agregar guindilla + laurel + vino blanco + patatas en dados pequeños + sal.
Cubrir con caldo de carne y guisar destapado durante 20 min.
2 min. antes de servir, añadir las habas tiernas y dejar hervir.
Rectificar la sazón.
Listo.

PASTEL DE BERENJENA Y QUESO DE CABRA

1 pan ecológico (o pan de cuarto)
1 berenjena
40 ml de aceite de oliva
5 g de ajo picado
150 g de lardones finos de panceta
100 g de jamón de pato
250 ml de leche
250 ml de nata
4 huevos
1 rulo de queso de cabra sin piel de 250 g cortado en rodajas de 5 mm
40 g de mantequilla
Sal
Pimienta

Precalentar el horno a 180 °C.
Lavar la berenjena, cortarla en rodajas de 5 mm e ir colocándolas en un bol
con agua para que no se oxiden y luego no absorban tanto aceite.

Secar las berenjenas sobre papel absorbente y ponerles la sal por las dos caras.

Echar el aceite de oliva en una sartén y dorarlas 2 min. por cada lado.

Colocarlas en una bandeja.

Hacer un sofrito con el ajo + panceta en el mismo aceite y volcarlo sobre las berenjenas.

Cortar el pan en láminas muy finas.

Pintar con mantequilla el molde para que no se pegue e ir colocándolo con cuidado, cubriendo toda la base y las paredes.

Colocar el queso alternándolo con las berenjenas, los lardones de panceta y el jamón de pato.

Batir los huevos y agregar la leche y la nata.

Poner a punto de pimienta y volcar sobre el molde.

Hornear 30 min. vigilando que no se queme.

Si se empieza a dorar mucho, es conveniente taparlo con papel de aluminio (más o menos los últimos 10 min.).

PASTEL DE ESPÁRRAGOS

500 g de espárragos blancos frescos pelados, sin el tallo duro
100 g de mantequilla
1 chorrete de vino blanco
400 ml de leche
400 ml de nata
4 huevos
Aceite de oliva
Sal y azúcar

Además:
100 ml de salsa mahonesa
100 ml de nata semimontada
1 pizca de mostaza de Dijon
1 limón
2 puñados de espinacas para aliñar o similar
1 puñado de guisantes o habas frescas crudas
Germinados verdes
Perifollo deshojado
6 huevos de codorniz con las yemas líquidas (2 min.), pelados

Separar las yemas de los espárragos y picar los tallos.

Pochar en una olla baja los tallos + yemas + mantequilla + sal, sin que coja color.

Añadir vino blanco, reducir + nata + leche y cocer unos 15 min.

Mientras hierve, escurrir las yemas cuando estén tiernas.

Batir la crema en la batidora + huevos + sal + pimienta + azúcar.

Echarlo en moldes individuales y hornear durante unos 60 min. al baño maría, con cartón en el fondo.

Sacar del baño, dejar enfriar en la encimera y meter en la nevera.

Mezclar mahonesa + nata semimontada + mostaza + ralladura de limón + sal.

Aliñar espinacas + guisantes o habas + aceite + sal + germinados + perifollo.

Colocar el verde en el fondo del plato y desmoldar el pastelillo.

Encima del pastelillo poner 2 yemas de espárrago cocidas.

Salsear y colocar alrededor los medios huevos abiertos con las yemas hacia arriba.

Verter un hilo de aceite de oliva. Listo.

PASTEL DE ESPÁRRAGOS CON PARMESANO

1 kg de espárragos blancos en conserva
300 ml de nata líquida
3 huevos y 5 yemas
110 g de parmesano en polvo
40 g de mantequilla
Jamón ibérico
Aceite de oliva
Cebollino
Sal y pimienta

Cortar las partes de abajo así como las puntas de los espárragos.

En un bol, mezclar los huevos enteros y las yemas.

Triturar en la túrmix la base de los espárragos y la nata. Agregar el parmesano rallado, mezclar bien y rectificar la sazón.

Cubrir con mantequilla todas las paredes de los moldes individuales.

Precalentar el horno a 140 °C.

Verter en cada uno de los moldes la preparación y repartir las puntas de espárrago cortadas por la mitad a lo largo de cada uno de los moldes.

Dejar cocer durante 20 min. aprox. en el horno, según el tamaño de los moldes.

Se puede decorar con unas puntas de espárragos naturales blanqueadas envueltas en lonchas de jamón ibérico.

Verter por encima un hilo de aceite de oliva y cebollino picado.

PASTEL DE PATATA, TOCINETA Y JAMÓN SERRANO

1 molde de aluminio o desechables de 15 x 5 cm

300 g de tocineta en lonchas
400 g de patatas grandes
4 cucharadas soperas de queso parmesano rallado
1 cucharada sopera de mantequilla
175 g de jamón serrano en lonchas
1 pizca de sal
Pimienta recién molida

Untar el molde por dentro con la mantequilla y forrarlo con tiras de tocineta, dejando que sobresalga por los costados para luego poder tapar la tarrina.
Pelar y cortar las patatas en lonchas finas, sin lavarlas, con su almidón.
Armar la tarrina en el molde de la siguiente manera: por cada 2 capas de patata salpimentada, cubrir con 1 capa de jamón serrano, otras 2 capas de patata y cubrir con 1 capa de tocineta, y así sucesivamente hasta llevar el molde hasta arriba.
Incorporar el parmesano rallado cada 4 capas de patata, 1 de tocineta y 1 de jamón serrano.
Finalmente, cerrar con la falda de tocineta que habíamos dejado que sobresaliera del molde.
Cocer en el horno a 150 ˚C durante 1 hora y 30 min.
Desmoldar cuando esté tibio, cortarlo en lonchas y servir.
Listo.

PASTEL DE PATATA Y BEICON

1 molde de aluminio o desechables de 15 x 5 cm

800 g de tocineta en lonchas finas
1 kg de patatas grandes peladas y cortadas muy finas con mandolina
8 cucharadas soperas de queso parmesano rallado
2 cucharadas soperas de mantequilla a punto de pomada
Sal y pimienta recién molida

Untar el molde por dentro con la mantequilla y forrarlo con tiras de tocineta, dejando que sobresalga por los costados para luego poder tapar la tarrina.

Armar la tarrina en el molde de la siguiente manera: por cada 2 capas de patata salpimentada, cubrir con 1 capa de tocineta, otras 2 capas de patata y cubrir con 1 capa de tocineta, y así sucesivamente hasta llevar el molde hasta arriba.

Incorporar el parmesano rallado cada 4 capas de patata.

Finalmente, cerrar con la falda de tocineta que habíamos dejado sobresalir.

Cocer en el horno a 180 ˚C durante 2 horas envuelto en papel de aluminio y los últimos 20 min. sin él.

Desmoldar cuando esté tibio, cortarlo en lonchas y servirlo.

PATACÓN «PISAO»

4 plátanos macho verdes
1 diente de ajo muy picado
Aceite de girasol y aceite de oliva
Sal

Tener aceite de girasol caliente en una sartén y aceite de oliva caliente en otra.

Pelar los plátanos y cortarlos en pedazos de 4 cm de largo.

Freírlos en el aceite de girasol, hasta que se doren.

Mezclar el diente de ajo + aceite de oliva en un bol pequeño.

Entre dos papeles machacar los plátanos fritos, para que queden bien planos.

Untar las dos hojas con el aceite de ajo, meter el plátano, cerrar con la hoja y machacar.

Deslizarlos al aceite de oliva caliente y freírlos perfectamente, hasta que queden crujientes.

Escurrirlos y sazonarlos.

Acompañar con guacamole y el hogao (véase la receta en p. 539).

Se acompañan también con arepas, frijoles, arroz y cerdo frito.

PATATA EN «COCOTTE» CON QUESO

4 patatas medianas
120 g de queso de cabra reblochon
Brotes de espinaca

Cocer las patatas con piel en abundante agua con sal.

Colocar las patatas en *cocottes*, hacerles una cruz en medio y agregar el queso a partes iguales.

Poner en el grill hasta que se dore.

Saltear unos segundos los brotes y colocarlos en la *cocotte*.

Nos servirá como guarnición de alguna carne o pescado.

PATATAS A LA ALAVESA

1 kg de patatas (kennebec)
1/2 cebolla
1 diente de ajo
Aceite de oliva
1 cucharilla de café de pimentón picante o dulce o la mitad de cada uno
Agua + pastilla o caldo hasta cubrir
Sal fina
1 hoja de laurel
8 g de comino
8 trozos de tocineta ibérica

En primer lugar, cascar las patatas en trozos no muy grandes.

Picar la cebolla en *brunoise*, echarla junto con la hoja de laurel en una cazuela y cubrir al ras de la patata. Si es con agua, añadir la pastilla, llevar a ebullición y, cuando rompa a hervir, bajar el fuego. Deberá estar así 35-40 min.

En el momento en que rompa el hervor, agregar sal fina y el comino, que habremos pasado por el mortero.

Poner en una sartén el diente de ajo con 1 chorro de aceite de oliva y, cuando empiece a bailar el ajo, echar el pimentón, dejar que se cocine un poco y agregarlo a la cazuela donde están las patatas.

Por otro lado, cortar la panceta e ir apretándola a medida que se va friendo, para quitar el exceso de grasa. La panceta la guardaremos para servir aparte o agregar en el último momento, pero la grasa que suelte hay que volcarla sobre la cazuela.

A medida que vaya pasando el tiempo, habrá que ir rompiendo la patata con la ayuda de una varilla.

PATATAS A LA IMPORTANCIA

1 kg de patatas peladas y en rodajas de 1 cm de grosor
Unos pedazos de pan pequeños
2 cebolletas pequeñas
3 dientes de ajo picados
75 g de jamón ibérico en dados pequeños
Perejil picado
1 pastilla de caldo
1/2 vaso de vino blanco
2 vasos de agua caliente
4 pistilos de azafrán natural
1 cucharada sopera de almendras
Huevo batido y harina para rebozar
Aceite de oliva para freír
Sal

Sazonar las patatas, pasarlas por harina y huevo batido y freírlas en aceite, sin que cojan color.

Escurrirlas a un papel absorbente.

Freír los pequeños pedazos de pan.

En una cazuela donde quepan holgadamente las patatas, sofreír las cebolletas + sal + ajo + jamón + perejil + pastilla (romperla con la cuchara).

Remover y echar el agua, hervir y añadir las patatas + sal.

Majar el azafrán + almendras + pan frito + vino + perejil + agua y volcar sobre las patatas.

Cocer a fuego lento durante 20 min., hasta que las patatas estén tiernas, y añadir un poco más de agua y 1 pizca de sal, de forma que las patatas se hagan en su propia salsa.

Al final añadir perejil.

PATATAS A LA RIOJANA

1 puerro pequeño picado
1 pimiento verde picado
1/2 pimiento rojo picado
1/2 cebolla picada
Aceite de oliva
1 punta de cayena
1 chorizo fresco
6 patatas hermosas peladas
2 pimientos choriceros remojados + agua
1/2 hoja de laurel
4 dientes de ajo picados
Agua de remojo de los choriceros
1 pastilla de caldo
Agua y sal

Rehogar en una olla el puerro + pimientos + cebolla + sal + cayena, sin que las verduras cojan color.
Cascar las patatas.
Cortar el chorizo en rodajas y añadirlo a la preparación.
Volcar las patatas + choriceros + laurel + ajos + agua de remojo de los choriceros + agua.
Cocer 40 min. a fuego suave.

PATATAS AL HORNO CON AJOS

5 patatas grandes peladas
1 puñado de chalotas peladas con su tallo
1 chorrito de aceite de oliva
1 cabeza de ajos con piel, con los dientes sueltos
1 rama de tomillo
50 g de mantequilla
Briznas de perifollo deshojado
Sal

Horno a 200 °C.

Cortar las patatas en gajos gruesos, a lo largo.

Tornearlos y sumergirlos en agua fría, para eliminar el almidón.

Escurrirlas y secarlas.

En una sartén caliente + aceite de oliva, saltear las patatas + chalotas.

Pasado un rato añadirle los ajos + sal.

Colorearlas.

Echarlas en una fuente + mantequilla + tomillo.

Meterlas en el horno durante 40-45 min.

Dejarlas templar para que se empapen.

Espolvorear las briznas de perifollo sobre las patatas y revolver.

PATATAS ASADAS CON MANTEQUILLA Y AJOS

6 patatas grandes
1 chorrito de aceite de oliva
Los dientes con piel de 1 cabeza de ajos
1 rama de romero y 1 de tomillo
125 g de mantequilla
Perejil picado grueso
1 tostada fina de pan para untar los ajos
Sal

Pelar las patatas y cortarlas en gajos gruesos, a lo largo.

Pasarlas por agua, para eliminar el almidón, y secarlas.

En una sartén caliente, saltearlas a fuego muy vivo, justo para colorearlas.

Bien tostadas y crudas por dentro, colocarlas en una fuente de horno, sazonar y añadir los dientes de ajo + tomillo + romero + mantequilla. Es importante que todas las patatas toquen el fondo de la fuente, que no estén amontonadas, para que se asen bien.

Hornearlas a 210 °C durante 45 min.

Retirarlas y dejarlas templar para que absorban la mantequilla del asado y estén jugosas durante una 1/2 hora.

Espolvorearlas con perejil toscamente picado.

PATATAS CON CACHÓN

1 cachón o sepia de 800 g aprox.
2 l de agua
1 cebolla entera
1 tomate entero
1 puerro
1 pimiento seco
50 ml de vino blanco
2 dientes de ajo picados
1 cebolla picada
1 pimiento verde picado
1 zanahoria picada
3 tomates maduros pelados y picados
1 pizca de canela en rama
650 g de patatas
50 ml de aceite de oliva virgen extra
Sal y pimienta
1 cayena

Limpiar el cachón y trocearlo, reservando la tinta.
Poner el agua en una cazuela junto con la cebolla + tomate + puerro + pimiento seco + patas y «alas» del cachón.
Acercar al fuego y hervir durante 45 min. aprox.
En una cazuela poner aceite + ajos picados + cebolla picada + pimiento verde picado + zanahoria picada + tomates picados.
Agregar la canela + cayena, incluir el cachón troceado y rehogarlo.
Añadir la mitad del caldo y mantener el hervor durante 15 min.
Añadir el vino blanco al guiso.
Triscar las patatas.
Añadir las patatas al guiso.
Cubrir con el resto del caldo y rectificar la sazón.
Mantener el hervor constante durante 20 min.
Listo.

PATATAS CON PASAS Y BACALAO

500 g de patatas medianas, peladas y cortadas en rodajas de 5 mm
1 puñado de pasas bien carnosas y jugosas
500 ml de agua
1 pizca de pastilla de caldo concentrado
125 g de mantequilla
300 g de morro de bacalao desalado
Cebollino
Aceite y sal

Usar una cazuela amplia y baja en la que quepan holgadamente todas las patatas.
Echar la mantequilla + agua + pastilla de caldo + pasas + rodajas de patata + sal.
Arrimar a fuego suave y cocerlo destapado, hasta que se evapore toda el agua y las patatas queden brillantes, tiernas y ligeramente empapadas de una salsa muy fina.
Cuando falten 2 min. para terminar la cocción, colocar los escalopes de bacalao sobre las patatas y cubrir unos segundos para que se le infiltre calor al pescado.
Rociar con un hilo fino de aceite de oliva y espolvorear cebollino picado.
Listo.

PATATAS CON QUESO Y HONGOS

1 kg de patatas
200 g de hongos crudos laminados
300 g de queso comté rallado
100 g de mantequilla en dados
150 ml de caldo de ave
Queso parmesano rallado + pan fresco rallado (*panko*)
Sal y pimienta

Horno a 150 ˚C.
Cortar las patatas en láminas muy finas, como si se tratara de chips.
Untar una bandeja con mantequilla y poner capa de patatas + hongos + sal + queso comté + caldo. Repetir esta operación 3 veces más.
A continuación, repartir la mantequilla restante por encima + caldo de ave.
Tapar con papel de aluminio y al horno 2 horas aprox.
Cuando falten 10 min. para finalizar la cocción, destapar, agregar el queso parmesano + *panko* y gratinar.

PATATAS CON TOCINETA

2 patatas en dados muy pequeños, lavados y escurridos
1 chalota picada
4 cucharadas soperas de tocineta en lardones muy finos
Nata líquida
Mantequilla
Sal

Hacer mantequilla avellana dorando la mantequilla suavemente en la sartén.
Añadir las patatas + chalota picada.
Dorar y añadir los lardones + unas gotas de nata.
Rectificar el sazonamiento.
Listo.

PATATAS EN ESCABECHE

1 cebolleta picada
1 pimiento verde picado
5 dientes de ajo picados
1 hoja de laurel + 1 ramita de romero
1 cayena
1 pizca de pimentón de La Vera
1 pastilla de caldo
1 tomate grande maduro, pelado y picado
6 patatas grandes
1 chorrito de vino blanco
400 g de bonito en escabeche de la propia lata, con su jugo
Aceite de oliva
Perejil picado
Agua
Sal y pimienta

Arrimar al fuego la olla con aceite + cebolleta + pimiento verde + ajo + laurel + romero + cayena y rehogar unos minutos.

Mientras, trocear la patata cascada.

Echar la pastilla + pimentón al sofrito y remover, dejar que se oscurezca. Salpimentar.

Volcar el tomate + patatas + vino blanco y cubrir con agua.

Dejarlo guisar unos 25 min. a fuego muy suave para que las patatas no se rompan.

Una vez guisadas las patatas, añadir con las manos el escabeche de pescado desmenuzado, en trozos majos para que no se deshaga.

Podemos añadir un poco del jugo del escabeche de la lata.

Darle un hervor de 5 min.

Espolvorear perejil picado.

PATATAS EN SALSA CON BACALAO

4 lomos de bacalao
1 cabeza de merluza limpia
1 cabeza de ajos
1 atadillo de rabos de perejil
Los rabos de 2 cebolletas
2 cebolletas pequeñas picadas
8 patatas nuevas medianas
1 puñado de guisantes tiernos
4 huevos
Aceite de oliva virgen extra arbequina muy afrutado
Perejil picado
Agua y sal

Colocar en una cazuela la cabeza de merluza + agua + aceite de oliva + dientes de ajo + rabos del perejil + rabos de cebolletas, hervir durante 20 min., dejarlo reposar y colar.

Pochar en una olla el aceite + cebolleta + sal.

Trocear las patatas en dados pequeños.

Añadir al sofrito las patatas y rehogar.

Cubrir con caldo + sal.

Guisar durante 25-30 min.

Justo antes de servir, añadir los lomos de bacalao en tacos sazonados.

Añadir los guisantes + cascar los huevos + perejil.

Listo.

PATATAS EN SALSA VERDE

Para el caldo de pescado:
1 verde de puerro en rodajas finas
4 cucharadas soperas de aceite de oliva
1 chalota cortada en juliana
1 cebolla cortada en juliana
1 zanahoria cortada en juliana
50 g de champiñón cortado en juliana
2,5 kg de cabezas y espinas de pescado blanco
50 ml de vino blanco
2 l de agua
Rabos de perejil

Para las patatas en salsa verde:
4 cucharadas soperas de aceite de oliva virgen
1 cebolleta picada
4 dientes de ajo picados
1 kg de patatas peladas
1/2 vaso de vino blanco
Caldo de pescado
1 punta de cayena
Perejil picado y sal

Además:
1 trozo de merluza untado en aceite

Para el caldo de pescado:
Juntar todos los ingredientes en un puchero.
Hervir a fuego lento durante 20 min.
Dejar 30 min. en reposo y colar.

Para las patatas en salsa verde:
Cortar las patatas peladas en rodajas de 1 cm de grosor; no hay que lavarlas para que mantengan su almidón natural.
En una cazuela amplia pero baja, para que las patatas toquen fondo y no se amontonen, echar el aceite de oliva virgen, la cebolleta recién picada, el ajo y 1 pizca de sal.
Arrimar a fuego suave y dejar que se cocinen unos 5 min., hasta que cojan un ligero tono dorado.
Añadir las patatas en rodajas y dar vueltas, mojando con el vino blanco.
Dejarlo evaporar y verter el caldo de pescado hasta cubrir 2 dedos por encima.
Sazonar y dejar hervir a fuego muy suave durante 25-30 min.

PATATAS FRITAS

1 kg de patatas
3 dientes de ajo
Aceite de oliva
Perejil picado
Sal

Lavar y secar las patatas.
Sartén con aceite + ajos + patatas.
Freírlas 15 min. a fuego suave cubiertas.
Apagar el fuego y dejar enfriar.
Alumbrar el fuego y dejar que se frían.
Quedan supercrujientes.

PATATAS FRITAS «LUJOSAS»

Pelar las patatas y lavarlas debajo del chorro para retirar la suciedad.
Hacer bastones de 1 cm de lado y lavarlos para quitarles el almidón.
Cocinar durante 20 min. en agua abundante partiendo desde frío, sin sal y a fuego suave.
Escurrir las patatas en una bandeja sobre un paño para secar la humedad.
Ponerlas en una rejilla y meter en el congelador durante 1 hora.
Calentar aceite de oliva y de girasol a partes iguales en una sartén y echar las patatas congeladas.
Una vez que se estabilice la temperatura a 130 ˚C, contar 5 min.
Pasado ese tiempo, sacarlas y escurrirlas sobre una rejilla.
Para rematar la fritura, llevar el aceite a 180 ˚C y freír en él las patatas hasta que cojan un color dorado y adquieran una costra crujiente.
En el interior resultarán suaves y cremosas.
Añadir una pizca de sal y listas.

Nota: Las patatas se pueden tener reservadas en la nevera a falta de la fritura final. Es una receta cuya realización es liosa, pero el resultado es impresionante. La mejor variedad de patata para freír suele ser la «agria».

PATATAS GOLFAS

1 kg de patatas pequeñas con piel
Agua y sal gorda (unos 260 g por l de agua)
Tabasco

Lavar las patatas y secarlas.

Cubrirlas en una olla con agua + sal gorda.

Poner a fuego suave para que no revienten y dejar que el agua se reduzca totalmente.

Cubrir entonces con la tapa y dejar que se arruguen a fuego suave unos minutos, que se sequen.

Acompañar con el frasco de tabasco.

PATATAS GRATINADAS «DAUPHINOIS»

1,5 kg de patatas en rodajas finas

1 hatillo de ramas de perejil + 1 ramita de apio + corteza de limón atadas con liz

1 l de leche

1 trozo hermoso de mantequilla

250 ml de nata

150 g de queso graso rallado

1 diente de ajo partido en dos

Sal y pimienta recién molida

Horno a 190 ˚C.

Hervir la leche + hatillo + nata + mantequilla + sal durante 5-10 min.

Cortar las patatas con la mandolina.

Frotar con los medios ajos una fuente amplia.

Extender la mitad de las patatas en el fondo, salpimentar + rociar con leche y nata hervidas.

Espolvorear la mitad del queso y cubrir con el resto de las patatas.

Salpimentar.

Verter el resto de la leche hervida.

Cubrir con el resto del queso y hornear durante 1 hora, tapado con papel de aluminio.

Comprobar que esté hecho atravesándolo con la punta de un cuchillo afilado.

Cuando falten 10 min. para sacarlo del horno, retirar el papel de aluminio para que se dore.

PATATAS PANADERAS

50 g de tocineta en dados
1 diente de ajo picado
2 cebolletas grandes en tiras finas
6 patatas medianas cortadas finas
250 ml de caldo de carne caliente
50 g de mantequilla

Horno a 180 ˚C.
Sofreír en un sauté la tocineta + ajo y añadir las cebolletas, hasta que queden bien pochadas, durante 15-20 min.
Salpimentar en un bol las patatas cortadas finas.
Untar con mantequilla una fuente que vaya al horno.
Montar por capas las patatas + cebolleta pochada.
Verter el caldo, cubrir con papel de aluminio y hornear durante 50 min.
Pasado ese tiempo, subir el horno a 200 ˚C, retirar el papel y dejar que se dore la superficie durante otros 10 min.

PATATAS RELLENAS DE MANITAS DE CERDO

Para las patatas:
12 patatas de tamaño medio
400 g de manitas de cerdo hervidas
60 g de pepinillos picados
40 g de alcaparras picadas
80 g de chalotas
Perejil picado
300 ml de caldo
2-3 l de aceite de girasol
80 g de cebolleta
15 g de mostaza de Dijon
10 ml de aceite de oliva

Para la ensalada:
Hojas de lechuga al gusto
1 chorrito de vinagre de Jerez
1 chorrito de vinagre de sidra
70 ml de aceite de oliva
1 pizca de pimentón
1 pizca de sal

Para las patatas:
Precalentar el horno a 160 ˚C.
Pelar las patatas, darles forma ovalada y, con la ayuda de un sacabolas, hacerles un hueco en el centro.
Confitar a fuego lento las patatas en una *cocotte* cubiertas del aceite de girasol, durante unos 25 min.
Hacer sudar las cebolletas y las chalotas en *brunoise* dentro de una sartén con aceite de oliva.
Agregar los pepinillos, las alcaparras y el perejil picado.
Agregar la mostaza, la pimienta y la sal.
Añadir las manitas en cuadraditos de 5 x 5 mm y mezclar bien.
Verter el caldo y dejarlo reducir durante unos 20 min. a fuego lento, hasta que se quede bien meloso.
Rellenar las patatas bien escurridas del aceite y hornear durante unos 20-30 min.

Para la ensalada:
Mezclar todos los ingredientes de la vinagreta y aliñar la ensalada.
Servir las patatas junto a la ensalada aliñada y un poco de perejil espolvoreado.

PATATAS REVOLCONAS CON BACALAO

1 kg de patatas peladas y cascadas
2 blancos de puerro atados
1 hoja de laurel
6 ajos partidos en dos
250 g de panceta fresca en dados pequeños
250 g de bacalao desmigado y desalado
1 cuchara sopera de pimentón de La Vera
Perejil cortado toscamente
Aceite de oliva y sal

Cubrir las patatas con agua y cocerlas con sal + laurel + puerros durante 20 min. aprox.
Calentar el aceite y freír los ajos.
Cuando estén fritos, retirarlos y freír la panceta. Cuando esté frita la panceta, retirarla a un plato.
Desmigar el bacalao con las manos.
Escurrir la panceta.
Al aceite de freír la panceta añadirle el bacalao desmigado + pimentón.
Agregar 1 pizca de agua de cocción de las patatas.
Tirarlo sobre las patatas apachurradas y menear.

Por último, agregar la panceta y mezclarlo todo.
Espolvorear el perejil.

PATATAS SALTEADAS

150 g de rodajas de patata
100 ml de aceite de oliva
1 cucharada sopera de mantequilla
1 cucharada sopera de perejil picado
Sal

Pelar las patatas, cortarlas en forma cilíndrica con la ayuda de un aro de
acero de 6 cm de diámetro y conservarlas en agua.
Con la ayuda de una mandolina, cortar los cilindros en rodajas de unos
6 mm que pesen 15 g cada una. Y conservar de nuevo en agua.
Calentar en una sartén el aceite hasta que ronde una temperatura de
180 ˚C.
Secar bien las patatas y colocarlas dentro del aceite.
Mover la sartén e ir dándoles la vuelta a las patatas, hasta que se doren por
los dos lados y estén tiernas por dentro.
Pasar a un chino, rejilla o colador para que suelten todo el aceite
sobrante.
Colocar la mantequilla en una sartén limpia hasta que se derrita.
Entonces, colocar de nuevo las patatas escurridas dentro de la sartén y
saltear dándoles un poco más de color y que se impregnen bien de la
mantequilla.
Retirar a una bandeja y espolvorear con sal y perejil.

«PATATOTTO» CON CHISTORRA

500 g de patata en dados pequeños
1 cebolla roja picada
2 dientes de ajo picados
1/2 chistorra picada
350 ml de caldo de carne o agua + pastilla de carne
50 g de queso parmesano ahumado rallado
Perejil picado
Aceite de oliva
4 huevos
Sal y pimienta

Rehogar en aceite la cebolla + ajo durante 5 min.

Añadir un poco de pastilla desmenuzada con las manos.

Añadir la chistorra picada y dar unas vueltas.

Volcar las patatas en dados y dar vueltas, rehogar.

Añadir poco a poco el caldo o el agua + pastilla y guisar como si fuera un *risotto* durante 8-10 min.

Debe reposar por espacio de 5 min. tapado.

Añadir el queso parmesano + perejil picado, mezclar bien y rectificar el punto de sazón.

Cascar los 4 huevos y colocar las yemas sobre el *risotto* de patata, para hacer en la mesa un revoltillo.

Listo.

«PATATOTTO» CON «KOKOTXAS» LIGADAS

100 g de tripa de bacalao
500 g de patata en dados
1 cebolleta muy picada
1 pimiento verde muy picado
3 dientes de ajo picados
1 pizca de cayena
350 ml de caldo de pescado o agua + pastilla de pescado
Perejil picado
Aceite de oliva

Para las kokotxas:
500 g de *kokotxas* limpias de merluza
Aceite de oliva
2 dientes de ajo picados
1 cayena
1 chorrito de vino blanco
1 chorrito de caldo de pescado
Perejil picado
Sal

Rehogar en aceite la cebolleta + pimiento verde + ajo + cayena durante 5 min.

Añadir las tripas de bacalao troceadas.

Volcar las patatas en dados y dar vueltas, rehogar.

Añadir poco a poco el caldo o el agua + pastilla y guisar como si fuera un *risotto* durante 12 min.

El *patatotto* debe reposar por espacio de 5 min. tapado.

Añadir el perejil picado, mezclar bien y rectificar el punto de sazón.

Mientras el *patatotto* reposa, preparar las *kokotxas*.

Sazonar las *kokotxas* (ojo, que las tripitas están desaladas).

Bailar aceite + ajo + cayena.

Apartar del fuego.

Colocar las *kokotxas* con la piel hacia arriba.

Arrimar a fuego suave y ligarlas.

Añadir vino blanco.

Si quedan gruesas, añadir caldo o agua.

Rectificar de sal.

Espolvorear perejil.

Servir las *kokotxas* junto al *patatotto*.

PENCAS DE ACELGA RELLENAS

1 manojo de acelgas con buenas pencas, anchas
Lonchas de jamón ibérico y queso
Harina y huevo para rebozar
Aceite de oliva para freír
2 dientes de ajo picados
1 chalota gorda picada
1 pizca de harina
1 chorrito de vino blanco
1 pizca de salsa de tomate
250 ml de caldo de cocción de las pencas
Cebollino picado
Aceite de oliva y sal

Sazonar el agua, añadir las pencas y cocerlas 15 min.

Sobre la mesa, rellenar las pencas de jamón y queso. Pasarlas por harina y huevo, y rebozarlas en aceite.

Rehogar el ajo + chalota en aceite. Añadir 1 pizca de harina + vino blanco y, pasados unos segundos, la salsa de tomate.

Poco a poco añadir caldo de acelga.

Más tarde añadir las pencas rebozadas, dejarlas estofar unos minutos + añadir cebollino picado.

Listo.

PIMIENTOS DEL PIQUILLO CONFITADOS

1 lata de pimientos del piquillo extra
250 ml de aceite de oliva
6 dientes de ajo enteros

Horno a 160 ˚C.
Escurrir los pimientos y reservar el jugo que pueda quedar en la lata.
Poner en una sartén el aceite y acomodar pimientos + ajos sin amontonar.
Confitarlos a fuego suave.
Voltear los pimientos, sin pincharlos. Dejarlos por el otro lado unos 20 min.
Escurrirlos.
Montarlos en una bandeja de porcelana para ir al horno, encajados los unos
en los otros.
Rociarlos con el jugo de la lata. Hornearlos durante 30 min.
Listos.

PIMIENTOS RELLENOS DE MERLUZA

Para el relleno:
1 kg de mejillas de merluza
2 dientes de ajo picados
150 g de cebolleta picada
100 g de pimiento verde picado
100 g de harina
1 l de leche entera
100 ml de salsa americana
100 ml de tomate frito
100 ml de aceite de oliva y sal

Para la salsa:
1 cebolleta muy picada
1 cucharada sopera de harina
1 pastilla de concentrado de carne
2 cucharadas soperas de pulpa de pimiento choricero
1 vaso de vino blanco
500 ml de agua o caldo
Harina
Aceite de oliva y sal

Además:
Pimientos del piquillo para rellenar

Para el relleno:
Sazonar las carrilleras de merluza.
En una olla echar el aceite y pochar las carrilleras, escurriéndolas a un bol.
En la misma grasa, pochar ajos + cebolleta + pimiento verde y sazonar.
Añadir la harina y trabajar unos minutos el *roux*.
Agregar poco a poco la leche caliente, para hacer la bechamel. Cocinarla 10 min. Añadir la salsa americana + tomate frito.
Deshilachar las carrilleras de merluza con las púas de un tenedor y añadirlas a la bechamel. Guisar 5 min. más.
Dejar enfriar y tapar con un film de contacto para que no se forme una costra sobre el relleno.

Para la salsa:
Tostar cebolleta en aceite, hasta que adquiera un tono canela oscuro.
Añadir la harina + pastilla de caldo y romper + pulpa choricero.
Verter vino blanco y dejar evaporar.
Añadir el agua caliente o caldo y sazonar.
Hervir 15 min. y colar.
Quitar las rebarbas a los pimientos ya fritos y sumergirlos en la salsa.
Darles un hervor de 5 min.
Listo.

PIMIENTOS RELLENOS DE VERDURA

2 pimientos amarillos frescos
2 pimientos rojos frescos
8 tomates medianos maduros
8 ajos frescos cortados gruesos al bies
4 dientes de ajo laminados
1 cucharada sopera de guindilla picante
1 puñado de alcaparras
1 puñado de hojas de albahaca
1 puñado de olivas negras muertas
Aceite de oliva virgen extra
Sal y pimienta

Además:
4 rebanadas medianas de pan tostado
2 mozzarellas bien jugosas
Mendreska de bonito en aceite
Ensalada verde, rúcula, hojas de perifollo y germinados
6 guindillas en vinagre en trocitos
Aceite de oliva y vinagre

Abrir los pimientos en dos con una puntilla, dejando el rabo y eliminando las pepitas y membranas blancas.

Lavarlos, colocarlos sobre una bandeja de horno y salpimentar el interior.

Cortar los tomates en pedazos hermosos + ajos + ajos frescos + pulpa de guindilla + alcaparras + albahaca + olivas + aceite + sal + pimienta.

Apretar bien con las manos la mezcla y rellenar con ella los pimientos.

Rociar con el jugo.

Cubrir los pimientos con papel de aluminio y hornearlos durante 20 min.

Retirar el papel y hornearlos 20 min. más.

Transcurrido ese tiempo, sacar del horno, entibiar y, sobre unos pimientos, colocar la *mendreska*. Sobre otros, las mozzarellas partidas en dos.

En cada rebanada, acomodar un pimiento de cada tipo.

Aliñar la ensalada con aceite + vinagre + guindillas.

Listo.

PIPERRADA

4 cebolletas en tiras finas
6 pimientos verdes en tiras finas
1 lata de pimientos del piquillo en tiras
4 dientes de ajo picados
1 pizca de pimentón de Ezpeleta
500 g de pulpa de tomate pasada por el rallador
Aceite de oliva
Sal

En una olla rehogar en aceite las cebolletas + pimientos + piquillos + ajos y guisar unos 15 min.

Primero cocinar a fuego fuerte para que se dore ligeramente, y luego bajar el fuego.

Añadir el pimentón + pulpa de tomate y guisar 15 min. más.

Listo.

PISTO CON HUEVOS

2 berenjenas medianas
1 cebolla picada
1 pimiento verde picado
1 pimiento rojo picado
1 calabacín con piel en dados pequeños

500 g de tomate triturado
1 pizca de pulpa de choriceros
Vino blanco
4 huevos
Cebollino picado
Aceite de oliva y sal

Horno a 180 ˚C.
Cortar las berenjenas en dos, hacerles cortes en diagonal a la pulpa + sal +
aceite y hornear 20 min.
Una vez hechas, vaciar la pulpa.
En una olla pochar cebolla + pimiento rojo + pimiento verde + aceite + sal.
Añadir el calabacín + pulpa de berenjena.
Rehogar + sal + vino blanco + tomate triturado + choricero y guisar 30 min.
aprox.
Batir los 4 huevos, echarlos en el pisto y cuajarlos removiendo.
Emplatar y decorar con el cebollino.

PISTO DE VERDURAS

1 cebolleta picada
4 dientes de ajo picados
1 pimiento morrón rojo en dados
2 pimientos verdes en dados
2 calabacines en dados
2 berenjenas sin pelar, lavadas y en dados
3 tomates frescos pelados y en dados, con semillas
1 pizca de perejil fresco picado toscamente
Aceite de oliva virgen
1 chorro de vino blanco
Sal y 1 pizca de azúcar

Pochar 5 min. a fuego lento con aceite de oliva + cebolleta + sal + ajo.
En una sartén, saltear 2 min. a fuego medio pimientos rojos y verdes,
sazonar y a la olla.
En la misma sartén, saltear 2 min. berenjena y calabacín, salpimentar y a la
olla.
Verter 1 chorro de vino blanco y dejar que se evapore un segundo.
En la misma sartén, saltear 2 min. los tomates, sazonar + azúcar y a la olla.
Añadir perejil tosco y guisar durante 35 -40 min.

POCHAS CON ALMEJAS

Pochas guisadas
450 g de almejas
2 dientes de ajo picados
1 pizca de cayena
Aceite de oliva
1 chorrito de vino blanco
1 chorrito de agua
Perejil picado

En una cazuela dorar el ajo + cayena + aceite de oliva.
Añadir almejas + vino blanco + perejil + chorrito de agua.
Cuando se abran, añadir perejil + pochas.
Hervir un segundo, rectificar de sal y listo.

POCHAS CON BERBERECHOS

Pochas guisadas
450 g de berberechos purgados en agua + sal
2 dientes de ajo picados
1 pizca de cayena
Aceite de oliva
1 chorro de manzanilla
1 pizca de salsa de tomate
Perejil picado

En un sauté, dorar el ajo + cayena + aceite de oliva.
Añadir la manzanilla + tomate + berberechos.
Abrirlos y espolvorear perejil.
Mezclarle las pochas entibiadas en el microondas.

POCHAS CON BOGAVANTE

Pochas guisadas (caldosas)
1 bogavante azul vivito y coleando
Aceite de oliva
1 chorrito de armañac
Cebollino picado
Sal y pimienta

Sumergir el bogavante vivo en el agua hirviendo y rápidamente meterlo en el agua con hielo. Así retiene los jugos al trincharlo en crudo.

Con unas tijeras retirar la antena y partir las patas pequeñas, que hay que cortar en dos.

Separar la cabeza de la cola.

Partir la cola en medallones y la cabeza en dos a lo largo; después, cada mitad en tres trozos.

En un sauté añadir 1 pizca de aceite y saltear primero las cabezas.

Añadir los medallones y las patas, salpimentar.

Mojar con el armañac y dar unas vueltas.

Espolvorear el cebollino.

Mezclarle las pochas entibiadas en el microondas.

POCHAS CON RABO DE CERDO

1,5 kg de pochas
800 g de rabo de cerdo ibérico
1 cebolla
2 pimientos verdes
2 tomates naturales maduros
Aceite de oliva
Sal
Agua mineral

Poner los rabos perfectamente limpios en agua con sal y cocerlos a fuego medio durante unas 4 horas. Ir desgrasando durante la cocción.

Pelar las pochas y ponerlas en un puchero con agua (unos 4 dedos por encima) junto con la verdura entera, la sal y 1 chorro de aceite.

Ponerlo a cocer a fuego lento junto con los rabos de cerdo durante unos 50-55 min. hasta que estén a punto. Remover lo menos posible.

Recuperar las verduras, pasarlas por la batidora americana o el túrmix, colar si se quiere y volver a introducirlo en la olla, después de pasarlo por un colador fino.

Mover bien con mucho cuidado y poner a punto de sal.

Incorporar los rabos cocidos al puchero de pochas.

Guisar a fuego lento durante unos 10 min. más, hasta que todos los elementos se incorporen bien, y listo.

POCHAS ESTOFADICAS

1 kg de pochas blancas desgranadas congeladas
1 pimiento verde muy picado
1 cebolla roja muy picada
3 dientes de ajo picados
1 pizca de pimentón de La Vera
4 cucharadas soperas de salsa de tomate en conserva
2 cucharadas soperas de pulpa de pimiento choricero
Aceite de oliva virgen
Agua y sal
1 bote de guindillas encurtidas

Rehogar en aceite de oliva el pimiento + cebolla + ajos.
Añadir el pimentón de La Vera + salsa de tomate + pulpa de choricero.
Agregar las pochas congeladas y dar vueltas.
Añadir agua + sal.
Tapar la olla y a fuego suave, hasta que aparezcan los primeros borbotones, cosa que ocurrirá a los 20 min. Cocción muy ligera, para que no revienten los granos. Retirar la espuma y las impurezas y cocer otros 15-20 min. más. Dejar reposar. Acompañar con las guindillas aliñadas con aceite y sal.

POCHAS GUISADAS

800 g de pochas blancas (el peso desgranado)
1 tomate maduro pequeño
1 pimiento verde pequeño y limpio
1 cebolleta pequeña partida en dos
2 cucharadas soperas de aceite de oliva virgen
3 dientes de ajo
Agua y sal
1 bote de guindillas encurtidas

Poner las pochas en una cazuela y cubrirlas 2 dedos con agua.
Añadir aceite crudo + sal + verdura.
Tapar la olla y ponerla a fuego muy suave, hasta que aparezcan los primeros borbotones, cosa que ocurrirá a los 30 min.

Guisarlas muy suavemente 20-30 min. más.

Retirar la espuma y las impurezas.

Pasado ese tiempo, sacar todas las verduras e introducirlas en el vaso de una batidora, junto con un poco del caldo de cocción, a la máxima potencia.

A través de un colador, volver a añadirlas a las pochas ya cocidas.

Cocer a fuego suave otros 5 min. más, de manera que se ligue el conjunto.

Probar por última vez y servir.

Acompañar con las guindillas aliñadas con aceite y sal.

POCHAS NEGRAS DE HONDARRIBIA

1 kg de pochas negras
1 cebolleta picada
1 puerro
1 zanahoria
1 cebolleta entera
Verde de la cebolleta
Huesos para caldo (hueso de jamón)
Agua y sal
1 chorizo
1 pedazo de tocino magro
1 morcilla de verdura
Piparras en vinagre

Cubrir de agua el chorizo + tocino + morcilla y hervir suavemente unos 30 min.

En un puchero hervir agua + puerro + zanahoria + cebolleta + verde de la cebolleta + huesos + sal.

En una olla sofreír la cebolleta picada y añadir las pochas congeladas.

Agregar el caldo hecho anteriormente, poco a poco y a medida que lo necesite.

Guisarlas durante 1 hora.

Acompañar las pochas con sus sacramentos + piparras.

POTAJE DE GARBANZOS

650 g de garbanzo pedrosillano o de Fuentesaúco, remojado en agua
1 cebolleta entera
1 pimiento verde entero
1 zanahoria
1 tomate pequeño
2 dientes de ajo pelados
2 lomos pequeños de bacalao desalado, desespinado y escamado

1 cebolleta pequeña picada
1 diente de ajo picado
1 pizca de pimentón dulce de La Vera
1 pizca de pimentón picante de La Vera
3 puñados grandes de espinacas limpias
1 huevo cocido picado
Aceite de oliva, agua y sal

Poner los garbanzos a remojar 12 horas, en la nevera.
Arrimarlos, cubiertos de agua, al fuego + cebolleta + pimiento + zanahoria + tomate + ajos + 1 chorrito de aceite + sal.
Cocer a fuego suave unas 2 horas aprox. (en olla exprés, 20 min.).
Mientras, trocear el bacalao en dados irregulares.
Una vez guisados los garbanzos, pasar toda la verdura a través de un pasapuré.
En una sartén con aceite, rehogar la cebolleta + ajo + sal, hasta que quede tierna.
Fuera del fuego, añadir el bacalao, mezclar y volcar sobre el potaje.
Introducir en la olla la espinaca + pimentón + huevo y dar un meneo.
Rectificar el sazonamiento.
Servir.

PUERROS SALTEADOS DE GUARNICIÓN

2 puerros gruesos
Aceite de oliva
Sal y pimienta

Limpiar los puerros en agua y recortar el tallo y las hojas.
Cortar el puerro en rodajas.
Saltearlo cuidadosamente en una sartén antiadherente al fuego, sin que las rodajas pierdan la forma.
Salpimentar.

PURÉ DE COLIFLOR

500 g de coliflor
250 g de mantequilla
75 ml de nata
Agua
Sal

Echar los ramilletes de coliflor en agua avinagrada durante 12 min. Luego refrescarla.

Cocer la coliflor en agua con sal hasta que esté bien hecha, unos 12-15 min.

Triturarla en la batidora americana, bien escurrida y todavía en caliente, con la mantequilla y la nata.

Ponerlo a punto de sal y listo.

PURÉ DE PATATAS

1 kg de patatas tipo ratte o BF15
300 ml de leche + 1 sopera de caldo de pollo en polvo
700 g de mantequilla bien fría
Sal gorda

Lavar las patatas sin pelar.

Ponerlas en una cazuela y cubrirlas con 3 cm de agua fría.

Añadir 10 g de sal por litro de agua y hervir a fuego moderado, sin tapar, durante 20-30 min. El filo de un cuchillo tiene que penetrar fácilmente en ellas.

Escurrir cuando estén cocidas.

No dejarlas enfriar en el agua de cocción, ya que cogen gusto recocido.

Durante este tiempo hervir la leche con el caldo de pollo.

Pelar las patatas en caliente y cortarlas en dados.

Pasarlas por un tamiz fino a una cazuela de fondo ancho.

Es preferible no usar la túrmix, ya que quedaría correoso y elástico.

Poner la cazuela a fuego lento y, con una espátula de madera, secar el puré durante 4 o 5 min. trabajándolo sin parar.

Cortar la mantequilla en trozos e incorporarla al puré, poco a poco, removiendo hasta que cada dado de mantequilla sea absorbido completamente. La mezcla debe ser bien homogénea.

Echar despacio la leche muy caliente y remover hasta que quede absorbida.

Acabar con la varilla para que el puré sea untuoso.

Los secretos del puré de patatas:
Para obtener un puré muy liso una vez incorporadas la leche y la mantequilla, pasar por un tamiz fino a otra cacerola de fondo grueso. Poner al fuego y remover fuerte. Si el puré queda un poco pesado y compacto, añadir un poco de leche y mantequilla batiendo sin parar durante 30 seg. Probar y rectificar de sal.

Para obtener un puré sedoso y suave, las proporciones exactas de mantequilla y leche varían en función de la variedad de la patata y de la estación. Las patatas nuevas admiten más mantequilla y leche para que el puré sea bien suave.

Hay que buscar patatas del mismo tamaño (cocción uniforme) y no tener miedo de utilizar la espátula de madera para secar el puré.

Asegurarse de que la mantequilla está bien fría, para que el puré esté más fino y suave al tacto.

Respetar las proporciones de agua y sal; no puede recuperarse la sazón añadiendo toda la sal al final de la cocción.

PURÉ DE PERAS ASADAS Y AJOS

8 peras
1 cucharada sopera de azúcar
1 pizca de aguardiente de sidra
El zumo de 1 limón
1/2 vaso de sidra
Nuez moscada
2 dientes de ajo y pimienta

Horno a 180 ˚C.

Colocar en una fuente las peras enteras, lavadas y secas.

Con la ayuda de un cuchillo, hacerles una incisión a lo largo, para que al asarse no revienten.

Espolvorear con el azúcar + aguardiente + sidra + zumo y hornearlas 45 min.

Pasados 10-15 min., meter los 2 dientes de ajo. Si quedan con color, mejor.

Retirar los ajos de la fuente, echar las peras enteras con su jugo en la batidora y reducirlas a puré.

Rallar la nuez moscada y pimentar.

Listo.

PURÉ DULCE DE ZANAHORIAS

300 g de zanahorias en rodajas finas
4 albaricoques secos picados
50 g de mantequilla
100 ml de nata líquida
Sal

Colocar las zanahorias en un sauté, cubiertas de agua + mantequilla.

Arrimar a fuego suave durante 20 min., y los últimos 5 min. avivarlo para que se evapore.

Añadir la nata y reducir.

Triturar el puré en la batidora.

Añadir el albaricoque seco en dados picados. Salpimentar.

«RATATOUILLE»

1 cebolla en dados
1 pimiento verde en dados
1 pimiento rojo en dados
4 dientes de ajo picados
2 berenjenas peladas y en trozos hermosos
2 calabacines en trozos hermosos
Tomillo fresco en rama
5 tomates pelados y en dados
2 cucharadas soperas de concentrado o sofrito de tomate
Aceite de oliva virgen
Sal y pimienta

En una olla pochar la cebolla picada + pimientos + ajo + sal.
En un sauté, saltear aceite + calabacines + tomillo y escurrir.
En el mismo sauté, saltear aceite + berenjenas + tomillo y escurrir.
Añadir al sofrito tomate + concentrado de tomate y guisar durante 25 min.
Añadir calabacines + berenjenas y guisar 5 min. más.
Servir.

«RISOTTO» DE REMOLACHA Y COLIFLOR

100 g de chalota picada
50 g de apio picado
75 g de mantequilla
75 g de tuétano de ternera
300 g de remolacha cruda en dados minúsculos
350 g de arroz
1 pizca de piparra
1 vaso de vino tinto
200 ml de zumo de remolacha cruda
1 l de caldo de verduras
80 g de queso de Idiazábal rallado
Aceite de oliva
200 g de tallos muy pequeños de coliflor
Zumo de limón
2 cucharadas soperas de nata doble
Cebollino picado

Rehogar en un sauté chalota + aceite de oliva + apio + mantequilla +
tuétano + remolacha + sal, sin colorear.
Añadir el arroz y tostarlo ligeramente en el fondo del sauté.

Añadir piparra + vino y reducir a seco.

Mojar con el zumo de remolacha e ir añadiendo poco a poco el caldo caliente.

Cocinar el *risotto* unos 15 min., añadiendo caldo poco a poco.

En otro sauté, añadir 1 chorrito de caldo + tallos de coliflor, hervir hasta que se evapore el caldo y salpimentar. Añadir nata doble y reducir unos segundos.

Fuera del fuego, agregar limón + cebollino.

Mantecar el arroz fuera del fuego con el Idiazábal + aceite de oliva.

Colocar la coliflor cremosa sobre el arroz y servir.

Listo.

SALTEADO DE VERDURAS

1 cebolla grande
1 zanahoria
1 brócoli pequeño
Setas o champiñones
Pimiento verde
Vainas
Setas variadas
Orejones secos
Nueces
Arroz basmati

Para saltear las verduras:
Aceite de oliva
Aceite de sésamo
Salsa de soja japonesa

Cortar todos los ingredientes, la misma cantidad, en dados de unos 1,5 x 1,5 cm o en juliana fina.

Saltear todas las verduras en el wok (cebolla, zanahoria, pimiento verde, vainas, champis, setas) con un poco de aceite de oliva y aceite de sésamo, que es muy aromático.

Añadir al final los orejones y el brócoli, y acabar de saltear.

Agregar salsa de soja y mezclarlo todo bien.

Cocer arroz basmati hasta que esté en su punto y acompañarlo con las verduras salteadas.

TAJÍN DE VERDURAS

2 cebolletas picadas
Comino molido
Coriandro molido
Jengibre molido
Canela molida
Pimienta molida
Cúrcuma molida
500 g de tomate fresco picado
Vino blanco
1 zanahoria gruesa pelada
2 calabacines medianos
1 berenjena
1 boniato hermoso pelado
1 nabo mediano pelado
1 pimiento verde limpio, abierto en dos
Cilantro fresco picado
Perejil picado
Sal
Albaricoques secos + ciruelas pasas sin hueso + pasas de Málaga
Sémola precocida
Caldo de verduras
Ralladura de limón

Aceite en una olla + cebolletas + especias y sofreír.
Añadir vino blanco + tomate y hervir.
Añadir todas las verduras, primero las más duras y a los 10 min. las más tiernas; el calabacín y las berenjenas en trozos un poco grandes.
Guisar a fuego suave 1 hora aprox., hasta que se reduzca el jugo y se forme una especie de pisto.
Poner la sémola en un bol + caldo de verduras caliente + ralladura y dejar reposar filmado.
Añadir a la verdura el cilantro fresco + perejil + frutos secos y servir con la sémola, aliñada con el zumo de limón + aceite de oliva y pimienta.

TARTA DE CHAMPIÑONES

1 disco de hojaldre de 29 cm de diámetro y 5 mm de grosor montado sobre papel sulfurizado

1 yema de huevo
1 chorrito de nata líquida

Para la farsa de setas:
1 ajo picado
3 chalotas picadas
50 g de jamón picado
500 g de champiñón blanco muy picado
1 chorrito de vino blanco
1 cucharada sopera de harina
200 ml de nata líquida
Aceite de oliva y sal

Además:
Jamón ibérico cortado muy fino
Germinados
Medias avellanas tostadas

Horno a 200 ˚C.

Para la farsa de setas:
En un sauté, rehogar aceite + ajo + chalota + jamón + sal.
Añadir champis y rehogar hasta que se evapore el jugo.
Verter el vino blanco + harina.
Pasados unos minutos, añadir la nata y guisar hasta que se reduzca.
Salpimentar y enfriar.
Montar la tarta.
Pintar el borde con la mezcla de yema + nata.
Extender la farsa de setas sobre el hojaldre hasta 2 cm del borde.
Colocar la tarta, montada en papel sulfurizado, sobre una placa caliente de horno.
Hornear durante 20-35 min.
Cubrir la tarta con el jamón + germinados aliñados + avellanas tostadas.
Listo.

TARTA DE LECHUGA FLAMENCA

1 molde redondo desmontable forrado de pasta brisa, pinchado con tenedor y horneado a blanco
2 dientes de ajo picados
1 bolsa de rúcula o similar que ande «tocando la guitarra» por la nevera
80 g de Idiazábal curado rallado
300 g de queso ricota o similar
2 huevos
Aceite de oliva
1 pizca de piñones
Sal y pimienta

Horno a 180 ˚C.

En una sartén, dorar ajo + piñones, añadir la rúcula y dejar que merme de tamaño unos minutos. Salpimentar.

Aparte, en un bol batir huevos + quesos + rúcula y salpimentar.

Meter el relleno de tarta en el molde y hornear unos 15-20 min.

Si se dora demasiado, cubrirla con papel de aluminio.

TARTA DE SOFRITO

1 kg de cebolleta cortada en tiras
2 tomates maduros picados
1 cuadrado de masa hojaldrada estirada
Hojas de perejil
15 anchoas en salazón
15 aceitunas negras
Aceite de oliva virgen
Sal y pimienta
Ensalada verde

Horno a 200 ˚C.

En una olla rehogar la cebolleta + aceite. Dorarla bien durante unos 20 min. con sal y pimienta, al principio a fuego fuerte y después pausado.

Deshuesar con las manos las aceitunas negras.

Volcar el tomate y dejar que se estofe hasta que se reduzca. Enfriar.

Poner la pasta estirada sobre papel sulfurizado y estirar la mezcla fría dejando el borde limpio.

Hornear la tarta unos 20 min.

Al templarse, espolvorear el perejil y colocar las anchoas y las olivas negras.

Acompañar de una ensalada aliñada sencilla.

TARTA DE TOMATE CON AHUMADOS

1 disco de hojaldre estirado de 25 cm de diámetro sobre papel sulfurizado
3 tomates maduros pelados en rodajas gruesas, sin semillas
2 cucharadas soperas de concentrado de tomate
1 pizca de tomillo fresco
2 cucharadas soperas de pesto de albahaca
1 pizca de azúcar
Salmón o cualquier otro pescado ahumado en finas lonchas
Cebolla roja en tiras muy finas
Sal y pimienta

Encender el horno a 200 ˚C con una placa dentro.

Pinchar con las púas de un tenedor la superficie del hojaldre, sobre el papel.

Mezclar pesto + concentrado de tomate.

Estirarlo sobre el hojaldre dejando un espacio de 1 cm alrededor, sin cubrir.

Colocar las rodajas de tomate sobre el hojaldre, rellenando los huecos con pulpa de tomate.

Salpimentar + azúcar + tomillo.

Hornear durante 15 min.

Fuera del horno, untar el tomate con pesto y coronar con lonchas de ahumado recién cortadas.

Espolvorear con cebolla roja fina cruda + aceite de oliva + sal.

TARTAR DE TOMATE

200 g de tomate fresco en dados
12 almendras frescas laminadas o pistachos
1 cucharada sopera de aceite de oliva virgen extra
1 cucharada sopera de vinagre balsámico reducido
Cebollino picado
Cebolleta picada
Mostaza
Kétchup
Hierbas frescas: tomillo, hierbaluisa, orégano, etc.
Tabasco
Sal y pimienta

Salpimentar los dados de tomate y añadirles aceite + cebollino + almendra + cebolleta + hierbas + 1 gota de kétchup + mostaza + vinagre de Módena + tabasco + aceite.

Es la base ideal para un pescado o una carne asada.

TOFU

300 g de soja blanca
2,5 l de agua mineral
1 cucharada sopera de sal
1 cucharada sopera de vinagre

Remojar la soja en agua durante 8 horas aprox.

Batir la soja con el agua y colar.

Mezclar 1 vaso de agua con sal y vinagre.

Cocinar a fuego lento el batido de soja sin dejar de remover, para que no se agarre, durante 20 min. aprox.

Cuando empiece a hervir, apartar del fuego y añadir la mezcla de sal y vinagre.

Remover con cuidado 1 o 2 veces con un cucharón y dejar tapado. Debe reposar como mínimo 30 min.

Colar en el chino con una tela fina todo el líquido del tofu.

Poner un poco de peso encima del colador para que tenga la forma de tofu consistente.

Cuando esté bien colado, se puede consumir directamente o se puede conservar en la nevera un máximo de 3 días.

TOMATE CONFITADO

15 tomates de mata pequeños maduros
15 dientes de ajo
Aceite de oliva
Sal y azúcar
4 ramitas de tomillo
Pimienta recién molida
1 hoja de papel sulfurizado o de horno

Horno a 90 ˚C.

Quitar el pedúnculo y hacer una cruz a los tomates.

Escaldarlos y refrescarlos en agua helada.

Pelar, cortar en dos y despepitar.

Meterlos todos en un bol, con el tomillo + ajos + aceite + sal + azúcar.

Colocarlos con el lado abombado hacia arriba, rociarlos de aceite y 3 horas en el horno.

Sacarlos, darles la vuelta y volverlos al horno 2-3 horas más. Sacarlos del horno, dejarlos enfriar y meterlos en un tarro cubiertos de aceite.

Duran al menos 1 mes.

TOMATES RELLENOS DE CARNE

8 tomates medianos, maduros y bien prietos, para rellenar
8 pimientos del piquillo abiertos
Carne guisada a la boloñesa, bien guisada, sin jugo
Caldo de carne reducido o agua + pastilla reducidas
1 vaso pequeño de vino blanco
1 pedazo hermoso de mantequilla
Sal y azúcar
Pimienta

Horno a 180 °C.

Si los tomates tienen el tallo unido al fruto, no hay que quitarles el penacho.

Hacerles una incisión en la base, en forma de cruz.

Meter los tomates en el agua hirviendo, de pocos en pocos, manteniéndolos unos segundos.

Escurrirlos y sumergirlos en el agua helada.

Pelarlos y hacerles una tapa y base.

Con una cuchara pequeña y un cuchillo afilado, vaciarlos.

Meterles dentro a cada uno un piquillo abierto, salpimentarlos + azúcar.

Rellenarlos con la boloñesa y poner las tapas, que estén cómodos.

Rociarlos con el vino + mantequilla + caldo reducido.

Glasearlos, o sea, rociarlos con su propio jugo de vez en cuando, durante 1 hora. Adquieren un ligero color y la salsa del fondo se oscurece y se espesa.

Si el fondo de la bandeja se queda seco, añadir + agua.

Templarlos y servirlos.

TOMATES VERDES FRITOS

2 tomates verdes de ensalada por persona
6 lonchas finas de beicon ahumado
Harina de maíz
Huevos batidos
Aceite de oliva para freír
Sal y pimienta

Darle unas vueltas de fritura al beicon en el aceite y sacarlo.

Mientras, cortar el tomate en rodajas gruesas y salpimentarlas.

Pasarlas por harina + huevo batido y freírlas en el aceite aromatizado.

Escurrirlas.

Colocarles el beicon frito por encima.

Listo.

ZANAHORIAS CON ROMERO y NARANJA

20 zanahorias jóvenes peladas
100 ml de zumo de naranja natural
1 cucharilla de café de romero picado
1 pizca de miel
1 pizca de aceite de oliva virgen
1 cucharada sopera de mantequilla
1 pizca de sal
Pimienta

Echar las zanahorias en un sauté sin que se monten + mantequilla + sal y pimienta.
Sin que se coloreen, desglasar con zumo + romero + miel + aceite de oliva.
Darles unas vueltas, dejar reducir y sacarlas crocantes.

ZARANGOLLO

2 cebolletas en media juliana
2 calabacines medianos
2 patatas peladas
Aceite de oliva y sal

En una sartén echar aceite y pochar la cebolleta + sal.
Trocear el calabacín y la patata, lavar la patata en agua y secarla con un trapo.
Añadir el calabacín al sofrito de cebolla.
Dejar que se saltee unos 5 min. a fuego suave, añadiendo aceite si es necesario.
Añadir la patata y dejarlo otros 10 min.
Salar el zarangollo.

HUEVOS

ANGURIÑAS CON PATATAS Y HUEVOS «ESTILO LUCIO»

500 g de patatas cortadas para freír
2 dientes de ajo con piel
1 envase de anguriñas
2 huevos
3 dientes de ajo laminados
1 cayena
Aceite de oliva y sal

Lavar bien las patatas en la fregadera, escurrirlas y secarlas en un trapo.
Meterlas en una sartén con aceite de oliva + dientes de ajo con piel.
Ponerlas a confitar.
Mientras, en una sartén antiadherente dorar ajos laminados + cayenas.
Añadir las anguriñas y saltear.
Escurrir las patatas del aceite y añadirlas sobre las anguriñas. Dar vueltas.
Escurrir a una bandeja de servir.
En el aceite de las patatas, freír los huevos.
Colocarlos sobre las patatas y las anguriñas.
Romper los huevos.
Listo.

HUEVO CON CHISTORRA Y PATATA

Para la patata:
500 g de patata cocida con piel
75 g de mantequilla
150 ml de aceite de oliva virgen
5 g de sal
Perifollo

Para el huevo:
3 huevos
1 yema

Para la chistorra:
1 chistorra

Para la patata:
Pelar las patatas y mezclarlas en un bol con la mantequilla y el aceite usando un tenedor.

Poner a punto de sal y reservar.

Para el huevo:
Freír 2 huevos en una sartén con abundante aceite de oliva, de tal forma que la clara quede cuajada y la yema, cruda.
Sacarlos del aceite con la ayuda de una espumadera, escurrirlos bien y colocarlos en un bol.
Añadir la yema del huevo restante y romperlos bien con la ayuda de un tenedor.
Poner a punto de sal y reservar.

Para la chistorra:
Cortar las chistorras en rodajas de 1 cm de grosor y freírlas con unas gotas de aceite de oliva a fuego suave hasta que la chistorra esté hecha por dentro.

Colocar en el fondo del recipiente que se vaya a usar unas 2 cucharadas soperas de la patata, encima colocar 1 del huevo y unos 5-10 trozos de chistorra.
Decorar con un perifollo.

HUEVOS A LA BENEDICTINA

4 yemas de huevo
4 cucharadas soperas de agua fría
80 ml de mantequilla clarificada
40 ml de nata líquida montada
2 huevos
2 lonchas de tocineta ahumada
1 rodaja de brioche cuadrado de 2 cm de grosor, partida en 3 triángulos
1 chorro de vinagre de sidra
Sal y pimienta

Tener agua hirviendo para escalfar los huevos.
Tener otro cazo con agua hirviendo para montar la salsa.
Para la salsa, en este cazo sobre el baño de agua caliente, batir yemas + agua + sal y blanquear o subir hasta los 55 ˚C.
Fuera del fuego, añadir la mantequilla clarificada poco a poco, en hilo.
Añadirle la nata e incorporarla suavemente.
Salpimentar.
Mantener la salsa en el baño maría.
Mientras, en una sartén con mantequilla, dorar los triángulos de brioche y pimentar.
Asar la tocineta por la grasa para darle un calentón.

Si usamos cabeza de jabalí, no pasarla por el fuego.

Escalfar los 2 huevos en el agua + vinagre durante unos 2 min., a fuego muy suave y sin sal. Colocar en el plato el pan con la tocineta por encima.

Escurrir los huevos y colocar cada uno sobre cada pan.

Salsear con la holandesa.

Pimentar.

HUEVOS A LA FLAMENCA

1 chorizo fresco pequeño picado
150 g de lomo de cerdo adobado en dados pequeños
1 pimiento verde picado
1 cebolla picada
2 dientes de ajo picados
Ramitas de tomillo fresco
500 g de tomate natural muy maduro picado
1 lata de sofrito de tomate
Guisantes y habas blanqueados
Jamón ibérico recién cortado
4 huevos
Aceite de oliva virgen y sal
Sal y pimienta

En una cazuela baja, rehogar el chorizo y el lomo y escurrirlo a un plato.

Añadir a la grasa pimientos + cebolla + ajos + tomillo fresco y rehogar durante 5 min.

Añadir el tomate natural + sofrito y dejarlo guisar 15 min.

Añadir al sofrito el chorizo + lomo, dar unas vueltas y rectificar la sazón.

Añadir guisantes + habas y dar una vuelta.

Hacer 4 huecos, cascar en ellos los huevos frescos y salpimentarlos.

Cubrir la cazuela y dejarla unos minutos hasta que las claras cuajen y las yemas queden jugosas.

Destapar, esparcir el jamón y listo.

HUEVOS CON FRITADA Y JAMÓN

2 huevos
2 dientes de ajo picados
1 cebolleta picada
100 g de panceta adobada en dados
6 pimientos del piquillo en tiras finas
150 g de tomate maduro picado, escurrido

1 pizca de azúcar
Aceite de oliva
1 rebanada de pan tostado fino
Jamón ibérico cortado fino
Vinagre de sidra
Sal y pimienta

Sofreír en un sauté aceite + ajos + cebolleta + panceta.
Añadir las tiras de piquillo + tomate y rehogar.
Agregar azúcar y salpimentar.
Añadir vinagre de sidra al agua de escalfar y deslizar los huevos, uno a uno, cascados en una taza.
En el fondo de un plato, colocar la rebanada de pan tostado y regarla con aceite crudo.
Colocar encima la fritada y sobre esta los huevos escalfados.
Cubrirlo todo con jamón ibérico fino.
Listo.

HUEVOS CON PATATAS Y JAMÓN EXPRÉS

2 patatas en rodajas muy finas lavadas, sin almidón
1 chalota o cebolleta pequeña picada
Mantequilla
3 huevos frescos + 2 yemas
Jamón ibérico

Añadir mantequilla a la sartén + patatas escurridas y saltear a fuego medio para que se hagan y queden crujientes, parecidas a las de tortilla de patata pero sin que se hagan papilla.
Al final, añadir la chalota o cebolleta y dejar que se sofría.
Batir los 3 huevos, echarlos a la patata y hacer un revuelto jugoso.
Volcarlo a una fuente, hacer unos hoyos y meter en ellos las 2 yemas crudas.
Cubrirlo todo con jamón.

HUEVOS EN «COCOTTE»

50 g de guisantes
50 g de anguila ahumada, bacalao o salmón
150 ml de nata
4 huevos
100 g de parmesano
Pimienta

Precalentar el horno a 200 °C.

Cocinar los guisantes en agua hirviendo durante 2 min.

Cortar la anguila en dados pequeños.

Repartir la mitad de la nata en 4 vasos, echar unos guisantes y un poco de anguila en cada uno, abrir un huevo encima, cubrir de nata y volver a echar anguila.

Acabar el vaso con los guisantes que nos han sobrado.

Introducir en el horno durante 7 min., sacar y repartir el parmesano en los 4 vasos.

Volver a hornearlo 4-5 min. más.

Servir según salga del horno, muy caliente.

HUEVOS ESCALFADOS CON ESPÁRRAGOS DE LATA

24 espárragos gruesos, de conserva
8 huevos muy frescos
100 ml de vinagre de sidra
2 l de agua
4 cucharadas soperas de aceite de oliva
Sal

Poner a hervir agua en una cazuela alta y estrecha y, en el momento en que venga el hervor, añadir el vinagre de sidra. Ajustar el fuego de manera que en ningún momento el agua hierva violentamente.

Ir cascando los huevos en pequeñas tazas o vasos, individualmente, escalfando de dos en dos, deslizándolos delicadamente del vaso al agua caliente. Tenerlos así por espacio de 1 min. aprox.

Voltear con la ayuda de una espumadera y, pasado el tiempo, sacarlos del agua e introducirlos en un pequeño bol con agua templada ligeramente salada (1 cucharada sopera por litro).

Escurrir los espárragos de la lata y colocarlos en una fuente.

Templarlos unos segundos en el microondas a potencia media.

Volver a escurrirlos una vez sacados del microondas.

Colocar sobre ellos los huevos escalfados calientes + 1 pizca de sal + 1 chorro de aceite de oliva por encima.

Listo.

HUEVOS «IGUELDO»

8 huevos frescos
6 champiñones
1 chalota
1 trufa negra/20 g de trufa picada
1/2 copa de coñac
Nata líquida
1 chorro de vinagre de vino
10 ml de aceite de oliva
20 g de mantequilla
8 óvalos de hojaldre, ya cocido, del tamaño de un huevo
4 yemas de huevo o 4 cucharadas de salsa holandesa
Unas briznas de perifollo
Sal

Poner un poco de aceite y 1 nuez de mantequilla en un cazo y rehogar la chalota picada + champiñones picados.
Añadir el coñac + nata líquida + trufa picada.
En otra cazuela, hervir agua sin sal + 1 chorro de vinagre y escalfar los huevos.
Escurrirlos a un bol de agua tibia con sal para eliminar el gusto a vinagre.
Escurrirlos y colocarlos sobre los hojaldres, ya horneados.
Mezclar salsa holandesa o yemas + salsa de champiñones.
Cubrir los huevos con la salsa.
Esparcir el perifollo.
Listo.

REVOLTILLO DE ALCACHOFAS SALTEADAS

6 alcachofas frescas
1 cebolleta pequeña picada
2 dientes de ajo picados
2 huevos
Aceite de oliva y sal

Dorar las alcachofas cortadas en cuartos en una sartén.
Sazonar las alcachofas.
Añadir la cebolleta + ajos y rehogar.
Batir los huevos y sazonarlos.
Cuajarlos y listo.

REVOLTILLO DE ANCHOAS FRESCAS

300 g de anchoas frescas
3 huevos
1 cebolleta pequeña en tiras finas
1 blanco de puerro pequeño en tiras finas
1 pimiento verde pequeño en tiras finas
2 dientes de ajo picados
1 cayena
Perejil picado
Aceite de oliva virgen
Sal

Pochar en una sartén la cebolleta + puerro + pimiento + ajos + cayena + aceite.
Cascar los huevos en un bol y batirlos + sal + perejil.
Sazonar las anchoas.
Subir ligeramente el fuego y añadir las anchoas sobre la verdura.
Dar unas vueltas.
Añadir los huevos y hacer el revoltillo.
Listo.

REVOLTILLO DE CARNE Y TOMATE

1 chalota en tiras muy finas
1 diente de ajo picado
200 ml de salsa de tomate casera
Carne cocida de morcillo y rabo, deshilachada
2 huevos
Aceite de oliva
1 pizca de azúcar
Sal
Pimienta

Poner un sauté con aceite de oliva, sofreír la chalota + ajo y salpimentar.
Añadir la carne al fondo, darle unas vueltas y pimentar.
Añadir el tomate al fondo de la sartén y rehogarlo unos segundos. Probarlo.
Si está muy ácido, añadir 1 pizca de azúcar.
Batir los huevos y sazonarlos.
Dar unas vueltas y, con el fuego muy bajo, rociar en hilo muy fino el huevo sobre el tomate y la carne, sin dejar de menear.
Listo.

REVUELTO DE ESPÁRRAGOS BLANCOS

1 mazo de espárragos blancos
1 cucharada sopera de aceite de oliva
1 nuez de mantequilla
6 huevos
Sal

Eliminar a los espárragos la base dura y terrosa y pelarlos.
Si son muy gruesos, partirlos en dos a lo largo. Separar las yemas del resto del espárrago, cortando los tallos en finas rodajas.
Colocar una sartén a fuego medio y echar el aceite + yemas, de forma que todas toquen el fondo de la sartén. Voltearlas, de forma que se vayan haciendo suavemente.
Pasados 3 min., subir el fuego, añadir los tallos, sazonar y dejarlos unos 2 min.
Bajar el fuego y añadir la mantequilla.
Batir los huevos, sazonarlos, verterlos sobre los espárragos y cuajarlos.

REVUELTO DE «PERRETXIKOS»

400 g de *perretxikos*
6 huevos
2 cucharadas soperas de aceite de oliva virgen
Sal fina
Pimienta blanca
Sal de escamas
1 chorrito de nata líquida
Perejil picado

Limpiar muy delicadamente los *perretxikos* puliéndolos con un cuchillo y, si fuera necesario, con la ayuda de un trapo ligeramente húmedo. En ningún caso se han de lavar con agua.
Una vez limpios, romperlos con los dedos en trozos más bien pequeños, pero sin llegar a desmenuzarlos; en el caso de que se trate de ejemplares diminutos, dejarlos enteros. Salarlos y dejarlos así durante una 1/2 hora.
Poner en una cazuela a fuego suave el aceite de oliva virgen y, cuando adquiera una cierta temperatura, incorporar los *perretxikos*.
Dejar que suden hasta que se evapore toda el agua que suelten.
Batir los huevos, salpimentarlos y ponerlos al calor en un recipiente al baño maría. Añadir los *perretxikos* salteados y remover sin cesar la mezcla hasta que el huevo empiece a cuajar formando una crema untuosa.

Si se quiere, en el último momento añadirle 1 chorrito de nata líquida, 1 gota solo.

Retirar en este punto la preparación del fuego y servir inmediatamente.

REVUELTO DE «PIKATXA»

150 g de sangrecilla de cordero licuada y desmenuzada (*pikatxa*)
100 g de tripas de cordero
3 huevos de caserío
1/2 cebolla
Sal
Aceite

Picar la cebolla en trozos muy pequeños y pochar en aceite de oliva.

Picar con el cuchillo las tripas del cordero en trozos pequeños y desmenuzar la sangrecilla con la mano.

Batir los huevos muy ligeramente.

Cuando la cebolla esté pochada, añadir las tripas y la sangre y rehogarlo todo junto.

Por último, añadir los huevos, mezclar y cuajar.

REVUELTO DE SARDINA VIEJA

4 sardinas viejas
3 cebolletas picadas
2 puerros picados
4 huevos
Perejil picado
1 taza de leche
Aceite de oliva
Perejil picado

Limpiar las sardinas de espinas, cabeza, piel y tripas sacándoles los dos lomos.

Poner en remojo en la leche durante 2 horas aprox.

Pochar cebolletas + puerros.

Cuando estén pochados, sin que cojan color, añadir los lomos de las sardinas viejas troceados y dar un par de vueltas.

Subir el fuego y añadir los huevos batidos + perejil, haciendo el revuelto de forma que quede jugoso.

Listo.

REVUELTO DE TRUFA NEGRA

1 trufa negra fresca
3 patatas viejas medianas, peladas
1 cebolleta pequeña picada
10 huevos
Cebollino picado
Aceite de oliva
Sal y pimienta

Partir las patatas en láminas finas, cubrirlas de aceite y arrimarlas a fuego suave.
Pelar la trufa, picar las peladuras muy finas y añadirlas al aceite de las patatas.
Las patatas tienen que quedar como para tortilla, ligeramente fritas.
Con la mandolina hacer unas láminas de trufa y cortarlas en tiras finas sobre la tabla.
En un sauté colocar aceite de fritura de patatas y sofreír la cebolleta junto con las tiras de trufa, unos minutos.
Sacar el sauté del fuego y dejar enfriar, añadir 3 yemas de huevo y batirlas, y agregar una pizca de agua, entibiando al fuego.
Cuando estén, escurrir las patatas y guardar el aceite.
Batir 3 huevos y 4 yemas + salpimentar. Añadir las patatas escurridas.
Hacer con la mezcla un revuelto muy cremoso al fuego.
Rectificar el sazonamiento y añadir cebollino picado.
Colocar el revuelto cremoso en el centro de un plato hondo.
Salsear con las yemas entibiadas al fuego a modo de salsa.
Con la ayuda de una mandolina para trufas, cubrir el plato de láminas de trufa fresca.
Salpimentar la superficie.
Listo.

SUFLÉ DE QUESO TRADICIONAL

20 g + 5 g de mantequilla
2 cucharadas soperas de harina
200 ml de leche
200 ml de agua
40 g de queso comté rallado
3 claras de huevo
4 yemas de huevo
Ensalada y cebolleta
Sal, pimienta y nuez moscada molidas

Fundir los 20 g de mantequilla al fuego, en una cacerola.

Añadir la harina, remover suavemente y, cuando la mezcla espume, agregar leche + agua, poco a poco.

Cocer la bechamel durante 5-6 min.

Retirar del fuego, sazonar y dejar templar.

Batir claras a punto de nieve muy firme, con la ayuda de un batidor de varillas eléctrico.

Añadir las yemas a la bechamel tibia + queso + pimienta + nuez moscada.

Mezclar las claras montadas en la mezcla de queso, en movimientos suaves, de arriba abajo.

Verter la mezcla en el molde, que nunca deberá sobrepasar los tres cuartos de altura.

Introducirlo en el horno sobre una bandeja de rejilla, en una posición baja, de forma que la superficie del suflé no se dore inmediatamente.

Cocerlo durante 20-25 min.

Servir el suflé acompañado de una ensalada verde aliñada con cebolleta.

TORTILLA DE ANCHOAS

800 g de anchoas frescas
5 soperas de aceite de oliva virgen
2 dientes de ajo
1 cebolleta
1 pimiento verde
1 cucharadita de perejil picado
6 huevos
Sal

Limpiar bien las anchoas quitándoles las escamas, la cabeza, las tripas, las espinas y la cola.

Pochar en 2 cucharadas de aceite el ajo + pimiento verde + cebolleta previamente picados + sal.

Una vez hecho, pero sin que hayan perdido su tersura, retirar y reservar.

Saltear las anchoas sazonadas en 2 cucharadas de aceite bien caliente, de manera que queden jugosas. Realizar la operación en dos veces, para que no se apelmacen. Espolvorear con perejil picado, mezclarlas con la cebolleta, el pimiento verde y el ajo pochados, y añadirlo todo a los huevos batidos. Sazonar.

Con la cucharada de aceite restante, cuajar el conjunto en la sartén; debe quedar una tortilla bien jugosa.

TORTILLA DE BACALAO

Para la cebolla pochada:
2 kg de cebolla
500 ml de aceite de girasol

Pelar la cebolla y cortarla por la mitad y cada mitad en tres.
Hacer una juliana fina (al estar cortada en tres, la juliana saldrá más corta).
Calentar el aceite en una cazuela y cuando coja temperatura agregar la cebolla.
Sazonar con sal para que tome sabor.
Dorar a fuego medio para que se dore y se caramelice sin llegar a tostarse.
Vigilar y remover continuamente para que no se agarre.
Una vez sofrita, escurrirla y mezclarle 250 ml del aceite del mismo pochado.
Reservar.

Para el bacalao escaldado:
500 g de bacalao desalado al punto
Agua

Cubrir el bacalao bien desalado con agua fría.
Acercar al fuego y cocer hasta dejarlo en su punto (el tiempo de cocción dependerá del grosor del bacalao).
Nunca debe hervir, ya que si no el bacalao se pasa y queda seco.
Sacar del fuego y escurrir bien, retirando espinas y pieles.
Desmenuzar las láminas con la mano y reservar en un plato.

Para terminar:
La mezcla de cebolla sofrita y aceite
1 arandela de cayena fresca
El bacalao desmigado
1 buen pellizco de perejil
9 huevos

En una sartén antiadherente rehogar durante 2 min. la mezcla de cebolla pochada y la cayena.
Añadir el bacalao y rehogar 1 min. más para que se empape bien de la mezcla anterior.
Batir los huevos, salarlos y añadir 1 buen pellizco de perejil.
Agregarlos de inmediato a la sartén.
Cuajar la tortilla dejándola bien jugosa en el interior.
Listo.

TORTILLA DE PATATAS

Para la patata pochada:
150 g de cebolleta fresca
1 kg de patatas tipo Monalisa
500 ml de aceite de oliva virgen extra
1 diente de ajo

Para la tortilla:
Toda la patata pochada
6 cucharadas del aceite de pochado
8 huevos
Sal

Además:
Sartén antiadherente de 28 cm

Para la patata pochada:
Picar finamente la cebolleta y pocharla a fuego suave en una cazuela con el aceite de oliva + diente de ajo.
Cortar la patata en láminas muy finas y salarla antes de introducirla en el aceite.
Retirar el diente de ajo, echar la patata en el aceite junto con la cebolleta ya pochada y darle un golpe a fuego fuerte durante 4-5 min.
Bajar el fuego y terminar de hacer la patata a fuego suave.
Escurrir del aceite y reservar tanto la patata como el aceite.

Para la tortilla:
Mezclar la patata tibia con el huevo y el aceite.
Poner la mezcla a punto de sal.
Calentar la sartén y poner un poco del aceite de la patata pochada.
Incorporar la mezcla a la sartén sin que llegue a estar muy caliente. Dar unas vueltas durante un minuto con la ayuda de una lengua para que se vaya cuajando y así evitar que haga costra.
Darle la vuelta con la ayuda de un plato y terminar de cuajarla por el otro lado, dejándola jugosa.

ARROZ & PASTA

ARROZ A BANDA «SOCARRAT»

Para el caldo de marisco base:
2 kg de pescados de lonja «morralla» (cabezas de rape, gallineta, cabut, araña, cabeza, pieles y espinas de mero)
500 g de galera blanca
500 g de cangrejo
1 cabeza de bogavante
500 g de muslo de gallina
500 g de costilla de cerdo
50 g de pimentón agridulce de la Jarandilla de La Vera
1 puerro
1 cebolla
2 zanahorias
1 ñora
5 dientes de ajo
2 tomates maduros, troceados
150 g de tomate frito
40 g de sal
8 l de agua
12 ml de aceite de oliva virgen extra

Para el arroz a banda (finalización):
Paellera de fondo difusor y antiadherente
55 ml de aceite de oliva con infusión de ajo
120 g de ventresca de mero pochada
100 g de sepia picada de forma regular
1 g de pimentón agridulce
50 g de tomate rallado maduro
350 g de arroz Senia
1,4 l de caldo base
12 hebras de azafrán

Al final de la cocción:
5 ml de aceite de oliva con infusión de ajo

Para el caldo de marisco base:
Horno a 180 ˚C.
Tostar en el horno la gallina y la costilla de cerdo.
En una cazuela alta, poner el aceite y dorar puerro + cebolla.
Añadir los dientes de ajo + zanahoria + pimentón. A continuación, poner el cangrejo y la galera, rehogar y añadir el pimentón de La Vera agridulce + tomate troceado, para evitar que se queme el pimentón.

Una vez bien pochado, añadir el agua y cocerlo junto con la costilla y la gallina doradas al horno, unos 60 min.

A los 30 min. de cocción, añadir la morralla + la cabeza de bogavante abierta por la mitad.

Cocer durante 20 min. más a baja potencia, una vez que se reanude la ebullición.

Dejar reposar el conjunto 6 horas antes de colar, sin presionar en ningún momento.

Para el arroz a banda (finalización):

Preparar un arroz a banda con todos los ingredientes, dejándolo *socarrat* de la siguiente manera:

En una cazuela o paella poner aceite infusionado con ajo.

Dorar la sepia picada + ventresca de mero y rehogar.

Añadir pimentón, tomate frito y hebras de azafrán.

Aumentar el fuego, agregar 160 g de arroz y sofreír.

Ir incorporando el caldo, 1 l por esa cantidad de arroz, y dejar que hierva unos 10 min.

Bajar el fuego y, en los últimos minutos, preparar un *socarrat* con un hilo de aceite de oliva para caramelizarlo.

ARROZ AL VAPOR

400 g de arroz basmati
Agua y sal

Poner agua a hervir en una olla.

Lavar el arroz en varias aguas, en la fregadera, hasta eliminar todo el almidón y que el agua quede transparente.

Añadir el arroz al agua, sazonar si se quiere y dejar que hierva fuerte durante 5 min.

Con el arroz caliente escurrido en un escurridor, poner al fuego la misma olla con 4 cm de agua hirviendo.

Bajar el fuego al mínimo y colocar encima el escurridor de arroz cubierto con una tapa o papel de aluminio, sin que toque el agua.

Tenerlo así unos 10 min.

Retirarlo y listo para servir.

Mantenerlo caliente unos 15 min.

Sobre este arroz se puede echar un sofrito, salsa de tomate, cebolla guisada y especiada, etc.

ARROZ «APARICI»

6 ñoras o 3 pimientos choriceros abiertos, sin pepitas
1 cabeza de ajos partida en dos
500 g de pimientos verdes en tiras
250 g de carne magra de pavo en dados
2 muslos de pollo deshuesados (o 2 pechugas) y troceados
150 g de jamón serrano, en dados
500 g de chipirones troceados
15 langostinos pelados
200 g de tomate frito
750 g de arroz normal
1,5-2 l de agua o caldo
Sal y aceite de oliva

En una paellera, echar aceite y tostar las ñoras o choriceros limpios +
cabeza de ajo entera.
Cuando los pimientos estén tostados, retirarlos a un mortero y machacarlos.
Dejar el ajo en la paellera hasta el final.
Rehogar en la paellera los pimientos verdes.
Sin sacarlos, retirados a un lado, rehogar el resto de los ingredientes,
primero las carnes y luego los pescados y mariscos, y sazonar.
Se terminarán de hacer en la cocción del arroz; rehogar poco.
Una vez rehogado, mezclarle el tomate.
Añadir el arroz y rehogar.
Verter el agua o caldo en la paellera y mezclar.
Cuando arranque el hervor, sumergir el colador con las ñoras en distintas
zonas de la paellera y mover con un cacillo, para tintar el caldo.
Cuando tenga suficiente tono, retirar el colador, sazonar y cocer a fuego
lento hasta que se consuma el caldo durante unos 12-15 min., primero a
fuego fuerte y luego bajando la intensidad.
Una vez consumido el caldo y el arroz en su punto, retirar la paellera del
fuego y taparla con un trapo seco.
Dejarla reposar 5 min. cubierta con un trapo.
Listo para servir.

ARROZ CON ALMEJAS

1 cebolleta picada
1 pizca de guindilla
1 pizca de sal
300 g de arroz
1 chorro de vino blanco

Pastilla de caldo
750 ml de agua
750 g de almejas
6 cucharadas soperas de aceite de oliva virgen
2 dientes de ajo picados
1 chorro de vino blanco
1 cucharada de perejil picado (media y media)

Rehogar la cebolleta + 4 soperas de aceite.
Añadir arroz + sal + 1/2 l de caldo.
Cocer durante 12 min.
Rehogar ajo + 2 cucharadas de aceite + guindilla + vino blanco + agua.
Hervir 1 min.
Añadir las almejas y sacarlas conforme se abren.
Mezclar el arroz + salsa de almejas + perejil y hervir unos minutos.
Incorporar las almejas y revolver.

ARROZ CON ALMEJAS Y CARRILLERAS DE MERLUZA

250 g de arroz
1 cebolleta picada
1 pimiento verde picado
3 dientes de ajo picados
1 pizca de cayena
1 chorrito de vino blanco
700 ml de caldo de pescado
350 g de carrilleras de merluza
500 g de almejas
Perejil picado
Aceite de oliva y sal

Rehogar en una olla con aceite la cebolleta + pimiento verde + 1 ajo.
Añadir el arroz, sazonar, rehogar 1 min. e incorporar el caldo caliente.
En 15 min. el arroz estará listo.
Dejarlo reposar unos minutos.
Mientras, en un sauté, rehogar 2 ajos + aceite de oliva + cayena y, cuando baile, añadir vino blanco, reducirlo y añadir 1 chorrito de caldo de pescado y hervir 1 min.
Espolvorear perejil, añadir las carrilleras de merluza y ligarlas un segundo, sin que se hagan.
Añadir las almejas al sauté de las carrilleras y abrirlas.

Mezclar el arroz con las carrilleras y las almejas a la marinera, rectificar el sazonamiento y añadir 1 cordón de aceite de oliva crudo.
Si hace falta, añadir 1 chorrito más de caldo de pescado.
Listo.

ARROZ CON BERBERECHOS AL «TXAKOLI»

200 g de arroz especial para *risotto*
1 kg de berberechos
40 g de mantequilla
50 g de cebolleta picada
30 ml de nata semimontada
2 cucharadas soperas de aceite de oliva
100 ml de *txakoli*
1 cucharada sopera de perejil y cebollino picado
Sal

Poner a hervir el *txakoli* con los berberechos.
En cuanto se abran los berberechos, retirarlos a una bandeja y reservar el líquido colado.
Aparte, poner a fuego lento en una cazuela la mitad de la mantequilla con una cucharada sopera de aceite de oliva.
Añadir la cebolleta picada y mantenerlo sudando durante 2 min.
Bajar el fuego y añadir el arroz para que los granos revienten y liberen todo el almidón.
Poner un poco de sal y rehogar durante 2 min. removiendo para que el grano de arroz se cubra de materia grasa.
Mojar con un poco de agua de berberechos y dejar reducir.
Volver a echar el agua caliente y un poco de *txakoli* y, a partir de ahí, contar 15 min. sin dejar de remover.
Fuera del fuego, cuando el arroz esté a punto, añadir los 20 g de mantequilla restantes y la nata semimontada, removiendo con cuidado para que se integren bien en el *risotto*.
Poner 1 pizca de sal, 1 chorrito de aceite de oliva virgen, perejil y cebollino picados y los berberechos.

ARROZ CON BOGAVANTE

1 bogavante vivo de 1,2 kg
1 kg de cabeza de gamba cruda
2 dientes de ajo pelados
1 puñado de hojas de perejil

1 vaso de vino blanco
1 pizca de armañac
1 pizca de tomate concentrado
1 pizca de azafrán en hebras
Agua
1 cebolleta mediana picada
3 chalotas picadas
5 dientes de ajo picados
2 cucharadas de pulpa de choricero
1 pizca de pimentón de La Vera
6 cucharadas de salsa de tomate
400 g de arroz de grano redondo
Aceite de oliva y sal
Perejil picado

Poner en una olla aceite + cabezas de gamba y sofreír.
Poner a cocer desde agua fría el bogavante, cubierto de agua.
Majar en un mortero ajos + perejil.
Desde que el bogavante comience a hervir, tenerlo 3 min., escurrirlo y meterlo en agua y hielo pilé.
Añadir el majado al sofrito, remover + vino blanco + armañac + tomate concentrado + agua de cocción del bogavante.
Dejar hervir 20 min.
Añadir el azafrán.
Trinchar el bogavante: por un lado la cabeza partida en 4 pedazos y, por otro, la cola, pelada. Golpear las pinzas.
Mientras limpiamos, añadir las cáscaras al caldo que hierve.
Arrancar el arroz.
Sofreír en aceite la cabeza de bogavante + sal y machacarla con el culo de una botella.
Sofreír al otro lado la cebolleta + chalota + ajos.
Mezclar y añadir pulpa choricero + pimentón + tomate.
Remover + arroz y sofreír.
Verter el caldo + sal y guisar unos 15 min.
Unos minutos antes de terminar, cubrir fuera del fuego con el bogavante loncheado y las pinzas.
Espolvorear perejil.
Listo.

ARROZ CON CUELLO DE CORDERO

1 cuello de cordero en pedazos pequeños
5 dientes de ajo picados
1 cebolleta picada
1 puerro picado
1 vaso de vino blanco
500 g de arroz
1 limón
1,3 l de caldo de huesos de cordero, de pollo o agua
Aceite de oliva
Pimienta
Sal

Echar aceite en una olla, sofreír el cuello y salpimentar.
Tostarlo perfectamente y retirarlo a un plato.
Si el cuello de cordero es muy graso, retirar la grasa, añadir más aceite +
ajos + puerro + cebolleta y salpimentar.
Agregar los pedazos de cuello, sofreír + vino blanco y dejar que se
consuma, durante unos 15 min.
Volcar el arroz + 1 chorrito de zumo de limón, dar vueltas y verter caldo
caliente.
Sazonar ligeramente y cocer a fuego fuerte durante 5 min. + 11 min. más a
fuego suave.
Transcurrido ese tiempo, apagar el fuego, dejar reposar unos 5 min. y servir.

ARROZ CON HONGOS

500 g de arroz de grano redondo
750 g de hongos frescos
4 cucharadas soperas de aceite de oliva
4 hebras de azafrán
2 cebolletas medianas picadas
1 vaso de vino blanco

1,3 l de agua + pastilla
Sal
1 chorrito de nata semimontada
1 pizca de queso mascarpone

Aceite + cebolletas + sal y rehogar.
Limpiar los hongos (las peladuras al caldo) y trocearlos en dados.
Añadir setas al sofrito y 10 min.
Añadir azafrán + arroz + vino blanco.
Cocer el arroz con caldo, poco a poco, unos 14 min.
Fuera del fuego, ligar con aceite de oliva virgen + nata semimontada + mascarpone.

ARROZ CON SETAS

1,3 l de agua
2 pastillas de caldo
3 cucharadas soperas de aceite de oliva
1 cucharada de mantequilla
2 cebolletas medianas picadas
750 g de trompeta amarilla, sisa hori, lengua de vaca
Sal y pimienta
500 g de arroz de grano redondo
7 hebras de azafrán
Mascarpone
Nata líquida o semimontada
1 vaso de vino blanco

Rehogar aceite + cebolletas + sal.
Limpiar las setas (las peladuras al caldo) y trocearlas en dados.
Añadir las setas al sofrito y 10 min.
Añadir azafrán + arroz + vino blanco. Cocer el arroz con caldo despacio.
Ligar con aceite de oliva virgen + nata semimontada + mascarpone.

ARROZ DOMINGUERO

200 g de carne magra de cabezada de cerdo en dados pequeños
1 muslo de pollo de caserío deshuesado y troceado en dados menudos
1/2 chistorra cortada en rodajas pequeñas
1 cebolleta pequeña troceada
1 pimiento verde pequeño troceado
1 blanco de puerro pequeño troceado

1 diente de ajo picado
1 pizca de pimentón de La Vera
1 pizca de pulpa de pimiento choricero
1 taza de salsa de tomate
300 g de arroz de grano redondo
1 puñado hermoso de almeja arrocera
1 l de caldo de carne
Aceite de oliva y sal

En una olla ancha y baja, sofreír la cabezada + pollo + aceite + sal.
Añadir la chistorra + cebolleta + pimiento + puerro + ajo y rehogar.
Añadir pimentón de La Vera y sofreír.
Añadir choricero + salsa tomate y rehogar.
Volcar arroz + almejas y dar vueltas.
Mojar con el caldo y rectificar el sazonamiento.
Cocer a fuego fuerte 5 min. + 10 min. a fuego muy suave.
Dejar reposar el arroz 5 min., cubierto por un paño.
Listo.

ARROZ NEGRO CON CHIPIRONES

350 g de arroz de grano redondo
750 g de calamares
La tinta de los chipirones
Los tentáculos de los chipirones
2 cebolletas muy picadas
1 pimiento verde muy picado
3 dientes de ajo picados
1 pizca de tomate natural triturado
1 chorrito de vino blanco
1,2 l de caldo de carne caliente
1 mortero de alioli
Sal

En una olla amplia y baja, rehogar aceite + cebolletas + pimiento verde +
2 ajos + sal.
Esperar a que el sofrito se oscurezca.
Añadir al sofrito los cuerpos y las *kokotxas* picadas. Pasados unos
momentos, añadir tomate + sal y sofreír perfectamente.
Añadir las tintas diluidas, romperlas + vino blanco, rehogar + añadir el arroz
y reducir.
Añadir el caldo caliente + sal. Cocer el arroz 15 min. aprox.
Apagar el fuego.

Dejarlo reposar 5 min. cubierto con un paño.
En una sartén antiadherente + aceite, saltear los tentáculos de calamar + el ajo restante + sal.
Colocarlos sobre el arroz.

CANELONES COMUNISTAS

Para la boloñesa:
1 cebolleta picada
1 calabacín
1 berenjena
3 dientes de ajo picados
3 cucharadas de aceite de oliva
1 kg de carne picada (cerdo, vaca, ternera)
500 ml de salsa de tomate
Perejil picado

Para la bechamel:
75 g de mantequilla
90 g de harina
1,5 l de leche hervida
1 pizca de sal
Pimienta recién molida

Verdura (se guisa en la cazuela en la que irán al horno):
2 bolsas de rúcula y espinacas
2 dientes de ajo
Aceite de oliva

Para la boloñesa:
Rehogar aceite + ajo + cebolleta.
Añadir calabacín + berenjena y 20 min.
Añadir carne picada + salsa de tomate.
Añadir tomate.
Añadir perejil.

Para la bechamel:
Hervir leche.
Mantequilla + harina y rehogar.
Añadir leche y cocer 10 min. + sal.

Para la verdura:
Picar ajo y rehogar en aceite.
Añadir verdura + sal.

Acabado:

Montar los canelones al revés en una cazuela.

En el fondo poner la espinaca y la rúcula salteadas.

Colocar la mitad de la boloñesa.

Clavar los tubos de canelón sin cocer, en vertical, llenando la cazuela.

Cubrir con el resto de la boloñesa, que se irá deslizando por el interior de los tubos de pasta, rellenándolos.

Cubrir con bechamel + 75 g de queso.

Hornear y gratinar, durante 40 min., a 180 ˚C.

Listo.

ESPAGUETIS CON SEPIA

1 sepia bien hermosa, fresca y limpia, partida en pedazos
1 cebolleta pequeña picada
3 dientes de ajo picados
400 g de espaguetis
2 cucharadas soperas de aceite de oliva
3 tomates maduros troceados
Mantequilla
Perejil picado

En una cazuela amplia arrimada a fuego suave, echar aceite de oliva + sepia + cebolleta + ajo y sofreír 25 min.

Poner en la túrmix los tomates y triturarlos bien.

Cuando la sepia esté tierna y adquiera un tono caramelo, dar unas vueltas y añadir el tomate triturado, remover y dejar que se estofe 20 min. a fuego manso.

Cocer los espaguetis hasta que estén *al dente*.

Escurrirlos y reservarlos.

Poner un poco de mantequilla sobre la pasta aún caliente y mezclar hasta que se derrita + añadir perejil picado.

Servir los espaguetis sobre el sofrito de sepia, tras rectificarle el sazonamiento.

Listo.

ESPAGUETIS MARINEROS

600 g de pasta tipo espagueti
200 g de gambas
2 puñados de almejas
2 puñados de espinacas
1 huevo cocido y picado

2 dientes de ajo picados
1 pizca de salsa de tomate
Aceite de oliva
Sal y pimienta
Cebollino picado

Poner a cocer los espaguetis en agua con sal.

Mientras, en una sartén con 1 chorrito de aceite de oliva, sofreír el ajo picado y, justo al final, añadir las gambas peladas y saltearlas.

Hacer lo mismo con las almejas. Salpimentar.

En la misma sartén, saltear las espinacas + tomate.

Cuando la pasta esté cocida, mezclar todos los ingredientes y, si se quiere, estirar un poco la salsa con el agua de cocción de la pasta.

Echar huevo cocido por encima y rociar con un buen chorro de aceite de oliva.

Listo.

FIDEUÁ DE GAMBAS ALISTADAS

500 g de fideos especiales para fideuá
1,3 kg de gamba alistada
2 cebolletas hermosas picadas
6 dientes de ajo enteros
2 tomates maduros troceados
1 chorrito de vino blanco
1 chorrito de coñac
2 l de agua
Aceite de oliva
1 pastilla de caldo de pescado
1 punta de laurel seco

Pelar las gambas y colocarlas en un bol, reservando en otro bol las cabezas y las cáscaras.

A las colas peladas, hacerles un corte en la espalda, a todo lo largo, para retirarles el intestino. Reservarlas.

Poner en una cazuela amplia, a fuego fuerte, aceite de oliva + 1 cebolleta + 3 dientes de ajo + 1 tomate troceado.

Sofreír 10 min. y añadir las cáscaras + cabezas de las gambas, aplastando con la cuchara de palo para extraer los jugos, y dejarlo sofreír otros 10 min. más.

Añadir el vino blanco + coñac y, pasados unos minutos, mojar con el agua.

Cuando arranque de nuevo el hervor, reducir a fuego medio durante 45 min.

En una cazuela ancha y baja a fuego suave, verter aceite de oliva + la cebolleta picada restante + los 3 dientes de ajo restantes picados.

Dejar que se sofrían unos 5 min. y, pasado ese tiempo, añadir el tomate troceado y la punta de laurel seco, dejando que se guise otros 5 min. más.

Añadir el fideo y subir la intensidad del fuego, rehogando unos minutos para que coja un ligero color.

Colar el caldo de gambas caliente sobre el fideo y dejar que hierva a borbotones unos 3 min.

Probar el sazonamiento y rectificar de sal si fuera necesario.

Bajar la intensidad del fuego y dejar que se estofe otros 4-5 min.

En una sartén antiadherente a fuego fuerte con un poco de aceite de oliva, saltear las gambas sazonadas ligeramente. Conforme se salteen (apenas unos segundos, para que no se sequen), añadirlas a la fideuá, en los últimos instantes de cocción de la cazuela, sumergiéndolas en el caldo que quede en la superficie.

Dejar reposar el guiso unos instantes antes de comerlo.

Acompañarlo con un buen alioli.

FIDEUÁ DE SEPIA

350 g de pasta seca, tipo fideo cabello de ángel (fideo fino del número 0)
300 ml de aceite de girasol
1 cebolleta
4 dientes de ajo
1 pimiento rojo
100 g de sepia sucia (con la melsa pero sin la tinta)
300 g de colas de gamba o langostinos
1 cucharada sopera de pimentón ahumado de La Vera
3 cucharadas soperas de tomate frito de buena calidad
2 l de fumet de pescado
Sal
Para el fumet:
2 l de agua
500 g de espinas de pescado blanco (rape, merluza, lenguado...)
50 g de zanahorias
50 g de puerros
20 g de apio
50 g de cebolla
1 hoja de laurel
1 ramo de perejil
70 ml de vino blanco

Para el fumet:
Echar al agua las raspas, la verdura entera, el laurel, el perejil y el vino blanco, y hervirlo todo durante 45 min.
Colar y reservar para mojar la fideuá.

Para la fideuá:
Echar el aceite de girasol en una sartén espaciosa y, cuando esté caliente, agregar los fideos secos, directos del paquete.
Dorarlos hasta que cojan un bonito color y echarlos en un escurridor para separarlos del aceite.
Reservarlos.
Con 2 cucharadas de ese aceite, empezar a hacer el sofrito en una paellera o en una cazuela ancha y baja (de al menos 50 cm de diámetro).
Primero echar las gambas, previamente sazonadas con sal, y darles dos vueltas.
Sacar las gambas semicrudas y echar el ajo, la cebolla y el pimiento rojo.
A los 10 min., echar la sepia picada en cuadrados de 2 x 2 cm y rehogarla hasta que coja color.
Seguidamente echar 1 cucharada de pimentón y, al segundo siguiente, el tomate frito.
Dejar que se reparta todo y echar el fumet.
Cuando el conjunto hierva incorporar el fideo.
Cocer el conjunto unos 5 min.
Echar las gambas para acabar cociéndolo otros 5 min. más.
Presentar en el mismo recipiente y acompañar de un mortero con alioli.

GRATINADO DE PASTA Y COLIFLOR

1 coliflor pequeña
2 puñados de queso graso rallado (gruyer + comté + parmesano)
1 puñado de queso parmesano rallado
600 g de macarrones
200 ml de nata líquida
Perejil picado
Sal y pimienta

Horno a 200 ˚C.
Poner en una olla agua con sal.
Sobre la tabla, pelar los ramilletes de coliflor, con la ayuda de un cuchillo.
Cortar en láminas finas o trozos los tallos, sobre la tabla.
Conforme se corta la coliflor, verterla al agua salada.
Volcar la pasta y dejar que se cueza todo junto durante unos 10-12 min.
En una olla pequeña, hervir la nata y añadir el queso.

Agregar perejil a la nata + queso.

Mezclar con la pasta y la coliflor escurridas y, si es necesario, añadir un poco de caldo de cocción.

Remover, añadir perejil picado, meter en una fuente y al horno hasta que se gratine.

Listo.

GRATÍN DE MACARRONES AL CABRALES

400 g de macarrones
10 nueces
150 g de queso de Cabrales
100 g de emmental rallado
400 ml de nata líquida
Sal

Precalentar el horno a 180 °C.

Romper, pelar y triturar las nueces.

En una cacerola, poner a hervir a fuego suave la nata líquida con el cabrales. Cuando la preparación esté homogénea y untuosa, a los 15 min. aprox., retirar del fuego y reservar.

En una cacerola grande, llevar a ebullición agua con sal y cocer los macarrones.

Escurrir la pasta, regresar a una cacerola y agregar la crema con cabrales. Mezclar bien y verter en un plato o una cazuela para gratinar.

Espolvorear con la carne de las nueces troceada y el emmental rallado.

Hornear y dejar cocer durante 10 min.

Presentar en la misma cazuela o servir emplatado.

LASAÑA TRADICIONAL

100 g de tocineta picada
100 g de chorizo fresco picado
4 cebolletas picadas
1 zanahoria picada
1 rama de apio picada
6 dientes de ajo picados
750 g de carne picada de cerdo

750 g de carne picada de ternera
100 ml de vino tinto
5,5 ml de salsa de tomate
Aceite de oliva

Salsa bechamel:
175 g de mantequilla
175 g de harina
2 l de leche
Sal y pimienta

Además:
Pasta precocida para lasaña
200 g de queso parmesano rallado

En una olla sofreír la tocineta picada y el chorizo.
Añadir la cebolleta, la zanahoria, el apio, el ajo, el aceite y la sal y sofreír unos minutos.
Entonces, añadir las carnes y rehogarlas bien.
Agregar la salsa de tomate y el vino y guisar 25 min.
Hervir la leche.
En una olla derretir la mantequilla y cocinar la harina unos minutos.
Ir añadiendo poco a poco la leche y cocinar la bechamel unos 5 min.
Salpimentar.
Encender el horno a 180 ˚C.
Montar la lasaña en una bandeja amplia.
Colocar base de pasta, bechamel, carne, pasta, bechamel, carne, pasta y bechamel.
Cubrir la superficie con el queso y hornear 25 min.
Durante los últimos minutos encender el grill y gratinar la superficie.
Listo.

LASAÑA DE BERENJENAS

2 berenjenas
4 soperas de piñones
3 dientes de ajo
1 ramillete grande de albahaca (hojas + tallos)
750 ml de salsa de tomate
Sal y pimienta
Láminas de pasta de lasaña precocidas
400 g de queso ricota
4 soperas de parmesano rallado

Horno a 180 ˚C.

Pelar las berenjenas y cortarlas en rodajas medianas + pasarlas por la sartén con una gota de aceite + salpimentarlas sobre una bandeja.

Majar en un mortero los piñones + ajos + sal.

Separar los tallos de las hojas de albahaca + picar los tallos.

Sofreír el majado en una sartén + tallos + añadir la salsa de tomate, hervir y retirar.

Colocar en el fondo de una fuente de horno 1/3 de salsa de tomate + pasta + 1/3 de berenjenas + 1/3 de ricota + hojas de albahaca + chorrete de aceite.

Empezar de nuevo con el tomate, y así sucesivamente hasta completar dos capas más.

Terminar con tomate + espolvorear el parmesano.

Horno durante 35 min.

MACARRONES CON CHORIZO «CHIUM»

1 chorizo herradura guapo
1 cebolla roja picada
2 dientes de ajo pelados
2 tazas de macarrones
1 chorrete de tomate concentrado
1 limón
1 golpe de salsa de tomate
3 tazas de agua caliente
2 mozzarellas
Restos de queso de la nevera
1 chorrete de aceite de oliva

Picar el chorizo en dados y añadirlo a una olla a sofreír.

Añadir sobre el chorizo la cebolla + ajo machacado + sal y rehogar.

Añadir la pasta cruda + tomate concentrado, sofreír + ralladura de limón y remover.

Añadir salsa de tomate + agua caliente y dejar que guise cubierto unos 8 min.

Trocear los restos de queso en pedazos menudos.

En un tarro meter las mozzarellas en bocados + suero + esquinas de queso + aceite y triturar con la túrmix.

Cerrar el tarro con rosca y listo.

Colocar la pasta en un plato + golpes de crema de queso.

Listo.

MACARRONES CON PUERROS Y CHISTORRA

400 g de macarrones
300 g de chistorra
200 g de puerros
100 ml de *txakoli*
50 g de parmesano rallado
2 cucharadas soperas de aceite de oliva
Pimienta de molinillo
100 ml de nata líquida
Cebollino picado

En una cacerola grande con agua hirviendo y sal, poner a cocer la pasta.
Lavar y cortar finamente el puerro.
Poner a rehogar con un poco de aceite a fuego medio durante 3 min.
mezclando suavemente.
Quitarle la piel a la chistorra y desmenuzarla con un tenedor o cuchillo.
Agregar la chistorra al puerro y dejar que se dore (sin que tome color)
durante unos 5 o 6 min.
Verter el *txakoli* y dejar evaporar.
Agregar pimienta.
Se puede saltear la pasta en una sartén con un poco de agua de la cocción
o agregarle el aceite.
Agregar la nata y dejar reducir durante 5 min. para obtener una
consistencia cremosa.
Servirlo todo junto con un poco de parmesano rallado y cebollino picado.

ÑOQUIS CON BERZA Y PARMESANO

1 barqueta normal de ñoquis de supermercado
150 g de parmesano recién rallado
75 ml de leche entera
75 ml de nata líquida
1 pizca de mantequilla
1 puñado de lardones finos de beicon
150 g de hojas de berza cruda en tiras muy finas
2 yemas de huevo
Aceite de oliva virgen
Cebollino picado
Sal y pimienta

Cubrir el parmesano con leche + nata y arrimar a fuego suave.

En un sauté con mantequilla, rehogar lardones + añadir berza, dar vueltas y salpimentar.

A la leche + nata + parmesano añadirle 2 yemas y batir.

Escurrir los ñoquis y añadirlos a la berza + salsa + aceite de oliva.

Si hace falta, estirar la salsa con el agua de cocción.

Espolvorear cebollino picado.

ÑOQUIS CON MORCILLA

600 g de pasta tipo ñoqui
250 g de morcilla
1 cebolla grande
700 g de tomate frito
1 diente de ajo pelado
50 g de pecorino o parmesano
1/2 manojo de perejil
100 ml de vino blanco
2 cucharadas soperas de aceite de oliva
1 pizca de chile seco o 1 punta de cayena
Sal y pimienta

Pelar y picar la cebolla y el ajo sin germen.

Picar el perejil.

Quitarle la piel a la morcilla y desmenuzar con un tenedor todo el interior.

Rehogar la cebolla en un poco de aceite de oliva durante 2 min. y despúes agregar el ajo y la morcilla.

Una vez caliente y un poco dorado, verter el vino y dejar reducir el líquido a la mitad.

Agregar el tomate, el chile seco o la punta de cayena y la sal, y dejar cocer a fuego suave y tapado de 12 a 15 min.

Mientras tanto, cocer la pasta, escurrirla y sazonarla con la salsa, el perejil y pimienta.

Servir y acompañar con 1 chorro de aceite de oliva y pecorino o parmesano rallado.

ÑOQUIS DE CALABAZA EN SALSA DE QUESO

Para la salsa:
250 ml de nata
100 ml de yogur natural
200 g de mascarpone
1 pizca de gorgonzola, roquefort o queso azul

1 diente de ajo finamente picado hasta obtener una pasta
1 chorrito de amontillado
1 pizca de cebollino

Para la masa de ñoquis:
500 g de puré de calabaza (más o menos 1 kg en crudo)
125 g de patata deshidratada (usada para hacer purés instantáneos)
1 huevo
200 g de harina
60 g de queso de Idiazábal rallado fino
1 chorrito de agua
4 hojas de salvia
1 rama de tomillo

Para la salsa:
Colocar el amontillado en una sartén y llevar a ebullición para que pierda un poco el alcohol.
Agregar la nata, el yogur y el mascarpone, y volver a llevar a ebullición.
Incorporar el queso azul y el ajo y dejar reducir unos 6 min., hasta observar que se empieza a espesar.
Reservar.

Para la masa de ñoquis:
Pelar y cortar la calabaza en dados de 4 x 4 cm.
Colocar la salvia y el tomillo en una bandeja de horno con el agua.
Hornear a 140 ˚C aprox. durante 1 hora, hasta que la calabaza esté blanda.
Escurrir bien, para que luego, al pasarlo por el pasapurés, no suelte mucha agua. Una vez pasado, reservar.
Formar una corona con 100 g de harina y, por fuera, formar otra corona con la patata deshidratada.
Colocar en el centro el puré de calabaza, el huevo batido y el queso rallado.
Mezclarlo todo bien hasta tener una masa homogénea, pero sin trabajarlo demasiado.
Formar bolas de unos 100 g y estirar en forma de pequeños chorizos de 1 cm de grosor, utilizando la harina restante para que no se pegue a la mesa. (Incorporar la mínima cantidad de harina para que los ñoquis no se queden muy pesados.)
Cortar los chorizos en ñoquis de unos 2 cm.
Cocer los ñoquis en abundante agua hirviendo con un punto de sal durante 1-2 min., hasta observar que el ñoqui flota.
Escurrir y colocar dentro de la salsa reservada.
Cocinar el conjunto 2 min., poner a punto de sal y pimienta, y espolvorear con el cebollino.

PAELLA HINDÚ

3 dientes de ajo
1 trozo de jengibre fresco
3 muslos de pollo deshuesados, sin piel
300 g de arroz basmati lavado y puesto en remojo en 700 ml de agua
1 anís estrellado
2 granos de cardamomo
5 granos de pimienta negra
2 clavos de olor
1 astilla de canela
1 cebolla roja muy picada
1 pizca de choricero
1 puñado de cilantro fresco
1 pizca de cúrcuma
1 pizca de pimentón de La Vera
1 pastilla de caldo de pollo
Aceite de oliva
Sal

La pasta de ajo y jengibre es básica en la cocina hindú; la vamos a hacer a un 50 por ciento.

En el molinillo de especias, poner jengibre + ajos + 1 chorrito de agua y moler. Esta pasta se puede congelar en cubitos.

Trocear el pollo en pedazos menudos y meterlo en un bol + pasta de ajo y jengibre y masajear.

Mientras el pollo se macera y el arroz se remoja, arrancar con el sofrito.

En una cazuela tipo paella pequeña, calentar aceite + especias, para que suelten aroma.

Añadir cebolla roja + sal y rehogar.

Añadir el pollo + pastilla y rehogar, subiendo el fuego para que se dore bien.

Añadir el cilantro cortado con tijera o picado sobre la tabla + choricero + cúrcuma o pimentón.

Dar unas vueltas.

Añadir el arroz + agua de remojo + sal.

En el momento en que empiece a hervir, tapar y bajar el fuego.

En 6-7 min. el arroz habrá absorbido toda el agua.

Dejar reposar un par de minutos y listo.

PAELLA VALENCIANA

Para el caldo:
1/2 conejo troceado
1/2 pollo
Puerro
Cebolla
1/2 pimiento rojo
2 dientes de ajo
1 tomate rallado
3 l de agua
Sal

Para la paella:
1/2 conejo
1/2 pollo
1 diente de ajo picado
2 tomates maduros rallados
1 cucharilla de café de pimentón dulce
1 pimiento rojo en tiras
500 g de vainas
3 alcachofas laminadas
100 ml de aceite de oliva
300 g de arroz bomba de Pego
La pulpa de 1 ñora remojada
Unas hebras de azafrán

Rehogar la carne con el ajo, el conejo y el pollo.
Añadir el pimiento y dorar bien durante 15 min. aprox.
Agregar el agua, hervir y dejar reducir hasta que adquiera sabor, unos 20 min.
Transcurrido ese tiempo, desespumar y, si se quiere, colar.
Dorar el pimiento rojo en tiras.
Rehogar la carne en el aceite de oliva hasta que nos quede dorada.
Agregar la verdura, sofreír bien y añadir el tomate, el ajo, el pimentón y la pulpa de ñora hidratada.
Añadir el arroz, sofreír y mojar con 750 ml del caldo preparado con antelación + hebras de azafrán.
Hervir unos 5 min. a fuego fuerte. Después, bajar a fuego medio.
Dejar que se cueza entre 15 y 18 min. Probar el sazonamiento.
Hacer el *socarrat* con 1 chorrito de aceite y tapar con papel de aluminio.
Dejar reposar unos 10-15 min.

PASTA «ARRABIATA»

1 conserva de tomate de calidad
1 puñado grande de medios tomates cereza
4 dientes de ajo laminados
1 cayena
Pasta cocida
Rúcula
Queso parmesano
Aceite de oliva
Sal y pimienta

En un sauté con aceite de oliva, dorar ajo + cayena.
Añadir los tomates cereza, dar unas vueltas aplastándolos si se puede, agregar tomate en conserva y hervir.
Tener la pasta escurrida con el caldo de cocción caliente.
Añadir a la salsa la rúcula, dar vueltas + la pasta y dejar hervir unos segundos.
Salpimentar.
Colocar en un plato y cubrir con lascas de queso parmesano.

PASTA BOLOÑESA

1 cebolleta picada
1 *bouquet garni* pequeño (verde de puerro, laurel, tomillo, perejil)
3 dientes de ajo picados
1 cayena
600 g de carne picada (cerdo, vaca y ternera bien veteada, para que sea jugosa)
600 ml de salsa de tomate
Perejil picado
Mantequilla
600 g de pasta recién cocida, al gusto (para este tipo de platos con salsa van bien los espaguetis o tagliatelles)
Aceite de oliva, sal y pimienta
1 limón

En un sauté echar aceite + ajo + cayena + cebolleta + sal y rehogar.
Añadir la carne, romper con la cuchara y sazonar. Dar vueltas para que no se apelmace y quede bien suelta.
Añadir la salsa de tomate + *bouquet garni* y guisar durante unos 15 min. para que la carne se vuelva melosa y la salsa se espese.
Retirar el *bouquet garni* y añadir el perejil.

En un sauté, fundir mantequilla + cáscara de limón + pimienta.
Añadir la pasta a esta mantequilla enriquecida.
Colocar la pasta sobre un plato + cubrir con boloñesa.
Si se quiere, estirar con un poco del caldo de cocción.

PASTA CON ALMEJAS

1 cebolleta pequeña muy picada
1 diente de ajo picado
1 pizca de cayena
1 chorrito de aceite de oliva
1 chorrito de vino blanco
1/2 vaso de agua
750 g de almeja «arrocera»
Perejil picado
600 g de pasta recién cocida, al gusto
1 chorrito de nata líquida

Bailar en una cazuela el aceite + ajo + cayena + cebolleta picada.
Añadir almejas + vino blanco + agua y hervir fuerte.
Retirar las almejas que se abran. Una vez todas fuera, reducir la salsa y
añadir nata + aceite de oliva.
Retirar la cáscara vacía de las almejas.
Añadir a la salsa perejil + almejas + pasta recién cocida.
Aligerar con agua de cocción de la pasta si fuera necesario.
Listo.

PASTA CON BERBERECHOS Y CHORIZO

250 g de *fetuccini* (tagliatelle)
1 kg de berberechos
200 ml de nata
50 g de mantequilla
50 g de chorizo para cocer
50 ml de sidra
Cebollino
Sal y pimienta

Poner la pasta a cocer.
Abrir los berberechos con la sidra y reducir el líquido hasta que queden
aproximadamente 4 cucharadas soperas.
Picar muy pequeñito el chorizo para cocer.
Añadirlo a un cazo junto con la nata y poner a reducir.

Una vez que la nata con el chorizo se haya reducido, añadir la reducción del líquido de abrir los berberechos.

Incorporar la pasta escurrida a la nata, la sidra y el chorizo.

Probar antes de sazonar, puesto que el chorizo y los berberechos le darán algo de salazón a la mezcla.

En el último momento, añadir el cebollino bien picadito + los berberechos y, si se quiere, 1 chorrito de aceite de oliva. Pimentar.

PASTA CON BRÓCOLI Y PATATA

1 patata pequeña pelada
1 brócoli entero
600 g de pasta
2 cucharadas de pesto de albahaca
Perejil fresco picado
1 pizca de parmesano rallado
1 queso fresco de cabra
Aceite de oliva

Añadir sal al agua y cocer la pasta durante 7 min.

Separar la cabeza del brócoli del tallo y pelar este último, cortarlo en láminas finas y añadirlo al agua.

Cortar la cabeza del brócoli en rebanadas finas.

Laminar la patata con un pelador.

3 min. antes de escurrir, agregar brócoli + patata laminada + tallos del brócoli troceados.

Guardar el agua, escurrir y volver a meter la pasta en la olla vacía.

Añadir el pesto + perejil + queso rallado, dar vueltas y echar un poco de aceite de oliva.

Añadir agua si es necesario.

Poner en una fuente y esparcir por encima el queso de cabra roto.

Servir.

PASTA CON CAMEMBERT

1 queso camembert
3 dientes de ajo picados
600 g de macarrones
2 puñados de espinacas frescas
1 puñado de queso rallado
2 ramitas de tomillo fresco
Aceite de oliva
Sal y pimienta

Hervir agua.

Horno a 180 ˚C.

Quitarle el papel al queso y meterlo de nuevo en la caja doble.

Abrirle una tapa, levantar y añadir ajo + pimienta negra + aceite de oliva + hojitas de tomillo.

Meter el queso en el horno sobre una bandeja pequeña.

Cuando el queso lleve unos 15 min., cocer la pasta.

Escurrir la pasta caliente y guardar un poco de agua de cocción.

Añadir un poco de aceite a la olla, desmayar la espinaca + pasta + queso + caldo de cocción y pimentar.

Sacar el queso del horno y acompañarlo con la pasta o mezclarlo directamente.

Servir.

PASTA CON CARNE Y LIMÓN

100 g de tocineta de cerdo fresca muy picada
1 blanco de puerro picado
1 cebolleta pequeña picada
1 pizca de apio picado
2 dientes de ajo picados
250 g de carne picada (cerdo, vaca y ternera)
200 ml de nata líquida
Ralladura de 1 limón
1 chorrito de zumo de limón
Cebollino picado
600 g de macarrón recién cocido, al gusto
Aceite de oliva
Sal

En un sauté con aceite rehogar la tocineta.

Añadir puerro + cebolleta + apio + ajos, salpimentar y rehogar.

Añadir la carne picada + sal y dejar que se haga unos 5 min., sin dejar de mover con una cuchara de palo para que no se apelmace y quede suelta.

Verter la nata + ralladura y dejarlo guisar 5 min. más.

Estirar el fondo de carne con caldo de cocción de la pasta + cebollino.

Añadir la pasta y dejar que se empape + gotas de limón + chorrete de aceite de oliva + pimentar y, fuera del fuego, añadir cebollino + aceite de oliva.

Espolvorear más cebollino fresco.

Listo.

PASTA CON CERDO Y PIMENTÓN

400 g de pasta
400 g de solomillo de cerdo de 1 x 4 cm
5 g de pimentón de La Vera
100 ml de nata
200 g de cebolleta en tiras finas
8 pimientos del piquillo en tiras finas
30 ml de aceite de oliva
Sal y pimienta

Poner en un bol el pimentón + pimienta + 1 pizca de sal.
Marcar la carne en una sartén con el aceite, retirar al bol y reservar.
Añadir la cebolleta y dejarlo cocinar bien durante unos 8 min.
Cocer la pasta en agua hirviendo con 1 pizca de sal.
Escurrir y reservar.
Desglasar con la nata y dejar reducir hasta que esté un poco más espesa.
Agregar los pimientos del piquillo y dejar 2 min.
Agregar la pasta y la carne.
Mezclarlo todo bien y servir.

PASTA CON CHAMPIS Y PATÉ

3 chalotas picadas
2 dientes de ajo picados
75 g de jamón picado
400 g de champiñones laminados
1 golpe de vermú blanco
200 ml de nata líquida
1 lata de paté de campaña
500 g de pasta de sémola de trigo duro
Cebollino picado
Aceite de oliva y sal

En un sauté, poner aceite + chalotas + ajos.
Añadir jamón + champis laminados + sal.
Dejar que se guise a fuego suave.
Verter el vermú y dejar reducir ligeramente.
Añadir nata y dejar guisar 5 min.
Cocer la pasta en el agua.
Añadir el paté troceado.
Escurrir la pasta y añadirla a los champis.

Espolvorear el cebollino.
Verter 1 hilo de aceite de oliva.
Listo.

PASTA CON CHIPIRONES Y ANGURIÑAS

1 cebolla roja picada
3 dientes de ajo picados
1 pimiento verde picado
500 g de chipirones frescos en tiras finas, con la piel y los tentáculos
1 envase de gulas
1 cayena
500 g de pasta cocida de sémola de trigo duro
Perejil picado
Vermú
Aceite de oliva y sal

En un sauté pochar cebolla + ajo + pimiento + cayena + sal. Que se dore.
Limpiar los chipirones y guardar las tintas para otra utilización.
Sobre la tabla, cortarlo en tiras finas.
Añadir los chipirones + vermú al fondo de la verdura pochada, subir el
fuego y guisar 20 min.
Añadir las gulas.
Añadir la pasta sobre el chipirón + gulas y mezclar.
Verter aceite de oliva.
Añadir perejil picado.
Listo.

PASTA CON CHORIZO

600 g de pasta recién cocida, al gusto
2 dientes de ajo picados
2 chalotas hermosas picadas
1/2 chorizo fresco cortado en daditos
2 tomates maduros grandes
1 pizca de salsa de tomate sofrito
1 pizca de pulpa de choriceros
Perejil cortado en tiras finas
Aceite de oliva
Sal y azúcar

Además:
Queso parmesano rallado

En un sauté con aceite de oliva, rehogar ajos + chalotas + chorizo.

Ir rallando el tomate en un bol, mientras se hace el sofrito.

Añadir al sauté la salsa de tomate + choricero + tomate rallado + azúcar + sal. Dejar estofar.

Añadir la pasta hervida + 1 chorrito del agua de cocción + perejil.

Fuera del fuego, añadir 1 chorrito de aceite de oliva virgen.

Servir con queso rallado.

Listo.

PASTA CON FOIE GRAS Y OPORTO

320 g de pasta
200 g de foie *micuit*
50 ml de oporto
100 ml de caldo de pollo
Sal, azúcar y pimienta
Cebollino picado
Jamón de pato

Cocer la pasta en abundante agua con 1 pizca de sal hasta que esté *al dente*.

Escurrir y reservar.

Dejar reducir el oporto 30 segundos para que pierda el alcohol, agregar el caldo y llevar a ebullición.

Verterlo a un vaso de túrmix junto con el foie y triturarlo todo junto.

Si se quiere, colar, poner a punto de sal y pimienta, y agregar a la pasta.

Moverlo todo bien y añadir el cebollino.

Decorar con láminas de jamón de pato alrededor o encima de la pasta.

PASTA CON HONGOS Y FOIE GRAS

500 g de hongos en dados
4 dientes de ajo picados
250 ml de nata líquida
1 corteza de beicon ahumado
150 g de tarrina de foie gras en dados
600 g de pasta fresca
Cáscara de limón rallada
Cebollino picado
Pesto de berros
Aceite de oliva virgen, sal y pimienta
Queso parmesano rallado

Poner a hervir la nata en una olla amplia + corteza de beicon.

En una sartén, saltear hongos + aceite + ajo + pimienta, retirar del fuego y añadir cebollino picado.

Retirar la corteza de beicon.

Añadir la pasta sobre la nata y espolvorear cáscara de limón + foie gras + hongos salteados + caldo de cocción de la pasta + cebollino picado + pesto de berros.

Salpimentar y servir con queso rallado.

PASTA CON PESTO DE PEREJIL

600 g de espaguetis
1 manojo grande de hojas de perejil fresco, lavadas
6 dientes de ajo pelados
El zumo de 1 limón
250 ml de aceite de oliva
1 trozo pequeño de queso de oveja muy curado
1 puñado de almendras o avellanas tostadas
Sal

Retirar los tallos al perejil; sólo usaremos las hojas para hacer el pesto.

Introducirlas en la batidora con ajos + frutos secos + sal + queso y convertirlo en una pasta verdosa.

Añadir zumo de limón, dar unas vueltas y añadir aceite de oliva en fino cordón.

Antes de retirar, comprobar que esté bien sazonada y, si acaso, añadir un poco más de sal y zumo de limón.

Hervir abundante agua con sal en una cazuela, añadir la pasta y cocerla. Una vez cocida, escurrirla.

Colocar en una sartén unas cucharadas del pesto y añadir pasta.

Dar unas vueltas a fuego suave y servir.

El pesto que nos sobre lo podemos mantener en la nevera unas semanas, en un bol herméticamente cerrado.

PASTA CON PIMIENTOS, ESPINACAS Y QUESO

3 dientes de ajo laminados
1 cayena
1 ramo de perejil fresco (hojas por un lado, tallos por otro)
1 lata de piquillos cortados en tiras
4 cucharadas soperas de salsa de tomate de conserva
1 puñado de espinacas frescas

600 g de espaguetis
1 queso de cabra fresco
Aceite de oliva virgen
Sal y pimienta

Picar los tallos de perejil sobre la tabla.

En un sauté, echar el aceite + ajos + cayena + tallos de perejil + piquillos.

Añadir salsa de tomate, hervir y añadir sal y pimienta.

Agregar las espinacas a la salsa + pasta + hojas de perejil + aceite de oliva virgen.

Aligerar la salsa con el agua de cocción.

Espolvorear el queso rompiéndolo con las manos.

Servir.

PASTA CON PIMIENTOS Y MASCARPONE

320 g de pasta *orecchiette*
3 pimientos del piquillo en tiras
1 chalota
200 ml de salsa de tomate
100 g de queso mascarpone
50 g de parmesano rallado
50 g de tacos de jamón
50 ml de aceite de oliva
Sal y pimienta de molinillo
Cebollino picado

Pelar y picar la chalota.

Cocer la pasta *orecchiette*.

En una cacerola, rehogar la chalota con el aceite de oliva sin que se dore y el agua de cocción de la pasta.

Salpimentar y dejar cocer 5 min. para que se reduzca.

Una vez transcurrido el tiempo, mezclar la pasta con el tomate y dejar 2 min. más.

Cortar los pimientos en tiras y retirar las pepitas.

En un bol mezclar el mascarpone, las tiras de pimiento del piquillo, el jamón, el parmesano y el cebollino.

Mezclarlo con cuidado con la pasta con tomate.

Continuar la cocción otros 4 min.

Rematar con 1 chorro de aceite de oliva y cebollino picado.

PASTA CON RAGÚ DE ALBÓNDIGAS

Para las albóndigas:
200 g de carne de ternera picada
200 g de carne de cerdo picada
Salsa kétchup
Salsa Worcestershire
1 huevo
10 hojas de albahaca fresca
10 hojas de salvia frescas
1 puñado de queso curado rallado

Para la salsa:
2 cebollas rojas muy picadas
1 pimiento verde muy picado
2 chalotas muy picadas
5 dientes de ajo muy picados
10 lonchas de tocineta ibérica muy finas
1 chorrito de vino tinto
1 tomate fresco muy maduro
1 puñado de tallos de albahaca fresca
1 conserva de salsa de tomate
1 pizca de pulpa de choricero
Aceite de oliva virgen
Azúcar, sal y pimienta

Además:
600 g de pasta de sémola de trigo duro
20 hojas de albahaca
1 cuña de queso de Idiazábal
Agua de cocción de la pasta
Cayena

Para la salsa, sudar en un sauté el aceite + cebolla roja + pimiento + chalotas + ajos.
Para hacer la masa de albóndigas, cortar sobre la tabla la albahaca + salvia, añadirlas a un bol con las carnes + kétchup + Worcestershire + huevo + queso + sal + pimienta + 1 pizca de verdura del sofrito y amasar.
Proseguir con la salsa, añadir al sofrito la tocineta, dar vueltas y agregar pulpa de pimiento choricero + vino tinto.
Por otro lado, meter el tomate en la batidora + salsa de tomate + tallos albahaca y batir.
Verterlo sobre el sofrito inicial + azúcar + sal y pimienta.
Que comience a guisarse la salsa durante 10-15 min.

Ir haciendo albóndigas pequeñas de carne e ir añadiéndolas a la salsa.

Dejar que se cocinen y que la salsa se reduzca.

Cocer la pasta en abundante agua con sal y escurrir.

En una sartén, añadir 1 cazo de ragú + 1 cucharada de pesto + un poco de cayena + pasta + caldo de cocción + hojas de albahaca.

Fuera del fuego, cubrir con queso recién rallado en lascas.

Listo.

PASTA CON SALMÓN Y TORTA DEL CASAR

200 g de pasta
130 g de salmón ahumado en dados
1 huevo
100 g de torta del Casar
100 ml de nata líquida
20 g de parmesano rallado
60 g de jamón de pato en tiras
1 cucharada sopera de sal gruesa
Sal fina y pimienta
Cebollino picado

Precalentar el horno a unos 180 ˚C.

Cocer la pasta en agua hirviendo con la sal gorda hasta que quede *al dente*. Escurrirla.

Fundir la torta del Casar + nata en una cacerola a fuego suave y reducir un poco hasta que quede una crema.

Mezclar bien con unas varillas.

Fuera del fuego, agregar yema del huevo y salpimentar.

Añadir la pasta + jamón + dados de salmón + cebollino a la mezcla anterior.

Una vez mezclado, colocarlo todo en una fuente.

Espolvorear con el parmesano y hornear 10 min. hasta que se dore la superficie.

PASTA CON SALTEADO DE CALAMARES

350 g de pasta
1 pizca de guindilla cayena
2 dientes de ajo picados
2 cebolletas picadas
400 g de calamares frescos limpios y cortados en tiras longitudinales
200 ml de salsa de tomate
40 ml de aceite de oliva virgen extra
Sal

Poner agua sazonada a hervir en una cazuela y cocer la pasta.

En una sartén, añadir aceite de oliva + 1 pizca de guindilla cayena, subir el fuego y añadir ajo + cebolleta y dejar que se dore unos 2 min.

Agregar los calamares frescos y saltearlos 2 min. junto con la verdura + sal.

Añadir salsa de tomate y dejar que se reduzca 2 min.

Escurrir la pasta y añadirla al sofrito marinero.

Listo.

PASTA CON TOCINETA AHUMADA

350 g de pasta *penne*
150 g de tocineta ahumada
800 g de tomates pera en conserva cortados en pedazos
1 cebolla grande
8 pimientos del piquillo
4 cucharadas soperas de aceite de oliva
50 g de pecorino romano o Idiazábal
Sal y pimienta

Cocer la pasta.

Cortar las cebollas y el tocino ahumado en dados pequeños.

Rallar el queso.

Dorar las cebollas con 2 cucharadas de aceite de oliva y los dados de tocino ahumado hasta que estén bien pochadas.

Añadir los pimientos desmigados.

Rehogar 1 min. y agregar los tomates.

Dejar cocer 2 min. a fuego vivo, y después de 6 a 8 min. a fuego medio removiendo a menudo.

Probar y sazonar al gusto.

Escurrir la pasta y añadir el aceite, la salsa y el queso.

Echar la pimienta y servir inmediatamente.

PASTA CON TOMATE

3 dientes de ajo laminados
1 pimiento verde pequeño muy picado
1 cayena
1 ramo de albahaca fresca
300 g de tomate muy maduro picado, con su jugo
3 cucharadas soperas de salsa de tomate de conserva
600 g de espaguetis
1 puñado de queso curado en lascas

Aceite de oliva virgen
Azúcar
Sal y pimienta

Separar las hojas de los tallos de albahaca.
Romper las hojas y picar los tallos sobre la tabla.
En un sauté, echar aceite + ajos + pimiento + cayena + tallos de albahaca.
Añadir tomate en dados + salsa de tomate y hervir.
Añadir azúcar, sal y pimienta.
Hervir unos minutos.
Agregar la pasta a la salsa + albahaca rota + aceite de oliva virgen.
Espolvorear el queso.
Servir.

PASTA CON TOMATE Y ALBAHACA

Pasta de sémola de trigo duro
150 g de cebolleta picada
80 g de chalota picada
2 dientes de ajo picados
20 hojas de albahaca en tiras
70 ml de vino blanco
2 tomates frescos en dados, sin piel ni pepitas
2 cucharadas soperas de tomate confitado picado
100 ml de sofrito de tomate
100 g de parmesano rallado
100 ml de aceite de oliva virgen
Agua de cocción de la pasta
Sal

Cocer la pasta en agua y sal, *al dente*.
En un sauté rehogar cebolleta + chalota + ajo, con aceite de oliva virgen.
Añadir la mitad de albahaca + vino blanco y reducir.
Agregar los dados de tomate frescos y confitados, rehogar y añadir el sofrito de tomate.
Escurrir la pasta y añadirla al sauté.
Añadir 2 cucharadas soperas de agua de cocción + albahaca + aceite de oliva crudo + queso parmesano.
Servir.

PASTA CON VERDADERA SALSA CARBONARA ROMANA

300 g de tocineta en trozos de 6 x 2 cm
4 yemas
1 huevo entero
300 g de parmesano rallado
1 cucharadita de pimienta negra
500 g de pasta seca

Sudar la tocineta hasta que suelte la grasa y se dore.
Batir los huevos + queso + pimienta.
Escurrir la pasta y guardar el agua.
Añadir la pasta sobre la tocineta caliente y agregar huevos + queso +
1 chorrito de agua de cocción hasta obtener una crema.
Listo.

PASTA CON VERDURAS

Pasta corta, cualquiera (tipo *puntalette*)
Vainas
Alcachofas
Zanahorias
Chalotas
Calabacines
Tomates cherry
Aceite de oliva
Pastilla de caldo
Parmesano
Hierbas frescas: albahaca
Sal y pimienta

Cortar las vainas, zanahorias y calabacines en bastones, a poder ser del
mismo tamaño que la pasta, y añadir sal y pimienta.
Limpiar las alcachofas y cortarlas en 4 o 6 trozos, dependiendo del tamaño.
Picar las chalotas no muy finas.
En un sauté saltear todas las verduras anteriores a fuego fuerte.
Aparte, preparar un caldo con la pastilla y el agua.
Mientras tanto, cortar los tomatitos por la mitad y reservarlos.
Cuando las verduras hayan cogido color, sin llegar a hacerse, añadir la
pasta sin cocer y saltearla un poco.
Poco a poco, y sin llegar a cubrir la pasta, añadir el caldo caliente a fuego
suave.

Rectificar de sal.

Cuando la pasta esté hecha, a los 8 min. aprox., añadir los tomates cherry y, por último, el parmesano rallado.

Espolvorear en el último momento con hierbas frescas, a poder ser recién cortadas, y sal y pimienta.

PASTA «FRANK SINATRA»

600 g de pasta recién cocida
300 g de mejillones pequeños tipo bouchot
Vermú blanco
4 dientes de ajo picados
Cayena
2 chalotas picadas
Beicon en tiras muy finas
Aceite de oliva
1 tomate grande en dados, sin piel ni pepitas
Salsa de tomate
Albahaca fresca
300 g de chipirones, limpios, sin tripas y cortados en tiras finas,
a lo ancho
Vino blanco
Sal
Pimienta

Abrir los mejillones en una olla con vermú + 1 chorrito de agua.

Escurrir y poner a reducir el jugo del fondo.

Descascarillar los mejillones.

En un sauté con aceite, añadir ajos + chalotas + cayena + beicon en tiras y rehogar.

Agregar tomate en dados + pimienta + salsa de tomate + albahaca rota con las manos + jugo de cocción del mejillón + 1 chorro pequeño de vino blanco.

Añadir aceite y saltear los chipis unos segundos.

Incorporarlos a la salsa que hierve al fuego y probar de sal.

Añadir la pasta escurrida y, si es necesario, agua de cocción de la pasta.

Dejar que se estofe unos segundos y añadir aceite de oliva virgen y un poco más de albahaca fresca.

PASTA FRESCA CON MORILLAS

500 g de pasta fresca
1 cebolleta picada
1 diente de ajo picado

Morillas frescas
1 chorrito de vino blanco
1 jarrita de caldo de carne
1 vaso pequeño de nata
4 cucharadas soperas de aceite de oliva virgen extra
Zumo de limón
Cebollino picado
Sal
Pimienta

Cocer la pasta en agua y sal.
Limpiar las morillas.
En un sauté, rehogar las morillas salpimentadas en mantequilla y añadir
aceite + ajo picado + cebolleta + vino blanco + caldo de carne.
Reducir y añadir nata líquida + zumo de limón.
Salpimentar.
Escurrir la pasta y añadirla a las morillas cremosas + agua de cocción de la
pasta + aceite crudo + cebollino.
Rectificar de sal y pimienta.

PASTA GRATINADA

300 g de pasta tiburón
1 diente de ajo
500 ml de nata líquida
1 hoja de laurel
100 g de queso mascarpone
2 cucharadas soperas de pimentón dulce
1 yema de huevo
80 g de Idiazábal rallado
1 chorro de vino dulce (tipo moscatel)
40 g de mantequilla
Aceite de oliva
Sal y pimienta

Pelar el ajo y aplastarlo.
En una cacerola, llevar la nata líquida a ebullición junto con el ajo y la hoja
de laurel.
Dejar reducir hasta obtener una consistencia de jarabe.
Colar y dejar enfriar.
En una ensaladera, montar con varillas la reducción de nata, el mascarpone
y el pimentón dulce, y salpimentar.
Añadir la yema de huevo, el Idiazábal, 1 gota de aceite y 1 chorrito de vino
dulce, mezclar bien y reservar en la nevera.

Poner a cocer la pasta durante 8 min. en agua hirviendo salada.

Escurrirla, dejarla enfriar sobre una fuente con 1 chorrito de aceite de oliva y mezclarla después con la salsa.

Precalentar el horno a 180 ˚C.

Poner la pasta en una placa.

Poner unos dedos de mantequilla por encima, espolvorear la pasta con el resto del Idiazábal rallado y rociar con 1 chorro de aceite de oliva.

Hornear y gratinar unos 12 min.

Retirar del horno y dejar reposar 5 min.

PASTA «PANGRATTATO»

3 dientes de ajo laminados
1 cayena picada
Pan fresco rallado
600 g de pasta tipo *fusilli*
5 anchoas en aceite
1 lata de bonito en aceite
1 pizca de perejil picado
1 limón

En un sauté, poner 2 cucharadas soperas del aceite de las anchoas.

Añadir ajo + cayena + perejil + anchoas + pan rallado y sofreír, hasta que cruja.

Esparcir perejil por encima.

Añadir las migas de bonito + la pasta sobre el pan y mezclar.

Añadir zumo de limón.

Mezclar.

Servir.

PASTA «PUNTALETTE» CON MEJILLONES

2 kg de mejillones pequeños tipo bouchot
150 g de cebolleta picada
2 1/2 dientes de ajo fileteados
350 g de pasta *puntalette*
1/2 cayena fina fileteada
10 g de perejil picado
20 g de cebollino picado
12,5 ml de *txakoli*
60 ml de tomate frito
130 ml de aceite de oliva

Abrir los mejillones con 1/2 l de agua hirviendo y escurrirlos en una bandeja. Reservar parte del agua de cocción.

Retirar la carne de los mejillones y tirar la cáscara.

Sudar la cebolleta, la cayena y el ajo en aceite de oliva virgen durante unos 8-9 min.

Añadir la pasta y rehogar 3 min. más.

Agregar el *txakoli* y dejar reducir.

Verter el agua de mejillón y dejar reducir casi a seco.

Ir agregando poco a poco el agua hirviendo, dándole vueltas con una cuchara de madera, como si de un *risotto* se tratara, hasta cocer totalmente la pasta, durante 8 min. más o menos.

Una vez cocida la pasta, añadir la carne de mejillón, el tomate frito, el perejil, cebollino y 1 chorro de aceite de oliva virgen.

Mezclarlo todo bien y servir.

PASTA «PUTTANESCA»

Pasta cocida
1 bote de salsa de tomate en conserva buena
3 dientes de ajo laminados finos
1 cayena
Alcaparras
150 g de olivas negras sin hueso aplastadas
4 anchoas en salazón
1 chorrito de zumo de limón
Aceite de oliva

En una sartén, echar aceite de oliva + ajos + cayena.

Antes de que se dore, añadir anchoas picadas + alcaparras + olivas.

Agregar 1 chorrito de zumo de limón + tomate en conserva y hervir suavemente.

Mezclar con la pasta y estirar la salsa con el caldo de cocción de la pasta.

PASTA «VIEJO VERDE»

1 bulbo de hinojo pequeño picado en dados
1 cebolleta picada
2 dientes de ajo picados
1 chorrito de vino blanco
1 vaso de nata
1 puñado de tomates cereza
1 manojo de espárragos trigueros

200 g de tirabeques
Aceite de oliva + mantequilla
Pasta tipo macarrón cocida
1 cuña de queso parmesano
Sal y pimienta

En una olla con aceite, rehogar cebolleta + hinojo + ajo + sal y sofreír.
Preparar los espárragos trigueros, pelarlos y cortarlos en 3 o al bies.
Limpiar los tirabeques y blanquearlos en agua unos segundos.
Añadir a la verdura el vino blanco y dejar reducir.
Añadir nata + tomates aplastados o partidos + unas gotas de vino blanco.
Mientras, en una sartén saltear tirabeques + trigueros + sal.
Añadir los espárragos a la verdura cremosa + pasta, salpimentar y remover.
Rallar el queso por encima + 1 cordón de aceite de oliva virgen.

POLENTA «ADELGAZANTE»

3 cucharadas soperas de beicon en lardones finos
125 g de polenta fina
1 diente de ajo cortado por la mitad
500 ml de leche
1 pizca de mantequilla
1 pizca de queso rallado
1 yema de huevo
Sal y pimienta

Dorar el beicon en una sartén.
Hervir leche + mantequilla + ajo + sal.
Retirar el ajo, añadir la polenta en forma de lluvia y remover.
Cocer suavemente 1 min. y, fuera del fuego, añadir queso + yema + beicon
escurrido.
Salpimentar.

POLENTA CON MORILLAS

150 g de morillas
2 dientes de ajo picados
2 lonchas de jamón serrano rotas
50 g de piñones
500 ml de leche
25 g de mantequilla
Aceite de oliva
1 diente de ajo partido en dos
125 g de polenta fina
1 huevo
1 yema de huevo
4 cucharadas soperas de queso rallado
Sal y pimienta
Unas gotas de coñac
Perejil picado

En un cazo juntar leche + mantequilla + aceite de oliva + diente de ajo en dos + sal y pimienta y hervir.
Saltear aparte las morillas con mantequilla + ajos + jamón + piñones + perejil y reservar. Antes de terminar de saltearlas, echar unas gotas de coñac.
Retirar el ajo de la leche y añadir polenta en lluvia, remover y cocer 5 min. a fuego lento.
Sacar del fuego la polenta y añadir huevo + yema + quesos + salteado. Sazonar.

RAVIOLIS COCHINOS CON LIMÓN

1 barqueta normal de raviolis de supermercado
1 limón
50 g de mantequilla salada
200 ml de nata líquida
Sal y pimienta

Tener agua hirviendo con mucha sal.
Añadir los raviolis al agua.
Rallar el limón en una olla + mantequilla y rehogar + zumo del limón.
Añadir nata + sal + pimienta y hervir 2 min. a fuego suave.
Escurrir los raviolis.
Añadirlos sobre la salsa ya reducida.
Servir.

«RISOTTO» A LA MILANESA

2 l de caldo de carne
75 g de tuétano de ternera en dados
1/2 cebolleta muy picada
400 g de arroz redondo
6 hebras de azafrán
2 cucharadas soperas de vino blanco
120 g de mantequilla
120 g de parmesano rallado
2 cucharadas soperas de aceite de oliva virgen
1 pizca de sal y pimienta recién molida

Poner el caldo a calentar en una cazuela.
Sofreír el tuétano en una olla baja, con aceite bien caliente.
Una vez disuelto, añadir la cebolleta y rehogarla durante 2 min.
Salpimentar.
Añadir el arroz, tostarlo durante 2 min., incorporar el azafrán y la sal, y remojar con vino blanco.
Dejar evaporar y seguir mojándolo, poco a poco, revolviendo continuamente con una cuchara de madera e incorporando el caldo caliente durante unos 16-17 min.
Sacar del fuego, añadir la mantequilla, el parmesano y el aceite, comprobar el punto de sal y pimienta, y añadir unas gotas de vino blanco.

«RISOTTO» BLANCO

250 g de arroz tipo carnaroli
100 g de tuétano de vaca
1 cebolleta pequeña picada
1 chalota gris picada
1 rama de apio en dados
1 pedazo de hinojo fresco en dados
1 chorrito de vino blanco
50 g de mantequilla fría en dados
100 g de queso parmesano rallado
1 l de caldo de ave caliente
Aceite de oliva y sal
1 puñado de hojas de apio crudas

Picar el tuétano de vaca.
En una cazuela ancha y baja, deshacer el tuétano al fuego + aceite de oliva.
Rehogar la cebolleta + chalota + apio + hinojo.

Añadir el arroz + la mitad de las hojas de apio y tostarlo unos 3 min.

Mojar con el vino blanco y dejar evaporar.

Mojar poco a poco con el caldo de ave recién hecho, guisando el arroz sin parar de remover durante 16 min.

Sacar el arroz del fuego y mantecarlo con mantequilla fría + parmesano + aceite.

Esparcir la otra mitad de las hojas de apio.

Rectificar de sal y pimienta.

Listo.

«RISOTTO» COMUNISTA CON SALCHICHAS

8 salchichas gordas y buenas de carnicero
Vino tinto hasta cubrir
1 pizca de cayena
100 g de salchichón tierno en dados minúsculos
1 cebolla roja hermosa muy picada
2 dientes de ajo picados
300 g de arroz de grano redondo
2 cucharadas soperas de concentrado de tomate
Pimentón de La Vera dulce y picante
400 ml de vino tinto
Caldo de carne o agua + pastilla de caldo
1 puñado de Idiazábal curado rallado
Cebollino picado

Colocar las salchichas en un sauté y cubrir de vino + cayena.

Hervir suavemente hasta que en el fondo quede una glasa.

En una olla fundir el salchichón, añadir cebolla + ajo + aceite y sofreír unos instantes.

Añadir la mitad del vino y dejar reducir.

Agregar el arroz, sofreír unos minutos + concentrado de tomate + pimentón.

Añadir el resto del vino y dejar reducir dando vueltas sin parar.

Ir mojando el arroz con el caldo, poco a poco, para que se vaya guisando.

Así unos 15 min., hasta que el arroz esté al punto.

Al final, ligarlo con el queso rallado.

Partir las salchichas en pedazos con unas tijeras y colocarlas sobre el arroz.

Espolvorear mucho cebollino picado.

«RISOTTO» DE ALMEJAS Y SETAS

1 cucharada sopera de aceite de oliva
1 ajo laminado
500 g de almejas
Perejil picado
Tomillo
1 chorrito de *txakoli*
2 cucharadas soperas de aceite de oliva
2 ajos picados
100 g de setas (trompetas, hongos, ziza, etc.)
1 pizca de sal
200 g de arroz arborio u otro tipo para *risotto*
60 ml de *txakoli*
1 l de caldo de pescado o gallina, caliente
1 cucharada sopera de mascarpone
30 g de Idiazábal, rallado
Hierbas frescas (y, si se puede, también las flores: tomillo, perejil, cilantro, etc.)

En una olla, calentar el aceite + ajo y añadir almejas + perejil + tomillo + 1 chorrito de *txakoli*.
Tapar y cocer hasta que las almejas se abran.
Apartar la cazuela del fuego y hacer el *risotto*.
En otra olla baja, calentar aceite + ajo picado y añadir las setas laminadas + sal.
Rehogar un par de minutos, agregar el arroz + *txakoli* y remover.
Verter una taza de caldo y remover continuamente con una cuchara de madera.
Añadir más caldo, 1/2 taza cada vez, y seguir removiendo.
Seguir rehogando y añadiendo caldo hasta que el arroz esté *al dente* y caldoso, durante unos 18 min.
Colar el caldo de almejas y añadirlo al *risotto* + mascarpone + Idiazábal + almejas.
Remover y servir con hierbas + flores.

«RISOTTO» DE CALABACÍN Y JAMÓN

80 g de jamón de pato en tiras finas
250 g de arroz carnaroli
2 calabacines
Hojas de perejil
100 g de cebolleta
100 g de parmesano rallado

100 g de aceitunas negras sin hueso
100 ml de aceite de oliva virgen
500 ml de caldo
25 g de mantequilla
30 ml de vino blanco
Sal y pimienta

Pelar y cortar las cebolletas en dados bien finos.
Pelar los calabacines con la piel de unos 5 mm de espesor y cortar en dados del mismo grosor, hasta obtener unos 200 g.
Triturar el perejil y 70 ml de aceite de oliva en un vaso para obtener un aceite verde.
Hervir el caldo y reservar.
Calentar el resto del aceite en una olla y colocar dentro las cebolletas, cocinarlas unos 3 min. y agregar los dados de pulpa de calabacín.
Dejar cocinar unos 3 min. más sin dejar que tomen color.
Agregar el arroz y desglasar con el vino blanco.
Incorporar poco a poco el caldo y sin dejar de remover durante unos 17 min., hasta obtener el punto deseado del arroz.
Por otro lado, saltear los dados de piel de calabacín.
Reservar.

Cuando el arroz esté listo, mezclarlo con el jamón, las pieles y las olivas negras en dados.
Retirar del fuego y agregar el queso rallado y la mantequilla.
Añadir un poco de aceite verde.
Rectificar de sal y servir.

«RISOTTO» DE PASTA CON HONGOS Y JAMÓN

320 g de pasta *puntalette*
100 g de jamón ibérico de 3 mm de grosor en dados
100 g de boletus en conserva
80 g de cebolleta
30 g de mantequilla
100 ml de nata líquida
800 ml de caldo de ave
40 g de parmesano rallado
40 g de mascarpone
30 ml de aceite de oliva
50 ml de *txakoli*
Cebollino picado
Sal y pimienta

Rehogar unos 7 min. la cebolleta picada finamente en la mantequilla sin que llegue a dorarse.

Agregar la pasta y sofreír 3 min. más.

Añadir el jamón ibérico + boletus, salpimentar y sofreír 1 min. más.

Verter el vino blanco y dejar reducir a seco.

Continuar durante 10 min. la cocción con el caldo caliente como un *risotto*.

En los últimos minutos, añadir la nata y hervir 1 min. más.

Retirar del fuego e incorporar fuera el parmesano y el mascarpone.

Esparcir cebollino picado por encima.

Aliñar con 1 cucharada de aceite.

Se puede acompañar de unas flautas envueltas en jamón ibérico.

ZAMBURIÑAS CON PASTA

2,5 kg de zamburiñas frescas, con su cáscara
600 g de espaguetis frescos
1 mazo de ajetes tiernos, limpios y troceados
1 chorrito de aceite de oliva
1 trozo de queso manchego curado
Sal

Lavar cuidadosamente las conchas de las zamburiñas.

Con la ayuda de un cuchillo, deslizar el filo por el interior de la zamburiña para intentar abrirla y retirar las zamburiñas lo más enteras posible.

Una vez abiertas y desprendidas de sus dos conchas, retirar las rebarbas sucias que rodean a la nuez blanca, para rescatar únicamente el músculo blanco.

Cocer la pasta a fuego suave. Escurrir.

En una sartén a fuego suave, verter el aceite + ajetes + sal.

Saltear las zamburiñas en la sartén de los ajetes + 1 gota de aceite, con la sartén muy caliente y justo para que tomen color pero queden crudas (cuestión de segundos).

En la propia sartén, añadir la pasta + ajetes + sal.

Servir rápidamente, rociando la superficie con lascas bien finas de queso manchego curado.

Listo.

PESCADOS, MARISCOS, MOLUSCOS & PRODUCTOS DEL MAR

«ALL I PEBRE» DE RAPE, LANGOSTINOS Y ALMEJAS

Para el caldo:
La cabeza del rape en pedazos pequeños
Cáscaras de langostinos y carabineros
1 cucharada sopera de tomate concentrado
1 cebolleta
1 puerro
1 atadillo de rabos de perejil
Aceite de oliva y sal
Agua

Además:
8 dientes de ajo pelados
1 puñado de almendras con piel
1 trozo de pan *sopako*
1 cucharada sopera de pimentón de La Vera
1 pizca de pulpa de guindilla
4 patatas hermosas
1 cola de rape hermosa, sin pellejo y con la espina
12 langostinos pelados
4 carabineros pelados
2 puñados de almejas hermosas
Perejil picado
Aceite de oliva

Para el caldo:
En una olla, rehogar cáscaras + cabezas, con coloración.
Añadir el tomate + cebolleta + puerro + atadillo.
Cubrir con agua y hervir durante 20 min.
Colar y reducirlo 10 min. para que quede concentrado.
En una olla hermosa, poner aceite + ajos troceados toscamente + almendras + pan.
Dejar que se poche sin dorar demasiado, acercándolo y alejándolo del fuego.
Escurrir todo a un mortero.
En el aceite añadir el pimentón + guindilla + caldo, para que no se arrebate.
Cascar sobre el jugo las patatas, que deben quedar cubiertas + sal.
Guisarlas 20 min. a fuego suave.
Majar el contenido del mortero.
Trocear el rape + sal. Meter el pescado en la olla + almejas y guisarlo 3 min.
Sazonar langostinos + carabineros y añadirlos al guiso + picada.
Rectificar de sal.

Reducir o estirar con caldo.
Espolvorear perejil.
Listo.

ALMEJA ABIERTA CON MAHONESA DE TRUFA

Para las almejas:
12 almejas grandes
50 ml de sidra

Para la mahonesa de trufa:
2 yemas de huevo
1 cucharada sopera de vinagre de sidra
150 ml de aceite de oliva virgen
30 g de trufa picada

Además:
Perifollo y cebollino picado
Juliana de trufa
Sal gorda

Poner la sidra al fuego y, cuando empiece a hervir, echar las almejas.
Dejar cocer durante 1 min. y retirarlas a una bandeja fría. La almeja tiene
que quedar totalmente cruda, pero con este paso se facilita la tarea de
abrirlas, sin el riesgo de romper la cáscara.
Con la ayuda de una puntilla, sacar las almejas de la cáscara y reservarlas.
Añadir el jugo que hayan soltado a la sidra y reducir hasta conseguir 30 ml
de líquido.
Colar con un colador fino, dejar enfriar y reservar este líquido para
agregarlo después a la mahonesa.
Para preparar la mahonesa de trufa, colocar las yemas de huevo en un
cuenco con el vinagre de sidra y la trufa picada y, con un túrmix, ir batiendo
y añadiendo el aceite hasta montarla del todo.
Agregar el líquido reducido de almejas que habíamos reservado y acabar
de batir.
Poner cada almeja dentro de su concha y cubrir ligeramente con la
mahonesa de trufa.
Encima de cada almeja poner 1 hoja de perifollo, cebollino picado y 1 ligera
juliana de trufa.
Presentar las almejas en un plato sobre sal gorda.

ALMEJAS CON REFRITO

1,6 kg de almejas
3 cucharadas soperas de aceite de oliva
1 punta de cayena
3 dientes de ajo laminados
1 cucharada sopera de vinagre de sidra
1 cucharilla de café de perejil picado toscamente

Limpiar las almejas, escurrirlas una vez limpias y secarlas.
En una sartén amplia echar aceite de oliva + cayena + ajos laminados y, sin que dé tiempo a que se quemen, volcar las almejas, dando unas vueltas.
Saltear las almejas y retirarlas a una bandeja según se vayan abriendo.
Cuando estén todas, añadir vinagre de sidra y dejar reducir unos instantes.
Fuera del fuego, añadir perejil picado y dar unas vueltas.
Rectificar el sazonamiento si fuera necesario y volcar sobre las almejas.

ALMEJAS EN SALSA VIEJA

750 g de almejas
1 pizca de harina
3 dientes de ajo picados
1 pizca de cayena
1 copa de manzanilla
1 pizca de salsa de tomate
200 ml de caldo de pescado caliente
Aceite de oliva
Perejil picado

Añadir harina en un bol sobre las almejas y removerlas con las manos.
Sofreír aceite + ajos + cayena.
Añadir almejas + manzanilla + salsa de tomate + caldo y tapar.
Dejar que se abran las almejas y espolvorear perejil picado.

ANCHOAS A LA PAPILLOTE

1 kg de anchoas abiertas en libro
6 cebolletas en tiras finas
6 pimientos verdes en tiras finas
3 cucharadas soperas de vinagre de sidra

3 dientes de ajo fileteados
Perejil picado
Aceite de oliva y sal

Pochar en aceite la cebolleta + pimiento verde + sal.

Limpiar bien las anchoas, quitándoles la cabeza, los interiores y las espinas.

Colocar en una cazuela una base con verdura pochada + 1 capa de anchoas con la piel hacia arriba + sal y cubrir toda la superficie.

Repetir la operación cuantas veces sea posible y terminar con 1 capa de verdura.

En una sartén hacer un refrito de aceite + ajos, verterlo sobre las anchoas, desglasar con el vinagre y rociar.

Tapar la cazuela y cocerlo durante 5 min. a fuego suave.

Dejarlas reposar 2 min., tapadas y fuera del fuego.

Espolvorear con perejil.

Servir rápidamente.

ANCHOAS DEL CANTÁBRICO MARINADAS

1 kg de anchoa fresca grande
600 ml de vinagre de sidra
400 ml de agua fría
1 cucharada sopera bien colmada de sal
Ajo picado
Perejil picado
Aceite de oliva virgen

Antes de elaborar esta receta guardar el vinagre y el agua en el frigorífico, porque de esta manera la carne del pescado resultará más firme y sabrosa.

Limpiar las anchoas si es que no las han limpiado en la pescadería. Quitarles la cabeza y las tripas con sumo cuidado para no dañarlas, dejando la espina central intacta.

Si las anchoas están muy sucias de sangre, pasarlas rápidamente por debajo del agua.

Preparar la marinada con el vinagre, agua y la sal e introducir las anchoas dentro.

Meterlas en el frigorífico y tenerlas marinando durante 7 horas, dependiendo siempre del tamaño.

Pasado este tiempo, comprobar el punto de marinado antes de sacar; la parte central debe quedar ligeramente cruda. Hay que tener en cuenta que el vinagre es un ácido y va a seguir trabajando.

Escurrir las anchoas y, ahora sí, quitarles la espina central e ir introduciéndolas, con la piel hacia arriba, en un *tupper* con un buen aceite de oliva virgen.

Si queremos, podemos aderezar este aceite con ajo picado y hojas de perejil.

Presentar con una patata cocida tibia aderezada con perejil picado.

ANCHOAS «FALSETE»

750 g de anchoas limpias, lavadas y secas
6 dientes de ajo laminados
1 guindilla cayena
Perejil picado
· Vinagre de sidra
Aceite de oliva y sal

Untar una bandeja de horno con 1 chorrito de aceite.
Colocar las anchoas unas junto a las otras, bien apretadas + sal.
Meter la bandeja en el horno grill, en la parte de arriba.
Mientras, acercar el aceite al fuego + ajos + guindilla + perejil.
Sacar las anchoas del horno y rociarlas con el refrito de ajo.
Volver la sartén al fuego y añadir vinagre, reducir unos segundos y mojar las anchoas.
Espolvorear el perejil.

ANCHOAS FRITAS

20 anchoas frescas descabezadas y limpias de tripas
Aceite de oliva 0,4°
6 dientes de ajo fileteados
Sal y 1 guindilla cayena
Perejil picado

Poner la sartén al fuego con el aceite de oliva + guindilla y esperar a que humee.
Sazonar las anchoas.
Añadir los filetes de ajo, que se dorarán rápidamente, y sin perder ni un segundo agregar las anchoas.
Darles la vuelta con una espumadera y dejarlas en el aceite 30 segundos.
Sacarlas con la espumadera a un plato bien empapadas de aceite y ajos, y espolvorearlas con el perejil.

ANCHOAS MARINADAS CON MAHONESA DE ACEITUNAS

Para las anchoas marinadas:
1 kg de anchoa fresca grande
600 ml de vinagre de sidra
400 ml de agua fría
1 cucharada sopera bien colmada de sal

Además:
Ajo fileteado + vinagre
Perejil picado
1 poco de cayena

Para la mahonesa ligera de aceitunas:
6 aceitunas negras sin hueso
1 huevo
1 cucharada sopera de perejil picado o en hojas
1 cucharada sopera de mostaza
1/2 diente de ajo
1 cucharada sopera de vinagre de sidra
12 cucharadas soperas de aceite de oliva de 0,4°
6 filetes de anchoa en aceite

Para las anchoas marinadas:
Antes de elaborar esta receta guardar el vinagre y el agua en el frigorífico, porque de esta manera la carne del pescado resultará más firme y sabrosa.
Limpiar las anchoas si es que no las han limpiado en la pescadería. Quitarles la cabeza y las tripas con sumo cuidado para no dañarlas, dejando la espina central intacta.
Si las anchoas están muy sucias de sangre, pasarlas rápidamente por debajo del agua.
Preparar la marinada con el vinagre, agua y la sal e introducir las anchoas dentro.
Meterla en el frigorífico y tenerla marinando durante 6 o 7 horas, dependiendo siempre del tamaño.
Pasado este tiempo, comprobar el punto de marinado antes de sacar; la parte central debe quedar ligeramente cruda. Hay que tener en cuenta que el vinagre es un ácido y va a seguir trabajando.
Escurrir las anchoas y, ahora sí, quitarles la espina central e ir introduciéndolas, con la piel hacia arriba, en un *tupper* o bandeja con un buen aceite de oliva virgen.
Poner en una sartén un poco de aceite y hacer un refrito con dicho aceite, ajo fileteado y un poco de cayena.

Espolvorear con perejil.

A la hora de emplatar, poner en el plato una cama de mahonesa, poner encima las anchoas marinadas y, sobre ellas, verter un poco del aceite con ajos del refrito.

Para evitar que coja otros olores, se puede tapar.

Para la mahonesa:
Montarlo todo junto en la túrmix durante unos pocos segundos.

ANCHOAS RELLENAS

20 anchoas más bien grandes abiertas en libro
2 cebollas
1 pimiento verde en tiras finas
Harina y huevo para rebozar
Sal

Pochar las cebollas + pimiento + sal sin que llegue a dorarse (este es el relleno).

Sazonar las anchoas, sobre cada una colocar un poco del relleno y encima de este otra anchoa, como si fuera un bocata. Repetir el proceso con la cantidad que deseemos.

Rebozar las anchoas en harina y huevo, y freírlas en aceite de oliva.

ANGULAS TRADICIONALES

500 g de angulas
3 cucharadas soperas de aceite de oliva 0,4°
1/2 diente de ajo fileteado
1/4 de cayena picadita

Calentar una sartén antiadherente.

Echar el aceite, el ajo y la cayena.

Cuando baile bien el ajo, añadir las angulas y remover con una cuchara de palo.

Tenerlo más o menos 2 min., justo hasta que se calienten bien, y servir en cazuela de barro o en plato hondo caliente.

BACALAO AJOARRIERO

Aceite de oliva
1 cebolleta picada
5 dientes de ajo picados
1 pizca de cayena
1 chorro de vino blanco
3 tajadas de bacalao desalado
12 cucharadas soperas de salsa de tomate
La pulpa de 10 pimientos choriceros, remojados en agua
Perejil picado
Guindilla
Sal

Desmigar el bacalao con las manos.
Rehogar cebolleta + ajo + guindilla.
Añadir el bacalao y remover durante 5 min.
Añadir el choricero + tomate y dejar hervir suavemente.
Añadir perejil y rectificar de sal.

BACALAO AJOARRIERO «HOTEL LA PERLA»

1 kg de lomos de bacalao desalado
250 g de cebolla picada
125 g de pimiento verde picado
200 g de pimiento del piquillo picado
4 dientes de ajos picados
400 ml de salsa de tomate con bastante cebolla pochada
2 cucharadas de aceite de oliva
6 dientes de ajo laminados finos
Perejil picado
Guindilla

Pochar con 1 chorrito de ese aceite de oliva + cebolla + pimiento verde.
Cuando esté casi hecho, y sin que coja color, añadir pimiento del piquillo.
Dejarlo 5 min. más o menos y añadir el ajo picado + tomate frito.
Poner en marcha el aceite con los medios ajos y sumergir en él los lomos de bacalao.
Dejar que vaya haciendo pilpil, lentamente.
Retirar las tajadas de bacalao del aceite.
Levantarles la piel, picarla sobre la tabla, añadirla al sofrito y remover.
Hacer en una sartén a fuego suave un refrito con aceite + ajos laminados + guindilla.

Colocar sobre el sofrito las tajadas de bacalao sin piel + refrito colado de ajos + perejil.

Poner a fuego lento y sin parar de mover la cazuela. El bacalao se irá desmigando en láminas y el refrito se irá ligando con el tomate. El conjunto queda con una textura especial.

Es importante no desmigar el bacalao y ponerlo entero. Así, con el vaivén de la cazuela se irán haciendo las láminas.

Listo.

BACALAO A LA VIZCAÍNA

4 trozos de bacalao de 150 g cada uno
175 ml de aceite de ajos
250 g de cebolla blanca
250 g de cebolla roja
1 puerro pequeño
1 zanahoria pequeña
70 ml de tomate natural
1 pimiento verde pequeño
50 g de pan seco
75 ml de vino blanco
50 ml de coñac
500 ml de caldo de pescado o fumé
9 pimientos choriceros

Poner en una olla el aceite de ajos + 2 cebollas + puerro + zanahoria + tomate + pimiento verde y pochar a fuego lento durante 1 hora y 30 min.

Transcurrido ese tiempo, añadir el pan + vino blanco + coñac y dejarlo otra 1/2 hora a fuego lento, compotando.

Mientras, escaldar los pimientos choriceros, sacar del agua y rescatar la pulpa.

Añadir el caldo y dejar que hierva 1 hora más.

Agregar la pulpa del pimiento choricero y dejarlo pochar todo junto 1/2 hora más.

A continuación, retirar y pasar por el pasapurés y después por el fino.

Poner a punto de sal.

Es importante no triturar nunca esta salsa con la batidora.

Sacar el bacalao, escurrirlo e introducirlo en una cazuela con la salsa vizcaína. El bacalao debe acabarse dentro de la vizcaína a fuego suave y siempre cubierto de salsa.

BACALAO AL CLUB RANERO

1 kg de bacalao
750 ml de aceite de oliva virgen extra
4 cebollas blancas
4 tomates maduros
2 pimientos verdes o 6 pequeños
2 dientes de ajo picados
1 cucharada de perejil picado
5 pimientos choriceros bien curiosos

Escoger un buen bacalao y cortarlo en trozos cuadrados.

Ponerlo a desalar en agua fría por espacio de 30 horas, cambiándolo varias veces de agua.

1 hora antes de guisar el bacalao, preparar la fritada.

Para ello, poner en una cazuela 100 ml de aceite, añadir las cebollas cortadas en dados pequeños, rehogar un poco, añadir los pimientos verdes en cuadraditos, rehogar otro poco y, seguidamente, echar los tomates (estos se escaldan, se refrescan en agua fría, se pelan y, sin pepitas, se cortan en cuadrados pequeños).

Freírlo todo con cuidado de no pasarse, pues los tres ingredientes (cebolla, pimiento y tomate) han de conservarse enteros.

En el último momento, agregar el perejil picado y el ajo y, por último, la pulpa de choricero.

Cocer lentamente hasta que quede todo hecho, pero entero, sin romper.

Retirar el bacalao del agua, desescamarlo con cuidado, quitarle las espinas y seguidamente secarlo bien.

En principio hay que hacer el bacalao al pil-pil, como una mahonesa suave. Escurrir el fondo de verduras de antes en un chino o tamiz para que suelte el aceite y, una vez escurrido, montar el Club Ranero. Hay que intentar hacerlo poco antes de servir, para que no le suba nada de aceite y quede bien ligado.

Entonces, con el bacalao al pil-pil ya bien hecho y ligado en una cazuela plana, mezclarlo con las verduritas y ligarlos con mucho cuidado, sin romper el bacalao.

BACALAO AL PIL-PIL

Para el bacalao:
100 g de bacalao en lomo
Pil-pil ligero
Perejil picado
Aceite de ajo confitado (3 cabezas de ajo por l de aceite)

***Para la salsa pil-pil*:**
250 g de pieles de bacalao
250 ml de aceite de ajo confitado

Para el pil-pil:
Para el aceite de ajo, confitar los ajos en el aceite a fuego moderado.
Poner las pieles y el aceite de ajo a fuego lento, sin que hierva jamás.
Cuando veamos que ha soltado la gelatina, colarlo y montarlo con una
varilla, pero sin que quede muy espeso. Si no, echar un poco de agua.
Probar de sal y reservar hasta la hora de usarlo.

Para confitar el bacalao:
Poner los lomos de bacalao desalado, con la piel hacia arriba, en aceite de
ajos a confitar a fuego muy suave, sin superar los 80 ˚C para que no se
reseque.
Cuando estén bien confitados, colocar bien el taco de bacalao y terminar
salseando con el pil-pil.
Calentarlo un poco a fuego suave hasta que se integren todos los sabores.
Decorar con perejil picado y unos dientes de ajo confitado.

BACALAO CON BERBERECHOS

4 lomos de bacalao
1 kg de berberechos frescos
1 cebolleta picada
1 cayena
5 ajos tiernos limpios, enteros
4 dientes de ajo picados
1 pizca de harina
1 chorrito de manzanilla
1 chorrito de vermú blanco
Cebollino picado
500 g de patatas nuevas pequeñas, cocidas en agua con piel y peladas
Aceite de oliva

En una olla ancha y baja, rehogar cebolleta + cayena + ajo + aceite.
Picar los ajetes sobre la tabla.
Añadir los ajetes al sofrito y dar unas vueltas.
Añadir harina + manzanilla + vermú + berberechos, tapar y dejar que se
abran.
Cortar las patatas en rodajas.
Escurrir los berberechos y comprobar la densidad del caldo del fondo.
Reducir o añadir un poco de agua, según.

Colocar los lomos de bacalao en el fondo y dejarlos guisar.

Antes de sacar del fuego, espolvorear los berberechos + tapizar con patatas.

Rociar aceite crudo y ligar.

Espolvorear con cebollino picado.

Listo.

BACALAO CONFITADO CON VINAGRETA DE MEJILLONES

Para el bacalao confitado:
100 g de bacalao en lomo
Aceite para hacer y entibiar el bacalao
3 dientes de ajo
Media cayena

Para la vinagreta de mejillones:
450 g de mejillones
200 ml de mahonesa
200 ml de jugo de mejillón
5 ml de vinagre de Jerez
1 vaso de sidra

Además:
Cebollino o perifollo picado
Aceite de oliva

Para confitar el bacalao:
Poner a confitar, a fuego muy suave y durante unos 8-10 min., los lomos de bacalao desalado, sumergidos en aceite de oliva con 3 dientes de ajo, sin que se superen los 80 ˚C para que no se reseque.

Para la vinagreta de mejillones:
Introducir los mejillones en un sauté con un poco de sidra y cocinarlos unos breves instantes hasta que se abran (poniéndole una tapa encima).

Recuperar el mejillón de la concha y reservar el jugo del mejillón.

Introducir en una batidora americana los 200 g de mejillón (ya limpio) junto con los 200 g de jugo, la mahonesa y el vinagre, y triturar durante 5 min.

Pasar el resultado por un chino fino y reservar.

Dejar el resto de los mejillones para el emplatado.

Emplatar el bacalao confitado con una base de vinagreta y con unos mejillones por encima.

Rociar, también por encima, con un poco más de la vinagreta de mejillones, cebollino o perifollo picado y 1 hilo de aceite de oliva.

BACALAO CON «KOKOTXAS» Y ALMEJAS

4 lomos de bacalao desalado
350 g de *kokotxas* de bacalao desalado
15 almejas hermosas
4 dientes de ajo picados
1 pizca de cayena
200 ml de caldo de pescado
2 cucharadas de perejil picado
Vino blanco
Aceite de oliva virgen
Agua y sal

En una cazuela ancha y baja, bailar el aceite + ajo picado + cayena.
Introducir los lomos de bacalao con la piel hacia arriba + *kokotxas* + vino blanco y dejar que se vaya haciendo, moviendo la cazuela en vaivén, para que ligue la salsa.
Mojar poco a poco con el caldo de pescado para ayudar a formar la emulsión si es necesario.
En una cazuela aparte, abrir las almejas con aceite + ajos picados + vino blanco.
Conforme se abran, rescatarlas, dejando que el jugo se reduzca ligeramente.
Pasados unos minutos (dependiendo del grosor de las tajadas), añadir a la cazuela las almejas + jugo reducido + perejil.
Dar un último meneo en vaivén al conjunto.
Servir.

BACALAO CON PATATAS, COLIFLOR Y AJADA

2 lomos de bacalao desalados de 800 g
500 g de patatas pequeñas peladas
1 coliflor pequeña en ramilletes

Para la ajada:
1 cebolla en tiras
6 dientes de ajo laminados
1 hoja de laurel
1 cucharada de pimentón de La Vera

1 chorrito de vinagre de manzana
Aceite de oliva
Agua y sal

Poner agua a hervir.
En un cazo poner aceite de oliva a calentar.
Preparar la ajada pochando cebolla + ajos + laurel + sal en el cazo del aceite, durante 5 min.
Introducir en el agua las patatas + coliflor + sal y hervir a fuego suave durante 20 min.
Trocear el bacalao sobre la tabla.
Transcurridos 5 min., añadir sobre la ajada el pimentón de La Vera + vinagre, cortando la cocción.
Dejar reposar la ajada unos 5 min. Proseguir con la cocción de la verdura.
Meter el bacalao en el agua de cocción y dejarlo unos 5 min.
Filtrar la ajada.
Escurrir los lomos de bacalao del agua, posarlos sobre la verdura y empapar con la ajada.
Servir.

BACALAO CON PUERROS EXPRÉS

2 lomos de bacalao desalado
350 g de blanco de puerro en tiras finas
2 dientes de ajo picados
1 chorrito de aceite de oliva virgen
1 pizca de pimentón de La Vera
1 chorrito de vino blanco
Sal

En un recipiente con tapa apto para microondas, colocar el puerro + ajo + aceite de oliva + pimentón + sal.
Hornear bien cubierto a la máxima potencia durante 15 min., dando unas vueltas para que la verdura se sofría por igual.
Pasado ese tiempo, añadir el vino + 2 lomos de bacalao, continuando otros 4 min. más a la máxima potencia.
Listo. Colocar en un plato y rociar con aceite de oliva virgen crudo.

BACALAO CON PURÉ DE BERZA Y ALIOLI

4 tajadas de lomo de bacalao desalado

Para el puré:
4 patatas medianas peladas
1 *bouquet garni*
1 berza pequeña en hojas sueltas lavadas
100 ml de aceite de oliva
5 dientes de ajo en láminas
1 puntita de guindilla
100 ml de leche caliente
100 g de mantequilla
Sal

Para el alioli:
2 yemas de huevo
50 g de ajo confitado
200 ml de aceite de ajos en el que confitamos el ajo, frío
100 ml de nata
1 chorrito de zumo de limón
Cebollino picado
Sal

Poner a cocer las patatas partidas en cuartos + agua + *bouquet garni* + sal.
Sobre la tabla, retirar los nervios a las hojas de berza y trocearlas.
Añadirla al agua hirviendo + sal.
Hervirla destapada durante 25 min.
Hacer el alioli.
Añadir a una batidora yemas + ajo y salpimentar, montar con aceite y aligerar con nata.
Sazonar + 1 gota de limón.
Añadir el cebollino.
Hacer un refrito de aceite + ajos + guindilla y echarlo sobre la berza hirviendo.
Proseguir con la cocción.
Machacar la patata con el machacador y añadirle leche + mantequilla.
Añadir el puré sobre la cazuela de la berza escurrida, poco a poco, hasta conseguir una densidad adecuada.
Colocar el bacalao en una bandeja para microondas y meterlo, a potencia media, durante 4 min.
Colocar el bacalao sobre el puré y rociar con el alioli.
Listo.

BACALAO CON TOMATE

4 lomos de bacalao
2 dientes de ajo
1 ajo fresco
3 cucharadas de hojas de perejil
1 pizca de pimentón de La Vera
1 chalota pelada
1 pizca de guindilla
1 chorrito de vino blanco
1 l de salsa de tomate
2 pimientos morrones verdes asados, pelados y despepitados
Aceite de oliva
Sal

En la batidora de especias, triturar ajos + ajo fresco + perejil + pimentón + chalota + guindilla + aceite de oliva + sal.
En una cazuela echar el majado y rehogarlo 2 min.
Mojar con vino blanco y dejar evaporar.
Añadir la salsa de tomate y dejar que se guise unos 10 min., hasta que se consuma y quede sofrita.
Deslizar en el interior las tajadas de bacalao, con la piel hacia arriba.
Que las cubra bien el tomate.
Romper en tiras anchas los pimientos asados y colocarlos entre las tajadas.
Dejar guisar unos 5 min.
Listo.

BACALAO «DOURADO» EXPRÉS

1 cebolleta grande picada
2 dientes de ajo picados
1 cayena
400 g de bacalao desmigado
1 bolsa de patatas fritas de calidad
4 huevos
Perejil picado
Aceite de oliva y sal

Meter el desmigado en una fuente y hornear en el microondas a 750 W durante 4 min.
En un sauté pochar la cebolleta + ajo + cayena + 1 pizca de sal.
Sacar el pescado del microondas y romperlo con un tenedor.

Añadir el bacalao al sofrito de cebolla + jugo de la bandeja y menear para que ligue.

Añadir las patatas fritas y dar vueltas, para que se impregne bien de los jugos.

Batir los huevos + sal + perejil.

Cuajar el bacalao sin que se seque.

Listo.

BACALAO EN SALSA VERDE

4 cucharadas de aceite de oliva virgen
2 dientes de ajo picados
4 lomos de bacalao con piel desalado
1 chorro de vino blanco
200 ml de caldo de pescado (o agua con pastilla)
Harina
1 puntita de guindilla cayena
Perejil picado
Sal

Poner en una cazuela amplia el aceite de oliva con el ajo.

Arrimar a fuego suave y «bailar» el ajo.

Incorporar los lomos de bacalao, pasados ligeramente por harina, con la piel hacia arriba.

Menear y verter el vino.

Poco a poco, ir añadiendo con un cazo el caldo caliente, mover en vaivén y agregar perejil.

Por la acción del calor, suelta jugos y gelatina y ligamos la salsa.

Dejarlo 5 min. al fuego y, si es necesario, cubrirlo.

Agregar el resto del perejil, rectificar el sazonamiento, añadir unas gotas de vino blanco y servir.

BACALAO LIGADO «ALIRÓN»

6 lomos de bacalao con su piel, desalados
1 diente de ajo
1 pizca de cayena
1 receta de salsa de champán
Cebollino picado
Aceite de oliva
Sal

Cubrir el fondo de una olla con aceite + cayena + ajos laminados y bailarlos. Apartar del fuego y templar.

Una vez que el aceite esté tibio, colocar los lomos de bacalao con la piel hacia arriba y ligarlos suavemente, mientras se cocinan arrimados al fuego, poco a poco.

Añadir la salsa de champán y dejar que hierva suavemente. Probar de sal.

Espolvorear el cebollino picado.

Listo.

BACALAO REBOZADO

4 lomos de bacalao desalado
Aceite de oliva para freír
2 dientes de ajo con piel
2 huevos batidos
1 limón
1 pizca de harina
Cebollino picado

Poner una sartén a fuego suave con 2 dedos de aceite + ajos enteros.

Trocear el bacalao y rallarle 1 pizca de cáscara de limón por encima.

Batir los huevos y pasarlo por harina + huevo.

Rebozarlo vuelta y vuelta.

Freírlo.

Listo.

Espolvorear con cebollino picado.

BERBERECHOS AL AZAFRÁN

1 kg de berberechos
1 *bouquet garni* de pescado
80 g de mantequilla
1 bulbo de hinojo en dados
1 cebolleta en dados
100 ml de nata líquida
8 hebras de azafrán
2 cucharadas soperas de cebollino picado
1 chorro de vino blanco
Aceite de oliva
Sal y pimienta recién molida

Lavar los berberechos.

Ponerlos en una olla + la mitad de la mantequilla + golpe de pimienta + bouquet garni + berberechos.

Añadirle vino blanco + aceite de oliva + agua.

Cubrir, ponerlo a fuego fuerte y remover un par de veces durante la cocción.

Retirarlos y recuperar el jugo de cocción de los berberechos, colado.

Poner en un sauté la mitad de la mantequilla + aceite de oliva + cebolleta + hinojo + sal y sudar.

Mojar con el jugo de cocción y reducir + nata + azafrán + la mitad del cebollino. Añadir berberechos + el resto del cebollino, mezclar y servir.

BESUGO ASADO

1 besugo de 1,5 kg
100 ml de aceite de oliva virgen
4 ajos laminados
1 punta de cayena
Vinagre de sidra
Perejil picado

Encender el hogar de una parrilla alimentado con carbón.

Esperar a que las brasas pierdan por completo la llama.

Limpiar y desescamar escrupulosamente el pescado y salarlo. No retirarle la cabeza. Dejarlo reposar mientras las brasas cogen su punto.

Introducir el besugo en una besuguera y colocarlo sobre la parrilla, a unos 30 cm de las brasas.

Al cabo de unos 8-10 min. dar la vuelta a la besuguera y mantenerla sobre las brasas otros 7 u 8 min. aprox.

En el momento de servir, ponerlo en una bandeja, abrir el besugo por la mitad, retirar la espina central, espolvorearlo de perejil y rociarlo con un refrito de aceite caliente, ajos y cayena.

En esa sartén vacía, añadir un chorro de vinagre de sidra, volcarlo sobre el besugo, escurrir todo el jugo de la bandeja de nuevo a la sartén, hervir unos segundos y volver a rociar el besugo, repitiendo 3 veces más los vuelcos.

BOGAVANTE A LA AMERICANA

1 bogavante hermoso
250 ml de salsa americana
1 cucharada sopera de coñac
1 cucharada sopera de aceite de oliva virgen
1 cucharada sopera de mantequilla
1 chalota picada

Unas gotas de armañac
Perejil picado
Agua y hielos
Sal y pimienta

Poner a cocer el bogavante metiéndolo en el agua todavía fría con sal (unos 20 g/l).

Cuando empiecen los borbotones, escurrir sin demora y sumergir en agua helada con sal.

Separar las cabezas, las pinzas y el cuerpo, quitando las partes que no valen.

Trocear las colas en gruesos medallones, por las juntas, que deberán quedar crudas por dentro.

Dar un golpe a las pinzas para que se casque el caparazón.

Partir las cabezas en dos, retirando el cartílago.

Salpimentar los trozos de bogavante.

Poner una cazuela al fuego, añadir aceite de oliva + mantequilla + chalota picada, y colocar primero los pedazos gruesos para que se tuesten.

Incorporar los medallones, añadir más mantequilla y el coñac, y salpimentar.

Verter la salsa americana bien caliente, mezclar los corales con un poco de americana, agregarlo también y dejar que hierva unos minutos.

Añadir unas nueces pequeñitas de mantequilla para darle brillo y unas gotas de armañac.

Espolvorear con perejil picado.

Rectificar el sazonamiento y servir.

BOGAVANTE A LA PLANCHA

1 bogavante de 1,2-1,3 kg
1 dado de mantequilla
1 cucharada de whisky
Aceite de oliva
Sal

Quitarle primero las «muelas» al bogavante y partirlo por la mitad.

Reservar toda la parte de la cabeza (sesos, etc.) en una flanera.

Marcar primero las muelas del bogavante unos 4 min. por cada lado.

Después marcar el bogavante, primero por la parte de la carne unos 2 min. y luego por la otra parte unos 3 min.

Una vez fuera del fuego, rellenar de nuevo la cabeza del bogavante.

Añadir 1 chorrito de aceite de oliva y 1 dado de mantequilla, y hornear 7 min. a 190 ˚C.

Una vez fuera del horno, flambear con whisky y emplatar.

BONITO CON SOFRITO DE TOMATE Y JENGIBRE

2 lomos gruesos de bonito fresco de 600 g, sin piel ni espinas
1 trozo pequeño de jengibre fresco
1 cebolleta pequeña picada
1 diente de ajo picado
3 cucharadas soperas de aceite de oliva virgen
1 chorrito de vinagre de Jerez
1 lata de sofrito de tomate de calidad
2 puñados de tomate cereza fresco
1 pizca de perejil
Sal y pimienta recién molida

Pelar la raíz de jengibre y dejar la pulpa al aire.
Apoyarla sobre una tabla, rebanarla en láminas bien delgadas y después cortar estas, a su vez, en finos bastones.
Arrimar una cazuela a fuego suave y añadir 2 cucharadas de aceite + jengibre + cebolleta + ajo.
Sofreír 10 min., sin que tome color.
Seguidamente, añadir vinagre y dejar que se evapore unos segundos.
Lavar los tomates cereza y cortarlos en dos, volcarlos al sofrito y dar unas vueltas, y dejar que se estofen suavemente 10 min. más.
Pasado ese tiempo, añadir el sofrito de tomate, dar unas vueltas y salpimentar.
Hacer escalopes gruesos de los lomos de bonito, eliminando la mayor cantidad posible de magro oscuro si lo hubiera.
Salpimentar los escalopes de pescado.
Arrimar una sartén antiadherente a fuego fuerte, rociar con la cucharada restante de aceite de oliva virgen y dorar el pescado por las dos caras hasta que se forme una costra bien tostada, debiendo quedar jugoso y sonrosado por dentro.
Sobre el sofrito de tomate y jengibre, acomodar los escalopes salteados de bonito y sazonarlos.
Espolvorear el perejil picado y servir.

BONITO CON TOMATE

1 lomo de bonito sin piel ni espinas de 500 g
2 dientes de ajo picados
1 cebolleta muy picada
1 punta de pimiento verde picado
1 chorrito de vino blanco
2 tomates muy maduros, rallados

Cebollino picado
Aceite de oliva
Sal y azúcar

Dorar ligeramente en aceite la cebolleta + pimiento + ajo.
Añadir el vino blanco + tomate + sal + azúcar y guisarlo 10 min.
Trocear el bonito en la tabla y sazonarlo.
Dorar el bonito en una sartén, vuelta y vuelta.
Sumergirlo en el tomate, apagado pero caliente.
Espolvorear cebollino picado.

BONITO CON TOMATE Y PIMIENTOS

**3 dientes de ajo picados
1 lata de pimientos asados enteros
1 chorrito de vino blanco
4 lomos de atún o de bonito sin piel ni espinas, de 75 g cada uno
1 diente de ajo
Aceite de oliva
Sal
1 pizca de azúcar**

En una olla echar 1 chorrito de aceite y el ajo picado, sofreír y añadir
pimientos + vino blanco, y dejar guisar unos minutos.
Agregar el tomate exprés de la receta anterior + 1 pizca de azúcar y dejar
hervir suavemente.
Sobre una tabla, escalopar el lomo de bonito y sazonarlo.
En una sartén antiadherente añadir unas gotas de aceite y 1 ajo aplastado.
Dorarlo ligeramente por ambos lados.
Meter en la cazuela el bonito salteado y rectificar el sazonamiento.

BONITO EMBOTADO TRADICIONAL

**1 rodaja de bonito de la altura de los frascos, limpia, en 4 lomos
Frascos de cristal
Aceite de oliva 0,4°**

El bonito debe ser de excelente calidad, muy fresco.
Los frascos de cristal, limpios y secos, deben tener cierre de anillas y gomas
nuevas.
El aceite debe ser de oliva 0,4°, a pesar de que hay quien embota con
aceite de girasol.

Partir el pescado en pedazos que entren en los frascos y refregarlos con aceite.

Colocar en el fondo de cada frasco 2 dedos de aceite.

Rellenar con el bonito sin dejar huecos.

Cubrir con aceite y dejar reposar 12 horas en la nevera.

Pasado ese tiempo, rellenar con aceite hasta cubrir y cerrar los tarros.

Depositarlos en una olla que los cubra de agua, con el fondo cubierto por un cartón o periódico, para que el cristal no estalle con el calor.

Cubrir con agua 4 dedos por encima y hervir suavemente 90 min. desde que rompa el hervor.

Apagar el fuego y mantenerlo ahí 24 horas.

Cubrir con agua hasta que lo cubra de nuevo —se evaporó por los 90 min. de cocción—, alumbrar el fuego y tenerlo 30 min. más muy suave. Así la conserva se afianza.

Cuando los tarros se enfrían en el agua, secarlos, limpiarlos, etiquetarlos y guardarlos.

No nos hemos olvidado de la sal, que cada uno la eche en el momento de consumir la conserva. Evitamos la pesada cocción previa del pescado en agua, con lo que el bonito queda más jugoso.

Guardarlos en un lugar oscuro y fresco. Pasados unos tres meses se podrán consumir.

Mantenerlos fuera del alcance de impacientes; cuanta mayor paciencia, mejor conserva. La espera valdrá la pena.

BONITO ENCEBOLLADO

1 rodaja de bonito de buen tamaño y 1,5-2 cm de grosor
1 kg de cebollas en tiras (o 4 cebollas grandes)
Sal

En una cazuela pochar lentamente las cebollas hasta que cojan un tono dorado. Se trata de caramelizar un poco la cebolla. Si se va pegando al fondo, rascar con una cuchara de madera.

Al caramelizar la cebolla y quedar medio tostada, no necesita que la sazonemos.

Retirar la espina y la piel del bonito y sazonarlo. Por si a algún comensal le resulta desagradable, retirar también la parte negruzca de la carne.

En la misma olla saltear el bonito durante 1 min., dejándolo casi crudo por dentro, ya que en la misma cebolla termina de cocerse.

Si no se va a comer inmediatamente, dejarlo más crudo todavía, dándole un calentón en el último momento.

BONITO EN SALSA

1 lomo de bonito fresco de 900 g
Aceite de oliva y sal
500 ml de salsa de tomate guisada
20 pimientos de Gernika

Para la salsa:
2 cebolletas muy picadas
2 dientes de ajo picados
1 cucharada sopera de harina
1 pastilla de concentrado de carne
1 vaso de vino blanco
1 l de caldo de carne
Aceite de oliva y sal

Para la salsa:
Tostar cebolleta + ajo + aceite, tono canela oscuro.
Añadir la harina + pastilla de caldo y romper.
Verter vino blanco y dejar evaporar.
Añadir el caldo.
Hervir 15 min. y colar.

Cortar el tallo de los pimientos con tijera, freírlos en aceite y escurrirlos + sal.
Eliminar el aceite de la sartén y dorar los lomos de bonito.
Escurrir los lomos y meterlos en la salsa oscura.
Colocar salsa de tomate en el fondo de una fuente + bonito en salsa oscura + pimientos fritos.
Listo.

BONITO «JANE IV»

2 berenjenas hermosas en dados
1 cebolla picada
1 diente de ajo fileteado
400 g aprox. de atún o de bonito fresco en 1 trozo
700 ml de sofrito de tomate ya hecho
1 l de bechamel (mantequilla + harina + leche hervida)
Queso de Idiazábal tierno rallado
Aceite de oliva, sal y pimienta

Horno a 180 °C.

Salpimentar las berenjenas y dejar que escurran el agua.

En una olla sofreír aceite + cebolla + ajo + berenjenas + salpimentar.

Preparar la bechamel.

Mientras, limpiar y cortar el atún o bonito en dados.

Saltear el bonito un segundo en una sartén.

En una fuente poner la berenjena en el fondo + atún salteado + tomate + bechamel + queso rallado.

Hornear 15 min. para gratinar.

Listo.

BONITO MARINADO CON ESPECIAS

500 g de bonito en un lomo alargado
250 ml de aceite de oliva virgen extra
1 ajo sin germen
2 cayenas
3 granos de pimienta negra
1 pizca de tomillo
1 pizca de romero y salvia
1 pizca de *paprika* o pimentón
Sal gorda
1 aguacate
Perifollo fresco deshojado en ramilletes
Cebolleta fresca en aros medianos
1 limón

En un mortero majar ajo + cayena + pimientas + hierbas + *paprika* + aceite + sal.

Meter en un molde de *plum-cake* de cristal y dejar reposar en la nevera.

Limpiar el lomo de bonito de espinas, piel y sangre.

Cubrirlo de sal gorda y dejarlo en la nevera 1 hora y 30 min.

Rescatar el bonito de la sal, sin pasar por agua.

Sumergirlo en el aceite y dejarlo 24 horas dentro para que se empape bien.

Partir el aguacate y pellizcar su carne, laminar el bonito y aliñarlo con zumo de limón + aceite de la marinada o de oliva virgen.

Espolvorear cebolleta en aros y perifollo deshojado, y rallar cáscara de limón.

BONITO MARINADO EN AGUA DE MAR Y CÍTRICOS

250 g de lomo de cimarrón

Para la marinada:
2 l de agua de mar
225 ml de vinagre de sidra
Corteza de naranja
4 dientes de ajo

Para la juliana de naranja:
1 naranja
125 ml de jarabe al 30 por ciento

Para el licuado de tomate:
1 tomate
4 cucharadas soperas de aceite de oliva
1/2 cucharada de café de sal
1/2 cucharada de café de azúcar

Además:
Brotes frescos al gusto
Aliño de vinagre de Módena y aceite de oliva

Para el atún:
Limpiar el lomo de pieles y sangre.
Partir horizontalmente en lomos pequeños, de 6 x 4 cm aprox.
Reservar así para marinar.

Para la marinada:
Juntar todos los ingredientes e introducir los lomos de atún durante 1 hora.
Sacar, secar y cortar a contraveta con un grosor de 1 cm (debe quedar semicocido por fuera y crudo por dentro).

Para la juliana de naranja:
Pelar la naranja, separar la parte blanca de la piel y cortar en juliana.
Elaborar un jarabe al 30 por ciento y escaldar las pieles.

Para el licuado de tomate:
Pelar los tomates, triturarlos, colarlos, añadir la sal y el azúcar y, con la ayuda de la túrmix, montar con el aceite de oliva.
Sobre el plato o fuente, colocar los trozos de atún como si fuese un *tataki*.
Aliñar y poner la juliana de naranja, los brotes y, para terminar, el licuado de tomate en los laterales.

BONITO SALTEADO SOBRE ENSALADA DE TOMATE

1 cebolleta cortada en tiras hiperfinas
3 tomates muy maduros
1 lomo de bonito limpio
Aceite de oliva virgen extra y vinagre
Sal y pimienta
Agua + hielos
1 frasco de rosca vacío para hacer la vinagreta

Meter la cebolleta en agua + hielos.
Pelar los tomates y cortarlos en gajos.
Preparar la vinagreta en el tarro con aceite + vinagre + sal.
Sobre la tabla, hacer escalopes de bonito y sazonarlos.
En una sartén antiadherente con aceite, saltear los lomos de bonito.
Aliñar la ensalada, colocarla en una bandeja y apoyar por encima el pescado.
Escurrir la cebolleta y ponerla sobre la ensalada.
Rociar aceite de oliva virgen.

BRANDADA DE BACALAO

200 g de pulpa de patata cocida
100 ml de aceite de oliva normal
500 ml de leche hervida
500 g de bacalao desalado
6 dientes de ajo
5 cucharadas de aceite de oliva virgen extra
Perejil picado
Escarola
Nueces peladas

Para la vinagreta de la ensalada:
Aceite de oliva
Vinagre
Sal y pimienta

Cubrir el bacalao con leche y arrimar al fuego, 5 min.
Freír los ajos en el aceite normal.
Desmigar el bacalao.
Machacar la pulpa de patata + añadir bacalao.
Agregar el aceite colado de ajos + aceite crudo + perejil picado.

Tener leche tibia a mano para añadir un poco.
Acompañar con una escarola aliñada con nueces.

BRANDADA FRÍA DE BACALAO

500 g de cebolleta picada
500 g de bacalao desmigado y desalado
500 ml de nata líquida
7 hojas de gelatina
10 g de ajo laminado
1 guindilla cayena
150 ml de aceite de oliva virgen

Para el aceite verde:
15 g de hojas de perejil
180 ml de aceite de oliva virgen extra
1 rebanada de pan de centeno cortado al bies
Aceite verde
Perifollo

Para la brandada:
En una cazuela calentar aceite de oliva + ajo + guindilla.
Cuando el ajo se dore, añadir la cebolleta picada y rehogar sin que coja color.
En ese punto subir el fuego, agregar el bacalao y cocinar 5 min.
Verter nata líquida y hervir 5 min.
Añadir hojas de gelatina previamente hidratadas.
Pasar la mezcla por la túrmix a la velocidad máxima, colocar en una bandeja y enfriar.
Triturar en la túrmix los ingredientes del aceite verde, pasar por un colador y reservar.
Tostar las rebanadas de pan, colocar encima la brandada y manchar con el aceite verde y el perifollo.
Listo.

BUÑUELOS DE BACALAO

250 ml de leche
100 g de mantequilla
1 pizca de sal
125 g de harina
5 huevos

4 ajos picados
Nuez moscada y pimienta negra

Además:
250 g de bacalao desalado picado
Perejil

Poner al fuego un cazo con la leche + mantequilla + sal + ajo + nuez moscada.
Al primer hervor, añadir harina y mezclar bien con una espátula sin retirar del fuego.
Cuando ya esté cocida, 1 min. después, retirar del fuego y cambiar a un bol.
Añadir huevos uno a uno + pimienta negra recién molida y mezclar bien.
Separar a un bol 500 g aprox. de esta masa + bacalao + perejil.
Formar bolas con dos cucharas, sumergirlas en aceite caliente y freírlas.
Escurrirlas y listo.

CARIOCAS FRITAS

8 cariocas bien frescas
Harina especial para fritura
Aceite de oliva
5 dientes de ajo
Sal

Sazonar las cariocas perfectamente por fuera y por dentro, unos 15 min. antes de cocinarlas, para que la sal penetre bien y sazone sus carnes.
Verter en una sartén a fuego suave aceite de oliva + ajos para que la grasa se empape del aroma y los ajos no se quemen.
Entonces, pasados unos minutos, subir la temperatura, introducir las cariocas sazonadas y enharinadas ligeramente, y tenerlas vuelta y vuelta para que no se sequen. Hacer el pescado en dos o tres tandas, para que no baje la temperatura del aceite de la fritura y no se cueza el pescado.
Escurrirlas y servirlas acompañadas de los ajos.

CARPACCIO DE CIGALAS REBELDE

16 cigalas grandes
20 g de jengibre
1/2 manojo de cilantro
100 ml de aceite de oliva
1 fruta de la pasión
100 ml de zumo de zanahoria
1 pizca de parmesano
1 limón o lima verde
Germinados
Sal y pimienta

Limpiar las cigalas quitándoles las cabezas, la cola, la cáscara y la tripa.
Salpimentar.
Pelar y rallar el jengibre.
Deshojar y filetear el cilantro.
Cortar la fruta por la mitad para obtener la pulpa.
En un bol, mezclar el zumo de zanahoria y la pulpa de la fruta de la pasión.
Agregar el aceite de oliva, el jengibre y el cilantro + pimienta. Mezclar bien
hasta conseguir la consistencia de una vinagreta.
Extender una cucharada de esta salsa en cada plato.

Se puede emplatar en dos versiones:
La primera: sobre un plástico o bolsa de vacío —o papel film— abierta con
unas tijeras y embadurnada de aceite, colocar unas 5 cigalas.
Cerrar y, con una espumadera, aplastar un poco para volverlas más finas.
Con una brocheta, pintar el fondo del plato con la vinagreta.
Depositar el carpaccio encima y volver a rociar con un poco más de vinagreta.
La segunda: poner unos montoncitos de vinagreta en cada plato y, sobre
ella, cortar las cigalas como si fuera un tartar.
Colocar 1 pedazo sobre cada punto de vinagreta.
Embadurnar por encima el carpaccio con la vinagreta.
En ambos casos, esparcir lima rallada por encima y unas lascas de queso.
Salpimentar.
Terminar con los germinados.

CEVICHE CUSTOMIZADO

500 g de lubina sin piel ya cortada
500 ml de zumo de limón + lima
2 cebolletas medianas picadas
2 dientes de ajo picados

1 manojo de cilantro
1 chile fresco sin semillas
Sal y pimienta negra
Aceite de oliva
1 manzana granny smith en dados
1 pizca de yogur griego
Hojas de lechuga
Hojas frescas de cilantro + albahaca + menta
Galletas *crackers*, nachos

Picar el chile y añadirlo a un bol junto con el ajo + pescado + sal + zumo de limón-lima.
Añadir pimienta.
Dejar reposar al frío 15 min. para que se «cueza».
Mezclar la cebolleta + cilantro + aceite + pimienta.
Dividir por la mitad el ceviche y añadirle el yogur a una mitad + manzana.
Dos formas diferentes de aliñarlo, «solo» y «disimulado», para los más pestes.
Servirlo con las hojas de lechuga + mezcla de cebolleta y cilantro.
Acompañarlo con galletas *crackers* o nachos.

CEVICHE DE MERO

400 g de filete de mero
Ají cerezo o ají limo picado
Cilantro picado
1 cabeza de cebolla rosada en tiras muy finas
16 limas verdes
Camotes (boniato) cocidos
Choclos (maíz peruano) cocidos
Sal

Cortar el pescado en dados medianos.
Sazonar con sal + ají (picante) + cilantro picado y reservar.
Cortar la cebolla muy fina + rociar con el jugo de los limones y servir de inmediato.
Decorar con cortes de ají y acompañar con las guarniciones de choclo + camote.

«CEVISHIMI» DE MERO

1 lomo grueso de mero de 800 g, sin espinas
3 dientes de ajo laminados
1 chorrito de aceite de oliva

1 puñado de germinados verdes
1 puñado de brotes de espinacas
1 puñado de bastones de cebollino picado
1 pizca de pasta de miso
1 trozo de jengibre pelado
2 limas verdes
1 mandarina
1 pomelo
1 chorrito de aceite de sésamo
1 chorrito de salsa de soja y sal

Freír los dientes de ajo en aceite y escurrirlos.

En un bol, rallar el jengibre + zumo de lima + zumo de mandarina + zumo de pomelo + sal + aceite de sésamo + aceite de oliva crudo + ajos fritos + soja.

Colocar en un bol 1 pizca de miso + aceite + aceite de sésamo, remover y aliñar los brotes + germinados + cebollino.

Cortar el mero en láminas gruesas tipo sashimi y disponerlos alrededor de un gran plato hondo.

Rociar el conjunto con el aliño.

Colocar la ensalada en el centro del pescado.

Listo.

CHICHARRO EN ESCABECHE

1 kg de chicharro, limpio y en pedazos medianos
2 cebolletas picadas
8 dientes de ajo enteros
1 hoja fresca de laurel
1 ramillete de salvia
10 cucharadas soperas de aceite de oliva
1 cucharada sopera de pimentón dulce de La Vera
1/2 cucharada sopera de pimentón picante de La Vera
50 ml de aceite de oliva
250 ml de vinagre de sidra
250 ml de vino blanco seco
Harina y aceite para freír
Sal

Sazonar el chicharro, enharinarlo, freírlo en abundante aceite, escurrirlo y reservarlo.

Poner una cazuela amplia al fuego con el aceite de oliva + cebolletas + ajos + laurel + 1 pizca de sal y cocinar a fuego suave durante 10 min.

Incorporar los pimentones + salvia, dar unas vueltas y añadir aceite de oliva + vinagre de sidra + vino blanco.

Al primer hervor, dejar hervir 5 min. para que el vinagre pierda su fuerza, sumergir el pescado en este escabeche, dejarlo al fuego mínimo unos 5 min. más, esta vez sin hervir, retirar del fuego y dejar enfriar.

Lo mejor es dejar reposar el chicharro al menos 12 horas, a temperatura ambiente, de forma que el pescado esté bien empapado.

CHIPIRONES A LA VIZCAÍNA RELLENOS DE BUTIFARRA

Para los calamares:
1,5 kg de chipirones de 10-12 cm
Sal y pimienta

Para el relleno de butifarra:
1 kg de butifarra negra en dados de 0,5 x 5 mm
800 g de cebolleta picada
Las patitas de los calamares picados

Para la salsa vizcaína:
1 kg de cebolla roja
2 dientes de ajo picados
1 blanco de puerro
1 zanahoria
125 g de tomate natural
1 pimiento verde picado
150 ml de vino blanco
100 ml de coñac
100 g de pan *sopako*
1 l de caldo de pescado
Pulpa de pimientos choriceros

En una olla rehogar aceite + cebolleta durante 30 min.

Limpiar los calamares, quitarles las patas (ojos y boca) y reservar para el relleno cortados en dados.

Pelar los cuerpos y darles la vuelta (los que se rompan usarlos para el relleno). Reservarlos.

Añadir a la cebolleta la butifarra + picadillo de calamar y guisar 20-30 min. Salpimentar.

Con esta farsa, rellenar los chipirones.

Para la salsa:
En una olla rehogar aceite + cebolla roja + ajos + puerro + zanahoria + tomate + pimiento durante 90 min.
Saltear los chipis en aceite y reservarlos.
Añadir sobre el fondo el *sopako* + vino + coñac y guisar 5 min.
Añadir la pulpa de choricero, rehogar, mojar con el caldo y guisar 30 min.
Meter los chipirones en la salsa y guisarlos despacio 20 min.

CHIPIRONES ENCEBOLLADOS

30 chipirones de potera
1 chorrito de coñac o armañac
8 cebolletas grandes en tiras muy finas
3 pimientos verdes en tiras
2 dientes de ajo picados
1 punta de cayena
1/2 vaso de *txakoli*
Aceite de oliva y sal

Limpiar los chipis sin romper las tintas, que reservaremos para congelar.
Separar los tentáculos y la *kokotxa* interior, sin tocar ni la piel ni las aletas.
Salar los chipirones crudos y rellenar cada uno con la *kokotxa* y los tentáculos. Cerrar con un palillo.
Pochar en aceite cebolletas + pimiento verde + ajos + cayena + sal durante 90 min. aprox. Primero arrancar con fuego fuerte y luego bajarlo.
Saltear los chipirones con 1 chorrito de aceite en la sartén.
Cada vez que añadamos nuevos, desglasar con 1 chorrito de armañac.
Meterlos en el encebollado + *txakoli*.
Guisarlos unos 20 min. a fuego lento.
Rectificar el sazonamiento, dejando reposar unas horas antes de comerlos.

CHIPIRONES RELLENOS EN SU TINTA

30 chipirones de potera
6 cebolletas picadas
1 pimiento verde picado
2 dientes de ajo picados
Los tentáculos y las aletas de los calamares, picados muy finos
Aceite de oliva virgen
1 vaso de *txakoli*
10 cucharadas de salsa de tomate
1 l de agua

Las tintas de los calamares
1 chorrito de armañac
Sal

Además:
Arroz blanco

En una olla pochar aceite + 2 cebolletas + sal.
Limpiar los chipis sin romper las tintas, que reservaremos en agua. Separar los tentáculos y las aletas, que picaremos a cuchillo.
Avivar el fuego de la verdura, incorporarle picadillo + sal y saltear 20 min.
Hacer la salsa pochando en aceite 4 cebolletas + pimiento verde + ajos + sal, durante 30 min.
Añadir vino blanco o *txakoli* + salsa de tomate a la verdura de la salsa, rehogar y agregar tintas + agua + sal y guisar 25 min.
Rellenar los chipirones crudos con la farsa y cerrarlos con un palillo.
Saltear los chipirones con 1 chorrito de aceite en la sartén.
Cada vez que añadamos nuevos, desglasar con 1 chorrito de armañac.
Meterlos en la salsa y guisarlos unos 30 min. a fuego lento.
Servirlos con arroz blanco.

CHIPIRONES TROCEADOS EN SU TINTA

2 kg de chipirones o *begi-aundi*, limpios de tripas, con su piel y en pedazos medianos
6 cebolletas picadas
1 pimiento verde picado
2 dientes de ajo picados
3 cucharadas soperas de aceite de oliva virgen
1 vaso de vino blanco seco
10 cucharadas de salsa de tomate
500 ml de agua caliente
Las tintas de los chipirones
Sal
Armañac

Pochar la cebolleta + pimiento verde + ajo + sal durante 40 min.
Limpiar los chipirones, teniendo la precaución de no romper las bolsas de tinta. Los dejamos enteros, tentáculos aparte.
En el aceite a fuego vivo, saltear los chipirones, sazonar, añadir unas gotas de armañac y reservarlos en un plato.
Una vez que la verdura esté bien pochada, verter vino blanco + salsa de tomate + agua + tintas.

Añadir chipirones y cocer 30 min.
Sacar los chipis de la olla y cortarlos en pedazos.
Triturar la salsa, mezclarlos y listo.

«CHOUPAS», O GUISO DE CHIPIRONES CON PATATAS

3 dientes de ajo picados
2 cebolletas picadas
4 cucharadas de aceite de oliva
1 kg de chipirones limpios
1 vaso de vino blanco
1 vaso de agua
1 kg de patatas peladas en rodajas gruesas
Perejil picado
Sal

En una olla, echar aceite de oliva + ajos + cebolletas y colorear 10 min.
Trocear los chipirones y saltearlos en unas gotas de aceite de oliva.
Añadir los chipis limpios y troceados + vino blanco + agua + sal y guisar durante 50 min.
Freír las patatas en aceite y dejarlas medio fritas.
Añadir las patatas al guiso y dejarlas que se empapen, hervir 15-20 min. más.
Añadir perejil picado.
Rectificar el sazonamiento.

CIGALAS CON OSTRAS Y CANÓNIGOS

8 cigalas
Agua y sal
100 g de ostras
18 g de perejil
150 ml de aceite de oliva
Zumo de limón

Para las migajas de pan:
100 g de pan de centeno
15 g de mantequilla

Acabado:
25 g de brotes de canónigos

Para las cigalas:
Quitarles la cola y las cabezas a las cigalas.
Retirar las partes duras de la punta de la cola para obtener la carne.
Estrellar el caparazón presionando con las manos y pelarlo en pequeños trozos hasta poder sacar la carne de la parte principal.
Girar la cola, ya pelada, y con la ayuda de unas pinzas sacar el intestino por la parte trasera de la cola.

Para la emulsión de ostras:
Abrir todas las ostras, escurrir el agua y colocarlas en un bol.
Lavar y secar el perejil para agregarlo a las ostras.
Con la ayuda de una batidora, mezclarlo todo a la velocidad máxima.
Una vez bien incorporados los ingredientes, agregar el aceite de oliva poco a poco para emulsionar como una mahonesa.
Si la consistencia es muy espesa, agregar un poco de agua de la cocción de las ostras.
Sazonar con el jugo de limón.
Reservar en un recipiente frío.

Para las migajas de pan:
Rallar el pan de centeno con un rallador común y colocarlo en el congelador.
Antes de servir, tostar el pan rallado en una sartén con abundante mantequilla hasta que quede crujiente.
Retirar del fuego y escurrir toda la grasa (reservar la mantequilla para otro uso).
Secar con un papel y servir.
En un plato de buen tamaño, colocar 1 o 2 cucharadas pequeñas de emulsión de ostras.
Espolvorear un poco del pan de centeno en cada gota.
Saltear las cigalas a fuego alto por la parte de arriba durante 30 segundos aprox., o cocerlas en agua salada durante unos 2 min. (20 g de sal por l).
Agregar un poco de mantequilla y girarlo 2 segundos más.
Colocar las cigalas en los platos y decorar con los brotes de canónigos.

COGOTE DE MERLUZA Y PATATAS AL HORNO

Para el cogote con patatas al horno:
1 cogote de merluza
500 g de patatas (1 o 2 patatas)
4 cucharadas soperas de aceite de oliva virgen
Sal y pimienta

Para el refrito:
200 ml de aceite de oliva virgen
10 dientes de ajo pelados y laminados
1 cayena
30 ml de vinagre de sidra
Perejil picado

Colocar las patatas en una bandeja, salpimentar y aliñar con aceite de oliva. Mezclarlo con las manos para embadurnarlo bien y evitar que se sequen o se oxiden y extenderlas bien.

Hornear durante 10 min. a 190 ˚C. Mientras, sacar el cogote, limpiarlo, sazonarlo y colocarlo sobre las patatas, dispuesto en el centro. Salpimentar. Hornear unos 10 min. más o hasta que el pescado esté casi al punto.

En los últimos minutos de horneado, calentar en una sartén el aceite de oliva + dientes de ajo laminados + cayena. Sacar el pescado del horno y verter el refrito encima. En la misma sartén calentar el vinagre y añadirlo al pescado para que se mezclen todos los jugos.

Volcar los jugos en la sartén, darle otro golpe de calor y verterlos otra vez sobre el pescado. Espolvorear con perejil picado.

COLA DE MERLUZA ASADA

Cola de merluza
Cayena
Ajos
Vinagre de sidra
Perejil picado
Sal y pimienta

Abrir la cola de merluza y, dependiendo del grosor, saltear en una sartén antiadherente durante 2 min. por la parte de la piel y 1 min. por la parte de la carne.

Retirar al plato y echar un refrito de aceite de cayena y ajos.

En la misma sartén, echar vinagre de sidra y volcarlo todo en la misma sartén; así tres veces.

Espolvorear perejil picado, sal y pimienta y servir.

DORADA A LA SAL

1 dorada hermosa, sin espinas laterales y eviscerada, con cabeza
Algas frescas
2 kg aprox. de sal gorda

1 chorrito de agua
Aceite de oliva virgen extra

Horno a 180 ˚C.
En un bol mezclar sal + agua; algunos añaden 1 clara de huevo.
Colocar la mitad en el fondo de una fuente.
Apoyar sobre ella el pescado, relleno de algas.
Cubrir el pescado con el resto de la sal e introducirlo en el horno unos
30 min.
Sacar el pescado del horno y dejarlo 5 min. en su armazón, de reposo, sin
tocar.
Romper con una cuchara el cofre de sal y levantar los lomos.

FRITURA DE PESCADO MALAGUEÑA

Pescaíto fresco (pescaílla, salmonete, boquerones, puntillas...)
Harina tamizada
Aceite de girasol
Sal

Sazonar el pescado.
El secreto del pescado es que tiene que estar un par de minutos en la
harina, bien enharinado.
Quitar el exceso.
Poner el aceite al fuego hasta que esté humeante y muy limpio.
Freír los pescaítos en el aceite de uno en uno y durante escasos segundos:
echar primero la pescaílla, después el salmonete, luego los boquerones en
manojito y, por último, las puntillitas, que es lo que más mancha el aceite.
Listo.

GALLO A LA «MEUNIÈRE»

1 gallo hermoso con piel, descamado y limpio
2 cucharadas soperas de aceite de oliva
80 g de mantequilla fría en dados
El zumo de 1 limón
1 cucharilla de café de perejil picado
1 chorrito de jugo de carne
Harina
Sal

Sazonar el gallo por ambas caras.

Arrimar la sartén al fuego + mantequilla + aceite.

Cuando espume, enharinar el gallo y añadirlo a la sartén por el lado oscuro, más grueso.

Dejarlo hacer, rociándolo por encima con la grasa.

Transcurridos unos minutos, dar la vuelta y dejar que se haga por el lado blanco, hasta que los lomos se despeguen fácilmente de la espina.

Retirar el gallo a una fuente.

Añadir el zumo de limón + mantequilla y dejar que se reduzca al fuego, ligando y espesando el jugo.

Rascar el fondo para despegar el tostado que pueda haber quedado en la sartén.

Añadir el jugo de carne, dar un meneo, espolvorear con abundante perejil y rociar el gallo recién hecho.

GALLO CON MAHONESA DE ANCHOAS

Para el gallo:
1 gallo de tamaño hermoso
Aceite de oliva
1/2 ajo fileteado
1/2 cayena
1 chorro de vinagre de sidra
Sal
Perejil picado
Lonchas de jamón

Para la mahonesa de anchoas:
1 huevo + 1 yema
1 cucharada sopera de vinagre de sidra
1/2 cucharada sopera de aceite de oliva 0,4
6 filetes de anchoa en aceite

Para la mahonesa de anchoas:
Montar en la batidora todos los ingredientes menos la anchoa, añadiendo en hilo fino el aceite de oliva, levantando y bajando el brazo de la batidora poco a poco, hasta que la salsa comience a engordar y a estar bien ligada.
Cortar las anchoas en pequeños rectángulos y, en el último momento, mezclarlo con la mahonesa ya montada.

Para el gallo:
En una paellera antiadherente dorar el gallo, previamente sazonado, durante 8-9 min. por cada lado.

Ponerlo en una bandeja y retirar la espina central.

Terminar echando un refrito con unas 2 cucharadas de aceite oliva, 1/2 ajo fileteado, 1/2 cayena y, después, 1 chorro de vinagre de sidra.

Recuperar el refrito que hemos echado sobre el pescado y repetir la operación 2 o 3 veces, volcándolo sobre el pescado.

En el último momento, poner por encima del pescado un poco de la mahonesa de anchoas.

Espolvorear perejil o cebollino picado y servir.

GALLO EMPANADO
de Eli Abad

1 gallo hermoso con piel, en lomos
2 huevos
Pan rallado normal + *panko*
Aceite de oliva y sal

Además:
1 lechuga de caserío lavada, en hojas enteras, con su cogollo
1 limón
1 diente de ajo

Sazonar los lomos de gallo. Pasarlos por huevo + pan rallado.

Freírlos y escurrirlos.

Acompañarlos con una ensalada.

Untar el bol con los medios ajos.

Rallar cáscara de limón sobre el bol + lechuga + zumo de limón + aceite + sal.

Listo.

GAMBAS AL AJILLO

750 g de gambas de calidad, bastante gruesas
8 dientes de ajo pelados
1 ramillete de perejil
1 pizca de coñac
Aceite de oliva virgen
1 chile fresco
Sal

Pelar las gambas.

En un sauté con aceite, sofreír las cáscaras de gamba y machacarlas con una botella.

Majar en un mortero 4 dientes de ajo enteros y las hojas de perejil y añadirlo al sofrito.

Añadir coñac, una pizca de agua y hervir unos minutos.

Entonces, colar y apretar para obtener un jugo concentrado.

Sazonar las colas de gamba peladas y picar groseramente el perejil.

Laminar los 4 dientes de ajo restantes y añadirlos a un sauté con el aceite de oliva y el chile.

En el momento en que baile el ajo, añadir las gambas y el jugo concentrado y apagar el fuego.

Cubrir con un plato y dejar reposar 1 min.

Descubrir y espolvorear el perejil.

Listo.

GUISO DE CALAMARES

1 kg de calamares congelados
3 dientes de ajo picados
2 cebolletas picadas
1 pimiento verde picado
700 g de patatas pequeñas en rodajas gruesas
2 dientes de ajo con su piel
1 chorrito de armañac
1 pizca de guindilla
1 vaso de *txakoli*
Perejil picado
Aceite de oliva y sal
Agua

Colocar una olla al fuego + aceite de oliva + ajos + cebolletas + pimiento + sal, durante 20 min.

Descongelar el calamar y limpiarlo, dejando la piel.

Cortarlo en pedazos hermosos, teniendo en cuenta que al guisarlos merman.

Escurrir las patatas, secarlas con un trapo, sumergirlas en aceite + ajos aplastados en una sartén y freírlas.

En una sartén antiadherente saltear los calamares de a pocos + sal, añadirlos a la verdura y desglasar con el armañac.

Añadir la pulpa de guindilla (así con todos).

Añadir *txakoli* y 1/2 vaso de agua y dejar guisar cubierto durante 45 min. aprox., muy suavemente.

Atender las patatas.

Añadir las patatas al guiso de calamares y dejar hervir unos minutos.

Espolvorear perejil.

Listo.

«KOKOTXAS» COMUNISTAS

600 g de *kokotxas* de bacalao cortadas en 6 trozos
150 ml de aceite de oliva
2 dientes de ajo fileteados
1 guindilla
125 g de pimientos del piquillo
50 ml de agua
Perejil picado
Sal

Colocar en una sartén antiadherente aceite + ajo + guindilla.
Ponerlo al fuego y, cuando el ajo baile, agregar las *kokotxas* + sal y mover en movimiento rotatorio hasta que estén cocinadas.
Pasar el aceite a una bandeja fría para que baje su temperatura.
Ir agregando de nuevo el aceite a la sartén fuera del fuego hasta que ligue el pil-pil. Reservar.
Triturar los pimientos del piquillo con el agua hasta obtener un puré.
Agregar poco a poco el puré hasta que el pil-pil se homogeneice con los piquillos.
Darle de nuevo un golpe de calor y volver a retirar.
Poner a punto de sal, espolvorear con perejil picado y servir.

«KOKOTXAS» DE BACALAO CON ALMEJAS A LA SIDRA

2 dientes de ajo picaditos
150 ml de aceite de oliva
400 g de *kokotxas* de bacalao frescas
30 almejas
1/2 vaso de sidra (100 ml)
2 cucharadas de cebollino picado
1 punta de cayena fresca
Sal

Colocar el medio vaso de sidra en una cazuela amplia, llevar a ebullición y, cuando hierva, añadir las almejas, tapar y llevar al fuego fuerte justo hasta que se abran.
Con la ayuda de una espumadera retirar todas las almejas a una bandeja fría o un bol de cristal frío (para que pare la cocción y no nos queden cauchosas) y quitar con cuidado la valva o cáscara que no tiene carne y la bisagra de las conchas.

Por otro lado, reducir el jugo que han soltado las almejas hasta que queden unas 8 cucharadas soperas. Con este jugo ligaremos las *kokotxas*.

Calentar en otra cazuela baja y amplia los 150 ml de aceite de oliva y los dientes de ajo picaditos.

Cuando el ajo empiece a bailar y se vuelva de color anaranjado claro, añadir la cayena y las *kokotxas* y cocerlas a fuego suave durante unos 4 min. aprox.

Pasado ese tiempo, retirar todo el aceite y colocarlo en un cazo frío para bajarle un poco la temperatura.

Ligar las *kokotxas* con este aceite dando movimientos de vaivén hasta que forme el pil-pil y, a la vez, verter el líquido de las almejas que hemos reservado.

Por último, y cuando esté ligado, añadir las almejas (justo para que les entre el calor), espolvorear con el cebollino picado y servir.

«KOKOTXAS» DE BACALAO CON BERBERECHOS Y CEBOLLINO

1 diente de ajo picadito
75 ml de aceite de oliva
200 g de *kokotxas* pequeñas de bacalao fresco
30 berberechos
50 ml de vino blanco, *txakoli* o albariño
1 cucharada sopera de cebollino picado
1 punta de cayena
Sal

Purgar los berberechos en un bol con agua.

Poner en una sartén amplia el vino blanco + berberechos con cáscara y tenerlo en el fuego justo hasta que se abran.

Con la ayuda de una espumadera, retirar todos los berberechos a una bandeja congelada o un bol de cristal frío (para que se detenga la cocción y no se queden cauchosos) y separar con cuidado la carne.

Reducir hasta que queden 2 cucharadas soperas de jugo.

Con este jugo ligar las *kokotxas*.

Calentar en una sartén el diente de ajo picadito + aceite de oliva + cayena.

Cuando el ajo empiece a bailar, añadir las *kokotxas* de bacalao frescas y dejar que se hagan aprox. unos 4 min., 2 por cada lado.

Retirar todo el aceite y echarlo en una tapa previamente refrigerada en la nevera para que se enfríe un poco y ligue más rápido.

Ligar las *kokotxas* con este aceite, como siempre dando movimientos de vaivén hasta que forme un pil-pil, y a la vez verter el líquido de los berberechos.

Por último, y cuando esté ligado, añadir las carnes de los berberechos (justo que les entre el calor) y el cebollino picado y servir.

«KOKOTXAS» DE BACALAO CON GUISANTES

750 g de *kokotxas* de bacalao pequeñas y frescas, limpias de pellejos
200 g de guisantes pelados muy tiernos, blanqueados
Aceite de oliva
2 dientes de ajo picados
1 cayena
1 cucharada sopera de vino blanco
Caldo de pescado o agua caliente
1 cucharada de perejil picado
Sal

Bailar aceite + ajo + cayena.
Apartar del fuego + perejil.
Sazonar las *kokotxas* y colocarlas en el aceite con la piel hacia arriba.
Arrimar a fuego suave y ligarlas.
Añadir vino blanco. Si quedan gruesas, añadir caldo o agua.
Rectificarlas de sal.
Añadir guisantes blanqueados.
Espolvorear perejil.

«KOKOTXAS» DE MERLUZA EN SALSA VERDE

150 g de *kokotxas* limpias
1 punta de cayena
100 ml de aceite de oliva
1 diente de ajo
Sal y perejil picado

Confitar el aceite con el ajo y la punta de cayena.
Cuando el aceite coja temperatura y el ajo empiece a bailar, añadir las *kokotxas* sazonadas y aguantarlas unos segundos al fuego.
Retirar el aceite a un cazo congelado para que se enfríe enseguida y ligar haciendo movimientos de vaivén, hasta que se acaben de montar las *kokotxas*.
Si hace falta, agregar un poco de fumet.
Finalmente, añadir perejil y rectificar el punto de sal.

«KOKOTXAS» DE MERLUZA REBOZADAS SIN HARINA

150 g de *kokotxas* de merluza frescas
300 ml de aceite de oliva
1 diente de ajo
Huevo batido
Sal

Limpiar las *kokotxas*, recortar las barbas y quitar las espinas que tengan.
Sazonarlas prudentemente con unos minutos de antelación antes de
rebozarlas.
Colocar la sartén al fuego con el aceite de oliva y el diente de ajo entero, sin
pelar, a fuego muy suave, de forma que el aceite se vaya calentando
pausadamente y vaya repartiéndose en él el regusto del ajo.
Pasados unos minutos, subir el fuego levemente, sin permitir en ningún
momento que humee.
Mientras tanto, junto a la sartén, colocar un plato hondo con el huevo
batido ligeramente sazonado.
Sumergir ligeramente las *kokotxas* en el huevo batido y, acto seguido, ir
introduciéndolas en el aceite caliente pero sin humear.
Con la ayuda de dos tenedores, voltearlas con ritmo y dejarlas freír unos
segundos por cada lado.
Ir retirándolas a un plato caliente con papel absorbente para que vaya
absorbiendo el exceso de grasa.

LANGOSTINOS AL WHISKY «JOE STRUMMER»

6 langostinos jumbo
4 cucharadas soperas de aceite de oliva virgen
2 dientes de ajo picados
1 chorrete de whisky
El zumo de 3 limones
100 g de mantequilla
Cebollino picado
Sal

Horno a 200 °C.
Abrir en dos las cabezas de los langostinos y saltearlas.
Salpimentar las colas de los langostinos por ambos lados.
En una sartén amplia, saltearlas a fuego fuerte con 1 chorrito de aceite.
Colocarlas en una gran bandeja de horno con la carne hacia arriba.

En la misma sartén, bajar el fuego y añadir la mantequilla y los ajos.
Cuando bailen, añadir el whisky + zumo de los limones + mantequilla y pimentar.
Tirar la mitad de la salsilla sobre los langostinos.
Hornear 5 min.
Añadir el resto de la salsa y espolvorear cebollino picado.
Listo.

LANGOSTINOS CON VINAGRETA DE MANGO

20 langostinos congelados
Aceite de oliva
30 hojas de cilantro
Sal y pimienta
1 mango para decorar

Para la vinagreta de mango:
60 ml de zumo de limón
80 g de mango pelado
160 ml de aceite de oliva virgen
1 pizca de sal
1 vuelta de pimienta negra

Para la vinagreta:
Mezclar en la batidora durante 10 segundos el zumo de limón + sal y pimienta + mango pelado + aceite de oliva virgen.

Para los langostinos:
Descongelar los langostinos para pelarlos y eliminarles la cabeza y el caparazón.
Quitarles el intestino central.
Salpimentar los langostinos y bañarlos con un poco de aceite de oliva.
Colocarlos en la sartén y hacerlos a fuego intenso durante 1/2 min. por cada lado.
Fuera del fuego, agregar las hojas de cilantro cortadas en juliana muy fina.
Disponer de 5 langostinos y 6 hojas de cilantro para el plato.
Decorar con mango cortado en gajos y la vinagreta de mango por encima.

LENGUADO A LA «MEUNIÈRE»

1 lenguado hermoso con piel, desescamado, limpio y sin cabeza
2 cucharadas soperas de aceite de oliva
80 g de mantequilla fría en dados
Zumo de 1 limón
1 cucharilla de café de perejil picado
1 chorrito de jugo de carne (parecido al asado de un pollo)
Harina
Sal y pimienta

Sazonar el lenguado por ambas caras.
Arrimar la sartén al fuego + mantequilla + aceite.
Cuando espume, enharinar el lenguado y añadirlo a la sartén por el lado oscuro, más grueso.
Dejar que se hagan, rociándolos por encima con la grasa.
Transcurridos unos minutos, darles la vuelta y dejar que se hagan por el lado blanco, hasta que los lomos se despeguen fácilmente de la espina.
Retirar el lenguado a una fuente.
Añadir el zumo de limón y dejar que se reduzca al fuego, ligando y espesando el jugo.
Rascar el fondo para despegar el tostado que pueda haber quedado en la sartén, añadir el jugo de carne + nueces de mantequilla fresca, dar un meneo, espolvorear con abundante perejil y un poco de sal y pimienta, y rociar el lenguado recién hecho.

LENGUADO CON 4 VUELCOS

1 lenguado de unos 2 kg
2 dientes de ajo fileteados
1 punta de cayena
Aceite de oliva
Perejil picado
Vinagre de sidra

Cortar parte de la cabeza del lenguado, desescamarlo y desespinarlo bien, y dejarle las dos pieles.
Limpiar bien el resto.
Sacar el pescado y masajearlo con 1 gota de aceite.
Ponerlo por la parte de la piel en una sartén o paella antiadherente durante unos 12 min.
Darle la vuelta y dejar otros 10-11 min más.
Retirar del fuego.
En una sartén verter aceite y añadir cayena + ajos fileteados.

Cuando esté dorado, agregar al pescado.

En la misma sartén, añadir un poco de vinagre de sidra e incorporarlo al pescado.

Volcar el líquido de la paellera a una sartén y volver a echarlo al pescado.

Repetir esta operación de los vuelcos 3 veces más.

En el último vuelco, añadir el perejil picado y servir.

LOMOS DE MERLUZA CON ALMEJAS AL «TXAKOLI» Y TOMATE

4 lomos de merluza de 50 g cada uno
350 g de tomate frito
200 ml de *txakoli*
2 dientes de ajo fileteados
1/2 cayena
500 g de almejas
1 cucharilla de café de perejil picado
4 cucharadas soperas de aceite de oliva

Poner a calentar en un sauté 3 cucharadas de aceite + cayena + ajo.

Cuando el ajo comience a bailar, añadir el *txakoli* y dejar que hierva durante 30 segundos.

Añadir el tomate y dejar justo que hierva.

Una vez que hierva, añadir merluza + almejas a la vez.

Tenerlo 2 min., dar la vuelta únicamente a los lomos mientras empiezan a abrirse las almejas, y dejarlo 1 min. y 30 seg. más.

Cuando estén abiertas todas las almejas, añadir otro poco de perejil picado y la cucharada sopera de aceite de oliva restante.

LOMOS DE MERLUZA CON MEJILLONES Y ALMEJAS

4 lomos de merluza congelada de 200 g
24 mejillones
20 almejas
1 ajo
1 guindilla
16 g de harina
200 ml de champán
100 ml de agua
15 g de perejil picado
Aceite de oliva
Sal

Poner a calentar 1 cucharada sopera de aceite de oliva en una sartén y agregar el ajo laminado y la guindilla en finas rodajas.

Añadir la harina, rehogar un poco sin que llegue a dorarse y agregar champán.

Dejar reducir un poco y agregar el agua.

Dejar reducir otros 2 min. aprox. y añadir los mejillones.

Cuando se empiecen a abrir, apartar a una bandeja y separar la carne de las conchas. Reservar las carnes.

Colocar la merluza con la piel hacia arriba y las almejas dentro de la salsa, y echar un poco de perejil.

Dejar cocinar unos 3 min. (dependiendo del grosor de la merluza) y darle la vuelta.

A su vez las almejas se irán abriendo. Cuando lo estén todas, darle la vuelta a la merluza.

Dejarlo 1 min. más y agregar las carnes de los mejillones, el perejil picado y 1 chorrito del aceite de oliva.

Moverlo todo bien y rectificar de sal.

LUBINA AL «DIARIO VASCO»

1 lubina de 1,5 kg (1,2 kg limpia)
Sal y pimienta
4 cucharadas de aceite de oliva
4 puñados de hierbas frescas (perejil, eneldo, albahaca)
10 hojas de periódico
3 cucharadas de zumo de limón
Ralladura de limón
Ajo fresco picado

Abrir el periódico por las páginas centrales y mojarlo con agua.

Colocar el pescado en medio y untarlo con los ingredientes.

Cerrarlo y atar con liz, sin apretar demasiado, justo para que no se abran las hojas.

Meter el paquete unos segundos bajo el grifo y empaparlo.

Colocarlo sobre una placa de horno, 35 min. a 200 ˚C.

Dejar reposar unos minutos, abrir el paquete de papel y comer con alguna salsa fría o aceite de oliva crudo.

LUBINA «MISTER TOMATO»

2 lomos de lubina de 250 g
500 g de tomate cereza partido en dos mitades
8 tomates confitados picados
Perejil cortado en tiras
Pimienta y aceite de oliva
2 ajos laminados muy finamente
Salsa de soja
Vino blanco
Sal y pimienta
1 chorrito de caldo
1 pizca de mantequilla
1 lima
Hojas de albahaca frescas

En una sartén con aceite, dorar los ajos + tomates cereza y saltearlos.
Aplastar un poco los medios tomates.
Mezclarlo todo en la sartén, darle unas vueltas rápidas y escurrirlo sobre un colador; en un cazo pequeño, en el fondo escurrirá jugo de tomate.
Volver a poner los tomates en la sartén y añadir albahaca + vino blanco + salsa de soja + pimienta.
Poner los tomates sobre una fuente de horno.
Marcar en sartén los lomos de lubina por la piel y hornearlos poniéndolos sobre la cama de tomate y albahaca.
Montar el jugo de tomate con un poco de caldo + cáscara de lima + zumo de lima + albahaca en tiras finas + perejil en tiras finas + tomate confitado + salsa de soja + aceite.
Acomodar las lubinas sobre el tomate y salsear.

«MAKIS» DE CALABACÍN CON TARTAR DE CHICHARRO

Para el tartar de chicharro:
650 g de chicharro (limpio, sin piel ni espinas)
5 piezas de chalota picadita
Vinagre de Módena reducido
125 ml de aceite de oliva virgen
1 cucharada sopera rasa de cebollino picado
1 cucharada sopera rasa de perejil picado

Para el culis de tomate:
150 g de tomate pelado, cortado en dados
100 g de mango en dados
35 g de tomate concentrado
50 ml de kétchup de tomate
Tabasco
Sal
Pimienta
50 ml de vinagre de Jerez
1 chorro de aceite de oliva

Además:
4 lonchas finas de jamón ibérico
2 calabacines
1 manojo pequeño de cebollino
100 ml de aceite de oliva

Para el tartar de chicharro:
Cortar el chicharro en dados pequeños.
En una ensaladera poner el chicharro y añadir las chalotas picaditas + cebollino picado + perejil + sal + pimienta + vinagre de Módena reducido. Agregar el aceite de oliva poco a poco a la vez que seguimos mezclando. Refrescar en la nevera.

Para el culis de tomate:
Triturarlo todo a la máxima potencia y colar.
Cortar los calabacines en láminas de 1 mm de grosor.
Cortar las lonchas de jamón del mismo tamaño que los calabacines.
Colocar las láminas de calabacines en una sartén y saltear rápidamente por los dos lados de cada lámina, retirar y colocar en un papel absorbente. Hacer lo mismo con el jamón.

Enrollar enseguida las láminas en un vaso untado con un poco de aceite. Para evitar que el *maki* se desenrolle, también se puede colocar 1 cebollino alrededor.

Cuando hayan cogido la forma, retirar el vaso de los *makis* y rellenarlos con el tartar, con la ayuda de una manga pastelera.

Presentar en platos con una base de culis de tomate y decorado con bastones de cebollino y cebollino picado.

MARMITAKO DE CHIPIRÓN Y BACALAO

1 chipirón de 800 g-1 kg limpio, cortado en trozos de 3 x 3 cm
250 g de desmigado de bacalao con piel
1 pimiento morrón picado
2 pimientos verdes picados
3 cebolletas picadas
1 puerro picado
1 diente de ajo picado
2 cucharadas soperas de pulpa de choricero
1 taza de salsa de tomate
1 kg de patatas peladas, limpias
Aceite de oliva virgen
Agua, sal y perejil picado

Pochar la verdura en una olla + aceite de oliva + sal.
Trocear el chipirón sobre la tabla y añadirlo al sofrito.
Cascar las patatas.
Añadir al fondo el choricero + tomate + patatas + agua + sal.
Guisar unos 25-30 min.
Añadirle el bacalao en tacos y dejarlo unos minutos que se cocine.
Rectificar el sazonamiento + sal + perejil picado.

MARMITAKO DE PERLÓN

Para el caldo:
1/2 kg de pieles y espinas de merluza
2 zanahorias en rodajas
1 diente de ajo pelado
1 cebolla troceada
1 puerro troceado
1 mazo de tallos de perejil atados con liz
Aceite de oliva
Agua

Para el marmitako:
2 pimientos verdes picados
8 pimientos del piquillo enteros
1 cebolla roja picada
4 dientes de ajo picados
1 cayena
4 patatas hermosas peladas
2 cucharadas soperas de pulpa de choricero
1 taza de salsa de tomate
1 vaso de vino blanco o *txakoli*
Aceite de oliva

Además:
1 perlón bien gordo
Perejil picado
3 dientes de ajo picados
Aceite de oliva y sal

Para el caldo:
Rehogar en una olla las verduras + aceite.
Añadir el resto de los ingredientes + agua.
Hervir durante 25 min. y colar.

Para el marmitako:
Rehogar en una cazuela el aceite + pimientos + cebolla + ajo + cayena + sal.
Cascar las patatas.
Añadir los pimientos del piquillo rotos con las manos.
Añadir al fondo el choricero + tomate.
Añadir las patatas + vino blanco + sal.
Cubrir con caldo y rectificar la sazón.
Guisar unos 40 min.
Limpiar y separar los lomos de perlón, sin piel ni espinas.
Trocearlos en dados gruesos + sal.
Saltearlos en una sartén + aceite + ajos.
Añadirlos a las patatas + perejil.
Listo.

MARMITAKO «MARILÉN»

Para el caldo:
500 g de pieles y espinas de bonito
2 zanahorias en rodajas
1 diente de ajo pelado

1 cebolla troceada
1 puerro troceado
Vino blanco o *txakoli*
Agua

Para el *marmitako*:
1 pimiento morrón rojo pequeño picado
2 pimientos verdes pequeños picados
1 cebolleta picada
3 dientes de ajo picados
5 patatas hermosas
La pulpa de 4 pimientos choriceros remojados en agua
1 taza de salsa de tomate
1 poco de *sopako*
Cayena y 1 pizca de pimentón de La Vera
Vino blanco

Además:
400 g de bonito en un lomo limpio de piel y espinas
Aceite de oliva virgen extra
Perejil picado
Sal

Cubrir de agua los ingredientes del caldo y arrimar al fuego.
Rehogar durante 5 min. los pimientos + cebolleta + ajo.
Cascar las patatas y añadirlas al fondo.
Rehogar durante 4 min.
Añadir tomate + choriceros + cayena + pimentón + vino blanco + *sopako*.
Cubrir con caldo, sazonar y guisar durante 35 min.
Cortar el bonito en dados (para evitar que se seque el pescado).
Saltear el bonito y añadirlo al guiso.
Rectificar el sazonamiento y añadir perejil picado.

MARMITAKO «TXAPELDUN»

3 kg de patatas
4 cebollas rojas picadas
2 cebollas blancas picadas
3 pimientos verdes picados
3-4 pimientos choriceros
2 ajos picados
1 kg de lomos de bonito
1 vasito de whisky

Caldo de pescado, mucha cantidad
Sal

Para el caldo:
2 puerros
1 tomate
1 cebolla
1 manojo de vainas
Espinas y raspas de bonito (nunca con piel)
1 trozo de bonito 500 g aprox.
Agua y sal

Para el caldo:
Hervirlo todo durante 3 horas y colar.
Se puede hacer la víspera.

Para el marmitako:
Pochar la verdura + aceite durante unas 2 horas, añadiendo caldo de bonito cada 15 min. y sal al gusto.
Añadir los choriceros + whisky para terminar de romper toda la verdura. Mantenerlo al fuego 10 min. más.
Dejar reposar 15 min. y pasar la mezcla por el pasapurés (nunca con batidora). Se obtiene una base muy parecida a la salsa vizcaína.
Cascar las patatas dándoles un tamaño similar a los trozos de bonito.
Sofreír las patatas junto con la base y remover durante 5 min., para que esta impregne de gusto todas las patatas.
Después de que las patatas ya hayan cogido gusto y temperatura, añadir el caldo (hirviendo) y dejarlo cocer durante unos 20-25 min.
Trocear el bonito en dados y sazonarlos.
Una vez que las patatas estén hechas, apagar el fuego y añadir los trozos de bonito debidamente salados.
Dejar reposar todo 5 min., ya que el bonito se hará con el calor de la propia cazuela.

MEJILLONES «ALIÑAOS»

1,5 kg de mejillón gallego hermoso
4 chalotas en juliana gruesa
4 dientes de ajo con piel
1 chorrito de vermú blanco
1 pizca de pulpa de guindilla picante
1 cebolleta picada
4 dientes de ajo picados

Vinagre de Jerez
3 pimientos del piquillo picados
2 pimientos verdes picados
6 anchoas en salazón
Ralladura de 1 limón
Perejil picado
Aceite de oliva virgen
Sal y pimienta recién molida

En una cazuela amplia, rehogar aceite + chalotas + ajo.
Añadir la pulpa de guindilla + mejillones.
Dar vueltas + vermú, cubrir y abrirlos.
Mientras, rehogar aceite + cebolleta + ajos, justo para matarle el sabor a crudo.
Picar las anchoas en la tabla.
Sacarlo del fuego y añadirle piquillos + pimiento verde + anchoas + ralladura de limón + vinagre + aceite de oliva crudo.
Lista la vinagreta.

Escurrir los mejillones.
Retirarles las conchas sin quemarnos y tenerlas listas para mojar con la vinagreta.
Rociar los mejillones con la vinagreta.
Ponerles el perejil picado.
Salpimentar.
Listo.

MEJILLONES AL VAPOR CON PATATAS FRITAS

2 kg de mejillones crudos limpios
250 ml de vino blanco
1 punta de cayena
Perejil picado
1 kg de patatas
10 dientes de ajo
Aceite de oliva
Sal

Pelar las patatas, cortarlas en gajos gruesos, lavarlas en abundante agua para eliminarles el almidón y secarlas.
Arrimar a fuego suave una sartén grande con 2 dedos de aceite de oliva e introducir las patatas en frío + dientes de ajo. Dejar que se vayan cociendo muy despacio en esa grasa.

Es importante no tocarlas mientras esto ocurre para no romperlas, y también es importante que el aceite las cubra casi por completo, pues así estarán unos 15 min.

En una cazuela provista de tapa, echar vino blanco + 1 pizca de cayena + mejillones.

Tapar y colocar al fuego para que rompa el hervor.

Pasados unos minutos, retirar los mejillones y espolvorear con perejil picado.

Poner a fuego fuerte las patatas, subiéndolo gradualmente hasta que empiece a notarse la fritura.

Pasados unos minutos, voltearlas para que se doren por todos los lados.

Una vez hecho, escurrirlas y sazonarlas.

Comer los mejillones antes de que se enfríen, acompañados de las patatas fritas.

MEJILLONES CON TOMATE

2 kg de mejillones
250 ml de vino blanco
6 dientes de ajo
4 cebolletas picadas
1 cayena picada
1 kg de sofrito de tomate
2 soperas de perejil picado

Limpiar y raspar bien los mejillones y lavarlos en varias aguas. Quitarles las barbas.

Poner los mejillones con el vino blanco en una cazuela tapada.

Tenerlos más o menos 3 o 4 min., justo hasta que se abran.

Sacar los mejillones recién abiertos y reducir el líquido de cocción más o menos a la mitad. Quitar la cáscara sin carne a los mejillones.

Filtrar con cuidado el líquido de cocción reducido.

Calentar una cazuela con 4 soperas de aceite de oliva virgen y 1 cayena.

Añadir las 4 cebolletas y los 6 dientes de ajo, sudando bien durante 8 min. más o menos.

Agregar el jugo de mejillón reducido y el sofrito de tomate y hervir durante 2 o 3 min.

Incorporar las cáscaras con el mejillón, espolvorear el perejil y regar con 2 soperas de aceite de oliva virgen crudo.

Listo.

MEJILLONES EN ESCABECHE

2 kg de mejillones limpios de las barbas
100 ml de vino blanco
2 cebolletas en tiras
8 dientes de ajo enteros
1 hoja de laurel
8 cucharadas soperas de aceite de oliva virgen
10 granos de pimienta negra
1 cucharada sopera de pimentón dulce de La Vera
1 cucharada de café de pimentón picante de La Vera
250 ml de aceite de oliva virgen
250 ml de vinagre de sidra
5 cucharadas soperas de vino blanco
1 pizca de sal

Poner en una cazuela amplia al fuego el aceite de oliva + cebolletas + laurel
+ granos de pimienta + ajos.
Cocer a fuego suave durante 10 min.
Incorporar los mejillones + vino blanco y dejar que se abran.
Rescatarlos y dejar que se templen.
Reducir el jugo de la cazuela unos instantes y añadir los pimentones +
aceite de oliva virgen + vinagre de sidra + vino blanco.
Al primer hervor, dejarlo 8 min. para que el vinagre pierda su fuerza y dejar
entibiar el escabeche, apagando el fuego.
En ese momento, sumergir los mejillones sin concha.
Dejar enfriar.
Listo.
Es mejor comer estos mejillones una vez que hayan transcurrido 12 horas.

MEJILLONES «FABIO»

1 chalota picada
1/2 cebolleta picada
1 cucharada sopera de aceite de oliva virgen extra
150 ml de vino blanco
1 pizca de vermú blanco
30 mejillones pequeños
100 ml de mahonesa
Cebollino picado
Pimentón de La Vera

Rehogar en una olla chalota + cebolleta + aceite de oliva.
Cuando empiece a «bailar», añadir vino blanco + vermú + mejillones.

Una vez abiertos, escurrirlos a una bandeja.
Reducir el líquido y colar a un bol.
Retirar la cáscara vacía a los mejillones.
Mezclar mahonesa + cebollino + líquido de mejillón y rectificar el sazonamiento.
Con una cuchara cubrir bien la cáscara del mejillón con la salsa y servir.
Espolvorear con cebollino picado o con pimentón de La Vera.

MEJILLONES «NEW ZEALAND»

20 mejillones gallegos gordos
2 cucharadas soperas de aceite de oliva virgen extra
1 cebolla picada fina
4 dientes de ajo laminados
1 ramita de tomillo
2 hojas de laurel
1 chile verde picado bien fino
300 g de tomate natural pelado, despepitado y picado muy finamente
300 ml de sidra
1 cucharada sopera de mantequilla fresca
Pimienta recién molida
2 cucharadas soperas de perejil picado muy finamente
Aceite de oliva

Abrir los mejillones al vapor, retirar el caldo, reservarlo y reservar también todos los «bichos» fuera de sus conchas, menos 4 que dejaremos intactos.
Saltear en un sauté con un poco de aceite la cebolla + ajo + tomillo + laurel + chile.
Cuando la cebolla tome color, añadir el tomate.
Dejar que se guise, añadir la sidra y dejar que se reduzca a un tercio.
Añadir entonces el caldo de abrir los mejillones y reducir de nuevo.
Añadir la mantequilla fría, con el fuego al mínimo, y mezclar.
Poner los mejillones y tapar para que tomen calor con el vapor.
Para servir, ponerlo todo en un bol, pimentar y espolvorear perejil + chorro de aceite de oliva.

MERLUZA A LA AMERICANA CON LANGOSTINOS

6 lomos de merluza
18 langostinos pelados
3 dientes de ajo laminados
1 pizca de cayena

1 chorrito de vinagre de sidra
Perejil picado
Aceite de oliva
Salsa americana
Alioli
Sal

En una olla ancha y baja, dorar los langostinos + sal + aceite y sacarlos rápido.
Tostar los lomos de merluza sazonados, primero por la piel y luego por la carne.
En una sartén aparte, hacer un refrito de ajos + aceite + cayena.
Colarlo sobre la merluza dorándose.
Acercar la sartén vacía al fuego, mojar con vinagre y verterlo sobre la merluza.
Dar 1 vuelco.
Rociar el pescado con la americana y dejar unos minutos para que se haga.
Al final, añadir los langostinos para que cojan temperatura + perejil.
Listo.

MERLUZA AL PIL-PIL CON «KOKOTXAS»

2 trozos de lomo de merluza (100 g c/u)
300 g de *kokotxas* de merluza
300 ml de aceite de oliva suave
2 cucharaditas de ajo muy picado
1/2 guindilla fresca picada
2 soperas de caldo de pescado
1 sopera de perejil picado
1 sopera de cebollino picado

Sazonar las *kokotxas* y los lomos de merluza.
Colocar la cazuela junto con el aceite, el ajo y la guindilla, arrimar al fuego y confitar las *kokotxas* con la piel hacia arriba a fuego suave durante un minuto.
Darles la vuelta y dejarlas otros 2 min., dependiendo del grosor.
Retirarlas del fuego y, con cuidado, escurrir el aceite en un cazo frío.
Montar el pil-pil, vertiendo el aceite escurrido sobre las *kokotxas* sin dejar de menearlas en movimientos de vaivén fuera del fuego, con cuidado de no romperlas.
Añadir caldo poco a poco para conseguir que el pil-pil ligue correctamente.
Una vez montado, retirar las *kokotxas* a una bandeja y aligerar el pil-pil con un poco más de caldo.

Llevar nuevamente la cazuela al fuego y añadir los lomos de merluza con la piel hacia arriba.

Cocinarlos a fuego suave añadiendo un poco de caldo, para que la salsa no quede demasiado espesa y el pescado se cocine bien.

Cuando los lomos estén listos, añadir las *kokotxas* para que no se pasen de cocción y el perejil picado.

Ligar bien la salsa, poner a punto de sal, espolvorear cebollino picado y listo.

MERLUZA CON ALMEJAS A LA MARINERA

Para las almejas:
600 g de almejas
1 ajo fileteado y perejil
1 cayena
100 ml de vino blanco
1 pizca de harina
100 ml de agua
30 ml de aceite de oliva

Para la merluza con refrito:
2 lomos de merluza
Aceite de oliva virgen
1 cayena
1 ajo fileteado
1 chorrito de vinagre de sidra

Para las almejas:
Colocar el aceite en una sartén, agregar el ajo fileteado y, cuando empiece a «bailar», tomando un color dorado, agregar 1 pizca de harina y rehogar sin que tome color.

Añadir el vino blanco y dejar reducir 2 min.

Agregar también el agua, mover con una cuchara de madera y colocar las almejas.

Una vez abiertas separarlas a un plato, retirarlas de las conchas y utilizar el líquido sobrante para volcarlo sobre la sartén.

Dejar reducir 5 min. hasta que la salsa se espese.

Reservar la carne de las almejas.

Para la merluza con refrito:
Marcar la merluza con un poco de aceite de oliva en una sartén antiadherente, primero por la parte de la carne unos 5 min. y luego por el lado de la piel 4 min. más.

Mientras, en una sartén aparte hacer el refrito con el aceite, la cayena y el ajo.

Volcarlo sobre la merluza, agregar el vinagre a la sartén del refrito y agregárselo también a la merluza.

Escurrir de nuevo todo el refrito de la merluza en la primera sartén y repetir el paso tres veces en total, lo que se denomina los «tres vuelcos».

En el último verter el refrito en las almejas, hacer un último vuelco, añadir la carne de las almejas, calentar unos segundos y verterlo todo sobre el lomo de merluza.

Dar un hervor al conjunto y espolvorear con perejil.

MERLUZA CON MOJO DE PEREJIL

4 raciones de merluza de 180 g

Para el mojo:
50 g de hojas de perejil
25 g de piñones
5 g de ajo
100 ml de aceite de oliva
25 g de parmesano rallado
50 ml de agua mineral
1/2 diente de ajo
Cayena
Tiras de la piel de 1 calabacín
Pimienta negra
Sal

Para el mojo:
Colocar todos los ingredientes menos el parmesano en un cazo de túrmix y triturarlo todo bien.

Agregar el queso y volver a triturar.

Mantenerlo en frío, tapado con papel film que toque el pesto para que no se oxide.

Calentar una sartén antiadherente con unas gotas de aceite de oliva, colocar los trozos de merluza y dorarlos durante unos 3-5 min. por la parte de la carne, dar la vuelta y hacer lo mismo por el otro lado (el tiempo dependerá del grosor de la merluza).

Saltear el calabacín con 1 chorrito de aceite unos 20 segundos.

Hacer un refrito con un poco de aceite de oliva, 1/2 diente de ajo fileteado y 1 pizca de cayena.

Formar una cama con los calabacines y la merluza encima, echarle el refrito y poner por encima el mojo de perejil.

MERLUZA EN ESCABECHE EXPRÉS

3 cebolletas en tiras
1 cucharada sopera de aceite de oliva virgen
1/2 hoja de laurel
2 ramitas de tomillo
1 clavo de olor
6 dientes de ajo pelados y fileteados
12 cucharadas soperas de aceite de oliva virgen
4 cucharadas soperas de vino blanco
8 cucharadas soperas de vinagre de sidra
1/2 cucharada de café de pimentón de La Vera dulce
1/2 cucharada de café de pimentón de La Vera picante
4 lomos hermosos de merluza congelados
Agua

En una olla de microondas poner cebolleta + aceite + laurel + tomillo + clavo + ajos fileteados.
Cocinar destapado a la potencia máxima durante 12 min.
Añadir aceite + vino blanco + vinagre + pimentones + 1 chorro de agua.
Proseguir con la cocción a la máxima potencia durante 5 min.
Incorporar entonces en el escabeche los lomos de merluza congelados, bien cubiertos de verdura y jugo, y hornear tapado a la máxima potencia durante 12 min.
Pasado ese tiempo, dejar reposar unos minutos tapado y comerlo una vez que esté a temperatura ambiente.

MERLUZA EN SALSA VERDE CON ALMEJAS Y «KOKOTXAS»

4 lomos de merluza de 200 g desespinados
2 cucharadas soperas de aceite de oliva virgen
3 dientes de ajo picados
1 pizca de guindilla
1 chorro de vino blanco
Perejil picado
24 almejas grandes
20 *kokotxas* grandes, limpias de pieles y espinas
250 ml de caldo de pescado o agua
1 pizca de harina
Sal
Ajo picado frito y escurrido

Sazonar ligeramente la merluza con antelación.

Limpiar las *kokotxas* de merluza y sazonarlas.

«Bailar» en aceite el ajo y la guindilla.

Enharinar ligeramente la merluza, colocarla piel arriba y dar vueltas en vaivén.

Echar el vino blanco y el perejil.

Añadir el agua e ir haciendo la salsa poco a poco, unos 2 min.

Dar la vuelta al pescado, con la piel hacia abajo, cocerlo sin dejar de menear otros 2 min. e ir rociando continuamente.

Añadir un poco de perejil.

Colocar las *kokotxas* sobre los lomos de pescado.

Tapar la cazuela y dejar a fuego suave.

En una sartén con 1 chorrito de vino blanco, abrir las almejas y retirarlas conforme se abran.

Reducir el jugo de almejas y añadirlo a la salsa.

Echar las almejas en la cazuela.

Espolvorear con perejil y rociar los lomos con la salsa.

Es importante que la intensidad del fuego y los movimientos de la cazuela sean suaves.

Añadir 1 hilo de aceite de oliva crudo.

Fuera ya del fuego, ligar la salsa con un movimiento de vaivén.

Darle el punto de sal si es necesario, pues las almejas terminan de sazonar la cazuela.

Añadir otro poco de perejil picado por encima y servir.

MERLUZA FRITA CON PIMIENTOS

Para los pimientos fritos:
8 pimientos verdes grandes cortados en tiras (a lo largo en vez de a lo ancho)
150 ml de aceite de oliva
6 dientes de ajo laminados
Unas anillas de guindilla roja seca
Sal

Para la merluza frita:
8 lomos de merluza de unos 140 g cada uno, sin espinas
300 ml de aceite de oliva
1 diente de ajo
2 cucharadas soperas de harina
2 huevos
Sal

Para los pimientos fritos:
Poner en una sartén a fuego vivo el aceite y, sin que llegue a humear pero bastante caliente, añadir los pimientos e ir removiendo constantemente con una espumadera, de forma que no se quemen. Tenerlos así 5 min.
Escurrirlos y sazonarlos con 1 pizca de sal.
En el mismo aceite, dorar ajos + guindilla, escurrirlo y mezclarlo con las tiras de pimiento fritas. Reservarlos para guarnecer la merluza rebozada.

Para la merluza frita:
Sazonar el pescado y aplastar los lomos con la parte plana de un cuchillo ancho, con cuidado de que no se rompan.
Poner en una sartén a fuego muy suave aceite + ajo.
Pasados unos minutos, subir el fuego.
Pasar la merluza por harina y huevo e introducirla en el aceite caliente.
Freír la merluza en el aceite, pero sin que este humee, hasta que el rebozado esté dorado. Escurrirla.
Servir acompañado de los pimientos fritos.

MERLUZA «GOIERRI»

1,25 kg de merluza sin espinas en trozos gruesos y sin aplastar
12 almejas
4 dientes de ajo muy picados
Perejil picado
50 g de mantequilla
10 cucharadas soperas de aceite de oliva
1/2 lata de espárragos cortados por la mitad
El caldo de la lata de espárragos
1/2 lata de guisantes finos
2 yemas de huevo crudas
15 cucharadas soperas de sidra seca
Harina
Sal

Mezclar la sidra + caldo de espárragos + mantequilla y hervir en una sartén hasta que se reduzca a una tercera parte durante unos 10 min.
Retirar.
En otra sartén, poner 1 cucharada de aceite y, cuando esté bien caliente, añadir las almejas.
Cuando se hayan abierto, colocarlas en un plato junto con los espárragos y los guisantes.
Poner al fuego una cazuela de barro o un sauté amplio, donde quepa holgadamente la merluza, con 9 cucharadas de aceite y los ajos picados.

Cuando los ajos estén dorados, agregar los trozos de merluza, sazonados con sal y rebozados en harina.

No hay que aplastar nunca la merluza a la hora de preparar este plato.

Remover continuamente la cazuela sobre el fuego durante 3 min. más.

Agregar los espárragos + guisantes + almejas y la reducción de la sartén.

Seguir removiendo la cazuela, con mucho mimo, 2 min. más, como si fuera un pil-pil, con movimientos de vaivén.

Tapar la cazuela y dejar hirviendo 10 min. más.

Romper 2 yemas de huevo con un tenedor y verterlas sobre la merluza.

Espolvorear con perejil picado y servirlo caliente en platos.

Es importante comer este plato recién hecho.

MERLUZA HERVIDA

1 medallón grande de merluza, de la zona del cogote
1 cebolleta pelada
4 puerros pequeños limpios
2 patatas medianas
2 zanahorias peladas
2 puñados de judías verdes sin hilos
1/2 vaso de *txakoli*
1 corteza pequeña de limón
1 atado de tallos de perejil
Aceite de oliva virgen
El zumo de 1 limón
Agua y sal gruesa

Hervir agua en un puchero.

Añadir sal gruesa + cebolleta + puerro + patatas + zanahorias + vino blanco + corteza de limón + perejil y cocerlo 15 min. a fuego suave.

Cuando falten 5 min. para apagar el fuego, agregar las judías verdes.

Escurrir las verduras del caldo y colocarlas en un bol.

Bajar el fuego al mínimo e incorporar la merluza, bien cubierta por el caldo.

Sin hervir, tenerla así unos 8 min.

Escurrir el pescado y colocarlo alrededor de las verduras.

Rociar el conjunto con una vinagreta hecha con zumo de limón + aceite de oliva virgen.

MERLUZA «MANTECATO»

75 ml de nata líquida
3 ramas de tomillo

2 dientes de ajo pelados
600 g de merluza
100 ml de aceite de oliva virgen extra
20 g de ajo picado
250 g de patata cocida caliente

Además:
Hojas de perejil
Chalota en tiras finas
Aceite de oliva
Rebanadas de pan tostadas

Hervir la nata + tomillo + 2 dientes de ajo.
Apartar del fuego durante 30 min. y en ese momento introducir la merluza + 1 pizca de sal.
Cubrir y esperar.
Pochar el ajo + aceite a fuego suave, añadir la merluza y romperla lo máximo posible.
Machacar la patata.
Agregar la patata al pescado y mezclarlo sin parar, con cuidado de que no se pegue al fondo.
Añadir poco a poco la nata líquida y reducir durante 30 min., como si de un *risotto* se tratase.
Salpimentar.
Servir tibio o caliente sobre las tostadas de pan.
Acompañar con una ensalada de perejil fresco + chalota.
Listo.

MERLUZA REBOZADA

1 lomo de merluza entero con piel
Aceite de oliva para freír
1 diente de ajo
Huevo batido
Sal

Poner una sartén al fuego suave con 2 dedos de aceite + 1 diente de ajo entero.
Racionar la merluza, quitándole la piel, y prepararla para freírla en tacos compactos.
Sazonar los tacos de merluza unos 30 min. antes de empezar a cocinarla.
Subir el fuego ligeramente.
Rebozar.
Hacer una tortilla con el huevo sobrante.

MERLUZA REBOZADA CON MAHONESA DE OSTRAS

Para la merluza rebozada:
1 lomo de merluza
2 dientes de ajo
Huevo batido
Sal

Para la mahonesa de ostras:
150 g de ostras
18 g de perejil
15 ml de aceite de oliva
Zumo de limón
Jugo de las ostras

Para la mahonesa de ostras:
Abrir todas las ostras, escurrir el agua y colocarlas en un bol.
Lavar y secar el perejil para agregarlo a las ostras.
Con la ayuda de una batidora americana o una túrmix, mezclarlo todo a la velocidad máxima.
Una vez bien incorporados los ingredientes, agregar poco a poco el aceite de oliva para emulsionar como una mahonesa.
Si la consistencia es muy espesa, añadir un poco de agua de la cocción de las ostras para aligerarlo.
Sazonar con el zumo de limón.
Pasar por un colador y reservar en un recipiente frío.

Para la merluza rebozada:
Desespinar la merluza hasta preparar lomos hermosos sin piel.
Sazonar los lomos de merluza y freírlos 1 min. y 30 seg. por cada lado en abundante aceite caliente con ajos, con los tacos solo pasados por huevo.
Acompañarlo de la mahonesa de ostras.

MERLUZA RELLENA DE «TXANGURRO»

1 cola de merluza de 1,2 kg sin espinas y abierta en libro
400 g de *txangurro* guisado a la donostiarra
1 pizca de mantequilla
Pan rallado
1 chorrito de *txakoli*
Aceite de oliva
4 dientes de ajo laminados
Vinagre de sidra
Perejil picado y sal

Horno a 180 ˚C.

Sazonar la merluza, por fuera y por la carne.

Rellenar el interior con el *txangurro* guisado.

Untarla de mantequilla y espolvorearla con pan rallado.

Rociar la cola con *txakoli* y hornearla unos 15 min. Nunca debe faltar humedad en el fondo, así que se puede añadir más agua si se evapora.

Unos minutos antes de sacar la merluza del horno, calentar aceite y dorar ajos laminados. Echarlos sobre la merluza.

Arrimar la sartén al fuego, reducir el vinagre y verterlo sobre la merluza.

Espolvorear el perejil.

Podemos abrir unas almejas y colocarlas alrededor de la merluza.

MERLUZA Y ALMEJAS EN SALSA RÁPIDA

4 cucharadas soperas de aceite de oliva virgen
2 cebolletas pequeñas picadas
2 ajos frescos picados
2 dientes de ajo picados
1 pizca de cayena
1 chorrito de *txakoli*
Agua caliente
2 patatas peladas y ralladas
Lomos de merluza congelados
25 almejas
Perejil picado
Sal

En una cazuela ancha y baja, rehogar aceite + cebolleta + ajos frescos + ajo + cayena y dorar.

Sazonar los lomos de merluza una vez descongelados.

Añadir *txakoli* + agua hasta cubrir + 2 patatas peladas y ralladas. Sazonar.

Cocer 15 min. a fuego lento.

Colocar los lomos de merluza sobre el fondo + almejas.

Cuando lleve 3 min., darles la vuelta y tenerlo otros 3 min. más.

Espolvorear perejil picado + aceite de oliva.

Ligar y listo.

MERO EN SALSA CAU CAU

400 g de filete de mero
1 cebolla roja picada
4 ajos licuados
1 taza de caldo de pescado

1 taza de guisantes cocidos
Zapallo loche (un tipo de calabaza), mitad rallado y mitad cortado en cuadrados pequeños
Ají limo
Aceite de girasol
Menta picada
1 langostino jumbo
1 cucharada sopera de ají amarillo
Yuca cocida
Patata salteada

En una cazuela pequeña con aceite de girasol, sofreír los ajos licuados + cebolla picada + zapallo loche rallado durante 10 min. aprox.
Cuando esté pochado, agregar el ají amarillo licuado e incorporar el caldo.
Calentar la yuca cocida.
Añadir la menta picada, el ají picado, el zapallo en cuadrados, la patata y los guisantes.
En otra sartén marcar el mero por ambos lados y el langostino jumbo.
Poner en un plato la salsa de cau cau, el langostino jumbo y el pescado encima.
Listo.

MOQUECA BAHIANA

1 kg de filetes de pescado (chicharro o verdel)
1/2 pimiento verde
1/2 pimiento rojo
1/2 pimiento amarillo
1/2 diente de ajo picado
1 cebolla
2 tomates pelados en dados
Cilantro picado
200 ml de leche de coco
Aceite de palma (o, en su defecto, aceite de oliva)

Pochar la cebolla + ajo, con la cebolla cortada en rodajas, en el aceite de palma.
Agregar los pimientos cortados en rodajas.
Cuando todo esté pochado por igual, pasados unos 5 o 10 min., poner los filetes salpimentados encima y cubrirlo con leche de coco.
Poner los tomates por encima, el cilantro, taparlo y, desde que empiece a hervir, dejar pasar unos 3 o 4 min., con la olla tapada.
Dejar reposar unos 5 min.
Poner otra vez al fuego la cazuela, emulsionar un poço el caldo para que esté ligado y servir con arroz blanco con 1 chorro de aceite de oliva.

«MUXARRA» CON VINAGRETA DE TOMATE

1 *muxarra* de unos 2 kg
2 dientes de ajo fileteados
1 punta de cayena
Aceite de oliva
Sal
Perejil picado
1 cucharada sopera de vinagre de sidra
Tomate frito

Cortar parte de la cabeza de la *muxarra*, desescamarla y desespinarla bien, y dejarle las dos pieles. Limpiar bien el resto y abrirlo en libro.
Masajear el pescado con 1 gota de aceite y sazonar.
Ponerlo al fuego por la parte de la carne en una sartén o paellera antiadherente con unas gotas de aceite durante unos 6-7 min.
Darle la vuelta y dejarlo otros 8-9 min. más por la parte de la piel.
Retirar del fuego.
Mientras, preparar la vinagreta.
Para ello, verter aceite en una sartén y añadir la cayena y los dientes de ajo fileteados.
Cuando esté dorado añadirlo al pescado.
En la misma sartén, añadir un poco de vinagre de sidra e incorporarlo al pescado.
Volcar el líquido de la paellera en una sartén y volver a echarlo al pescado.
Repetir esta operación de los vuelcos 3 veces más.
Agregar el tomate frito al final, dejar que se espese un poco y añadirlo al pescado.
En el último vuelco espolvorear con el perejil picado.

OSTRAS «CASA MARCELO»

3 ostras crudas muy frías, abiertas
1 limón
Aceite de oliva virgen
Lombarda estofada
Pimienta

En un tarro de cristal verter el jugo de las ostras + ralladura de limón + 1 chorrito de zumo de limón + pimienta + aceite de oliva.
Colocar una cucharada de lombarda y sobre ella una ostra.
Rociar con la vinagreta agitada.
Listo.

OSTRAS CON CHAMPÁN

8 ostras
250 ml de nata doble
150 ml de champán rosado
Zumo de limón
Pimienta

Abrir las ostras y reservar el jugo de ostras aparte en un pequeño cazo.
Hervir el jugo de ostras y añadir champán.
Vuelto el hervor, añadir la nata, reducir y agregar un poco de zumo de
limón.
Verter una cucharada de esta reducción sobre cada ostra.
Pimentar y listo.

PAPILLOTE DE MERLUZA

4 trozos de merluza de 150 g cada uno (se puede poner también lubina,
mero, lenguado, etc.)
20 almejas
400 g de blanco de puerro
2 dientes de ajo laminados
50 ml de aceite de oliva
1 pizca de cayena
Sal y pimienta

Pelar y lavar los blancos de puerro y cortarlos en rodajas de 1 cm.
Precalentar el horno a 190-200 ˚C.
Recortar 4 hojas de papel de aluminio de unos 40 cm de largo.
Dejar sudar el puerro durante 20 min. con 10 ml de aceite de oliva hasta
que esté bien pochado.
Pasado este tiempo, retirar del fuego y escurrir bien el aceite.
Repartir el puerro sobre los 4 papeles.
Salpimentar los trozos de merluza y colocarlos sobre los puerros.
Añadir 5 almejas por papillote.
Hacer un refrito con el resto del aceite, los ajos laminados y la cayena.
Verter una cucharada de café del refrito sobre cada papillote.
Cerrar el papillote y hornear a 180 ˚C durante aprox. 10 min. (hasta que el
papillote se haya hinchado).
Servir inmediatamente, a poder ser sin romper el papel para que no pierda
su fragancia antes de comer.
Si el papel es muy fino, es conveniente poner una capa doble para que no
se rompa.

PASTEL DE CABRACHO

850 g de cabracho limpio, sin escamas
1 atado de verdura (zanahoria + puerro + apio + tallos de perejil + cebolleta)
300 ml de salsa de tomate
250 ml de nata líquida
6 huevos
Vino blanco
Sal y pimienta recién molida

Además:
Mahonesa
Salsa rosa
Pan tostado

Horno a 120 ˚C.
Meter el pescado y, en cuanto vuelva el hervor, apagar y dejar reposar.
Triturar el pescado en la batidora americana + tomate + nata + huevos + vino blanco. Salpimentar.
Meterlo en un molde y hornearlo 1 hora al baño maría.
Sacarlo y dejarlo enfriar.
Cortar una rodaja y servir con mahonesa + salsa rosa + pan tostado.

PASTEL DE GAMBAS Y PATATA

300 g de gambas
200 g de patata pelada
2 yemas de huevo
150 ml de nata
50 g de mantequilla
50 g de emmental rallado
Sal y pimienta

Cocer las patatas cortadas en trozos pequeños en una cacerola grande unos 12 min. a fuego medio hasta que estén cocidas.
Poner a calentar la mezcla de 100 ml de nata y la mantequilla.
Pasar por el pasapurés y agregar la mezcla caliente de nata y mantequilla.
Mezclar con la túrmix para que quede homogéneo.
Poner a punto de sal.
En un bol mezclar el resto de la nata (50 ml), las yemas, el queso y las gambas picadas. Salpimentar.
Introducir en vasos o en boles pequeños 50 g de puré y 90-100 g de la otra mezcla (nata, yemas, queso y gambas).

Introducir en el horno a 180 ˚C durante 6 min.
Listo.

PASTEL DE «TXANGURRO»

4 huevos
250 ml de nata líquida
250 g de sofrito de tomate
250 g de coral de *txangurro*
250 g de carne de *txangurro* desmigada
2 cucharadas soperas de coñac
Sal y pimienta recién molida

Para untar el molde:
Mantequilla y pan rallado

Untar el molde con mantequilla + pan rallado.
Cascar en un bol los huevos + sal + pimienta + coñac + nata líquida + tomate + coral y batir.
Añadir la carne de *txangurro* y mezclarlo todo.
Volcar la mezcla en un *plum-cake* depositado en un recipiente más grande al baño maría.
Hornear 1 hora a 150 ˚C al baño maría.

PATÉ DE MEJILLONES Y BONITO

1 kg de mejillón pequeño
50 ml de vino blanco
200 g de bonito de conserva en aceite
200 g de langostinos cocidos
100 g de quesitos en porciones
300 ml de mahonesa sin sal

Poner al fuego el vino blanco en una olla y, cuando empiece a hervir, agregar los mejillones y tapar.
Una vez abiertos, retirarlos de la olla y el líquido restante reducirlo hasta que queden unos 60 g.
Separar los mejillones de sus cáscaras hasta tener 200 g en limpio.
Colocar los mejillones, los langostinos cocidos, los quesitos, la mahonesa sin sal, el bonito y la reducción de los mejillones una vez que esté fría en la batidora hasta que esté todo bien triturado y homogéneo.
Servir con unas tostas de pan calientes.

PATÉ DE MERLUZA AL MICROONDAS

8 cucharadas soperas de mantequilla
1 chorrito de aceite de oliva virgen
1 cebolleta picada
5 lomos de merluza congelada
15 cucharadas soperas de nata líquida
1 chorretón de Jerez
Sal y pimienta

En un recipiente para microondas, colocar mantequilla + cebolleta + sal + aceite y remover.
Sazonar y colocar encima de todo los lomos de merluza congelados, duros.
Pimentar.
Introducirlo 15 min. en el microondas a la potencia máxima, cubierto.
Destapar, retirar el pescado y añadir en este fondo de verdura la nata líquida + sal y pimienta, cocer destapado a la máxima potencia 5 min. y 10 min. más a media potencia.
Desmigar la merluza, retirando la piel.
Añadir la merluza desmigada sobre el guisado y mezclar + Jerez.
Batir + sal.
Cubrir la mezcla con un papel film y dejarlo enfriar en el frigorífico, al menos 6 horas.

PATÉ DE SALMÓN FÁCIL

150 g de mantequilla
2 cebolletas picadas muy finas
650 g de carne de salmón fresca, limpia de espinas y pieles, en un lomo
5 lonchas de salmón ahumado
2 vasos de nata líquida
Leche y sal
Mantequilla derretida

Además:
1 rebanada de pan tostado
Yogur griego
Chalota picada
Zumo de limón
Eneldo
Rabanitos con sus hojas
Aceite

Deslizar el lomo de salmón en la leche hervida y apagar el fuego.

En una olla colocar mantequilla + cebolletas y rehogar 5 min.

Añadir la nata sobre las cebolletas pochadas y hervir unos minutos. Escurrir el salmón y volcarlo sobre la nata + cebollas. Sazonar.

Cocerlo pausadamente hasta que quede una crema no caldosa.

Meterlo en la batidora + salmón ahumado y salpimentar.

Meterlo en una tarrina de paté.

Mínimo 2 horas en la nevera.

Tener mantequilla derretida y cubrir el paté para que forme una capa amarilla en la nevera.

Sacar la tarrina y emplatar.

Yogur griego + chalota + zumo + eneldo + aceite. Rabanitos + limón + aceite.

PERCEBES HERVIDOS/SALTEADOS

1 kg de percebes bien frescos, de pezuña oscura y bien gordos
1 punta de laurel
Agua y sal marina
Aceite de girasol

Hervidos:
Añadir sal y retomar el hervor. Añadir laurel + percebes.
Vuelto el hervor, retirarlos.
Listo.

Salteados:
Añadir 1 gota de aceite de girasol + percebes crudos + sal.
Cuando se puedan abrir, cuestión de menos de 1 min., escurrir y comer.

PERLÓN CON REFRITO DE PIMENTÓN Y AJO

1 perlón hermoso limpio, con espinas
3 dientes de ajo normales
1 puerro + verde de puerros
1 cebolla
8 patatas pequeñas
1 atado de perejil
6 dientes de ajo rojo
Pimentón de La Vera
Aceite de oliva
Agua y sal

Poner al fuego agua + dientes de ajo + puerro + verde de puerro + cebolla +
patatas + perejil.
Cocer a fuego suave unos 20 min.
Meter el perlón troceado en el caldo y cubrir, sin que hierva.
Tenerlo unos 7 min.
Escurrirlo sobre las patatas.
Hacer un refrito de ajos rojos + aceite + pimentón y echarlo sobre las
patatas y el perlón.
Añadir unos granos de sal.

PIMIENTOS ASADOS CON «MENDRESKA»

1 *mendreska* pequeña de bonito recién asada o cocida
8 pimientos morrones rojos
8 pimientos morrones verdes
4 tomates maduros enteros
3 chalotas picadas finamente
3 dientes de ajo picados
Aceite de oliva virgen
Vinagre de Jerez
Cebollino picado
Sal, pimienta y azúcar

Lavar los pimientos y los tomates en agua y secarlos. Llevarlos a la parrilla y
asarlos.
Una vez bien asados los pimientos por ambas caras, dejarlos reposar
cubiertos con film, para poder pelarlos bien.
Pelar los tomates y picarlos sobre la tabla.
En un sauté, aceite + chalotas + ajo y rehogar. Añadir la pulpa de los
tomates + sal y dejar que se haga un sofrito.

Pelar los pimientos con cuidado y trocearlos en tiras con las manos.

Añadir el jugo de los pimientos sobre el sofrito.

Añadir sobre el sofrito vinagre de Jerez + aceite crudo + azúcar y dar vueltas.

Volcar los pimientos, menear y rectificar la sazón.

Deshojar la *mendreska* sobre una fuente y sazonar.

Acompañar el pescado con los pimientos, espolvoreados con cebollino.

PULPO GUISADO CON PATATAS

1 pulpo de roca de 1-1,5 kg
2 cebolletas pequeñas picadas
4 dientes de ajo picados
12 patatas nuevas pequeñas, con piel
1 lima
Aceite de oliva virgen

Cortar el pulpo en trozos de 4-5 cm, colocarlos en una olla + cebolleta + ajo + aceite y ponerlo a fuego vivo.

Cuando rompa a hervir, menear ligeramente y contar 30 min., dependiendo del tamaño del pulpo.

Mientras, colocar unas patatas nuevas en un bol + film y meterlas en el microondas a la máxima potencia durante 25 min.

Machacar las patatas con un poco de aceite de oliva virgen + ralladura de lima.

Colocarlas en un bol grande y cubrir con el pulpo y su jugo.

Listo.

RAPE A LA AMERICANA CON ALMEJAS

Para la salsa americana:
1 kg de cabezas de langostinos
6 dientes de ajo pelados
1 puñado de hojas de perejil
6 chalotas troceadas
2 zanahorias troceadas
1 rama de apio troceada
1 vaso de vino blanco
1 chorrito de vermú blanco
1 punta de pan *sopako*
4 cucharadas soperas de tomate concentrado
1 pizca de guindilla picante

2 tomates frescos en trozos
1 taza de salsa de tomate
5 l de caldo de pescado (o agua con pastilla)
Sal y aceite de oliva

Además:
1 cola de rape hermosa, limpia, con espinas
18 almejas hermosas
Aceite de oliva
Perejil picado

En una olla ancha, dorar aceite + cabezas de marisco. Aplastarlas con el culo de una botella de vidrio para machacarlas bien.
En un mortero majar ajos + perejil, añadirlo al marisco y sofreír.
Cuando huela a ajo sofrito, añadir chalota + zanahoria + apio.
Verter vino + vermú. Entonces, añadir pan + tomate concentrado + guindilla + tomate + salsa de tomate.
Añadir caldo y hervir de 30 min. a 1 hora. Triturar y colar.
Si se quiere una salsa más espesa, añadir un poco más de tomate concentrado y dejar reducir.
Poner una sartén con aceite al fuego.
Trocear el rape sobre la tabla y salpimentar.
Saltear el rape en la sartén hasta dorarlo ligeramente.
Meterlo en la salsa + almejas.
Cuando se abran, espolvorear el perejil.
Listo.

RAPE CON SALSA DE PIMIENTOS

1 rape de ración
1 diente de ajo
60 ml de aceite de oliva
10 ml de vinagre de sidra

Para la salsa:
20 ml de aceite de oliva
50 g de cebolleta
175 g de pimientos del piquillo
100 g de tomate frito
50 ml de caldo
1/2 cayena
Sal y pimienta negra

Dorar el rape por ambos lados en una sartén antiadherente, unos 3 min. por lado.

Hacer un refrito con el aceite y el ajo.

Verterlo sobre el rape, poner el vinagre en la sartén del refrito y verter de nuevo sobre el pescado.

Repetir 3 veces la misma acción y, en la cuarta, mezclar con 2 cucharadas de la salsa.

Verter de nuevo sobre el pescado y servir.

Para la salsa:
Calentar el aceite en un cazo, agregar la cebolla y dejarlo cocinar durante 8 min. sin dejar que se dore.

Añadir los pimientos y sofreírlos durante 1 min.

Agregar el tomate concentrado, el caldo y la cayena.

Llevar a ebullición.

Introducir en la batidora americana y triturar.

Pasar por un colador fino y salpimentar.

Acompañar el rape y el refrito con esa salsa de pimientos y tomate.

RAPE EN SALSA VERDE CON ALMEJAS

Huesos de cabeza de rape, troceados y lavados
Verdura para caldo (cebolleta, zanahoria, puerro, atadillo de perejil)
1 cola de rape sin pellejo, con hueso
2 puñados de almejas grandes
2 dientes de ajo picados
1 cayena
Aceite de oliva virgen
1 pizca de harina
Perejil picado
***Txakoli* blanco**
Agua y sal

Preparar el caldo en una olla + cabeza + verdura + chorro de *txakoli*.

Limpiar el rape y hacer medallones. Cortar la espina central y meterla en el caldo.

Hervir durante 20 min.

Sazonar ligeramente los lomos de rape y pasarlos por harina en una fuente.

En una olla echar aceite + ajo + cayena, colocar los lomos de rape y dejarlo a fuego suave.

Dar unas vueltas, añadir *txakoli* + perejil, dejarlo evaporar, dar vuelta a los medallones de rape e ir añadiendo caldo poco a poco.

Menear en vaivén, a fuego suave.

Mientras, abrir las almejas en una sartén con *txakoli*.
Sacarlas conforme se abran.
Una vez todas fuera, reducir el jugo y colarlo sobre la cazuela de pescado.
Introducir las almejas en el guiso.
Añadir perejil picado y, fuera del fuego, aceite de oliva virgen.
Servir.

RAPE REBOZADO

1 cola de rape limpia, con hueso
Aceite de oliva para freír
1 diente de ajo
Huevo batido
Sal

Colocar una sartén al fuego suave + diente de ajo.
Separar los lomos, cortarlos y sazonarlos.
Subir el fuego levemente.
Pasar el pescado por huevo batido ligeramente salado.
Rebozarlos, voltearlos rápidamente y freírlos 1 min. por cada lado.

RAYA ESCABECHADA

Alas de raya desespinadas, 750 g en limpio
1 cebolla roja en tiras finas
3 chalotas en tiras finas
3 zanahorias en tiras finas
1 trozo de jengibre pelado, en juliana
La cáscara de 1 limón
10 granos de pimienta machacados
1 hoja de laurel
1 rama de romero, salvia y tomillo
6 dientes de ajo fileteados
500 ml de aceite de oliva
300 ml de vinagre de sidra
Patatas cocidas y eneldo
Sal

Horno a 200 ˚C.
Filetear la raya, aplastarla y sazonarla.
Enrollarla y volver a salarla, colocándola en una bandeja untada de aceite.
Pochar en un poco de aceite la cebolla + chalotas + zanahorias + jengibre +
cáscara de limón + pimientas + laurel + hierbas + ajo, durante 10 min. aprox.

Añadir el vinagre al sofrito y hervir unos minutos. Agregar el aceite de oliva. Echarlo sobre la bandeja que contiene la raya y hornear 3-5 min. a 200 ˚C. Retirar y dejar enfriar a temperatura ambiente toda una noche antes de refrigerar.
Listo.

RODABALLO CON REFRITO DE ALCAPARRAS

1 rodaballo limpio de 2,5 kg
50 ml de aceite de oliva
Sal

Para los refritos:
100 ml de aceite de oliva suave
1 diente de ajo fileteado
1 cayena fresca pequeña picada
3 cucharadas soperas de vinagre de sidra
1 cucharada sopera de perejil picado

Además:
1 lata pequeña de anchoas (6 filetes)
50 ml de aceite de oliva
100 g de tomate en dados
2 soperas de alcaparras

Triturar los 50 ml de aceite junto con la lata de anchoas y reservar.
Salar el rodaballo y marcarlo en una sartén con los 50 ml de aceite de oliva, 13 min. por la parte oscura y 12 min. por la parte blanca.
Transcurrido ese tiempo, calentar en una sartén los 100 ml de aceite + ajo + cayena y, sin que se queme el ajo, volcar el refrito sobre el rodaballo.
Añadir en la misma sartén las 3 cucharadas de vinagre y volcar nuevamente encima del pescado.
Recuperar el refrito y repetir esta operación 2 veces más.
Por último, volver a recuperar el refrito, agregarle el aceite de anchoas + tomate en dados + alcaparras, darle un pequeño hervor y volcar sobre el rodaballo.
Espolvorear con perejil picado y listo.

SALMONETES «GÁRATE»

3 patatas cortadas para freír
3 huevos
12 salmonetes muy pequeños, limpios y con cabeza

2 dientes de ajo
Jamón ibérico recién cortado
Harina
Aceite de oliva y sal

Freír las patatas en aceite + ajos sin pelar, en dos fases: la primera a fuego suave y luego dejándolo reposar, y finalmente una segunda cocción a fuego fuerte hasta que se doren bien.
Salar los salmonetes y enterrarlos en harina, cerca de un cedazo.
Ya fritas, escurrir las patatas del aceite sobre un papel, salarlas y pasarlas a una fuente blanca.
En el mismo aceite, freír los 3 huevos, escurrirlos y colocarlos sobre las patatas fritas.
Ajustar el aceite, que vuelva a humear, y sumergir los salmonetes, bien azotados para eliminar el exceso de harina.
Bien fritos, escurrirlos y colocarlos sobre la bandeja.
Por último, cubrir con jamón ibérico, delicadamente.
Servir.

SALMÓN MARINADO

1 centro de salmón fresco, de 1,8 kg aprox., desespinado en dos lomos con piel
Sal gruesa
1 pizca de azúcar
1 manojo de eneldo fresco

Con la ayuda de unos alicates pequeños, repasar cada uno de los lomos en toda su extensión, retirando las pequeñas espinas que se reparten por el centro. Es importante hacerlo para que, una vez marinado el salmón, se puedan hacer escalopes sin dificultad.
Espolvorear generosamente los lomos con azúcar y cubrirlos con las hojas de eneldo fresco bien repartidas.
Colocarlos en una bandeja en la que quepan holgadamente, el primero de ellos con la piel hacia abajo y sobre un lecho de sal gruesa.
Cubrir con más sal y apoyar el segundo lomo contra este, como si fuera un bocadillo, con la piel mirando al cielo.
Cubrir el conjunto con más sal; deben quedar bien cubiertos.
Es necesario colocar encima un buen peso —por ejemplo, un ladrillo envuelto en un trapo— y mantener de esta forma los lomos de salmón en la nevera al menos 12 horas.

Pasado ese tiempo, retirar el exceso de sal, lavarlos en agua, secarlos rápidamente y utilizarlos, cortados en finas lonchas, por ejemplo.

SARDINAS A LA BRASA

Según el apetito, varias docenas de sardinas enteras, sin limpiar
Sal y rescoldos de brasas, sin llama
1 rebanada de pan de hogaza

Se asan como vienen del mar. Lavarlas en agua y secarlas perfectamente.
Con espinas, tripas, cabeza y 1 pizca de sal gorda, ponerlas directamente
sobre los hierros de una parrilla incandescente.
Asarlas poco a poco, churruscándose bien a una distancia prudencial del
fuego para que no se achicharren y cojan el sabor del humo que
desprenden las gotitas de grasa que van a parar a las brasas.
Voltearlas y, una vez asadas, colocarlas sobre el pan, para que la miga se
empape bien de la grasa.
Comerlas con las manos y, cuando nos entre un ataque de gula, zamparnos
el pan impregnado de grasa acompañado de una ensalada de lechuga.

«SASHIMI» DE CHICHARRO

1 cebolla de Zalla cortada en tiras muy finas
Agua y sal
Vinagre de granada
1 chicharro lo más grande y fresco posible
Salsa de soja oriental buena
1 lima
Aceite de oliva virgen extra

Remojar la cebolla en agua fría, unos 10 min.
Escurrirla, sazonarla + vinagre y dejar macerar 10 min.
Cortarla con un buen cuchillo en lonchas de 1/2 cm de grosor como mucho
y de unos 5 cm de tamaño, de modo que puedan tomarse de un solo
bocado.
Mezclar la soja + zumo de 1/2 lima + aceite de oliva y rectificar de sabor.
Si saliera excesivamente fuerte, añadir un poco de agua.
Colocar los trozos de pescado sobre una fuente con algo de borde y
regarlos de modo generoso con la salsa de soja.
Acompañar con la cebolla de Zalla.
Listo.

«SUQUET» DE RAPE, MEJILLONES Y ALMEJAS

14 patatas nuevas pequeñas peladas, redondas
3 dientes de ajo con su piel
50 g de tocineta de cerdo en lardones
1 pizca de mantequilla
1 lomo de rape de 500 g
750 g de mejillones limpios
3 dientes de ajo picados
1 cayena
1 puñado de tomates cereza
1 cucharada sopera de pulpa de choricero
1 golpe de *txakoli*
200 g de tripas de bacalao
Salsa americana
650 g de almejas
Perejil picado
Alioli espeso
Aceite de oliva, azúcar y sal

En una sartén antiadherente, rustir las patatas + ajos aplastados + tocineta + sal.
Colorearlas.
Trocear el rape + sal.
En una cazuela ancha y baja + aceite, dorar el rape por ambas caras y retirarlo a un plato.
Bajar el fuego y añadir aceite de oliva + ajo picado + cayena + tomatitos + choricero y rehogar.
Cortar las tripas de bacalao cocidas.
Aplastar con el machacador + sal + azúcar.
Añadir 1 chorrito de *txakoli* + mejillones y abrirlos.
Escurrir los mejillones a un bol.
Añadir las tripas de bacalao cocidas y troceadas + pulpa de choricero + salsa americana al fondo y dejar guisar suavemente.
Retirarles todas las cáscaras a los mejillones y dejarlos limpios.
Añadir un poco de mantequilla a las patatas para que brillen.
Deslizar las patatas escurridas.
Untar los lomos de rape con salsa alioli.
Meterlos en la salsa y menear.
Meter las almejas y abrirlas.
Añadir los mejillones + perejil.
Listo.

«SUSHI» DE SALMÓN CON MAHONESA DE BERROS

Para el sushi:
1 cebolleta en juliana muy fina
20 g de mostaza
20 hojas de perejil
20 hojas de perifollo
20 hojas de rúcula
4 láminas de salmón fresco
60 g de queso parmesano en lascas
4 langostinos cocidos
Agua con hielos

Para la vinagreta:
1 chorrito de vinagre de Módena
1 chorrito de aceite de oliva
Sal y pimienta

Para la mahonesa:
1 huevo
1 chorrito de vinagre de sidra
1 pizca de sal
1 pizca de pimienta negra
200 ml de aceite de oliva
50 g de berros

Para el sushi:
Lavar las hierbas y sumergirlas un poco en agua con hielos.
Estirar las láminas sobre un papel sulfurizado y pintar cada lámina con la mostaza.
Colocar por encima unas lascas de parmesano, un poco de la cebolleta y
1 langostino en rodajas en cada lámina, y repartir las hojas entre las láminas.
Cerrar con cuidado dando la forma de *sushi* y acompañar con la vinagreta y la mahonesa.

Para la vinagreta:
Mezclarlo todo bien y servir en un vasito al lado del *sushi*.

Para la mahonesa:
Colocar en un vaso de túrmix el huevo y el berro picado. Meter el brazo de la túrmix y agregar el resto de los ingredientes.
Accionarlo a la potencia máxima sin mover el brazo y, poco a poco, ir subiendo para que vaya emulsionando.
Poner a punto de sal y usar.

«SUSHI-PORRO»

Para el arroz de sushi:
500 g de arroz para *sushi*
750 ml de agua
4 cucharadas soperas de vinagre de arroz
1 cucharilla de café de azúcar
1 cucharilla de café de sal

Además:
Salmón fresco
Atún fresco
Langostinos cocidos pelados
Pepino y zanahorias en bastones, macerados en vinagre de arroz
Aguacate en tiras
Un poco de *wasabi*
Salsa de soja
Jengibre en conserva
Semillas de sésamo blanco
Algas nori

Para el arroz del sushi:
Lavar el arroz en un cuenco cambiando el agua hasta 6 veces, hasta que salga clara. Así se elimina el exceso de almidón del arroz.
Cocer el arroz en el agua en una olla bien tapada durante 15 min., contados a partir del momento en que empiece la ebullición.
Una vez pasados los 15 min. dejar reposar, aparte, otros 15 min.
Preparar el pescado en bastones, sobre una bandeja con hielo.
Es fundamental no abrir la olla en ningún momento durante la cocción y el reposo.
Mientras el arroz reposa, calentar un poco el vinagre con el azúcar y la sal, removiendo hasta que se mezclen bien. Deja enfriar.
Extender el arroz cocido sobre una bandeja o fuente plana, si es posible de madera, y con la ayuda de una cuchara, también de madera, ir haciendo surcos sobre el arroz, de un lado a otro y de arriba abajo, como si labráramos un campo, a la vez que vamos esparciendo el vinagre condimentado, hasta que el arroz se enfríe por completo.
También se puede abanicar a la vez que se «labra» el arroz.

Para el sushi-porro:
Para preparar el *sushi-porro*, poner sobre la esterilla de bambú el alga nori + arroz para *sushi* extendido y rellenarlo con los ingredientes que mejor nos parezcan (salmón, atún cortado en tiras, langostinos cocidos, aguacate en tiras...).

A la hora de servir, mezclar 1 pizca de *wasabi* en la salsa de soja y comer mojando cada rollito en ella.

Después de comerlo, tomar un poco de jengibre en conserva para refrescarnos antes del siguiente bocado.

TARTAR DE BONITO

500 g de bonito cortado a cuchillo en dados pequeños
1 aguacate maduro picado en dados
1 chalota picada, lavada en agua y escurrida
Perejil picado
1 punta de mostaza
1 pizca de rábano picante
2 yemas de huevo crudo
1 chorrito de salsa de soja
1 chorrito de aceite de oliva virgen
1 chorrito de aceite de sésamo
1 chorrito de zumo de limón
1 pizca de mahonesa
1 pizca de jengibre rallado
Cebollino picado
Sal y pimienta recién molida
Chile

Colocar el bonito en un bol y salpimentarlo generosamente.
Picar el chile y añadirlo al bol.
Añadirle el resto de los ingredientes y mezclar.

TARTAR DE BONITO «TELMO»

300 g de bonito marinado en dados (en un bol sobre otro con hielo en escamas)
1/2 chalota picada fina
1/2 cebolleta picada fina
1 pimiento verde picado fino
1 cucharada sopera de cebollino picado
Sal
Pimienta recién molida
Salsa de soja
1 golpe de tequila
Vinagre balsámico
Aceite de oliva virgen extra
Mermelada de tomate verde

Mezclar bien y servir.
Se puede acompañar de tortillas mexicanas, pan tostado o ensalada.

TARTAR DE SALMÓN

1 centro de salmón ahumado grueso
400 g de salmón crudo en dados
200 g de salmón ahumado en dados
1 huevo duro picado
1 aguacate en dados
1 cucharada sopera de pulpa de limón picada
1 cucharada sopera de mahonesa
Cebollino picado
Aceite de oliva virgen
Zumo de limón
2 cucharadas de café de mostaza
10 pepinillos picados
Salsa de soja
Sal y pimienta recién molida

Mezclar la mostaza + pulpa + mahonesa + soja + pimienta + zumo + clara y yema de huevo cocido + aguacate + pepinillos + cebollino + salmones + aceite de oliva.
Dar unas vueltas, mezclar bien y rectificar la sazón.
Cortar el centro de salmón ahumado en escalopes y montar en un plato el tartar de salmón con los escalopes.

TIGRES CON PATATAS FRITAS

2 kg de mejillones crudos, limpios
1 chorrito de vino blanco
1 chorrito de aceite de oliva
2 dientes de ajo picados
1 cayena picada
Pimentón picante
2 cebolletas picadas
1 l de salsa de tomate
1 cucharada sopera de pulpa de pimiento choricero

Para las patatas fritas:
2 patatas troceadas gruesas para freír, limpias de almidón y secas
2 dientes de ajo enteros, con piel
Aceite de oliva y sal

En una olla, echar el vino blanco.
Añadir los mejillones y tapar.
En un sauté rehogar aceite + ajo + cayena + cebolleta.
Arrimar al fuego una sartén con las patatas, cubrir de aceite + dientes de ajo y a fuego suave durante 20 min.
Pasado un rato, añadir a la cebolleta el pimentón + pulpa de pimiento choricero + tomate.
Agregar el caldo de mejillones reducido sobre el tomate al fuego.
Después del reposo, poner a freír las patatas.
Meter los mejillones en el tomate y remover.
Escurrir las patatas y colocarlas en un bol. Sazonarlas.
Acompañar los mejillones con las patatas.

TRUCHAS «GORRITXENEA»

4 truchas pequeñas
24 lonchas finas de tocineta ibérica
Una pizca de sal y pimienta
Mantequilla
2 dientes de ajo pelados y partidos en dos
1 ramillete de salvia fresca

Horno a 180 ˚C.

Desespinar y limpiar bien las truchas.

Salpimentar los filetes y emparejarlos, carne contra carne.

Hacerles un *envoltini* con la tocineta ibérica, bien pegada y apretando bien.

En una sartén antiadherente con mantequilla + dientes de ajo, dorar ligeramente las truchas envueltas con la tocineta + salvia.

Meter la sartén en el horno y hornear durante 8 min.

Escurrir las truchas y servirlas con la salsa bearnesa (véase la receta en p. 542).

«TXANGURRO» AL HORNO

4 centollos desmigados
1 cebolla
2 tomates pelados
100 ml de coñac
1 dado de mantequilla
100 ml de aceite de oliva
300 ml de jugo de marisco o salsa americana
200 ml de salsa de tomate
1 pizca de sal y pimienta

Pochar la cebolla durante 1 hora y 30 min.

Añadir 1 pizca de mantequilla, el tomate pelado y sin pepitas y la salsa de tomate, y dejarlo pochar unos 10 min.

Añadirle el jugo de marisco y la carne de centollo desmigado, y rehogarlo unos minutos.

Añadir el coñac y flambearlo.

Agregar el jugo de marisco y rehogar durante 3 min.

Salpimentar.

Rellenar los caparazones.

Añadirle 1 trocito de mantequilla a cada caparazón y hornearlo durante 7 min.

VENTRESCA DE BONITO ASADA CON «ANGULAS DE USURBIL»

1 ventresca de bonito cocido
70 ml de aceite de oliva
1 diente de ajo laminado
1/2 cayena
Vinagre de sidra
Perejil picado
Sal de escamas

Para las angulas de Usurbil:
18 guindillas frescas
Aceite
Sal

En una sartén antiadherente bien caliente y con 1 gota de aceite, marcar durante unos minutos la ventresca por el lado de la piel hasta que se dore.
Darle media vuelta a la ventresca, dejarla unos minutos y retirarla rápidamente a una bandeja.
En una sartén pequeña, echar el aceite de oliva junto con el diente de ajo laminado y la 1/2 cayena y, cuando empiece a dorarse, echarlo por encima de la ventresca.
Añadir un poco de vinagre hervido.
Volcar la salsa 3 veces, reduciéndola.
Hacer las guindillas en una sartén a fuego fuerte, con aceite muy caliente, durante 40 segundos.
La ventresca ha de hacerse poco y debe quedar jugosa.
Sazonar con sal de escamas, espolvorear perejil picado y servir enseguida.

VERDEL «BELOKI»

4 patatas recién cocidas, calientes
2 dientes de ajo laminados
Aceite de oliva virgen extra
Perejil picado
500 ml de leche de vaca
1 pizca de mantequilla
1 diente de ajo picado
1 chalota picada
1 pizca de curry molido
5 lomos de verdel medianos, bien desespinados y con su piel
2 yemas de huevo
Harina
Pimienta molida
1 puñado de queso de Idiazábal tierno rallado

Horno a 220 ˚C + grill.
Machacar las patatas con el machacador en el fondo de una olla.
En una sartén, dorar los dientes de ajo laminados + aceite y añadirlos sobre el puré, colados + perejil.
Colocar el puré sobre una bandeja de horno, estirado.
Añadir leche a un sauté y arrimarlo al fuego.
Sazonar el verdel y meterlo en la leche.
En un cazo, hacer un *roux* para la bechamel con mantequilla + aceite + ajo picado + chalota + curry + harina.
Escurrir el pescado de la leche caliente y colocarlo sobre la patata, en la bandeja. Con esa leche, cocer la bechamel.
Una vez cocida, mezclarle las yemas y cubrir con ella los lomos de pescado.
Espolvorear con el queso y gratinar durante 5 min. en el horno.
Listo.

VERDEL EN LOMOS AL HORNO

4 verdeles pequeños
1 chorro de vino blanco
1 chorrito de aceite de oliva
4 dientes de ajo
Vinagre de sidra
1 guindilla cayena
Sal y pimienta

Horno a 180-190 ˚C.
Deslomar los verdeles y quitarles las espinas.
Colocarlos en una fuente de horno con la piel hacia arriba, salpimentar +
vino blanco + aceite de oliva y hornearlos durante 8-10 min.
Al sacarlos, rociarlos con vinagre y tirarles un refrito de aceite de oliva +
ajos (3 veces si se quiere).

VIEIRAS CON BERZA

6 vieiras
300 ml de caldo de carne
150 g de berza blanqueada
100 ml de nata doble
40 g de mantequilla
50 g de berza blanqueada en tiras finas
1 cucharada sopera de jengibre crudo pelado y en tiras finas
1 cucharada sopera de aceite de oliva
6 puerros jóvenes crudos
Sal y pimienta recién molida

Limpiar las vieiras de sus cáscaras.
Hervir el caldo, añadir la berza blanqueada y salpimentada, y cocer 5 min.
Pasarlo por la batidora de vaso + nata doble.
Verterlo en un sauté, hervir y montar con mantequilla.
Introducir la berza y el jengibre en tiras y salpimentar.
Saltear los tallos de puerro joven y salpimentar.
En una sartén antiadherente, saltear las vieiras por ambas caras con el
aceite de oliva.
Colocar en el fondo de unos platos hondos la crema de berza y
acompañarla con las vieiras salteadas y salpimentadas y el puerro joven
salteado.

VIEIRAS CON CREMA DE PANCETA Y ALCACHOFAS

Para la crema de panceta ahumada:
50 g de cebolla tierna picada
125 g de panceta ahumada cortada en daditos
125 ml de caldo de pollo
250 ml de nata
10 ml de vinagre de Jerez
25 ml de Jerez
125 ml de leche

Además:
12 alcachofas limpias en cuartos
2 dientes de ajo pelados
250 ml de caldo de pollo
16 piezas de vieira hermosas
Aceite, sal, pimienta blanca recién molida y mantequilla
1 puñado de hierbas frescas para hacer una ensalada
La piel de una naranja cortada en juliana y blanqueada

En un cazo con aceite sudar la cebolla, añadir panceta y sudar 5 min.
Desglasar con el vinagre de Jerez + Jerez, evaporar, mojar con el caldo de pollo + leche + nata + sal y hervir durante 5 min.
Triturar en la túrmix y colar apretando (la panceta que quede en el colador se puede usar para otras preparaciones, como pastas, arroces...).
Reservarlo.
En otro cazo con aceite, sofreír los 2 ajos aplastados.
Cuando estén dorados, añadir las alcachofas y sofreírlas + salpimentar + caldo de pollo y cocerlas 3-4 min.
Preparar una ensalada con unas hierbas frescas deshojadas.
En una sartén con aceite, marcar las vieiras sazonadas, dorar por un solo lado.
A media cocción, añadir 1 buena nuez de mantequilla, sacar la sartén del fuego y regarlas con su propia mantequilla avellanada.
Mientras cuecen, poner en el fondo de una fuente unas cucharadas de crema de panceta ahumada.
Disponer los cuartos de alcachofa guisada + vieiras + ensalada de hierbas sin que quede amontonado.
Acabar con 1 toque de pimienta molida + sal + aceite de oliva virgen + piel de naranja encima de cada vieira.

VIEIRAS «HOTEL PALACE»

6 puerros
100 g de mantequilla
100 ml de nata líquida
1/2 docena de vieiras (mejor con su coral)
Sal y pimienta

Picar finamente el puerro y pocharlo en la mantequilla sin que coja color.
Mezclar con un poco de nata líquida.
En una sartén con 1 gota de mantequilla, echar las vieiras escalopadas y
salpimentadas, y tostarlas ligeramente por ambas caras durante unos
segundos.
Hacer lo mismo con los corales.
Agregar los escalopes de vieiras a la verdura pochada, darle un último
golpe de calor y añadir 1 gota de nata.
Pasar por un colador para quitarle el exceso de grasa.
Depositar sobre las conchas.

ZARZUELA DE MERLUZA

500 g de berberechos
450 g de almejas
500 g de mejillones
1 cola de merluza cortada en 4 medallones gruesos (con espinas y hueso
central)
3 dientes de ajo picados
1 pizca de harina
1 chorrito de vino blanco
500 ml de caldo de pescado
200 ml de salsa de tomate
1 pizca de guindilla picante
250 g de langostinos tigre
1 chorrito de armañac
2 tomates pequeños pelados, despepitados y en dados
Perejil picado
Aceite de oliva

En una olla ancha y baja, echar aceite + ajo + guindilla y «bailarlo».

Añadir harina, rehogar + vino blanco + 1 poco de caldo de pescado y hervir.

Añadir salsa de tomate + guindilla picante y hervir.

En este fondo, abrir los berberechos y retirarlos.

Abrir las almejas y retirarlas.

Abrir los mejillones y retirarlos.

Dejar hirviendo la marinera para que concentre sabor y se espese.

Cortar y sazonar las rodajas de merluza (ojo con la sal por la reducción de la salsa).

En una sartén bien caliente con aceite, dorar la merluza por ambas caras, vuelta y vuelta.

Meterlas en la salsa.

En la misma sartén, añadir 1 chorrito de aceite y saltear las gambas unos segundos, agregar los dados de tomate, unos segundos más y, acto seguido, a la cazuela con ello.

Desglasar con el armañac.

Añadir el perejil.

Darle un meneo a la cazuela, añadiendo fuera del fuego 1 hilo fino de aceite crudo.

Listo.

CARNES & CASQUERÍA

ALBÓNDIGAS EN SALSA DE SETAS

2 cebolletas picadas
1 diente de ajo picado
750 g de carne de ternera picada (aguja)
250 g de carne de cerdo ibérico picada (falda o similar)
2 yemas de huevo + 2 huevos enteros
Perejil picado
2 cucharadas soperas de pan rallado
1 pellizco de miga de pan de hogaza remojada en 1 vaso de leche
Harina
Aceite de oliva
Sal y pimienta

Para la salsa:
750 g de cebolleta picada
1 diente de ajo picado
750 g de surtido de setas en dados
Chapelas de champiñón enteras
2 l de caldo
Aceite de oliva

Rehogar las 2 cebolletas + aceite + ajo + sal hasta que queden sudadas, sin coger color.
Preparar la salsa.
En una olla rehogar la cebolleta + ajo + aceite de oliva.
Amasar en un bol las carnes + yemas + huevos + perejil + pan rallado + miga escurrida + sal + pimienta.
Volcar la verdura pochada de la masa a la mezcla de carnes.
A la cebolleta de la salsa, añadirle las setas y rehogarlas hasta que cojan una buena coloración.
Hacer una minihamburguesa con la masa de carne y tostarla en la sartén, para rectificar la sazón.
Mojar el fondo de salsa con el caldo y dejar hervir 15 min.
En una sartén al fuego, saltear con 1 chorrito de aceite las chapelas de champiñón.
Mezclar las chapelas en la cazuela.
Añadir fuera del fuego 1 chorro de aceite de oliva + perejil picado.
Listo.

ALBÓNDIGAS EN SALSA EXPRÉS

Para la salsa:
1,5 kg de cebollas en tiras
100 ml de aceite de oliva
30 g de ajo laminado
1 pastilla de caldo
370 g de tomate frito
1 l de agua
Sal

Para las albóndigas:
1 kg de carne picada de vaca
300 g de carne de pollo picada
200 g de carne de cerdo picada
1 cebolla + 1 ajo picado, pochados en aceite
Miga de pan remojada en leche y escurrida
Perejil picado
Salsa kétchup casera
Salsa de soja
1 yema + 1 huevo entero
Sal y pimienta

Para la salsa:
Rehogar en la olla la cebolla + aceite de oliva + ajo + sal.
Añadir la pastilla de caldo + tomate frito + agua.
Dejar hervir 20 min.

Para las albóndigas:
Amasar las carnes + cebolla-ajo pochados + miga + perejil + kétchup (si se quiere) + soja + huevo-yema + sal.
Hacer bolas.
Triturar la salsa.
Meter las bolas en la salsa y dejar guisar durante 20 min.

ANDRAJOS DE CONEJO Y ALCACHOFA

1 conejo troceado pequeño
8 alcachofas
2 cabezas de ajos
200 g de tocino ibérico veteado
200 g de habas
Tomillo y romero fresco
2 berenjenas
Aceite de oliva
Hígado de conejo
Alcaravea en grano
Clavo
2 pimientos choriceros o pulpa de pimiento choricero
1/2 kg de masa de pan estirada muy fina y horneada (andrajos)
Sal y pimienta

Dorar el conejo en trozos pequeños junto con la panceta en dados sin piel, los ajos encamisados, los trozos de hígado y un poco de aceite de oliva.

Añadir las alcachofas limpias y las berenjenas en trozos grandes + tomillo y romero, y darle una vuelta de unos 3 min.

Añadir los pimientos choriceros y las habas y mojar con agua. Agregar algo de sal, pimienta, clavo y alcaravea.

Cuando esté a punto de sabor y de cantidad de líquido, sumergir los andrajos, partidos con las manos en cachos grandes.

Cocer durante unos 20 min.

Listo.

BLANQUETA DE TERNERA

Para la blanqueta:
1 kg de carne de ternera para guisar
2 zanahorias
2 cebolletas
1 puerro
1 hoja pequeña de laurel
1 ramita de tomillo fresco
250 g de champiñones, lavados y en cuartos
1 pizca de mantequilla

Para la salsa:
3 cucharadas soperas rasas de harina
4 cucharadas soperas de mantequilla
100 ml de nata líquida
1 yema de huevo
Sal y pimienta molida

Para la blanqueta:
Cortar la carne en dados como para ser guisada.
Unas horas antes de empezar el guiso, tener la carne al menos 1 hora en remojo en agua fría, en la nevera, para que se desangre al máximo.
Escurrir los pedazos y secarlos con un paño.
Meter todos los pedazos en una cazuela a fuego suave y cubrirlos con agua + sal.
En el momento en que surja el hervor, escurrir la carne y refrescarla pasándola por agua del grifo.
Volver a meter en una olla la carne escurrida, cubrirla de agua + puerro entero + laurel + tomillo + zanahorias peladas y enteras + cebolletas + sal y cocerlo 1 hora, tapado, a fuego medio.
Saltear los champis con 1 pizca de mantequilla + sal.
Cuando la carne esté cocida, escurrirla y reservarla, colar el jugo con todas las verduras y ponerlo a hervir.
Aparte, en un cazo a fuego suave, hacer un *roux*, derritiendo mantequilla + harina sin dejar de dar vueltas.
Añadir el jugo hirviendo a la mezcla anterior y dar vueltas para que se integre, poco a poco.
Cocer lentamente durante 10 min.
Mezclar aparte, en un bol, nata + yema y añadirla sobre la salsa, sin dejar de dar vueltas.
Calentar hasta que la salsa se espese y salpimentar.
Pasar la salsa por un colador para que quede fina y verterla sobre los trozos de carne y los champis, rectificando de nuevo el sazonamiento. Listo.

CALDERETA DE CORDERO «BUÑUEL»

1 kg de carne de cuello de cordero cortada en pedazos hermosos
3 dientes de ajo pelados, partidos en dos
1 punta de pan *sopako*
1 trozo de verde de puerro
Hierbas aromáticas (tomillo, orégano, salvia, romero)
1 hoja de laurel
1 cebolleta picada
1 cucharada de pulpa de choricero
1 pizca de harina
1 vaso de vino blanco
Agua
Aceite de oliva y sal

Salpimentar la carne.
Calentar aceite en una olla + medios ajos y confitar + punta de *sopako*.
Mientras, hacer el ramillete aromático con el puerro + hierbas + laurel y atarlo con liz.
Echar los ajos y el pan a un mortero.
Añadir la carne a la olla y sofreírla.
Majar el contenido del mortero.
Una vez dorada, añadir la cebolleta + ramillete aromático y sofreír.
Añadir la pulpa de choricero + harina + vino blanco y reducir.
Mojar con agua.
Guisar durante 2 horas aprox.
Añadir el majado sobre la caldereta.
Rectificar el sazonamiento.
Listo.

CALLOS CON PATA Y MORRO A LA VIZCAÍNA

1/2 kg de morros de ternera
1 kg de callos limpios, cortados en cuadrados grandes
1/2 pata de ternera
1 pata de cerdo
1 hueso de rodilla de ternera
1 cebolla
1 diente de ajo
1 zanahoria
1 puerro
1 pizca de guindilla
200 g de chorizo fresco picantillo
200 g de morcilla para callos
1 pizca de jamón en daditos
1 pizca de pimentón picante de La Vera
1 pizca de pimentón dulce de La Vera
La pulpa de 6 pimientos choriceros remojados en agua
250 ml de salsa de tomate
1 chorro de vino blanco

Previamente, blanquear y refrescàr los callos, huesos, morros y patas.
Cubrir con agua en una cazuela los callos + hueso + morros + patas.
Añadir las verduras metidas en red + guindilla y guisar lentamente durante 4 horas, bien tapado; en una olla rápida, será más o menos 1 hora de cocción.
Destapar, añadir la morcilla + chorizo y cocer 25 min. más.
Pasar las verduras por un pasapurés sobre la cazuela con los callos.
Trocear el chorizo y la morcilla.
Añadir a los callos las patas deshuesadas y en trozos + morcilla + chorizo.
Dejar que hierva despacio.
Mientras, en una sartén, sofreír jamón + pimentón + 1 chorro de vino blanco, dar unas vueltas y añadir la salsa de tomate + choricero.
Volcar sobre los callos.
Salar y dar un suave hervor para unificar el guiso.

CALLOS Y MORROS CON GARBANZOS

1 kg de callos de ternera cortados en pedazos grandes
1 morro de ternera entero
1 mano de ternera partida en cuatro
1 hueso de jamón ibérico
1 chorrete de vinagre de sidra
2 puerros + 2 zanahorias bien atados
1 cebolleta
1 tomate maduro
1/2 hoja de laurel
2 clavos
10 granos de pimienta negra
1/2 botella de vino blanco
1 cabeza de ajos lavada entera
300 g de garbanzos remojados en una red
Sal

Además:
1 cebolla picada
3 dientes de ajo picados
4 tomates maduros
1 pizca de guindilla
1 pizca de pulpa de choricero
1/2 hoja de laurel
1 cucharadita de pimentón dulce
1 pizca de harina
1 chorizo picado en tacos
200 g de jamón ibérico picado
Aceite de oliva, pimienta y sal

Poner en una cazuela 1 chorretón de vinagre de sidra + callos + morro + mano + hueso.

Cuando regrese el hervor, escurrir en la fregadera y lavarlos bien.

Cubrir de nuevo con agua limpia y arrimar al fuego.

Añadir puerros + zanahorias + cebolleta + tomate + laurel + clavo + pimientas + vino + cabeza + sal.

Meter la red de garbanzos (sacarla antes de 2 horas).

Cocer a fuego suave unas 4 horas (1 hora y 30 min. en olla exprés).

Pochar la cebolla + ajos.

Rallar los tomates en un bol.

Añadir al sofrito la guindilla + choricero + laurel + pimentón + harina + chorizo + jamón y rehogar.

Al final, añadir el tomate + pimienta.

¡Ojo con la sal!

Guisar durante 5-10 min.

Partir morros + patas.

Añadir al sofrito los callos + morros + patas y darle vueltas.

Añadir la verdura pasada + caldo de cocción.

Dejar guisar al menos 35 min. más.

Si durante la cocción hiciera falta más líquido, ir añadiendo caldo.

Los garbanzos se agregan al final, para que no revienten. Listo.

CARACOLES A LA VIZCAÍNA O EN SALSA ROJA

Para la cocción:
1 kg de caracoles
8 puerros

Para condimentar los caracoles:
250 g de carne picada
1/2 diente de ajo
50 ml de aceite de girasol

Para la salsa:
1,5 kg de cebolla
10 pimientos choriceros
1 puerro pequeño
2 zanahorias cocidas
250 ml de aceite de oliva suave
1 diente de ajo
1,5 l de caldo de carne
80 g de harina
Sal

Variante:
Se puede sustituir el caldo de carne por la misma cantidad de agua y
1 1/2 pastilla de caldo.

Limpieza de los caracoles:
Los caracoles se compran envueltos en una redecilla y pegados entre ellos.
Sacarlos, ponerlos debajo del agua, humedecerlos y con un palillo, uno a
uno, quitarles esa capa dura y seca de baba que tienen.
Depositarlos en una cazuela, taparla, poner peso encima de la tapa (si no se
hace esta operación, a la mañana siguiente uno acaba recogiendo caracoles
por toda la casa) y dejarlos hasta el día siguiente.
Los caracoles que no estén pegados a otros caracoles o al recipiente deben
desecharse, porque están muertos.
Poner de nuevo los caracoles en agua, coger sal marina o gruesa y, uno a
uno, ir poniéndoles un poco de sal en el orificio y echándolos en una
cazuela. Ahora no hay que preocuparse de poner peso encima de la tapa
porque ya no se escaparán.
Los caracoles empezarán a expulsar una espuma verde. Dejarlos unas 8 horas.
Pasado este tiempo, nuevamente, uno a uno y debajo del grifo, ir
quitándoles la baba.
Ponerlos en una cazuela y echarles un poco de sal gruesa en forma de lluvia.
En el momento en que se vaya a cocer, lavarlos en agua fría.

Cocción de los caracoles:

Poner agua abundante en un puchero, añadir 8 puerros incluida su parte verde y hacer un caldo dejándolo hervir unos 20 min.

Pasar el caldo a dos pucheros, mitad y mitad.

Dejar que uno de ellos se temple hasta la temperatura en que, al introducir el dedo, dé la sensación de estar muy caliente, pero sin quemarse. Esta es la temperatura correcta; más caliente, el caracol tiende a esconderse y, a la hora de comerlo, puede costar sacarlo. Una temperatura más fría hace que el caracol salga de la cáscara y es un lío.

Antes de que la preparación rompa a hervir, empezará a soltar una gran cantidad de espuma, que hay que ir desespumando con un cucharón plano. Esta situación se producirá durante los 10 primeros min. de la cocción, que debe prolongarse en total durante 25 min.

La otra mitad del caldo que está en el otro puchero debe tenerse hirviendo. Si se quiere, se puede enriquecer con 2 pastillas concentradas de carne y, con la ayuda de una espumadera, ir pasando los caracoles a este recipiente y dejarlos 30 min. más.

Probar uno y, si está tierno, sacarlos; si no, dejarlos 5 min. más. En principio, entre 55 min. y 1 hora es suficiente.

Sacarlos del recipiente, dejarlos templar y uno a uno, con un pequeño golpe de muñeca, quitarles el caldo que tengan dentro y ponerlos de forma ordenada en una cazuela con la cavidad hacia arriba, para que cuando se añada la salsa, esta se introduzca en los caracoles.

Elaboración de la salsa:

Cortar la cebolla en juliana, ponerla en una cazuela, añadir el aceite y un poco de sal, tapar y poner a rehogar.

Añadir el diente de ajo entero y el puerro, y dejar que se vaya haciendo hasta que se dore y se poche perfectamente.

Una vez dorado, añadir la zanahoria cocida y el pimiento choricero —primero la piel y luego la pulpa—, rehogar y posteriormente agregar la harina, mezclar bien y mojar con el caldo, tapar y dejar que hierva suavemente 10 min.

Pasar por el pasapurés y poner a punto de sal.

Por último, poner en una sartén un poco de aceite de girasol con 1/2 diente de ajo picado y saltear la carne picada.

Una vez que esté cocinada, ir tirándola sobre el caracol y, por encima, poner la salsa vizcaína.

Dejar que se cocinen 10 min. a fuego muy suave.

CARNE DE CERDO MACERADO A LA COREANA

500 g de carne de cerdo (cuello)
1 o 2 cucharadas soperas de pasta de guindilla
4 dientes de ajo picados
1/2 cucharada sopera de jengibre picado
50 g de cebolla picada
4 cucharadas soperas de salsa de soja
1 cucharada sopera de *mirin*
1 cucharada sopera de vino refinado de arroz
1/2 cucharada sopera de azúcar
1 cucharada sopera de aceite de sésamo
Cebollino picado y sésamo para decorar
Harina
Tofu
Aceite de oliva
Sal y pimienta

Mezclar la carne picada con la salsa de soja, el ajo, el jengibre, el *mirin*, el azúcar y la pasta de guindilla.
Macerar como mínimo durante 30 min.
Aliñar el tofu con sal y pimienta y pasar por harina.
Cocinar el tofu en sartén + aceite de oliva y reservar.
Saltear la carne macerada en una sartén con aceite de oliva.
Cuando la carne esté salteada, apartar del fuego y añadir aceite de sésamo y cebollino picado.
Colocarla sobre el tofu recién salteado y frito.
Decorar con cebollino picado y sésamo molido.

CARPACCIO ALIÑADO A LA PIMIENTA

1 solomillo de vaca de 300 g, limpio y muy frío
1 puñado de pimienta negra
2 cucharadas de tomillo fresco deshojado
1 pizca de pimentón de La Vera dulce
1 puñado de judías francesas verdes
1 puñado de judías francesas amarillas
1 cucharada de mostaza de Dijon
1 chalota muy picada
Aceite de oliva virgen extra
1 chorrito de vinagre de Módena
Perejil picado
Perifollo deshojado
Sal y pimienta

Sumergir en agua las judías limpias y hervirlas 4 min.
Rodar el solomillo sobre la pimienta + tomillo para que se peguen bien a él.
En una sartén antiadherente, marcar la carne lo justo para sellar los aromáticos, como si fuera un *tataki*.
Colocar la carne sobre la tabla.
En un bol preparar la vinagreta con mostaza + chalota + aceite + vinagre + perejil y salpimentar.
Cortar la carne en rodajas finas y tapizar el fondo de un plato con ella.
Escurrir las judías, meterlas en la vinagreta y aliñarlas.
Colocar las judías aliñadas por encima.
Espolvorear las hojas de perifollo.
Pimentar.
Listo.

CARPACCIO DE SOLOMILLO CON SALSA DE MOSTAZA

600 g de solomillo fresco
3 puñados de rúcula
60 g de parmesano
4 cucharadas soperas de aceite de oliva
Nata líquida
1 cucharada de café de mostaza
1 chorrito de vinagre de Jerez
1 chorrito de zumo de limón y ralladura
Pimienta molida y sal

En un bol, poner la mostaza + vinagre de Jerez + limón (ralladura y zumo) + sal y pimienta + nata, añadir el aceite y montar con cuidado.
Poner de base el tartar de tomate.
Cortar el solomillo muy fino con un cuchillo bien afilado, salpimentar y colocar sobre el tomate.
Mojar con la vinagreta.
Aliñar la rúcula y esparcir el parmesano en copos.
Rallar cáscara de limón por encima.

CARPACCIO DE TERNERA CON ALCACHOFAS

1 conserva de alcachofas en aceite, escurridas
1 pizca de perejil deshojado, limpio
Zumo + ralladura de 1 limón
1 pellizco de alcaparras
1 chorrito de tabasco
Aceite de oliva virgen
6 almendras tiernas
Solomillo de ternera para carpaccio
Aceite de oliva
Sal gris + pimienta
1 alcachofa cruda
Zumo de limón
Queso de Idiazábal
Germinados

En la túrmix, poner la conserva + perejil + limón + alcaparras + tabasco + aceite + almendras, triturar y poner a punto. Refrigerar.
Cortar la alcachofa con la mandolina, aliñar cruda + limón + aceite y sal.
Cortar la carne para carpaccio con una cortadora o, si no, con un chuchillo muy afilado.
Colocar la crema de alcachofa en el fondo de un plato, cubrirla con la carne + sal gris y pimienta y coronar con alcachofas.
Espolvorear lascas de queso + germinados.
Acabar con 1 cordón de aceite de oliva virgen.

CARRILLERAS DE CERDO GUISADAS CON PASTA RELLENA DE CHAMPIÑÓN

Para las carrilleras:
8 carrilleras de cerdo
1 zanahoria picada
1 puerro picado
2 chalotas picadas
250 ml de vino tinto
2 l de caldo
1 nuez de mantequilla
Aceite de oliva y sal

Para la pasta:
12 aros de pasta *calamarata*

Para la farsa de champiñón:
200 g de champiñón picado limpio
30 g de chalota picada
200 ml de nata
30 g de mantequilla
10 g de parmesano recién rallado
25 g de jamón ibérico en dados

Saltear las carrilleras sazonadas en aceite de oliva y retirarlas a una bandeja.
En la misma grasa pochar bien la verdura, volver a incorporar las carrilleras junto con el vino tinto y reducir a la mitad.
Echar el caldo y dejar cocer a fuego lento unas 2 horas, dependiendo del tamaño de las carrilleras.

Para el relleno de la pasta:
Pochar la chalota junto con la mantequilla hasta que se ablande.
Añadir el champiñón y dejar sudar con la cazuela destapada hasta que el agua se evapore.
En otra cazuela, poner a cocer la pasta en agua y sal, unos 12 min.
Incorporar la nata al relleno y dejarlo cocer hasta que quede una farsa cremosa (310 min.).
Sacar del fuego el relleno y añadir el queso parmesano y el jamón ibérico.
Remover para que todos los ingredientes se integren y ponerlo a punto de sal si fuese necesario.
En un plato colocar los aros de pasta *calamarata* y rellenarlos con la farsa de champiñón.
Sacar las carrilleras y reducir la salsa.
Triturar con una batidora americana y colar por un fino.

Poner de nuevo al fuego la salsa junto con las carrilleras a dar un hervor y añadir 1 nuez de mantequilla.

Colocar sobre los aros de pasta o al lado la carrillera de cerdo y salsear.

CARRILLERAS DE TERNERA GUISADAS

6 carrilleras de ternera deshuesadas
25 dientes de ajo sin pelar
1 puerro picado
1 pimiento rojo
2 cebollas picadas
500 ml de vino tinto
1 l de caldo de carne
Aceite de oliva virgen
Agua, sal y pimienta

En una cazuela dorar las carrilleras salpimentadas hasta tostarlas.
Sacar, volcar los ajos + puerro + cebolla + pimiento rojo y pochar.
Incorporar las carrilleras y añadir el vino tinto. Reducir durante 10 min.
Cubrir 3 dedos con caldo caliente, sazonar y guisar 2 horas con tapa.
Controlar que no falte líquido e ir añadiendo si se evapora.
Ya tiernas, retirarlas, colar el jugo de cocción y ponerlo a hervir en otra olla.
Templar las carrilleras.
Con la ayuda de un cuchillo, rebanar las carrilleras en gruesos escalopes.
Añadir los escalopes a la cazuela con el jugo, que suelte gelatina y la salsa se espese durante 10 min.
Rectificar el sazonamiento.
Una vez terminadas, añadir 1 pizca de mantequilla a las carrilleras.

CARRILLERAS Y MANOS DE CERDO ESTOFADAS

2 carrilleras de ternera
5 manos delanteras de cerdo bien blancas
20 dientes de ajo sin pelar
2 puerros picados
2 cebolletas picadas
1 l de vino tinto
Aceite de oliva
1 pizca de mantequilla
1 chorrito de armañac
Agua y sal

Poner en una olla el aceite de oliva y dorar todas las carrilleras y las manos.

Sacar toda la carne, retirar el exceso de grasa y pochar ajos + puerro + cebolletas.

Introducir de nuevo las carrilleras y las patas doradas, y añadir el vino tinto.

Dejarlo reducir, cubrir con 3 dedos de agua caliente, sazonar y cocerlo tapado 2 horas.

Deshuesar las manos y meterlas en la salsa.

Trocear las carrilleras y meterlas en la salsa.

Añadir al guiso 1 pizca de mantequilla + armañac.

Rectificar el sazonamiento.

CERDO AGRIDULCE

1 solomillo de cerdo
1 cebolla roja picada
1 pimiento rojo picado
1 pizca de jengibre picado
2 dientes de ajo picados
1 cayena
Perejil picado
Salsa de soja
200 g de piña pelada en un trozo
1 pizca de salsa de tomate
2 cucharadas de vinagre balsámico
1 *pak choi*
Sésamo tostado
Aceite de oliva
Sal y pimienta
Arroz blanco recién cocido

Cortar el *pak choi* (dejar a un lado las pencas y a otro las hojas verdes).

Cortar la piña en dados.

Cortar el solomillo en dados.

En un wok echar aceite de oliva, saltear el cerdo salpimentado y sacarlo a un plato.

En el mismo wok, añadir cebolla + pimiento + jengibre + ajo + cayena + perejil y 2 min. al fuego.

Agregar *pak choi* y salsa de soja y saltear.

Añadir la piña + cerdo + tomate + vinagre.

Salpimentar y añadir más soja si hace falta.

Servir sobre el arroz.

Espolvorear por encima el sésamo tostado.

CERDO ASADO PARA UN DÍA DE FIESTA

1 lomo de cerdo fresco de dos palmos, deshuesado y con su grasa
   (reservar los huesos)
Romero medio picado
Semillas de hinojo
12 chalotas hermosas peladas
2 cabezas de ajo enteras
1 cucharada de pimentón picante
2 pastillas de caldo de carne
Aceite de oliva
Sal
Liz
Armañac
Pulpa de choricero
Pimienta

Para la guarnición:
3 cebolletas rojas medianas peladas
8 chalotas peladas
1 kg de patatas nuevas pequeñas
1 manojo de salvia fresca
1 hoja de laurel
Aceite de oliva
Mantequilla
300 ml de vinagre de Módena
Sal y pimienta
1 vaso de vino blanco
200 ml de agua caliente

Además:
1 puñado de brotes verdes
1 puñado de espinacas frescas para ensalada
1 puñado de hojas de salvia frescas
Cebollino picado

Marcarle una cuadrícula al lomo de cerdo, bien con el cuero o bien sin él.

Majar en el mortero las semillas de hinojo.

Añadir el pimentón + romero y mezclar.

Embadurnar el lomo con esta cochinada y, si se quiere, atarlo lo mejor posible con liz.

En una bandeja con 1 chorrito de aceite y mantequilla, dorar el lomo por ambas caras, rociándolo con su jugo.

Quitarle el exceso de grasa y rodearlo con las chalotas + cabezas de ajo partidas en dos + los huesos del cerdo + vino blanco + agua + pastillas de caldo desmenuzadas.

Hornearlo 1 hora aprox.

Para la guarnición:

Mientras, en una sartén antiadherente ir salteando a fuego muy fuerte las patatas, dorándolas un poco.

Retirar las patatas y, en la misma sartén, saltear las cebolletas + chalotas + sal.

Colocarlo todo en una bandeja de horno + salvia rota con las manos + laurel + mantequilla + vinagre + sal + pimienta.

Hornearlo 1 hora aprox. a la vez que el asado.

Sacar la bandeja de carne del horno y depositar sobre el fuego, retirarle el exceso de grasa + vino blanco + caldo. Machacarlo para extraer todo el jugo posible.

Colarlo a un cazo y, si se quiere, añadir mantequilla fresca + armañac + pimienta. Este será el jugo.

Trinchar la carne en escalopes muy finos.

Colocarlos sobre una buena montaña de patatas y cebollas asadas.

Salsear con el jugo.

Coronar con brotes verdes + espinacas + salvia + cebollino, aliñados.

Listo.

CERDO GUISADO CON SIDRA

1 kg de carne de cerdo para guisar (paletilla o pierna)
100 g de tocineta de cerdo en lardones gruesos
2 cebolletas picadas
2 zanahorias en rodajas
1 manzana reineta en dados
1 pizca de harina
1 ramillete de salvia fresca
1 botella de sidra natural
Agua + pastilla
Sal y pimienta

En una olla rehogar en aceite los lardones + pastilla + cebolletas + zanahorias y salpimentar.

Cortar la carne en tacos grandes, sobre la tabla.

Añadirlos a la verdura, rehogarlos para que se sofrían y salpimentar.

Añadir harina + salvia + manzana y rehogar.

Verter la sidra y hervir.

Añadir agua y salpimentar.

Guisarlo 1 hora aprox., tapado.

Los últimos 15 min., destapar.

CHILE CON CARNE

2 granos de comino
1 pizca de canela molida
1 cayena entera
1 cebolla picada
3 dientes de ajo picados
8 pimientos del piquillo en tiras
1 chile rojo o verde fresco picado
600 g de carne picada (ternera, vaca, cerdo)
600 g de tomate triturado
3 cucharadas de vinagre de Módena
250 g de alubia de Tolosa cocida, en conserva
1 puñado de perejil deshojado
Vino blanco
Aceite de oliva
Sal y pimienta
Arroz blanco hervido

En una olla sofreír cominos + canela + cayena y añadir cebolla + ajo + piquillos + chile picado.

Desglasar con un poco de vino blanco o agua.

Añadir la carne, romperla con la cuchara y rehogarla. Salpimentar.

Volcar el tomate + vinagre y rehogar durante 50 min. a fuego suave.

Añadir la alubia, mezclar perfectamente y hervir unos minutos.

Espolvorear el perejil deshojado.

Rectificar la sazón.

Acompañar con el arroz blanco.

CHULETA DE CERDO ASADA

1 chuleta de cerdo con hueso de 2 1/2 dedos de grosor
Mostaza de Dijon
3 dientes de ajo
Ramas frescas de tomillo
Mantequilla fresca
Lombarda estofada
Sal y pimienta

Horno a 200 ˚C.
En un sauté fundir la mantequilla y que burbujee.
Añadir los ajos aplastados + tomillo.
Salpimentar la chuleta, untarla con la mostaza y añadirla al sauté.
Soasarla por todas las caras, sin dejar de regarla con su jugo.
Meterla en el horno 4 min.
Sacarla y dejarla reposar cubierta con papel de aluminio.
Acercar el sauté al fuego y calentar en el fondo la lombarda.
Trinchar la carne de la chuleta y acompañarla con la lombarda. Listo.

CHULETA DE CERDO CON SALSA DE QUESO

2 chuletas de cerdo bien gruesas con hueso
1 diente de ajo aplastado
2 ramitas de tomillo
1 chalota muy picada
1 chorrito de armañac
150 ml de nata doble
100 g de queso azul
50 ml de yogur griego
Mantequilla y aceite
Sal y pimienta
Cebollino picado

Mezclar nata + queso y fundir en un cazo pequeño.
Arrimar una sartén al fuego para dorar las chuletas, con 1 pizca de mantequilla + aceite + diente de ajo + tomillo.
Incorporar las chuletas e ir rociándolas con grasa.
Cuando la crema se espese, retirar del fuego y añadir el yogur.
Terminar de saltear las chuletas, añadir la chalota y salpimentar.
Añadir armañac + 1 chorrito de agua + unas gotas de vinagre si se quiere, y añadir el jugo a la salsa.
Servir la salsa con la carne y espolvorear cebollino picado.

CHULETA DE VACA ASADA AL HORNO

1 chuleta de vaca de 1,5 kg
1 chorro de aceite de oliva
Sal

Dejar la chuleta a temperatura ambiente unas horas fuera de la nevera.
Calentar 1 chorrito de aceite, poner la chuleta en él y tostarla a fuego vivo.
A los pocos minutos, voltearla para que se tueste la otra cara.
Rociar con su propia grasa.
Apoyarla sobre el hueso y hornearla 10 min. a 200 ˚C.
Sacarla, taparla con papel de aluminio y dejarla reposar 5 min.
Trincharla sobre una tabla: separar la carne del hueso con un cuchillo y retirar la grasa y las partes quemadas.
Conforme se coma la chuleta, ir troceándola en gruesos escalopes.
Entonces salar las tajadas, no antes.
La carne adherida al hueso es la más sabrosa, buen argumento para seguir limpiándolo, a mano.

CHULETAS DE CERDO CON PEPINILLOS

3 chuletas de cerdo bien gruesas
1 cucharada de mostaza
4 dientes de ajo con piel
2 chalotas muy picadas
1 chorrito de vino blanco
1 chorrito de caldo reducido
50 g de pepinillos en vinagre muy pequeños
50 g de cebolletas en vinagre
1 chorrito de armañac
Mantequilla y aceite de oliva
Perejil picado
Sal y pimienta

Colocar en una sartén aceite de oliva + mantequilla y añadir los ajos con piel.
Apoyar las chuletas pringadas de mostaza y soasarlas 3 min. por cada lado.
Escurrirlas a un plato y dejarlas reposar.
En la misma sartén, quitar la grasa y añadir las chalotas.
Rehogar 1 min. removiendo, añadir el vino blanco, rascar el fondo con una cuchara de madera y reducir unos segundos.
Volcar el caldo reducido y apartar del fuego.
Añadir unas gotas de armañac + pepinillos y cebolletas en vinagre + perejil.
Rectificar la sazón y acompañar con las chuletas de cerdo.

CHULETERO DE CERDO ASADO

1/2 carré de cerdo
Aceite de oliva
Sal

Horno a 200 ˚C.
Cortar la parte de la falda descubriendo unos 4 dedos de hueso y la parte del hueso de abajo del lomo.
En una buena sartén antiadherente, marcar el chuletero de cerdo por todos los lados durante 15 min. aprox., sin dejar que se queme.
Meterlo en el horno previamente calentado a 200 ˚C y tenerlo 35 min.
Apagar el horno, colocarle un papel de aluminio por encima con dos chimeneas en la parte superior y dejarlo reposar dentro 35 min. más.
Acompañar con una ensalada.

COCHINILLO ASADO

1 cochinillo de unos 5 kg
1 pizca de sal fina y gruesa
2 vasos de agua

Además:
1 lechuga
Vinagreta de mostaza
Sésamo tostado

Poner el cochinillo con la piel hacia abajo en una cazuela con un aro por debajo y meterlo (con papel de aluminio en las orejas y en el rabo) en el horno a 180 ˚C con un poco de agua.
Cada 20 min. echar por encima del cochinillo la salsa que vaya quedando en el fondo de la cazuela y añadir un poco más de agua.
Pasada 1 hora, darle la vuelta al cochinillo y proseguir con la tónica de «regarlo» cada 20 min. con la salsa del fondo y un poco más de agua si hace falta.
Los últimos 20 min., subir el horno a 200 ˚C.
Acompañar con una ensalada rociada con una vinagreta de mostaza y sésamo tostado.

CONEJO A LA SICILIANA

Para la marinada:
1 conejo de monte de 1,5 kg aprox., partido en pedazos para guisar
1 cebolla picada
1 puerro picado
750 ml de vino tinto
1/2 cebolleta picada
1 ramita de perejil
1 ramita de tomillo
1 hoja de laurel
2 clavos
Granos de pimienta negra

Además:
100 g de tocino magro cortado en dados
1 pastilla de caldo
Azúcar moreno
Agua, harina y sal
50 g de pasas de Corinto en remojo en agua templada
1 puñado de piñones tostados
Vinagre de Jerez

Mezclar en una olla el vino tinto + 1/2 cebolla picada + perejil + tomillo + laurel + clavos + pimienta negra.
Calentar la mezcla sin que hierva y meter en ella el conejo.
Dejarlo marinar 3 horas.
Poner a pochar 1 cebolla + 1 puerro en aceite + sal.
Añadir el tocino al sofrito.
Enharinar los pedazos de conejo y añadirlos al sofrito. Dorarlos.
Entonces, agregar el líquido de la marinada poco a poco + verdura marinada, hasta acabar con todo.
Mojar con pastilla de caldo + agua + sal.
Guisar 1 hora aprox.
Caramelizar 1 pizca de azúcar en una sartén + vinagre.
Desglasar con 1 pizca de salsa y añadirlo al guiso + pasas + piñones.
Rectificar de sal y dar un último hervor.

CONEJO CON CIRUELAS

1 conejo troceado, con su hígado y riñones
100 g de tocineta en dados
1 cebolleta picada
2 chalotas picadas
1 trozo de apio picado
1 puerro picado
2 dientes de ajo
1 piel de naranja
1 pizca de tomillo fresco
1 pastilla de caldo
2 galletas maría, carquiñolis, pan frito o pan seco
1 pizca de almendras tostadas
1 chorrito de vinagre o agraz
1/2 vaso de vino de oporto
Agua
200 g de ciruelas pasas de Agen, deshuesadas
Aceite de oliva
Sal y pimienta
Cebollino picado

Salpimentar los pedazos de conejo.
Dorarlos en una olla con aceite de oliva.
Escurrirlos a un plato, y el hígado + riñones al mortero.
Añadir la tocineta, sofreír cebolleta + chalotas + apio + puerro + ajos + piel de naranja + tomillo + pastilla y salpimentar.
Dejar que se estofe unos minutos.
Agregar el conejo, darle vueltas y mojar con el oporto + agua.
Cubrir ligeramente y estofar suavemente 45 min.
Mientras, majar en el mortero el hígado frito + riñones de cordero + galletas + almendras + 1 chorrito de vinagre o agraz.
Cuando falten 10 min. para terminar la cocción, levantar la tapa de la olla y añadir las ciruelas + majado.
Hervir unos minutos y rectificar el sazonamiento.
Espolvorear con cebollino picado.

CONEJO GUISADO CON DÁTILES

1 pieza de conejo pequeño de 900 g (620 g sin cabeza)
150 g de dátiles
100 ml de vinagre de Jerez
250 ml de vino tinto
50 g de mantequilla
50 ml de aceite de oliva
10 dientes de ajo
40 g de harina
8 g de perejil picado
750 ml de caldo
3 cebolletas picadas
Sal y pimienta

Limpiar bien el conejo reservando el hígado, al que previamente hay que quitarle la hiel.

Separar por piezas el conejo y cortarlo en trozos de unos 40 g.

Colocarlo en un bol junto con el vinagre y el vino.

Mezclarlo todo bien y dejar marinar 12 horas tapado con film.

Cortar los dátiles por la mitad y quitarles el hueso.

Escurrir el conejo pasadas las 12 horas, guardar la marinada y separar los ajos.

Secar bien el conejo sobre papel absorbente.

Calentar una olla del tamaño apropiado para la cantidad de conejo y dorar los trozos durante unos 5 min., sin dejar que cojan demasiado color.

Retirar a una bandeja.

Agregar la cebolleta y los ajos, y rehogar unos 8-10 min.

Añadir los 40 g de harina, mover bien, volver a meter el conejo y agregar la marinada.

Llevar a ebullición, dejarlo 4 min. y agregar el caldo.

Cortar un papel sulfurizado del mismo tamaño que el diámetro de la olla, pintarlo de mantequilla y, sobre ese lado, colocarlo al ras sobre el guiso.

Dejarlo cocinar 1 hora y 15 min.

Agregar al guiso los dátiles partidos por la mitad.

Saltear los hígados en una sartén con un poco de aceite, retirarlos y ponerlos en un mortero junto con la mantequilla y el perejil picado. Majar bien y reservar. Esto es lo que usaremos de ligazón.

Agregar el ligazón y retirar del fuego para que no se corte.

Mover bien para que se reparta a partes iguales.

Poner a punto de sal y pimienta.

CORAZÓN AL VINO TINTO

1 corazón de vaca o ternera fresco
1 zanahoria entera
1 puerro entero
1 cucharada de pimienta negra
1 cebolleta entera
1 pastilla de caldo de carne + agua
1 puñado de perejil
1 vaso de vino tinto
Aceite y sal

Para la salsa:
1 puerro picado
1 cebolleta picada
6 dientes de ajo picados
1 pizca de harina
1 vaso de vino tinto
Caldo de cocción del corazón
1 cucharada de mantequilla

Colocar en una cazuela el corazón cubierto de agua y hervir 5 min.
Escurrir, dorarlo en una olla con aceite por todos los lados y salpimentar.
Cubrir con agua limpia + sal + zanahoria + 1 puerro + pimienta negra +
1 cebolleta + pastilla de caldo + 1 puñado de perejil + vino tinto y cocerlo
1 hora y 30 min. (o unos 50 min. en olla exprés).
Una vez que el caldo esté tibio, escurrir el corazón y cortarlo en lonchas
gruesas.
Reservar el caldo para hacer la salsa.
Para la salsa, en una cazuela amplia poner 1 chorrito de aceite + 1 puerro
picado + 1 cebolleta picada + dientes de ajo picados + 1 pizca de sal y
rehogar durante 5 min.
Añadir harina + vino + caldo de cocción del corazón y dejar cocer 20 min.
Colar la salsa sobre los escalopes de corazón, añadir mantequilla y hervir
20 min. más.

CORDERO AL CHILINDRÓN

1,6 kg de cordero lechal en trozos medianos
1 cebolleta grande picada
6 dientes de ajo picados
50 g de jamón ibérico en daditos
Vino blanco
2 tomates maduros
6 pimientos choriceros remojados en agua templada unas 2 horas
Aceite de oliva virgen
1 pizca de sal y pimienta

En una cazuela amplia dorar los trozos de cordero sazonados.
Sacar el cordero a un plato en la misma cazuela y sofreír cebolleta + ajos + jamón.
Sacar la pulpa a los choriceros.
Añadir el cordero, dar unas vueltas e incorporar vino + tomate rallado + choriceros y parte del caldo de remojo.
Cubrir y guisar a fuego suave durante 40 min.
Si se seca, añadir agua de remojo de los choriceros.

CORDERO ASADO CON VINAGRETA DE AJOS

Para el cordero asado:
1/2 cordero lechal
1 cabeza de ajos
1 vaso de agua
Sal

Para la vinagreta de ajos:
La pulpa de los ajos asados
20 ml de vinagre de sidra
100 ml de aceite de oliva virgen
Unas hojas de perejil
1 pizca de sal fina

Sazonar ligeramente el cordero con sal.

Meterlo en el horno con la piel contra la bandeja y con el agua a 180 ˚C durante 60 min. Ir rociándolo con su propio jugo cada 15 min. aprox.

Al darle la vuelta al cordero, añadir la cabeza de ajos y dejarlo hasta que termine la cocción (cuando la piel esté bien dorada), unos 45-60 min. más.

En un vaso de túrmix, echar la pulpa de los dientes de ajo con los que hemos asado el cordero y las hojas de perejil.

Añadir el vinagre de sidra y triturar a la vez que añadimos el aceite de oliva virgen a chorro fino. Poner a punto de sal.

Aliñar con esta vinagreta la ensalada de lechuga con la que se servirá el cordero.

CORDERO GUISADO CON MIEL

1,5 kg de cordero lechal en trozos medianos
6 pimientos choriceros remojados en agua templada unas 2 horas
1 cebolleta grande picada
3 dientes de ajo picados
1 pizca de harina
1/2 vaso de vino blanco
2 tomates rallados
1 chorrito de aceite de oliva
1 cucharada sopera de miel
Agua de los choriceros
Sal y pimienta

Dorar el cordero en aceite de oliva y reservar.

Rehogar la cebolleta + ajos + choriceros + sal, 5 min. a fuego suave.

Añadir harina + cordero + vino blanco + tomate + caldo de remojo de los choriceros + sal.

Guisar 1 hora a fuego suave.

Cuando falte un poco para terminar la cocción, añadir la miel.

Listo.

COSTILLA DE CERDO A LA CUCHARA

4 tiras de costilla de cerdo con magro
750 g de rabo de vaca troceado
650 g de morcillo de vaca
1 pizca de mantequilla
1 zanahoria en rodajas
3 chalotas
3 dientes de ajo
1 puerro troceado
1 atadillo de rabos de perejil
1 cucharada de tomate concentrado
2 trozos de pata de ternera
200 g de garbanzos en una red
1/2 botella de vino blanco
Agua

Además:
2 patatas peladas en pedazos
1/2 brócoli en pedazos menudos
2 puñados de guisantes congelados
Perejil toscamente picado
Aceite de oliva virgen
1 pizca de mantequilla fría

Horno a 200 ˚C.

En el fondo de una olla, rehogar en mantequilla + aceite las zanahorias + chalotas + ajo + puerro + perejil.

Trocear el morcillo, colocarlo en una bandeja + rabo + agua y meterlo en el horno 50 min.

Sacar la carne ya asada, con su jugo en el fondo.

Añadir sobre la verdura el tomate concentrado + pata de ternera + garbanzos + vino + carne asada + costillas de cerdo + agua.

Cocer unas 2 horas aprox.

Escurrir las tiras de costilla de cerdo cuando estén tiernas.

Colar el caldo de cocción a otra olla y dejarlo reducir a fuego suave.

Horno a 150 ˚C.

Poner las costillas sobre una bandeja para glasear al horno (con la parte curvada hacia arriba).

Rociar con el jugo + mantequilla y hornear durante 25 min., sin dejar de mojarlas constantemente.

Poner a hervir las patatas en agua durante 10-15 min.

Meter en el agua el brócoli.

Darle la vuelta a la costilla del horno y seguir rociándola con el jugo.

Si se secan, añadir más glaseo o agua.

Proseguir durante 20 min. más.

Añadir los guisantes al agua y escurrir en la fregadera.

Machacar con machacador + perejil + aceite de oliva + mantequilla.

Colocar en una bandeja junto con el puré y rociar con su propio jugo.

COSTILLA DE CERDO AL HORNO CON AJO Y MOSTAZA

4 trozos hermosos de costilla de cerdo (o 1 buen corte entero de costilla)
1 chorrito de aceite de oliva
3 dientes de ajo picados
1 cucharada sopera hermosa de mostaza de grano
1 buen chorro de salsa de soja
1 chorro de salsa kétchup
1 chorrito de zumo de limón
1 chorro de vino blanco
1 chorro de agua
Sal
Pimienta

Horno a 200 ˚C.

Para el mejunje:
En un bol, mezclar pimienta + mostaza + ajo picado + sal + salsa de soja +
kétchup + aceite de oliva + 1 chorrito de vino blanco.

Sazonar las costillas y embadurnarlas con este mejunje con la ayuda de un
pincel.
Colocarlas en una bandeja con la carne hacia abajo y añadir agua + vino
blanco en el fondo para que tenga humedad.
Hornearlas 20 min. por un lado.
Darles la vuelta y otros 20 min. por el otro.
Al final, rociar con un poco de limón.

COSTILLA DE CERDO ASADA

4 trozos hermosos de costilla de cerdo
1 chorrito de vino blanco
Cebollas francesas medianas con las pelanas
Agua y sal

Sazonar la costilla alegremente y embadurnarla con el aderezo para asados
(véase la receta en p. 537).
Colocarla en una bandeja y añadir agua + vino blanco + cebollas.
Horno precalentado a 200 ˚C unos 20 min.
Dar la vuelta a la costilla, rociarla con el jugo del fondo, embadurnar con
aderezo y asar otros 20 min.

COSTILLA DE CERDO GUISADA

2 kg de costilla de cerdo troceada en pedazos menudos
4 dientes de ajo picados
2 puerros picados
2 cebolletas picadas
1 vaso de vino blanco
1 chorrito de armañac
8 cucharadas soperas de salsa de tomate
2 cucharadas soperas de pulpa de choricero
1 l de caldo o agua
Aceite de oliva, sal y pimienta

En una olla sofreír en aceite los pedazos de costilla y salpimentar.
Añadir ajo + puerro + cebolleta y sofreír 5 min. más.
Verter vino blanco + armañac, dejar evaporar, agregar salsa de tomate + choricero + caldo o agua y guisar durante 50 min.
Listo.

ESCALOPE A LA MILANESA

2 filetes tiernos de ternera, cortados bien gruesos
1 huevo batido
Pan rallado hecho con pan fresco
2 hojas de salvia
1 chalota muy picada
6 alcaparras grandes
1 chorrito de caldo de carne
Zumo de limón
Mantequilla fría
Perejil picado
Sal y pimienta

Salpimentar la carne.
Pasarla por huevo y pan rallado, apretando bien.
Poner al fuego un sauté con mantequilla en espuma y añadir la salvia.
Deslizar los dos filetes de ternera.
Hacerlos despacio, rociándolos con una cuchara.
Voltearlos y retirarlos a un plato.
En el jugo del fondo y la grasa, añadir la chalota + alcaparras + zumo de limón + caldo.
Reducir unos segundos y montar con una nuez de mantequilla + perejil.
Rociar los filetes y comer.

ESPALDILLA GUISADA AL VINO TINTO

800 g de espaldilla de ternera para guisar
100 g de tocineta de cerdo en lardones gruesos
2 cebolletas picadas
2 puerros troceados
1 pizca de harina
1 pizca de pimentón de La Vera
1 hoja de laurel
500 ml de vino tinto joven
1 lata pequeña de sofrito de tomate
500 ml de agua
Guisantes
Sal y pimienta

En una olla rehogar en aceite los lardones + cebolletas + puerros y salpimentar.
Cortar la carne en tacos grandes.
Dejar que la verdura se oscurezca bastante.
Añadir los dados de carne a la verdura, rehogarlos para que se sofrían y salpimentar.
Añadir harina + pimentón + laurel y rehogar.
Verter el vino tinto y hervir.
Añadir el tomate + agua y salpimentar.
Cubrir la olla y guisar unos 50 min. aprox., tapado.
Los últimos 10 min., destapar para que la salsa engorde.

FIAMBRE DE CABEZA DE CERDO

1 cabeza de cerdo
100 g de mantequilla
200 g de chalota
Pimienta
Nuez moscada
Vino blanco
Caldo de cocción
Sal
Ajos
Tomillo y laurel
1 *bouquet garni*

Deshuesar la cabeza de cerdo e introducir sus carnes en una salmuera (100 g de sal por l de agua) + ajos + tomillo + laurel durante 3 días.

Pasados los 3 días, cocer las carnes en agua limpia durante 1 hora + *bouquet garni.*

Una vez cocida la carne, escurrirla reservando el líquido de cocción colado y trocearla en dados.

Rehogar en una sartén la chalota + mantequilla + pimienta + nuez moscada y, al final, añadir el vino blanco.

Añadir la carne e ir incorporando el caldo de cocción reservado hasta cubrir la carne. Tenerlo al fuego por espacio de 1/2 hora.

Pasado ese tiempo, recubrir el molde donde se vaya a preparar la cabeza de cerdo y verter la carne junto con el caldo reducido.

Enfriarlo durante al menos 12 horas a temperatura ambiente.

Refrigerar 24 horas.

Listo.

FILETES DE TERNERA A LA CERVEZA

1 kg de filetes de espaldilla de grosor medio
3 dientes de ajo con su piel
6 cebolletas en finas tiras
3 dientes de ajo picados
3 hojas de salvia frescas
1 pastilla de caldo de carne concentrado
2 cucharadas soperas de piparra
500 ml de cerveza
500 ml de agua
1 pizca de harina
Aceite de oliva
Sal y pimienta

Colocar en una olla aceite + cebolletas en tiras + ajos picados + salvia, sazonar y guisar a fuego medio, hasta que se vuelva tierno y dorado (unos 50 min.).

Poner al fuego una sartén con aceite + 3 ajos.

Salpimentar los filetes y pasarlos por harina, sacudiendo la que sobre.

Freírlos en poco aceite a fuego vivo, rápidamente. Así con todos.

Añadir la pastilla de caldo desmenuzada a la cebolleta + piparra.

En la misma cazuela donde pochamos la cebolleta, colocar por capas los filetes + cebolleta, hasta acabar con esta última.

Arrimar a fuego medio y verter cerveza + agua.

Guisar a fuego muy suave 1 hora y 30 min. aprox., hasta que quede jugoso y tierno.

FILETES DE TERNERA AL CURRY

1 redondo de 1 kg cortado en filetes muy finos
1 pizca de harina
4 cebolletas hermosas cortadas en tiras
1 pastilla de caldo de carne
4 granos de cardamomo
2 clavos de olor
1 cucharada sopera colmada de curry
1 astilla de canela
1 pizca de jengibre fresco
1 botellín de cerveza
500 ml de leche de coco
Aceite de oliva virgen
Mantequilla
1 pizca de sal
Pimienta de molinillo
Zumo de lima

Abrir el cardamomo y romper los granos.

Añadir la pastilla a la olla + cardamomo + curry + clavo + canela + jengibre y sofreír con aceite + mantequilla.

Añadir las cebolletas, sazonar y estofar hasta que se vuelvan tiernas y doradas, 90 min. aprox.

Salpimentar los filetes y pasarlos ligeramente por harina, sacudiéndoles la que sobre.

Freírlos en poco aceite a fuego vivo.

Colocar en una olla una fina capa de cebolleta pochada en el fondo y sobre ella los filetes fritos. Así hasta acabar con una capa de cebolleta.

Arrimar a fuego medio y verter cerveza y leche de coco.

Cocer a fuego muy suave unas 2 horas, hasta que la carne quede jugosa y tierna y la cebolla se confite.

Se obtiene un guiso de carne que contiene una salsa mínima pero sabrosa.

Rociar con unas gotas de zumo de lima.

FOIE GRAS CON LENTEJAS

1 astilla pequeña de canela
1 pizca de comino en grano
1 cebolleta hermosa picada
1 diente de ajo picado
1 puñado de tocineta cortada en lardones finos
250 g de lentejas verdes de Puy
1 *bouquet garni* pequeño (tallos de perejil, laurel, apio, tomillo, hoja de
  puerro)
1 chorrito de nata doble
Aceite de oliva y 1 pizca de mantequilla
Gotas de zumo de limón
Perejil en tiras
1 hígado de pato fresco
Sal y pimienta
Ensalada de hierbas (perejil, perifollo, cebollino en bastones, brotes de
  espinaca)

Poner en una olla 1 pizca de mantequilla + canela + comino y rustir las
especias.
Volcar 1 chorrito de aceite + cebolleta + ajo + lardones y pochar.
Añadir lentejas + *bouquet* + sal + 500 ml de agua aprox.
Hervir suavemente unos 45 min., hasta que las lentejas queden casi secas.
Entonces, añadir la nata doble + gotas limón y dejar reducir unos segundos.
Retirar el *bouquet garni*, añadir el perejil y salpimentar.
Sacar 1 o 2 escalopes del hígado, según el tamaño.
Salpimentar los escalopes y dorarlos en la sartén, vuelta y vuelta.
Retirarlos a una fuente en la que haya un poco de caldo caliente, que chupa
la grasa del hígado.
Emplatar el hígado en un plato hondo sobre una buena cucharada de
lentejas cremosas.
Coronar con una ensalada de hierbas que desgrase.

FOIE GRAS CON PACHARÁN

Para la gelatina:
80 g de azúcar
80 ml de agua
1,5 hojas de gelatina
60 ml de pacharán

Para el foie gras:
2 l de caldo de gallina
1 foie gras crudo de unos 500 g
100 ml de pacharán
Leche
1 pizca de sal y pimienta

Para la gelatina:
Mezclar el azúcar y el agua para hacer un almíbar y agregar a 45 ˚C la gelatina hidratada y por último, cuando esté frío del todo, el pacharán. Poner una base en los platos en los que se vaya a servir y meterlo en la nevera durante 2 horas como mínimo, de forma que se gelifiquen. Esto será la base del foie gras.

Para el foie gras:
Desvenar el foie gras con la ayuda de una puntilla o, si se quiere hacerlo más sencillo, 3 horas antes sumergir el hígado en leche.
Disponer el caldo en una olla.
Llevarlo a 80 ˚C (cuando uno mete el dedo y empieza a quemar), introducir el foie gras y tenerlo 15 min.
Dar la vuelta al foie gras y tenerlo 15 min más.
Sacarlo del caldo y dejarlo escurrir bien.
Reservar durante 30 min.
Transcurrida la media hora, hacer un rulo con la ayuda de papel film.
Meterlo en la nevera para que se endurezca.
Cuando esté compacto, y en frío, cortar, salpimentar generosamente y disponer encima de la gelatina de pacharán.
Acompañar con unos brotes aliñados.

FOIE GRAS SALTEADO CON MANZANAS

100 g de mantequilla
2 manzanas de carne firme
1 pizca de azúcar moreno
1 chorrito de calvados o sagardoz
1 chorrito de caldo de carne
1 chorrito de vino blanco de oporto
1 foie gras de pato fresco
Sal y pimienta recién molida

Pelar las manzanas y cortarlas en gajos.
Arrimar al fuego una sartén + mantequilla.
Añadir las manzanas + peladuras y caramelizar suavemente + azúcar.
Tenerlas unos minutos.
Retirar los gajos de manzana y regar las peladuras con calvados. Seguir con el jugo del fondo, añadir oporto + caldo y reducir a fuego suave.
Colar el jugo a un pequeño cazo y condimentar con mantequilla fresca + gotas de calvados + pimienta.
Meter los gajos de manzana en la salsa.
Colocarla al fuego suave.
Sobre una tabla, cortar unos pedazos de foie gras bien gruesos.
Salpimentarlos y colocarlos en la sartén sin grasa.
Cuando estén dorados, voltearlos y bajar el fuego.
Sacar los trozos de hígado de la sartén y ponerlos en la bandeja con el caldo, para escurrirles la grasa.
En un plato y sobre las manzanas, colocar los filetes de hígado y rociar con el jugo recién hecho, al que le habremos dado un varillazo.

FRICANDÓ DE TERNERA CON SETAS

800 g de carne para fricandó
6 cebollas cortadas en *brunoise*
6 zanahorias en *brunoise*
Ajo picado
Laurel
Romero
3 cucharadas soperas de tomate frito o de mata
1 jarra pequeña de vino tinto
2 l de jugo de carne
Setas (rebozuelo, carrereta, etc.)
Harina
Aceite
Sal y pimienta

Salpimentar la carne, enharinarla y freírla en abundante aceite sin que coja color. Reservar.

Sacar el exceso de aceite que pueda haber y, en la misma grasa, empezar a hacer un buen sofrito con la cebolla, el ajo y las hierbas aromáticas.

Cuando la cebolla esté bien sofrita, añadir la zanahoria y dejar pochar bien.

Cuando el sofrito haya sudado bien, añadir el tomate frito y dejar pochar 1/2 hora.

Agregar la carne, luego el vino tinto y reducir.

Añadir el caldo y dejar pochar durante 1/2 hora aprox.

Cuando la carne esté casi hecha, saltear las setas y añadírselas para que todo haga chup, chup, a fuego suave durante unos 10 min.

FRITADA

800 g de carne de espaldilla de ternera o vaca
500 g de cebolla picada
400 g de pimientos morrones
1 vaso de vino de manzanilla
1 vaso de caldo de carne
Aceite de oliva, sal y pimienta

Horno a 180 °C. Meter los pimientos morrones en el horno + aceite + sal.
Limpiar la carne quitando los nervios y la grasa.
Cortarla en dados pequeños y rehogarla con aceite en una olla.
Añadir las cebollas y dejar que se rehogue bien.
Mojar con el caldo + vino + sal y dejarlo cocinando 1 hora y 15 min. aprox.
Pelar los pimientos, despepitarlos y cortarlos en tiras muy finas.
Incorporarlos en el guiso al final y dejar que se estofe hasta que esté tierno
y la salsa, poca y espesa, tome un color pardo rojizo.
Pimentar.

GUISO DE MORCILLO DE VACA

1,5 kg de morcillo de vaca
125 g de pimiento rojo
200 g de cebolleta
100 g de puerro
150 g de zanahoria
7,5 g de ajo
300 ml de vino tinto
50 ml de coñac
2 l de caldo
15 g de harina
Aceite de oliva
Sal

Lavar y cortar todas las verduras en dados y reservar.
Cortar la carne en dados de 4 x 4 cm, enharinarla y dorarla con aceite.
Retirar de la olla y reservar.
Agregar un poco de aceite y pochar las verduras durante 10 min. + sal.
Añadir de nuevo la carne + harina y cocinar 3 min.
Verter el coñac y reducir.
Mojar con el vino tinto y cocinarlo 10 min.
Verter el caldo, bajar el fuego y cocinar muy lentamente durante 4 horas.
Retirar del fuego y poner a punto de sal.
Listo.

HÍGADO «CAMINA O REVIENTA»

2 filetes de hígado de ternera gruesos
4 chalotas picadas
1 pimiento verde pequeño muy picado
2 dientes de ajo picados
1 pizca de pan rallado
Mantequilla
1 chorrito de vinagre de Módena
Sal y pimienta
Cebollino picado

En una sartén poner mantequilla, que espume.
Salpimentar el hígado y pasarlo ligeramente por pan rallado.
Meterlo en la sartén e ir rociándolo con la grasa, delicadamente.
Espolvorearlo con la chalota + pimiento verde + ajo.
Darle la vuelta y dejar que vaya tostándose ligeramente.
Espolvorearlo con la chalota + pimiento verde + ajo.
Escurrirlo a una fuente.
Añadir el vinagre a la sartén, dar unas vueltas y rociar los filetes.
Espolvorear con cebollino.

HÍGADO DE TERNERA CON ALCAPARRAS

3 escalopes gruesos de hígado de ternera
1 cebolleta pequeña cortada en tiras finas
1 chalota cortada en tiras finas
2 dientes de ajo picados
2 tomates maduros
1 pizca de tomate concentrado
1 puñado de alcaparras buenas y gordas
1 chorrito de vino blanco
Perejil en tiras
Aceite de oliva, azúcar y sal

Además:
300 g de pan rallado
2 puñados de perejil fresco en hojas, seco
100 g de mantequilla
2 huevos
Harina
1 limón
Pimienta

En un sauté rehogar aceite + cebolleta + chalota + ajo + sal.

Rallar el tomate en un bol.

Añadir al sofrito las alcaparras + vino blanco + tomate concentrado + tomate rallado + azúcar y dejar estofar a fuego suave.

Mientras, en una batidora americana mezclar pan + perejil.

Batirlo y echarlo a una fuente.

Salpimentar los filetes de hígado y pasarlos por harina + huevo + pan rallado verde.

Añadir 1 pizca de mantequilla + aceite a la sartén y dorar los filetes de hígado a fuego suave, rociándolos constantemente.

Colocar en una bandeja los 3 filetes de hígado.

En el jugo del fondo, exprimir 1 chorrito de zumo + pimienta + mantequilla + aceite + perejil, reducir y salsear los hígados.

Colocar al lado de cada filete 1 cucharada del rehogado del sauté + perejil.

Listo.

JARRETICOS DE CORDERO «25 AJOS»

8 jarretes de cordero bien limpios, con hueso
25 dientes de ajo sin pelar
1 puerro picado del tamaño de los ajos
1 cebolleta picada del tamaño de los ajos
1 pizca de harina
500 ml de vino blanco
Aceite de oliva
Pastilla de caldo
Agua y sal

Dorar en una olla los jarretes por todas las caras y retirarlos.

Retirar el exceso de grasa si es necesario, volcar los ajos + puerro + cebolleta y pochar.

Introducir de nuevo los jarretes dorados + harina, añadir el vino y reducir.

Cubrir con agua caliente, sazonar ligeramente y guisar 2 horas.

Cuando estén tiernos, retirar los jarretes y colar el jugo de cocción.

Poner el jugo a hervir despacio en una cazuela limpia.

Añadir los jarretes a la cazuela con el jugo, dejando que vayan soltando la gelatina y la salsa se vaya espesando.

Añadir unas gotas de vino blanco.

Rectificar el sazonamiento.

JARRETICOS DE CORDERO EN SALSA

8 jarretes de cordero pequeños, bien limpios y con hueso
1 trozo de grasa de jamón entera
20 dientes de ajo sin pelar
1 puerro picado toscamente
1 cebolleta picada toscamente
1 pastilla de caldo
500 ml de vino oloroso
Aceite de oliva
1 pizca de mantequilla
1 chorro de dry sack o manzanilla
Agua y sal

Dorar todos los jarretes por ambas caras.
Sacarlos, retirar el exceso de grasa y volcar grasa de jamón + ajos + puerro + cebolleta + pastilla.
Pochar perfectamente.
Introducir de nuevo los jarretes dorados, dar vueltas y añadir el vino oloroso.
Dejarlo reducir.
Cubrir con agua caliente 3 dedos por encima, sazonar y cocer tapado a pequeños borbotones unas 2 horas. Controlar que no les falte agua hasta cubrir e ir añadiendo más si vemos que se evapora.
Filtrar el jugo y escurrir los jarreticos.
Meter los jarreticos en la salsa + mantequilla + 1 chorro de dry sack y dejar que la salsa se reduzca y se espese.
Rectificar la sazón y listo.

«KEBAB KOFTA» DE CORDERO

700 g de carne de cordero del cuello, picada
1 pizca de tomillo
1 pizca de romero picado
1 pizca de chile molido o pulpa de guindilla
1 pizca de comino molido
1 pizca de sumak
Sal y pimienta
Pistachos molidos
Brochetas metálicas
Aceite
Sal y pimienta

Además:
1 cebolla roja pelada
2 puñados de hojas de perejil
1 limón (zumo + cáscara)
Brotes de menta
Ensalada verde
Yogur
Sal
Pan de pita

Amasar la carne + tomillo + romero + chile o pulpa + comino + sumak + sal + pimienta + pistachos.
Apretar la carne a lo largo de las brochetas y dejarlas en reposo en la nevera una 1/2 hora.
Con la mandolina, laminar la cebolla roja sobre el perejil + menta + ensalada + zumo y cáscara de limón + aceite y sal.
Asar las brochetas en la parrilla y calentar las tortas finas de pan.
Colocar la verdura sobre la torta y acomodar la carne rota en pedazos + yogur.
Enrollar y comer.
Listo.

LECHAZO «ENTREASADO»

1 cuarto de lechazo en trozos pequeños
1 cebolla en tiras finas
1 zanahoria troceada
1 pimiento verde en tiras finas
2 dientes de ajo pelados
1 puñado de hojas de perejil
1/2 vaso de vinagre suave
Aceite de oliva, sal y agua

Además:
1 lechuga
Cebolleta fina

Horno a 200 ˚C.
Salpimentar el lechazo y dorarlo en aceite en una olla.
Apartarlo, añadir el pimiento + cebolla + zanahoria y pocharlo 5 min.
Incorporar el lechazo.
Mientras, en un mortero majar ajo + perejil + vinagre. Cuando esté bien majado, incorporar agua hasta la mitad del mortero.
Verterlo en el guiso y dejarlo guisar tapado a fuego suave 25 min. Que los pedazos tengan el pellejo hacia arriba.
Entonces, meter la cazuela destapada en el horno, durante 20 min.
Acompañar con ensalada verde + cebolleta fina en tiras + aceite + sal.
Listo.

LENGUA DE TERNERA EN SALSA

2 lenguas de ternera
1,5 l de caldo de carne
1,5 l de agua
2 cebollas cortadas en tiras
4 dientes de ajo
4 zanahorias en rodajas
2 puerros en rodajas
1 chorrito de aceite de oliva
400 ml de vino tinto
Huevo, harina y aceite para rebozar
Sal

Dorar en una cazuela con 1 gota de aceite la lengua por todos los lados, hasta tostarla.

Retirarla.

Añadir entonces las verduras a la cazuela y pocharlas a fuego suave.

Cuando estén hechas, agregar el vino y hervir hasta que se evapore.

Volver a introducir la lengua y cubrirla con el caldo y el agua.

Cocer lentamente, hasta que la lengua esté tierna (pincharla, para comprobar su punto de cocción). Serán necesarias unas 2 horas (si utilizamos olla a presión, 50 min.).

Una vez cocida y tierna, escurrirla. Cuando se haya templado, pelarla.

Filetearla y rebozarla con harina y huevo.

Freírla en aceite abundante y depositar los filetes en un papel absorbente, para eliminar el exceso de grasa.

Triturar la salsa y pasarla por un colador fino.

Sumergir en ella los filetes y rectificar el punto de sal.

Antes de servir, dejar que repose.

LENGUAS DE LECHAZO CON LANGOSTINOS Y GARBANZOS

12 lenguas de lechazo churro crudas
Pimienta en grano
2 dientes de ajo aplastados
1 casco de cebolla
Laurel
24 langostinos (guardar cabezas + cáscaras)
1 cebolleta fresca muy picada
1 zanahoria muy picada
Salvia + tomillo + romero
1 pizca de pimentón de La Vera
1 tomate bien maduro rallado
1/2 cabeza de ajos majados + perejil
1 chorrito de coñac o armañac
Agua
300 g de garbanzo cocido tradicional
Cebollino picado
Aceite de oliva y sal

Dorar las lenguas en la olla exprés con un poco de aceite + pimienta en grano + 2 dientes de ajo golpeados + 1 casco de cebolla + laurel + sal y cocerlo 20 min.

Rehogar en una olla con aceite las cabezas de langostinos. Una vez tostadas, echar el armañac y acto seguido cebolleta + zanahoria.

Cuando esté pochado, agregar las hierbas + pimentón + tomate + majado de ajo y perejil.

Cuando comience a oler a ajo frito añadir el agua (2 veces el volumen del producto).

Cocer 15 min., triturar, colar y poner a punto de sal y pimienta.

Cortar las lenguas en rodajas de 1 dedo.

Saltear los langostinos y reservar.

En la misma sartén, saltear las lenguas ya cortadas + garbanzos escurridos y salpimentar.

Cubrir las lenguas y los garbanzos con caldo de lenguas + crema de marisco. Reducir.

Reposar.

Servir las lenguas con los langostinos.

Espolvorear cebollino y listo.

LOMO DE CERDO CON QUESO

100 g de queso fresco de untar
1/2 cucharilla de café de ajo picado
1 cucharada sopera de cebolla picada
2 cucharadas soperas de aceite de oliva
8 lomos de cerdo fresco de 90 g cada uno
Sal

En un plato, mezclar queso fresco + ajo picado + cebolla + 1 pizca de sal.

En una sartén bien caliente, echar aceite de oliva y rápidamente freír los lomos por ambas caras, en dos tandas, para que la intensidad del fuego no decaiga y los lomos se tuesten y no se cuezan.

Sobre los filetes de lomo, una vez hechos y aún calientes, colocar la crema de queso, de manera que, en contacto con el calor, se funda.

Servir acompañado de ensalada verde o de patatas fritas con ajos.

«LOMOPIZZA» DE ANCHOAS, MOZZARELLA Y ACEITUNAS

150 g de mozzarella
400 g de lomo embuchado
16 tomates cherry
4 filetes de anchoa
20 ml de aceite de oliva
12 aceitunas negras
100 g de parmesano rallado
100 g de Idiazábal rallado
15 ml de vinagre de Módena
Sal
Pimienta
100 ml de aceite de oliva
4 g de hojas de perejil

Para la ensalada verde:
Berros
Cerezas
Jamón ibérico
Aceite, vinagre y sal

Colocar el aceite de oliva y las hojas de perejil en un vaso de túrmix con 1 pizca de sal, triturar bien y reservar.
Escurrir las mozzarellas y cortarlas en dados de 1 x 1 cm.
Cortar las anchoas en 8 trozos y los tomates cherry en 2.
Marcar por ambos lados el lomo en una sartén antiadherente, 1 min. por cada lado aprox.
Quitarles la grasa de los costados a los lomos y hacer unos rectángulos regulares.
Colocar estos rectángulos o rodajas en una bandeja de horno e ir alternando aceitunas, mozzarella, tomate cherry y aceitunas entre todas las rodajas.
Echar 1 chorrito de aceite virgen por encima de cada una de ellas.
Espolvorear parmesano y colocar en el horno a 180 ˚C durante 2 min.
Al sacarlo del horno, espolvorear con el Idiazábal y echar 1 chorrito del aceite de perejil que teníamos reservado desde el principio.
Preparar una ensalada para acompañar mezclando los berros con las cerezas, partidas por la mitad y sin hueso, y 1 juliana de jamón, y aliñado con aceite + vinagre + sal.
Terminar echando un poco de vinagre de Módena encima de los «lomopizza».

MAGRAS CON TOMATE

Para el sofrito de tomate:
1 kg de tomate
500 g de cebolleta
250 g de chalota
4 dientes de ajo enteros
2 cucharadas soperas de tomate concentrado
100 ml de aceite de oliva virgen
1 pizca de sal
Pimienta recién molida
1 pizca de azúcar
1 chorro de vino blanco
Agua

Además:
10 lonchas de jamón de media curación de 1 cm aprox.
2 huevos

Hacer 2 incisiones a los tomates, en el lado contrario al tallo, y sumergirlos en agua hirviendo durante 10 segundos.
Seguidamente, colocarlos en un bol con agua y hielo.
Pelarlos, cortarlos en cuartos y, con la ayuda de un cuchillo, retirarles el corazón con las semillas.
Cortar los gajos restantes en cubos pequeños.
Cortar también la cebolleta y la chalota en dados.
Rehogar la cebolla en el aceite de oliva virgen durante 2 o 3 min. y añadir la chalota y los dientes de ajo picados con un poco de sal y pimienta.
Pochar durante 20 min. más y ligar con un chorretón de vino blanco, las 2 cucharadas de tomate concentrado y 1 pizca de azúcar.
Por último, añadirle el tomate cortado en cubos y cocerlo junto con el resto hasta que se reduzca el agua del tomate, durante 1/2 hora aprox. a fuego lento.
Poner a punto de sal, pimienta y azúcar para rectificar la acidez.
Se puede pasar por un colador chino.
Una vez hecho el tomate, pasar ligeramente las magras de jamón por una sartén, vuelta y vuelta.
Con el tomate bien caliente, incorporar las magras a la cazuela, darles un hervor y, en el último momento, incorporar 2 huevos hasta escalfarlos.

MORCILLO COCIDO

1 morcillo de ternera delantero
1 zanahoria
1 cebolleta
1 nabo
1 puerro
1 atado de rabos de perejil
1 golpe de vino blanco
Sal
12 patatas nuevas pequeñas
12 zanahorias pequeñas

Meter el morcillo en el agua hirviendo para blanquearlo.
Escurrirlo, refrescarlo, volver a meterlo en la olla vacía y cubrirlo con agua caliente.
Añadir en una red zanahoria + cebolleta + nabo + puerro + atados de perejil + vino blanco + sal.
Cocer el morcillo cubierto 1 hora y 30 min. o 2 horas.
Cuando falten 15 min. para finalizar la cocción, incorporar las patatas y, 10 min. antes del final, las zanahorias.
Se puede acompañar con salsa bercy (véase la receta en p. 542).

MORROS DE TERNERA EN SALSA DE CEBOLLA

2 morros de ternera
1 cebolleta
1 cabeza de ajos
1 zanahoria
1 puerro
2 tomates maduros
1 puñado de tallos de perejil
3 cucharadas soperas de aceite de oliva virgen
Sal

Para la salsa:
2 cebolletas pochadas
Ajo
Verdura de la cocción del morro
1 pastilla de caldo
1 pizca de harina
Caldo gelatinizado de la cocción del morro

Para freír:
150 g de harina
3 huevos batidos
1 pizca de sal
Pimienta recién molida
Aceite para freír

Además:
Puré de patata: patatas cocidas, aceite de oliva y cebollino picado

Limpiar los morros en agua fría.
Blanquearlos en agua hirviendo, escurrirlos y afeitarlos.
Cubrirlos con agua + 1 cebolla entera + cabeza de ajos + zanahoria + puerro + tomates + tallos de perejil + sal, y 2 horas de cocción en olla cerrada.
Rehogar 2 cebolletas picadas en aceite + ajo + sal, 45 min.
Añadir la pastilla de caldo + harina, dar vueltas y cubrir con caldo de morros.
Cocerlo 30 min.
Mientras, trocear los morros y quitarles el cartílago.
Rebozar en harina y huevo y freírlos.
Triturar la salsa.
Mezclar la salsa y los morros, y dar un hervor.

Para el puré de patata:
Machacar la pulpa de las 2 patatas y mezclarla con el aceite de oliva y el cebollino picado.
Colocar en un plato un poco de puré y cubrir con los morros en salsa.

OSSOBUCO DE TERNERA A LA NARANJA

1 jarrete de ternera con su hueso
1 cebolla en tiras finas
2 clavos de olor
1 *bouquet garni*
El zumo de 2 naranjas
1 chorro de vino blanco
El zumo de 1/2 limón
100 ml de caldo de carne
2 cucharadas soperas de vinagre de vino
1 cucharada sopera de azúcar
Aceite de oliva y 1 pizca de mantequilla
1 naranja para rallar 1 pizca
Sal y pimienta

Mezclar en un bol la cebolla + los zumos + clavo + *bouquet garni* + 1 chorro de vino blanco.

Salpimentar el jarrete y marinarlo 12 horas en la mezcla.

Horno a 150 °C.

Escurrir y secar el jarrete.

Dorarlo en una *cocotte* con aceite de oliva por todas las caras.

Añadir la marinada + agua.

Tapar y meter en el horno unas 3 horas. Girar las piezas unas 2-3 veces en el transcurso de la cocción.

Hacer un caramelo con el azúcar y desglasar con el vinagre.

Verter la salsa sobre el caramelo + caldo.

Montar con un poco de mantequilla + rallar cáscara de naranja sobre la salsa.

Dejar hervir unos minutos junto con la carne.

PALETILLA DE CORDERO ASADA CON ENSALADA

Para la paletilla:
4 paletillas de cordero lechal, de unos 900 g cada una
2 cabezas de ajo
1 vaso grande de agua
1 chorretón de vino blanco
Sal y pimienta

Para la ensalada:
Escarola
2 cucharadas soperas de mostaza de Dijon
2 cucharadas soperas de vinagre de vino tinto
65 ml de aceite de girasol
65 ml de aceite de oliva
50 ml de nata
100 g de queso (camembert, brie o queso tierno de cabra)
Sal y pimienta

Para la paletilla:
Salpimentar las paletillas de cordero y colocarlas en una fuente de horno con la parte interior hacia arriba.

Añadir las cabezas de ajo y verter el agua y el vino.

Asar las paletillas en un horno precalentado a 200 °C durante 25 min. por cada lado, rociándolas constantemente con su jugo.

A media cocción, darles la vuelta para asarlas por el otro lado.

Una vez dada la vuelta, no conviene volver a rociar la carne, para que al final quede tostada y crujiente. El fondo de la fuente no ha de secarse, debe asarse en un ambiente húmedo.

Si fuera necesario, añadir más agua o vino.

Servir las paletillas con su jugo, los ajos y la ensalada de escarola.

Para la ensalada:

Calentar a fuego lento los 50 ml de nata hasta casi alcanzar el punto de ebullición. Añadir el queso.

Retirar del fuego y remover bien hasta que se haya derretido.

Mezclarlo entonces con los ingredientes de la vinagreta básica: los aceites, el vinagre y la mostaza.

En el último momento, mezclar también con unas cucharadas del jugo del asado.

Aliñar la escarola con esta mezcla.

PALETILLAS DE CONEJO CONFITADAS

16 paletillas de conejo frescas
600 ml de aceite de oliva
400 ml de agua
1 pastilla de caldo concentrado de pollo
12 dientes de ajo
150 g de beicon ahumado en dados

Para la salsa de alioli ligero:
1 yema de huevo
300 ml de aceite de girasol
1 diente de ajo crudo
100 ml de agua caliente
100 ml de nata
1 cucharilla de café de cebollino picado
Sal

Además:
Patatas hervidas

Colocar al fuego una cazuela amplia con aceite de oliva, añadir los dados de beicon + dientes de ajo, dar unas vueltas al fuego, agregar aceite + pastilla de caldo + agua y dejar que comience a hervir.

En ese momento, bajar el fuego al mínimo e introducir las paletillas de conejo, bien cubiertas; si no, añadir más agua y aceite.

Dejarlas unas 2 horas a temperatura constante, con hervor imperceptible, hasta que la carne se despegue del hueso.

Dejarlas enfriar en el mismo caldo de cocción y, una vez frías, escurrirlas bien.

Comerlas escurridas y acompañadas de patatas hervidas y alioli ligero.

Para el alioli ligero:
En la túrmix colocar yema + agua caliente + diente de ajo.
Triturar e incorporar el aceite poco a poco hasta que se monte.
Poner a punto de sal y agregar nata + cebollino picado.

PANCETA ASADA «SICHUAN»

1 panceta de cerdo fresca de 1,5 kg, sin el cuero
1 cucharada sopera de pimienta de Sichuan
1 trozo de jengibre fresco
4 cucharadas soperas de salsa de soja
1 golpe de salsa kétchup
6 cucharadas soperas de salsa de tomate
El zumo de 1 limón
1 pizca de ralladura de limón
1 pizca de 4 especias
1 pizca de azúcar
1 pizca de miso
6 cebolletas frescas medianas
10 dientes de ajo con piel
10 patatas nuevas medianas, con piel
Vino blanco
Sal y pimienta

Horno a 200 ˚C.
Hacer con el cuchillo unos tajos paralelos sobre la grasa de la panceta.
Majar la pimienta de Sichuan en el mortero.
Rallar el jengibre + sichuan + soja + kétchup + tomate + zumo de limón + 4 especias + azúcar + miso + sal + ralladura + pimienta.
Meter la panceta en la bolsa y masajearla un buen rato.
Colocarla sobre una bandeja de asar con la grasa hacia abajo y guarnecerla con cebolletas partidas en cuartos + ajos + patatas.

Mojar con vino blanco + agua.

Hornear a 200 °C durante 50 min.

Rociar con una cuchara con el jugo del asado y darle la vuelta, con la grasa hacia arriba.

Meterla en el horno y tenerla otros 50 min. más, rociándola hasta 20 min. antes de sacarla, para que quede crujiente.

Sacarla sobre una tabla y trincharla.

PASTA «ROGAN JOSH»

1 cucharilla de café de comino
1 cucharilla de café de semillas de cilantro
1 cucharilla de café de pimienta negra
3 dientes de ajo sin germen
1 pedazo de jengibre pelado
80 g de pimientos del piquillo
1 cucharada sopera de pimentón de La Vera dulce
1 pizca de pimentón de La Vera picante
1 cucharilla de café de *garam masala*
1 cucharilla de café de cúrcuma
3 cucharadas soperas de aceite de oliva
2 cucharadas soperas de concentrado de tomate
1 cayena
1 puñado de perejil
Sal

Tostar en la sartén el comino + cilantro + pimienta negra.

Molerlo todo junto en la batidora de especias, primero los secos + batir y luego los húmedos.

Listo.

PATAS DE MINISTRO EN SALSA

8 patas de cerdo bien blancas
12 dientes de ajo sin pelar
1 puerro picado
1 cebolleta picada
500 ml de vino tinto
Agua caliente
Pastilla de caldo
Aceite de oliva
Sal
1 pizca de mantequilla + armañac

En una olla dorar todas las manos de cerdo por todas las caras.
Sacarlas, retirar el exceso de grasa, volcar ajos + puerro + cebolleta y
pochar.
Añadir las manos y el vino, y hervir + armañac.
Añadir agua caliente y la pastilla y sazonar.
Hervir 3 horas a pequeños borbotones.
Por un lado, tener las manos escurridas tibias; por otro, el jugo colado
hirviendo.
Deshuesar las manos enteras, intentando dejarlas limpias de cartílagos, etc.
Conforme se deshuesan, meterlas en el jugo y reducir durante unos 20 min.
Cuando la salsa esté espesa, añadir un poco de mantequilla + armañac.
Listo.

PATICAS DE CORDERO «CALLE LAUREL»

16 patitas de cordero bien limpias
1 cabeza de ajos lavada, sin romper
1 puerro entero, lavado
1 zanahoria entera, lavada
1 cebolla roja entera con 3 clavos de olor
1 mazo de tallos de perejil atados
1 tomate entero
1 vaso de vino blanco
1 pizca de sal

Para el sofrito:
1 cebolla roja picada
1 pimiento verde picado

6 dientes de ajo picados
1 blanco de puerro picado
200 g de chorizo tierno picante, en dados pequeños
100 g de jamón fresco, en dados pequeños
1 pizca de pimentón picante
6 cucharadas soperas de pulpa de choricero
1 cucharilla de café de pulpa de guindilla
700 ml de salsa de tomate
Azúcar y sal

Además:
Harina y huevo batido
Aceite de oliva

Poner a hervir agua en una olla.
En un colador, blanquear rápidamente los tacos de chorizo del sofrito y escurrir.
Añadir las manos de cordero y blanquearlas.
En cuanto hierva de nuevo, escurrir, lavar en el fregadero y cubrir de agua nueva.
Añadir cabeza de ajos + puerro + zanahoria + cebolla + perejil + tomate + vino blanco + sal.
Cocer a fuego suave unas 2 horas y 30 min. aprox., o 50 min. en olla exprés.
Hacer el sofrito.
Rehogar aparte, en una cazuela, aceite + cebolla roja + pimiento verde + ajo + puerro.
Añadir el chorizo + jamón y sudar.
Verter el pimentón + pulpa de choricero + pulpa de guindilla + azúcar y rehogar.
Añadir la salsa de tomate y guisar 35 min.
Rebozar las manitas en harina + huevo, freírlas y escurrirlas.
Añadir caldo de cocción al sofrito de tomate y dejar cocer unos minutos.
Meter las manitas en la salsa e ir añadiendo caldo de cocción conforme se reducen.
Listo.

PATITAS DE CORDERO GUISADAS CON SETAS

16 patitas de cordero bien limpias
10 dientes de ajo enteros, con piel
1 puerro picado
Granos de pimienta negra
1 cebolla picada
1,5 l de caldo de carne o agua + pastilla
2 nueces de mantequilla
Armañac
Harina y huevo batido
Aceite de oliva virgen
Sal

Para la guarnición:
100 g de trompetas de la muerte
100 g de senderuelas
100 g de angulas de monte
100 g de hongos pequeños
100 g de trompetas amarillas

Dorar bien las patitas en una cazuela con aceite de oliva.
En la misma grasa, pochar ajos + puerro + pimienta + cebolla + 1 golpe de armañac + sal.
Cubrir 3 dedos con el caldo y guisar a pequeños borbotones, unos 90 min. (o 30 min. en la olla exprés).
Deshuesar las patas con cuidado para no romperlas.
Pasarlas por harina y huevo, y freírlas en aceite de oliva.
Escurrirlas.
Añadir las nueces de mantequilla a la salsa + armañac + manitas de cordero rebozadas.
Glasear a fuego bajo durante 50 min.
Saltear todas las setas en aceite de oliva.
Disponer las patitas guisadas en el plato, salsear y repartir el combinado de setas.

PUERCO COCHIFRITO

1 kg de cochinillo troceado
3 dientes de ajo picados
1 cebolleta picada
Perejil picado
1 pizca de pimentón picante de La Vera
Aceite de oliva
1 chorrito de zumo de limón o de buen vinagre
Agua
Sal y pimienta

Dorar en aceite el cochinillo troceado.
Añadir la cebolleta + ajos + perejil + pimienta + 1 pizca de sal y dar unas vueltas.
Incorporar el pimentón + cubrir con agua, sazonar y dejar evaporar despacio.
Cuando el cochinillo se vuelve a refreír, rociar con zumo de limón o vinagre y dar unas vueltas.
Listo.

RABO CON ALMEJAS

12 rabos de marrano ibérico
1 zanahoria
1 cebolla
1 puerro
Tallos de perejil
1 vaso de vino blanco
Agua
1 kg de almejas
3 dientes de ajo picados
1 pizca de cayena picante
Aceite de oliva virgen
1 pizca de harina
1 chorrito de vino blanco
1/2 vaso de agua
Perejil picado
Sal

Afeitar los rabos con una maquinilla de afeitar limpia.
Lavarlos y sumergirlos en el agua hirviendo. Vuelto el hervor, escurrir,
refrescar, cubrir de agua y de nuevo al fuego.
Añadir zanahoria + cebolla + puerro + tallos de perejil + vino blanco + sal.
Hervir 3 horas (en olla exprés 50 min.).
Partirlos en dos y dorarlos en una sartén antiadherente.
Mientras, preparar las almejas.
Para ello, rehogar en aceite ajo + cayena y añadir harina + vino.
Agregar agua y hervir unos segundos.
Volcar las almejas e ir retirándolas conforme se abran, para que no se
sequen.
Reducir la salsa.
Incorporar las almejas a la salsa. Si se reduce demasiado, añadir un poco del
caldo de los rabos.
Incorporar los pedazos de rabo escurridos.
Espolvorear perejil picado.
Rociar con 1 chorrito de aceite de oliva virgen, fuera del fuego.

RABO DE VACA GUISADO AL VINO TINTO

1 rabo de vaca cortado por las juntas
1,5 botellas de vino tinto
1 cebolla troceada
2 zanahorias troceadas
4 chalotas troceadas
1/2 cabeza de ajos partida por la mitad
75 g de mantequilla
Aceite de oliva
Harina
Sal

Saltear el rabo en una sartén y colorearlo por todos los lados. Sazonar.
Cuando esté todo salteado, sacar el rabo, echar las verduras y rehogarlas
bien a fuego suave con un poco de aceite nuevo.
Añadir 2 cucharadas soperas de harina y agregar el vino tinto.
Echar nuevamente el rabo a la cazuela y, si no está cubierto, completar con
agua.
Tapar la cazuela y cocer durante unas 5 horas a fuego lento, hasta que el
rabo esté completamente cocido y la carne se despegue fácilmente del
hueso.
Una vez cocido todo el rabo, probar el líquido y, si es necesario, reducirlo
hasta tenerlo a punto de sabor.
Triturar la salsa y colarla sobre el rabo, puesto en una cazuela.
Poner a hervir 5 min. a fuego lento y acabar con unos dados de mantequilla
para que la salsa resulte suave y untuosa.
Se puede acompañar de unas zanahorias caramelizadas.

RAGÚ DE RIÑONES Y MOLLEJAS DE TERNERA

1 riñón de ternera
1 molleja de ternera
1 vaso de champán
1 chorrito de vermú blanco
1 bol de nata doble
Caldo de carne caliente
2 chalotas picadas
Perejil picado
Mostaza de Dijon
Mantequilla

Limpiar bien la molleja, blanquearla en el agua + refrescarla en agua y hielos.

Quitarle al riñón toda la grasa que sea posible.

Rebanar la molleja en escalopes.

En un sauté añadir mantequilla y soasar el riñón, dorándolo por todas las caras.

Sacar el riñón a una rejilla, pincharlo y cubrirlo con papel de aluminio para que suelte jugo.

Añadir un poco más de mantequilla al sauté y rehogar las mollejas, de forma que se soasen.

Añadir la chalota + vermú + champán + nata doble + caldo y hervir suavemente.

Añadir mostaza, mezclar y salpimentar + perejil.

Añadir las mollejas y los trozos de riñón, y dar un hervor rápido.

Servir.

«ROGAN JOSH» DE CUELLO DE CORDERO

2 cebollas rojas picadas
1 hoja de laurel
2 cuellos de cordero partidos en dos, en pedazos menudos
1 chorro de vinagre balsámico
350 g de tomate maduro fresco picado
Pasta *rogan josh* (véase la receta en p. 467)
1 l de caldo de pollo o 1 l de agua + pastilla de caldo
1 puñado de lentejas coral o dal
1 yogur natural cremoso
Aceite de oliva y mantequilla
Sal y pimienta
Arroz blanco hervido de guarnición

En una olla, poner aceite + mantequilla y rehogar cebolla + laurel + pimienta.

Una vez bien pochado, añadir el cordero y seguir rehogando. Colorear.

Agregar vinagre + tomate + pasta *rogan josh* + caldo o agua con pastilla.

A fuego suave, guisarlo 1 hora aprox., tapado.

Cuando falten 20 min. para terminar la cocción, añadir las lentejas coral.

Rectificar la sazón y servir con arroz y yogur natural por encima del cordero.

ROLLO DE CARNE PICADA «MARILÉN»

1,5 kg de carne picada (vaca, ternera y pollo de caserío)
1 trozo de morcilla de arroz desmenuzada
2 cebolletas pequeñas picadas
1 pimiento verde pequeño picado
2 dientes de ajo picados
El verde de las cebolletas
300 g de queso fresco tipo Philadelphia
1 pizca de perejil picado
1 pizca de guindilla picante
3 cucharadas soperas de kétchup
1 chorrito de salsa de soja
1 pedazo de miga de pan remojada en leche
1 chorrito de vino blanco
1 lata de pimientos del piquillo extra, escurridos
500 g de patatas pequeñas peladas
Aceite de oliva
Sal
Pimienta

Horno a 200 ˚C + grill.
Pochar las cebolletas + pimiento verde + ajo + aceite + sal.
Picar en tiras finas el verde de las cebolletas.
Mezclar el queso + verde de cebolletas + perejil picado.
Amasar la carne cruda con guindilla + morcilla + kétchup + salsa de soja +
miga de pan escurrida + verdura pochada + sal + pimienta.
Sobre una bandeja, formar una base ovalada con la mitad de la carne,
dejando un hueco.
Rellenarlo con el queso aliñado.
Cubrir con el resto de la carne, cerrando los costados para que el relleno no
se salga.
Embadurnar de aceite + rociar con vino blanco + patatas + pimientos.
Hornearlo 10 min. para que se tueste bien con el grill.
Apagar el grill y dejar que se ase 45 min.
Sacar del horno y dejar reposar el rollo de carne hasta que se enfríe, antes
de cortarlo y comerlo.
Listo.

ROPA VIEJA

1 morcillo cocido del día anterior
2 cebollas en tiras muy finas
3 dientes de ajo
4 patatas en dados pequeños, lavadas y secas
Sofrito de tomate
Aceite de oliva y mantequilla
Perejil picado
Sal y pimienta

Dorar poco a poco las patatas en una sartén con mantequilla.
Poner a rehogar en una sartén las cebollas + ajo + aceite.
Sobre una tabla picar el trozo de morcillo, quitando las grasas o tendones.
Añadirlo a la cebolla rehogada, dar vueltas, cimentar y dejar estofar unos
15 min.
Las patatas están listas y doradas.
Cuando la carne con la cebolla esté melosa, añadir perejil + patatas
doradas.
En una fuente colocar el sofrito de tomate en el fondo y cubrirlo con la
carne + patatas.

SOLOMILLO ASADO CON TOCINETA

1 solomillo
20 lonchas de tocineta bien finas
Aceite de oliva

Sacar el solomillo unas 6 horas antes de cocinarlo para que se atempere.

Horno a 140 ˚C.
Enrollar la tocineta en el solomillo y atarlo.
Colocar una sartén antiadherente al fuego y, cuando humee, echarle aceite
y marcar el solomillo por ambos lados durante 15 min.
Colocarlo en una rejilla de horno con una bandeja debajo y hornear durante
35-40 min.
Ir dándole la vuelta cada 5 min. para que se dore bien por todos los lados.
Sacar del horno y dejarlo sobre la misma rejilla para que suelte toda la
sangre.
Taparlo con papel de aluminio y hacerle un par de chimeneas en la parte
superior.

Dejar reposar unos 10 min.
Cortar al gusto y colocarlo en una bandeja caliente para que no pierda calor.

SOLOMILLO DE CERDO CON SANDÍA, MELÓN Y NUEZ

2 solomillos de cerdo de unos 350 g cada uno o 1 grande
150 g de sandía
150 g de melón
20 hojas de cilantro
100 g de nuez de macadamia
3 cucharadas soperas de miel
1 cucharada sopera de semillas de sésamo negras
50 ml de zumo de naranja
Aceite de oliva
Sal y pimienta

Cortar el solomillo en láminas de 1 cm de largo.
Pelar la sandía y el melón, retirar las semillas y cortar la pulpa en cubos de 1 cm.
Cortar en juliana muy fina las hojas de cilantro.
En un wok (o sartén) verter el aceite de oliva y dejar calentar a fuego alto.
Colocar las láminas de solomillo y cocerlas durante 1 min. por ambos lados. Sacar a un plato.
Agregar la miel y remover bien.
Agregar el zumo de naranja, los cubos de sandía y melón, las nueces de macadamia y el cilantro.
Dejar cocer durante unos minutos a fuego alto.
Rectificar el sazonamiento, agregar las semillas de sésamo y servir enseguida.
A la hora de presentarlo, con un pelador sacar unas rodajas muy finas de melón y sandía y ponerlas por encima de la carne.
Espolvorear con la nuez de macadamia rallada y con más semillas de amapola.

SOLOMILLO «STROGONOFF»

650 g de solomillo de vaca en una pieza
1 cucharilla de café de mostaza de Dijon
2 cucharadas soperas de aceite de oliva
2 cucharadas soperas de perejil picado
2 chalotas pequeñas picadas
1 diente de ajo picado
1 cucharada sopera de mantequilla
200 g de hongos en dados
150 ml de nata
1 chorro de armañac
Unas gotas de vino blanco
Sal
Pimienta

Cortar el solomillo en medallones gruesos y, a su vez, en tiras.
En una sartén muy caliente con 1 gota de aceite, marcar las tiras de solomillos dejándolas rojas por dentro, salpimentar y reservar en un plato.
En la misma sartén echar mantequilla, añadir chalotas + ajo y sofreír.
Añadir los hongos, saltear, bajar fuego y salpimentar.
Desengrasar con 1 chorro de armañac y unas gotas de vino blanco.
Verter la nata, mezclar y añadir mostaza.
Añadir el solomillo jugoso y mezclar con la salsa.
Espolvorear perejil y servir.

«STEAK TARTAR»

500 g de carne picada de vaca
4 cucharadas soperas de aceite de oliva virgen
1 cucharada sopera de mostaza de grano o tipo Dijon
1 cucharada sopera generosa de salsa Worcestershire
1 cebolleta picada
1 puñado de alcaparras picadas
1 puñado de pepinillos en vinagre picados
3 yemas de huevo
3 cucharadas soperas generosas de mahonesa
1 cucharada sopera de salsa kétchup
Unas gotas de salsa picante o tabasco
1 pizca de sal
Pimienta de molinillo

Meter la carne en un bol y añadir el resto de los ingredientes.
Meterlo en la nevera unos minutos antes de servir.
Acompañar con ensalada verde y patatas fritas.
Listo.

TACOS DE SOLOMILLO Y BRÓCOLI AL WOK

500 g de solomillo de ternera
100 ml de salsa *teriyaki*
Salsa de soja
1 pieza de brócoli de 600 g
2 cucharadas soperas de aceite de oliva

Cortar el solomillo en tacos y marinarlo en la salsa *teriyaki* durante 2 horas.
Preparar el brócoli separándolo en flores pequeñas.
Pasado el tiempo de marinado, escurrir la carne y reservar la marinada.
Poner aceite en el wok y saltear las flores de brócoli durante unos minutos.
Reservar el brócoli salteado.
Poner aceite en el wok y, cuando esté caliente y a fuego vivo, saltear la
carne, vuelta y vuelta.
Sacar la carne, reservarla y verter en el wok la marinada de *teriyaki*
sobrante y 1 chorretón de salsa de soja, dejando que se reduzca y se
caramelice durante unos minutos hasta conseguir una salsa consistente.
Añadir el brócoli y la carne salteada, darle un golpe de calor y servir enseguida.

TARTAR DE CARNE «LUISMI»

500 g de solomillo de vaca gallega picado
Chalota picada
2 yemas de huevo
2 cucharadas soperas de aceite de oliva
1 cucharada sopera de vinagre
1 cucharada sopera de mostaza de grano
1 cucharada sopera de kétchup
Mahonesa
Aceite
Salsa Worcestershire
Tabasco
Alcaparras y pepinillos picados
Queso de Idiazábal curado
Sal y pimienta

Con un pelador echar lascas de queso en un bol y desmigarlas con los dedos.

Poner en un bol la carne + chalota + yemas + aceite + vinagre + mostaza + mahonesa + kétchup + alcaparras + pepinillos + queso + pimienta y mezclar.

Acompañar con una ensalada verde aliñada con aceite + miel + salsa de soja + pasas gordas.

TERNERA GUISADA A LA CERVEZA

800 g de carne de ternera para guisar (espaldilla)
100 g de tocineta de cerdo en lardones gruesos
2 cebolletas picadas
2 puerros troceados
1 pizca de harina
1 hoja de laurel
2 botellines de cerveza negra
Agua + pastilla
Sal y pimienta

En una olla rehogar en aceite los lardones + pastilla + cebolletas + puerros, salpimentar y pochar perfectamente.

Cortar la carne en tacos grandes.

Dejar que la verdura se oscurezca bastante.

Añadir los dados de carne a la verdura, rehogarlos para que se sofrían y salpimentar.

Añadir harina + laurel y rehogar.

Verter la cerveza y dejar hervir.

Añadir agua y salpimentar.

Guisar unos 50 min. aprox., tapado.

Guisar otros 10 min., destapado.

TARRINA DE FOIE GRAS AL MICROONDAS

2 hígados crudos de pato a temperatura ambiente
Sal y pimienta molida
1 chorro de armañac
Rebanadas de pan tostado

Desnervar los hígados de pato con una cuchara sobre la tabla.

También se suelen pinchar delicadamente y sumergir en agua helada.

Sazonarlos con sal + pimienta + armañac.

Apretarlos en el fondo de una tarrina y cubrir con papel film pinchado.
Meterlo 2 min. en el microondas, a 750 W.
Dejarla reposar y meterla en la nevera durante 12 horas.

Aguanta 15 días al frío.
Servir con pan tostado.

TOCINETA ASADA CON PURÉ DE PATATA CON FOIE GRAS

Para la tocineta:
2 kg de tocineta
1 zanahoria
1 cebolla
Ramas de perejil
Flor de sal
Pimienta rota negra
4 cucharadas soperas de pimentón de La Vera

Para el puré de patata con foie gras:
10 patatas pequeñas
100 g de foie gras confitado
200 g de mantequilla suave
1 kg de sal gorda
1 chorrito de leche
Sal y pimienta

Para la tocineta:
Colocar la tocineta en un plato.
Esparcir la flor de sal, la pimienta rota y el pimentón de La Vera por ambos lados y dejar macerar durante 12 horas.

Transcurrido ese tiempo, pasarlo bien por agua, para quitarle toda la sal adherida.
Pelar la zanahoria y la cebolla y cortarlas en trozos.
En una cacerola, colocar la tocineta con la zanahoria, las ramas de perejil y la cebolla.
Rellenar la cacerola con agua hasta el borde y dejar cocer a fuego suave durante 3 horas y 30 min. aprox.
Dejar enfriar en el líquido de la cocción y reservar en la nevera hasta el día siguiente.

Para el puré de patata con foie gras:
Precalentar el horno a 180 °C.
Lavar las patatas.
En una plancha colocar la sal gruesa de manera que la cubra toda.
Poner las patatas en la capa de sal gruesa esparciéndolas suavemente y después colocar una hoja de papel de aluminio.
Hornear las patatas y dejarlas cocer durante 1 hora y 30 min. o 2 horas, dependiendo del grosor.
Pelar las patatas y triturarlas con la ayuda de un pasapurés.
Pasarlo por la túrmix con el foie gras y la mantequilla hasta obtener un puré bien liso y untuoso, añadiéndole la leche poco a poco.
Agregar sal y pimienta y reservar bien caliente.

Cortar la tocineta en 4 lonchas gruesas y tostarlas de 2 a 3 min. aprox. sobre una sartén antiadherente.
Acompañarlas del puré de foie gras bien caliente.

TOCINO CON CAVIAR

1,5 kg de tocino de cerdo del cuello
Caviar fresco
Puré de patatas hecho con mantequilla y leche
Nata doble
1 chorrito de zumo de limón
Perifollo y cebollino picados

Para el adobo del tocino:
1 kg de sal fina
Pimentón de La Vera
Pimienta molida
8 cucharadas soperas de manteca blanca
3 dientes de ajo chafados
1 hoja de laurel

Para la cocción del tocino:
2 dientes de ajo
1 zanahoria
1 cebolla
1 pizca de apio
Pimienta en grano
Clavos de olor
1 pizca de sal

Para el adobo:
Untar el tocino con todos los ingredientes y dejarlo 6 horas en la nevera.
Pasado ese tiempo, lavar el tocino y secarlo.

Para la cocción:
Cubrir el tocino con agua fría + el resto de los ingredientes.
Hervir a fuego suave durante 5 horas.
Al cabo de este tiempo, retirar el tocino del caldo de cocción y enfriar.
Reducir el caldo de cocción.
Tener el puré de patata caliente y el caviar frío.
Quitar la corteza y la parte más grasa del tocino y cortarlo en dados o círculos hermosos.
Sumergirlos en el caldo para que se calienten.
Montar la salsa con el caldo reducido, añadirle 1 pizca de puré + nata doble + 1 chorrito de limón.
Colocar el puré + tocino escurrido.
Añadir 1 pizca de caviar a la salsa + hierbas picadas.
Salsear el tocino.
Colocar encima una buena cucharada de caviar.

TORTA CALIENTE DE FOIE GRAS

2 discos de hojaldre (uno de 32 cm de diámetro y otro de 36 cm)
800 g de patatas pequeñas cortadas en rodajas medianas, lavadas y secas
400 g de foie gras *micuit*
1 manzana granny smith en dados
4 puñados de espinacas crudas limpias
1 pizca de 4 especias
Mantequilla, sal y pimienta
Yema de huevo batida
2 puñados de *mesclun*
1 pechuga de jamón de pato loncheada
Vinagreta

Horno a 210 ˚C.

Dorar las patatas en mantequilla avellana (deben quedar crocantes por dentro), salpimentarlas y enfriarlas.

En otra sartén, derretir mantequilla y dorar en ella las manzanas + 4 especias + espinacas. Salpimentar, escurrir y enfriar.

Cortar el foie gras en láminas gruesas.

Sobre papel sulfurizado, colocar el disco más pequeño y dentro un aro de metal. Rellenar el aro con rodajas de patatas, dejando unos centímetros de hojaldre a la vista para sellar la torta.

Encima de las patatas, poner manzanas + espinacas. Encima, foie gras en láminas y cimentar.

Terminar con patatas, cubriendo la torta, que no debe quedar muy gruesa.

Untar el borde con la yema, cubrir con el disco de hojaldre grande y sellar.

Untar el resto con la yema batida, hacer algún dibujo, formar una chimenea y pinchar con un tenedor.

Refrigerar 1 hora en la nevera antes de meterlo en el horno.

Hornear 20 min, bajar el horno a 180 ˚C y seguir 20 min más.

Sacar la torta del horno y dejarla reposar como mínimo 10 min antes de cortarla.

Acompañar con un *mesclun* + jamón de pato + vinagreta.

VACA A LA MODA

1 kg de carne de vaca para guisar (tapa, cadera, redondo, etc.; si el carnicero es habilidoso, mechada con tocino y bien atada)

1 pata de ternera limpia, partida en dos

1 cabeza de ternera

1 cebolleta troceada

2 zanahorias en tiras anchas

1 puerro en trozos anchos

1 tomate mediano

2 dientes de ajo

1 atadillo de tallos de perejil

8 granos de pimienta negra

1/2 hoja de laurel fresca

1 clavo de olor

1 vaso de vino blanco

1 chorro de coñac o armañac

Aceite de oliva

2 l de agua caliente

Sal

Elegir un puchero amplio.

Verter en el fondo el aceite, arrimar al fuego y dorar la carne mechada + patas de ternera.

Bajar la intensidad del fuego y añadir las verduras, dientes de ajo enteros + atadillo de perejil + pimienta + laurel + clavo.

Dejar que se estofe.

Añadir vino blanco, reducir + agua y sazonar.

Cocer a fuego suave unas 5 horas y 30 min., siempre cubierto de agua.

Retirar el hilo a la carne y meterla en la olla.

Deshuesar las patas, trocearlas y meterlas en la olla.

Hervir suavemente 5 o 10 min. hasta que reduzca con unas gotas de coñac o armañac.

Añadirla al guiso.

Romper la carne con una cuchara, colocarla en un plato, salsear y coronar con las verduras.

WELLINGTON DE CARPANTA

1 patata en dados muy pequeños, lavada y seca
150 g de tocineta de cerdo en lardones finos
1 cebolleta picada
1 puerro picado
3 dientes de ajo picados
150 g de champiñones picados
1 kg de carne picada (cerdo, ternera, vaca)
1 chorrito de salsa de soja
1 pizca de kétchup
1 pizca de salsa Worcestershire
2 yemas de huevo
Nata
Perejil picado
Sal y pimienta
Aceite y mantequilla
Masa de hojaldre estirada

Además:
Ensalada verde
Parmesano en lascas

Horno a 180 ˚C.

En una sartén + mantequilla espumada, saltear la patata + tocineta y salpimentar. Añadir la cebolleta + puerro + ajo + champis y rehogar 5 min. + pimienta.

En un bol, poner carne cruda + 3 salsas + huevos + perejil.

Añadir el salteado al picadillo de carne y rectificar la sazón.

Envolver el picadillo en la masa hojaldrada, haciendo un rulo.

Pintarlo con yema de huevo + nata y hornear 1 hora.

Dejarlo reposar 15 min. antes de rebanarlo.

Servir con una ensalada aliñada con lascas de parmesano y acompañar con salsa de asado.

AVES & CAZA

ALITAS DE POLLO CONFITADAS CON ENSALADA

25 alitas de pollo partidas por la junta, en dos
150 g de beicon ahumado en dados
12 dientes de ajo con piel
500 ml de aceite de oliva virgen
1 pastilla de caldo concentrado de pollo
600 ml de agua
Tomillo en rama
Romero
Cáscara de limón

Para la ensalada:
Escarola
Mostaza
Nueces
Pepinillo laminado
Queso parmesano
Paté de hígado de pollo
Aceite del confitado de pollo
Vinagre de Jerez
Sal y pimienta

Colocar al fuego una olla con aceite + beicon + ajos + pastilla de caldo, dando unas vueltas.
Añadir aceite + agua y hervir.
Bajar el fuego al mínimo e introducir las alitas salpimentadas + hierbas + limón, que deben quedar cubiertas.
Confitarlas durante 1 hora a temperatura constante, sin hervir, y dejarlas enfriar en el mismo caldo de cocción.
Cuando las alas estén frías, escurrirlas.
Preparar una ensalada con el paté de pollo en *quenelle*.
Aliñar escarola + alitas de pollo deshuesadas + vinagreta con mostaza + nueces + pepinillo laminado + queso laminado con pelador.

BECADAS ASADAS

2 becadas desplumadas, sin tocar
1 pizca de mantequilla
Aceite de oliva
Un poco de grasa de jamón
1 trozo hermoso de foie gras *micuit*
2 rebanadas de pan tostado
1 chorrito de armañac
1 chorrito de caldo
Sal y pimienta

Horno a 200 °C.
Preparar las becadas, bridarlas.
En un sauté con un poco de grasa de jamón + mantequilla + aceite, colocar las becadas, colorearlas y rociarlas con su grasa por todos los lados durante unos 8-10 min.
Salpimentar.
Retirarlas del fuego y dejarlas reposar 5 min. en un plato cubiertas con papel de aluminio.
Trincharlas, separando cabeza, patas y pechugas.
Partir las cabezas en dos.
Meter las carcasas en el horno 10 min.
Sacarlas del horno, rescatar las tripas con una cuchara y añadirlas a un colador + foie gras.
Trocear las carcasas, volverlas al sauté + armañac + caldo y hervir.
Rescatar el puré del colador y extenderlo en las tostadas.
Poner un sauté pequeño con 1 pizca de mantequilla + carne de la becada.
Regarla con sus jugos al fuego, sin que se seque.
Colar el jugo y añadirle un poco de mantequilla + gotas de armañac.
Salpimentar el jugo y la becada.

BECADAS DE OROZKO EN SALSA

4 becadas desplumadas y enteras, con sus tripas y sin culo ni pezuñas
2 cebolletas picadas
1 puerro picado
6 chalotas picadas
1 zanahoria picada
1 mazo atado de tallos de perejil
4 granos de pimienta negra
1 ramita de romero
1 ramita de salvia
750 ml de vino tinto joven
1 chorrito de armañac
1 chorrito de vinagre de Jerez
1 manzana reineta pequeña
1 l de caldo de carne
2 onzas de chocolate negro
1 pizca de pan frito
Aceite de oliva + 1 pizca de mantequilla
100 g de foie gras *micuit*
4 cucharadas de encebollado muy pochado
1 tosta de pan pequeña
Sal y pimienta

Colocar las becadas en una olla pequeña y cubrirlas con verduras + especias + hierbas.
Verter el vino + armañac + vinagre + aceite de oliva y meterlo en la nevera 12 horas.
Sobre las tripas añadir 1 chorrito de vino + vinagre.
Salpimentar las becadas.
En una olla con aceite + mantequilla, rehogar las becadas por todas las caras y sacarlas.
Añadir las verduras marinadas + perejil y rehogar + manzana rallada.
Añadir las tripas y rehogarlas hasta que se consuman.
Incorporar las becadas + líquido de la marinada + caldo + chocolate + pan y salpimentar.
Guisar despacio unos 90 min. o hasta que las becadas estén tiernas.
Añadir los dados de foie gras + 1 chorrito de armañac.
Meterlas en la salsa, arrimada al fuego. Darle un golpe al fuego.
Lo mejor es dejarlas reposar.
Colocar el encebollado sobre la tosta + escalope de foie gras *micuit*.
Arrimar la becada caliente a la tosta y salsear.
Listo.

BROCHETA DE PATO, MIEL Y MANZANA

2 magrets de pato de 350 g cada uno
3 manzanas
200 g de miel de acacia
10 g de anís estrellado
2 pequeñas astillas de canela
Unos granos de pimienta
Aceite de oliva
Sal y pimienta

Retirar la piel del pato y cortar los magrets en cubos de 1,5 cm.
Pelar la manzana, quitándole el corazón, y cortarla en cubos del mismo grosor.
En una cacerola, calentar la miel hasta llevar a ebullición, agregar todas las especias (anís, canela y granos de pimienta) y dejar cocer a fuego suave durante 5 min. aprox.
Por otro lado, en un palillo de brocheta de unos 20 cm de largo, colocar 1 cubo de pato, otro de manzana y así sucesivamente, alternando hasta que la brocheta esté completa.
En una sartén bien caliente, verter un poco de aceite de oliva, salpimentar las brochetas y dorarlas durante 2 min. por cada uno de sus lados.
Con la ayuda de una cuchara o pincel, bañar de miel especiada las brochetas y dejar que se hagan otros 2 min.
Servir bien caliente.

BROCHETAS DE POLLO AL MARCIANO

4 pechugas de pollo
2 cucharadas de pimentón dulce
4 yogures naturales desnatados
10 hojas pequeñas de menta
2 cucharadas de perejil picado
1 patata cocida con piel
Lonchas de cabeza de jabalí
Cilantro
Sal y pimienta

Cortar las pechugas de pollo en dados.
Pinchar 4 o 5 dados en cada brocheta.
Mezclar 2 de los yogures con el pimentón dulce, la sal y la pimienta,

embadurnar las brochetas con esta mezcla y dejarlas en la nevera unas 3 o 4 horas.

Por otro lado, mezclar los yogures restantes con la menta, el perejil, 1 gota de pimentón, sal y pimienta.

Poner las brochetas de pollo al grill o en una sartén y asarlas por ambos lados.

Finalmente, poner en la base del plato la cabeza de jabalí, unas buenas rodajas de patata cocida encima y sobre ellas, pinchadas, 2 brochetas por comensal.

Echar por encima la salsa de menta, pimentón, perejil y cilantro.

Emplatar las brochetas con un poco de salsa de menta y perejil o cilantro.

CAPÓN GUISADO DE NAVIDAD

1 capón hermoso y troceado para guisar
2 cebolletas picadas
1 puerro
4 chalotas
2 zanahorias en rodajas
1 mazo atado de tallos de perejil
8 dientes de ajo picados
8 granos de pimienta negra
1 clavo de olor
1 ramita de romero
1 ramita de salvia
1,5 l de vino oloroso
Coñac o armañac
1 chorrito de vinagre de Jerez
2 manzanas reineta pequeñas
Agua y pastilla o caldo de carne
4 onzas de chocolate negro o cacao
3 carquiñolis
1 cucharada de miel
1 trozo de foie gras *micuit*
Aceite de oliva
Sal y pimienta

Cubrir el capón, salpimentado y crudo, con verduras en dados + perejil + ajos + especias + hierbas.

Verter el vino + destilados + vinagre y a la nevera 12 horas.

Separar la carne, la verdura y el líquido de la marinada.

Añadir sobre ella la manzana rallada y dar vueltas.

Echar los trozos de capón + líquido de marinada caliente + agua-caldo + chocolate + carquiñolis y salpimentar.

Guisar despacio durante unos 90 min.

Poner a punto la salsa del capón, con una batidora añadir miel + foie gras + gotas de coñac y salpimentar.

Verter la salsa sobre el capón y dejar que hierva suavemente unos 15 min.

CAPÓN RELLENO DE NAVIDAD

1 capón de Las Landas, de 3 a 4 kg (pueden comer de 8 a 12 personas)
750 g de relleno (véase la receta «Pularda rellena de foie gras» en p. 530)
Vino blanco
Aceite de oliva
Sal y pimienta

Horno a 160 °C.

Rellenar el capón con 750 g aprox. del relleno envuelto en una *crepine* (tela de cerdo).

Coserlo para cerrar el esqueleto.

Sazonarlo con sal, pimienta, aceite de oliva y vino blanco.

Meterlo en el horno 1 hora y 30 min. o 2 horas, rociándolo con su jugo.

Pasado ese tiempo, subir el horno a 180 °C durante 30 min. más.

Listo.

CIERVO ASADO CON SALSA

Para la salsa:
1 kg de huesos de ciervo troceados
1 cebolla grande picada toscamente
1 zanahoria grande en rodajas gruesas
2 dientes de ajo pelados enteros
2 chalotas peladas y picadas toscamente
1 chorrito de aguardiente y armañac
500 ml de vino tinto
1 l de agua
1 chorrito de vinagre de Jerez
1 pizca de harina
1 pastilla de caldo concentrado
Mantequilla

Para el ciervo asado:
1 lomo de ciervo fresco de 350 g
Tomillo, salvia
Salsa de soja
Aceite de sésamo
Pimienta

Para la salsa:
Cubrir los huesos de ciervo con cebolla + zanahoria + ajos + chalota + aguardiente + vino + agua + vinagre.
Embadurnar el lomo de ciervo con aceite + hierbas (tomillo y salvia) + soja.
Dejar ambos recipientes marinando en la nevera 6 horas.

Añadir la verdura, rehogar + harina + pastilla, mojar con el líquido y reducir a fuego muy pausado durante unos 45 min.
Transcurrido ese tiempo, colar el jugo.

Sacar el lomo de ciervo de la nevera.
Horno a 200 °C. En un sauté con mantequilla, soasar el lomo de ciervo, rociarlo con su jugo con una cuchara + pimentar.
Hornearlo, dependiendo del grosor, unos 8 min.
Montar la salsa con mantequilla + armañac. A esta salsa podemos añadirle unas cerezas deshuesadas, mermelada de frutos rojos, etc.
Dejar reposar sobre la tabla el lomo de ciervo asado tapado con papel de aluminio. Añadir al sauté del asado, sobre el fuego, 1 chorro de vinagre de vino tinto y desglasar.
Colar el jugo sobre la salsa, rectificar el sazonamiento y montar con varillas.
Trinchar el lomo y salsearlo.
Se puede acompañar con salsifíes a la crema.

 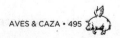

CIVET DE JABALÍ

1 kg de carne de jabalí en dados grandes
1 cebolleta picada
2 dientes de ajo picados
1 zanahoria en dados
1 buen vaso de calvados
500 ml de vino tinto
1 cucharada sopera de harina
1 cucharada sopera de vinagre de Jerez
1 l de agua
1 pastilla de caldo concentrado
100 g de tocineta en tiras + cebollitas en vinagre + coles de Bruselas hervidas
1 cucharada sopera de mantequilla
Zumo de limón
Aceite de oliva
Sal y pimienta

Colocar en un bol la carne de jabalí + cebolleta picada + dientes de ajo + zanahoria + calvados + vino tinto + pimienta + vinagre de Jerez + agua. Dejarlo marinar en la nevera, a poder ser 12 horas.

Separar la carne del líquido y de la verdura.
En una cazuela amplia, dorar en aceite de oliva el jabalí salpimentado.
Cuando esté dorado, añadir verdura, rehogar + harina y mojar con el líquido de marinada + vinagre + agua + pastilla de caldo + sal; 40 min. en olla rápida y 90 min. en olla normal.
Añadir en el último momento unas gotas de zumo de limón.
Saltear la tocineta en tiras + cebolleta + ajo picado y, en el último momento, agregar las cebollitas en vinagre y añadirlas al guiso.
Añadir 1 pizca de mantequilla + pimienta molida + coles de Bruselas hervidas.

CODORNICES CON CREMA DE POTIMARRÓN

Para las codornices marinadas:
6 codornices de pase
1/2 vaso de aceite de oliva
2 cucharadas de soja
Verduras (cebolla, puerro, zanahoria)
Hierbas aromáticas (tomillo, romero, salvia, etc.)
1 chorrito de vinagre de Jerez

1 vaso de caldo de carne
Sal y pimienta

Para la crema de potimarrón:
1 potimarrón (1,6 kg)
200 g de castañas
500 ml de aceite de girasol
Sal y pimienta

Limpiar bien las codornices.
Cortar y sacar las pechugas.
El resto del esqueleto (incluidas las patas) dorarlo en el horno o en una cazuela con las verduras bien pochadas + el vaso de caldo y dejar reducir el jugo para hacer una salsa.
Batir y colar.
Sobre las pechugas preparar una marinada mezclando el aceite de oliva, la soja, las hierbas, el vinagre, la sal y la pimienta.
Batirlo todo y después introducir en esta mezcla las pechugas de codorniz durante 4 horas a temperatura ambiente.

Para el aceite aromatizado de castañas:
Hacer un corte a las castañas (para evitar que estallen) y asarlas en el horno a temperatura alta durante 15 min.
Una vez asadas y peladas, introducirlas en el aceite de girasol y mantener a 50 °C durante 4 horas.

Para la crema de potimarrón:
Limpiar bien el potimarrón.
Cortarlo en tacos, salpimentarlo, sazonar con 1 chorrito de aceite y hornear en seco durante 25 min.
Cuando esté blando, retirarlo y pasarlo por el pasapurés.
Montarlo con un poco de aceite de castaña.

A la hora de emplatar, todos los ingredientes deben estar calientes, incluido el plato.
Saltear las codornices en la sartén solo por el lado de la piel.
Montar una *canele* de potimarrón (emulsionada con aceite de castaña) en un lateral y en el centro colocar las pechugas de codorniz.
Napar con la reducción del jugo de codorniz.
Se puede acompañar con alguna lechuga, rúcula o brotes de hierba.

CODORNICES EN SALSA DE VINO TINTO

8 codornices partidas en dos
175 g de lonchas finas de jamón ibérico
500 g de cebolla en juliana
1 zanahoria
1/2 hoja de laurel
600 ml de vino tinto
100 ml de aceite de oliva
800 ml de caldo de carne
2 cucharadas soperas de armañac
Pimienta recién molida
1 ramita de tomillo
Sal

Salpimentar las codornices y dejarlas marinar junto con la cebolla + zanahoria troceada + laurel + vino tinto desde la noche anterior hasta la elaboración.

Transcurrido el tiempo, sacar las codornices de la marinada y colar el líquido.
Saltearlas a fuego vivo + jamón picado, tostando todos los costados.
Escurrirlas.
Añadir un poco de aceite de oliva y, en el mismo fondo, dorar cebollas + zanahorias de la marinada.
Flambear con el armañac + vino y reducir a una tercera parte.
Añadir el caldo y reducir nuevamente a una tercera parte.
Triturar a la máxima potencia con la túrmix.
Introducir las codornices en la salsa + tomillo y hervirlas suavemente durante 5 min.
Poner a punto de sal.
Listo.

«DAUBE» DE JABALÍ

1,5 kg de paletilla de jabalí en dados hermosos de 6 cm
1 botella de vino blanco
1 chorrito de coñac
3 clavos de olor
1 *bouquet* aromático (hoja de puerro, rabos de perejil, tomillo fresco, laurel, 2 ramas de apio, 2 cáscaras secas de naranja, salvia fresca)
10 granos de pimienta negra
6 dientes de ajo

100 g de tocineta en dados pequeños
600 g de zanahorias en rodajas al bies
1 corazón de apio fresco en rodajas
1 pizca de nuez moscada
500 g de tomates pequeños, sin piel ni pepitas, en pétalos o cuartos
200 g de champiñones laminados finamente
200 g de cebollitas pequeñas francesas peladas
2 cáscaras de piel de naranja
100 g de aceitunas negras pequeñas
600 ml de caldo de carne
Aceite de oliva
Sal y pimienta negra

Para la masa de horneo:
500 g de harina
220 ml de agua

Horno a 150 °C.
Preparar el *bouquet garni*.
Meter en un gran bol la carne + vino blanco + coñac + clavos de olor +
1 chorrito de aceite de oliva + *bouquet* + granos de pimienta + dientes de
ajo y dejar marinar 4 horas al fresco.
Amasar la harina + agua hasta hacer una masa tierna.
En una sartén + aceite, saltear a fuego fuerte los pedazos de carne +
tocineta.
Escurrirlos a un plato.
En la misma grasa, saltear las zanahorias en rodajas + apio en rodajas y
salpimentar + nuez moscada.
Montar los ingredientes en una *cocotte* de hierro colado.
En el fondo, colocar parte de la carne salteada alternándolo con 1 capa de
tomate + zanahorias + apio + champis crudos + cebollitas crudas + cáscaras
de naranja + aceitunas.
Rociar con la marinada + caldo de carne y salpimentar.
Cubrir con la tapa.
Formar una corona con la masa y sellar el borde de la tapa para cerrar
herméticamente la *cocotte*.
Meterla en el horno de 4 a 5 horas.
Romper el sello de masa horneado y abrir la *cocotte* delante de los
invitados.
Listo.

ESCABECHE DE POLLO DE CORRAL CON LANGOSTINOS

18 muslitos de pollo de corral
400 g de cebolla cortada en juliana fina
200 g de puerro cortado en juliana fina
200 g de zanahoria pelada, acanalada y cortada en la mandolina a unos 3 mm
10 granos de pimienta negra
6 dientes de ajo pelados
200 ml de vino blanco
200 ml de aceite de oliva virgen extra
200 ml de vinagre de sidra
400 ml de agua
1 *bouquet garni* gordo con puerro, apio, tomillo, laurel y perejil
12 langostinos o cigalas de tamaño medio pelados, dejando la cola y guardando las cabezas
12 minimazorcas de maíz hervidas (en conserva)
Perejil fresco picado
Sal y pimienta blanca recién molida

En una olla con aceite, sofreír cebolla + ajos + puerro + zanahorias, por este orden y procurando que no cojan demasiado color, y salpimentar.
Cortar el hueso de los muslitos por debajo del cartílago para que al cocer quede al descubierto, como una piruleta.
En una sartén con aceite, sofreír los muslitos de pollo salpimentados, dándoles bien la vuelta para que queden dorados. Una vez sofritos, reservarlos.
Cuando las verduras empiecen a dorarse, añadir el pollo + *bouquet garni* + granos de pimienta y voltear un par de minutos.
Verter encima el aceite + vinagre de sidra + vino blanco + agua y cocer suavemente durante 45 min. + salpimentar.
Una vez cocido, enfriarlo en la misma cazuela a temperatura ambiente y dejarlo reposar 1 noche (como mínimo) en la nevera.

En el momento de servirlo, entibiarlo en la misma cazuela.
Aparte, en una sartén, dorar los langostinos o las cigalas salpimentados junto con las minimazorcas de maíz.
En una fuente, colocar la verdura del escabeche en la base y aprovechar para exprimir encima el interior de las cabezas de cigala.
Disponer los trozos de pollo y las colas de cigala asadas, rociarlo todo con el escabeche restante y acabar con un poco de perejil fresco picado y pimienta blanca molida.

GALLINA EN PEPITORIA

1 gallina hermosa de unos 2 kg, limpia y en trozos
1 vaso de vino blanco
1 l de agua
2 cebolletas hermosas picadas
2 dientes de ajo picados
1 cucharada sopera colmada de harina
1 cucharada sopera de almendras crudas fileteadas
Unas hebras de azafrán
2 huevos cocidos
Perejil picado
Sal

Dorar los trozos de gallina en aceite de oliva + sal.
En otra sartén, rehogar las cebolletas + ajos + sal.
Añadir a la gallina vino blanco + agua.
Guisar durante 50 min.
A la sartén donde está la cebolleta añadirle harina + almendras + azafrán diluido en agua tibia + 1 yema de huevo desmenuzada.
Agregarlo a la gallina y dejar hervir otros 90 min. más.
Probar de sal y añadir lo que resta de huevo cocido (2 claras + 1 yema cocida picada) y el perejil.

GALLINA ESTILO «LUTE»

1 gallina troceada + vísceras (hígado, corazón)
1 cebolla picada
3 dientes de ajo picados
1 pastilla de caldo
3 huevos duros (claras picadas y yemas enteras)
1 pizca de azafrán
1 vaso de vino blanco
50 g de almendras peladas
50 g de piñones pelados
1 pizca de harina
1 hoja de laurel
Agua
Aceite de oliva
Pimienta y sal

Salpimentar la gallina, pasar los pedazos por harina y freírlos en aceite. Escurrirlos.

 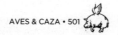

En la grasa, rehogar almendras + piñones + vísceras, escurrir y al mortero, majar.

Añadir al fondo cebolla + ajo + pastilla y rehogar durante unos 7 min.

Mientras, añadir al mortero las yemas cocidas y mezclar.

Volver la gallina al fondo, añadir azafrán + vino blanco + laurel, salpimentar y, si se quiere, echar 1 chorrito de vinagre.

Cubrir con agua y guisar aprox. 1 hora y 30 min.

Añadir el majado 5 min. antes de terminar la cocción.

Espolvorear las claras picadas.

Dejar reposar antes de comer.

GUISO DE ALAS DE POLLO Y CHAMPIÑONES

1,5 kg de contraala de pollo
500 g de hígados de pollo
300 g de cebolleta
300 g de tomate frito
400 g de champiñones
1 diente de ajo
25 g de almendras
2 l de caldo
Hojas de perejil
30 ml de aceite de oliva
1/2 cayena

Echar el aceite de oliva en una cazuela y dorar las contraalas previamente saladas.

Retirarlas a un plato una vez que estén doradas y, en la misma sartén, saltear los hígados y reservar.

Pasarlo también al plato y dorar ahí también la cebolla en *brunoise* + champiñones + tomate frito + cayena.

Agregar de nuevo las alitas una vez que esté todo ya bien concentrado.

Verter el caldo y dejar cocer lentamente unos 25 min., hasta que estén blandas.

Retirar las alas de pollo y triturar la salsa junto con el perejil, el ajo, las almendras y el hígado.

Volver a poner las alas en la cazuela junto con la salsa ya triturada.

Calentar 2-3 min., poner a punto de sal y servir.

GUISO DE JABALÍ CON HIGOS

2 kg de carne de jabalí troceada en tacos
500 ml de vino tinto
1 pizca de vinagre de Jerez
1 chorrito de armañac o coñac
4 dientes de ajo pelados
Romero y tomillo
1 puñado de tallos de perejil atados
50 g de tocineta de cerdo picada
1 pizca de harina
3 cebolletas picadas finas
3 dientes de ajo picados
3 onzas de chocolate negro
2 l de caldo de carne
Aceite de oliva
Sal y pimienta

Además:
1 puñado de higos secos partidos en dos

Marinar el jabalí.
Colocar la carne en un recipiente con el vino + vinagre + coñac + aceite de oliva + sal + dientes de ajo + romero + tomillo + tallos de perejil.
Dejarlo en adobo 24 horas, dándole vueltas de vez en cuando.

En una olla grande dorar la tocineta + aceite.
Añadir la carne de jabalí marinada y colorear. Salpimentar.
Añadir 1 pizca de harina.
Añadir la cebolleta + ajos picados + chocolate y rehogar.
Mojar con el líquido de la marinada + caldo.
Cubrir y dejar estofar unas 2 horas aprox.
Rectificar el sazonamiento y añadir gotas de armañac + higos.
Dejar hervir unos minutos para que los higos se empapen.
Listo.

«KORMA» DE POLLO

750 g de muslos de pollo deshuesados, sin piel
1 cebolla roja en tiras finas
Pasta korma
1 lata de leche de coco sin azúcar
1 pizca de almendras fileteadas
1 yogur natural cremoso
Zumo de limón
Aceite de oliva y mantequilla
Agua
Sal y pimienta
Arroz blanco hervido como guarnición

Trocear el pollo.
Dorarlo en aceite + mantequilla, salpimentado.
Añadir la cebolla roja y rehogar.
Una vez bien rehogado y coloreado, añadir la pasta korma + almendras + leche de coco + 1 chorrito de agua y salpimentar.
Guisar a fuego suave durante 5-10 min.
Rectificar el sazonamiento + limón + yogur.
Servir con el arroz.

LIEBRE GUISADA AL VINO TINTO

1 liebre hermosa en pedazos, con el hígado entero
1,5 l de vino tinto
1 zanahoria picada
1 cebolla picada
1 puerro picado
2 dientes de ajo pelados y enteros
Unos granos de pimienta negra
Tallos de perejil
1 cucharada sopera de vinagre
1 cucharada sopera de coñac
1 cucharada sopera de harina
1,5 l de agua
1 pastilla de caldo concentrado
Aceite de oliva
Sal

Mezclar en una cazuela la liebre + vino + zanahoria + cebolla + puerro + ajos + tallos de perejil + pimienta + vinagre + hígado y dejarlo en reposo en la nevera al menos 12 horas.

Pasado ese tiempo, separar los trozos de carne de las verduras y pasar el jugo por un colador, reservando la verdura.
Hervir el jugo y colarlo para retirar las impurezas.
Calentar una olla grande con aceite y dorar los trozos de liebre + hígado sazonados.
Retirarlos del fuego y, en la misma grasa, dorar las verduras de la marinada y meter los trozos de carne tostados, añadiendo la harina.
Cocinar a fuego lento durante 10 min., añadir el coñac + líquido de la marinada y dejar hervir otros 10 min.
Agregar el agua + pastilla y guisar con la tapa puesta hasta que la carne esté tierna (aprox. 1 hora y 30 min.).
Transcurrido ese tiempo, retirar los pedazos y pasar la salsa por la túrmix, colándola sobre la liebre estofada.
Dejarla hervir unos 10 min. más y servir.

MAGRET DE PATO ASADO CON PURÉ DE BERZA

2 magrets de pato fresco
4 dientes de ajo
Sal
Pimienta

Para el puré de berza:
4 patatas medianas
1 berza pequeña en hojas sueltas
100 ml de aceite de oliva
Sal

Para el sofrito:
7 dientes de ajo en láminas
Aceite de oliva
1 puntita de guindilla

Para acabar el puré:
Leche y mantequilla
Cebollino picado
1 pizca de sal

Con un cuchillo, hacer un enrejado en la grasa del magret.

En una sartén colocar a fuego suave los magrets por la grasa + ajos. Ir tirando grasa durante 20 min.

Durante los últimos 5 min., voltear y dejar reposar. Salpimentar.

Para el puré de berza:

Poner a cocer en agua y sal las patatas peladas y partidas en dos.

Poner agua sazonada a hervir para cocer la berza.

Limpiar la berza, retirar los nervios y cortarla.

Hervirla destapada durante 25 min.

Añadir a la berza en el agua, 5 min. antes de terminar, un refrito del aceite y el ajo hecho en la sartén.

Escurrir la berza.

Escurrir la patata, machacarla y añadirle 1 chorrito de leche caliente y 1 pizca de mantequilla. Mezclar patata + berza + cebollino.

Trinchar el magret y servir con el puré.

MUSLOS DE PATO «BRUCE LEE»

4 muslos de pato confitados
1 calabaza pequeña para asar con piel, lavada
1 boniato hermoso con piel, lavado
Semillas de cilantro
1 pizca de pasta de guindilla
Canela molida
1 chorrito de aceite de oliva virgen extra
Sal y pimienta

Para el aliño:
El zumo de 2 limones verdes + ralladura
100 ml de aceite de oliva virgen
1 cucharada sopera de aceite de sésamo

Para la salsa de soja:
1 pizca de azúcar
1 pizca de pasta de guindilla
Ajo picado o machacado con tenedor
Verde de cebolleta estrecha en tiras finas
Tallos de cilantro y menta picados

Además:
El blanco de la cebolleta en tiras finas
Las hojas de menta y cilantro deshojadas
Pipas de calabaza peladas y tostadas

Meterlos con la piel hacia abajo en una fuente con 1 chorrito de agua y hornearlos hasta que la piel esté crujiente.
Ídem con las calabazas + boniato: colocarlos en una bandeja + semillas de cilantro majadas en el mortero + pasta de guindilla + canela + aceite + sal + pimienta y hornear 45 min.

Para el aliño:
En un tarro alto, poner zumo + ralladura de limones verdes + aceite de oliva + aceite de sésamo + soja + azúcar + pasta de guindilla picante + ajo + verde de cebolleta + tallos de menta y cilantro picados.
Agitar.

Desmigar con las manos los muslos en un bol + pipas + calabazas y boniatos + menta y cilantro + blanco y verde de cebolleta + vinagreta.
Remover. Listo.

PALOMA EN SALSA

6 palomas desplumadas y evisceradas, atadas
1 botella de vino tinto
1 chorro de vinagre de Jerez
1 chorro de aceite de oliva
2 cebolletas picadas gruesas
2 tomates picados gruesos
2 zanahorias picadas gruesas
1 pizca de apio picado grueso
1 mazo de tallos de perejil, atados
1 cabeza de ajos entera, lavada
8 granos de pimienta negra
4 clavos de olor
4 bayas de enebro
2 ramitas de tomillo + 2 de romero + 2 de salvia
1 pastilla de caldo de carne
1 manzana errexila pequeña, pelada en dados
1 chorro de armañac
1 cucharada sopera de cacao en polvo o 2 onzas de chocolate negro
Mantequilla fría
Aceite y sal

Poner a marinar todas las palomas bridadas con las verduras y los líquidos.
Tenerlo 12 horas en la nevera en reposo.

Terminar de dorar las palomas en una olla con aceite + mantequilla.
Retirarlas, añadir la verdura y rehogar + pastilla de caldo + manzana.
Incorporar las palomas doradas con las pechugas hacia abajo y reducir +
cacao o chocolate.
Añadir el líquido hirviendo de la marinada y rectificar de sal.
Guisarlo tapado a fuego muy lento, hasta que estén tiernas (unos 120 min.).
Para comprobar si están hechas, las patas deberán estar tiernas; hay que
mirar pieza a pieza, sacándolas de una en una.
Tapar y seguir guisando.
Triturar la salsa y meter en ella las palomas.
Añadir 1 pizca de mantequilla + armañac y rectificar el sazonamiento.
Dejar enfriar 2 días antes de comer.

«PARMENTIER» DE CONFIT DE PATO

4 muslos de pato en confit de conserva
300 g de patata
100 g de mantequilla
100 ml de nata líquida
Pan rallado
Queso parmesano rallado
Almendra molida
Sal y pimienta

Lavar y pelar las patatas.
Conservarlas en agua fría.
En una cacerola o en el microondas, templar un poco los muslos de pato,
escurrir y reservar la grasa.
Precalentar el horno a 200 °C, con el gratinador encendido.
Cocer las patatas en una cacerola con agua y sal durante 30 min. aprox.,
dependiendo del grosor.
En una cacerola, calentar la mantequilla y la nata.
Escurrir las patatas y aplastarlas con la ayuda de un pasapurés.
Agregar la mantequilla y la nata, y mezclar bien hasta obtener una mezcla
homogénea que no esté muy líquida. Salpimentar.
Verter en una fuente para gratinar la mitad del puré.
Agregar el confit de pato y cubrir con el resto del puré.
Esparcir el pan, el queso rallado y la almendra molida, hornear y dejar
gratinar 10 min. aprox.
Listo.

PASTA «KORMA»

1 cucharilla de café de comino
1 cucharilla de café de semillas de coriandro
3 dientes de ajo
1 pedazo de jengibre pelado
1 pizca de cayena
1 cucharada sopera de *garam masala*
1 pizca de sal
Pimienta
2 cucharadas soperas de aceite de oliva
2 cucharadas soperas de concentrado de tomate
2 guindillas verdes frescas o en conserva
3 cucharadas soperas de coco rallado
2 cucharadas soperas de almendras
1 pizca de perejil

Tostar en una sartén las semillas de coriandro.
Mezclar todos los ingredientes y hacer una pasta en el robot.

PASTA «TIKKA MASALA»

1 cucharilla de café de comino
1 cucharilla de café de semillas de coriandro
3 clavos de olor
3 dientes de ajo
1 trozo de jengibre pelado
1 pizca de cayena
1 pizca de pimentón de La Vera
2 cucharadas soperas de *garam masala*
2 cucharadas soperas de aceite de oliva
2 cucharadas soperas de concentrado de tomate
1 pizca de hojas de perejil
1 cucharada sopera de coco rallado
1 cucharada sopera de avellanas tostadas
Sal

Tostar en una sartén comino + coriandro + clavo.
Molerlos con el resto de los ingredientes en un mortero, batidora o
mezcladora de especias; echar primero las especies secas y batirlas, y
después las húmedas.

PATA DE POLLO CON COLES Y CASTAÑAS

500 g de coles de Bruselas
4 patas de pollo deshuesadas
1 cucharada sopera de aceite de oliva
30 g de mantequilla
100 g de panceta picada
220 g de castañas asadas y peladas o 200 g de castañas en conserva
Sal y pimienta negra molida
Vinagre

Quitar las hojas exteriores de las coles y hacerles una cruz.
Cocerlas en una cacerola con agua hirviendo ligeramente salada durante
5 min.
Calentar el aceite y la mantequilla en una sartén y cocinar la panceta hasta
que esté ligeramente crujiente.
Agregar a la sartén las coles, ya escurridas, y las castañas, y calentarlo todo
junto con 1 gota de vinagre.
Asar las patas de pollo en una sartén aparte, salpimentadas.
Servir la guarnición de coles y castañas junto con el pollo troceado.

PATÉ DE HÍGADOS DE POLLO

24 hígados de pollo
2 cebolletas picadas
2 dientes de ajo picados
1 pizca de cayena
1 chorretón de coñac
1 chorrito de aceite de oliva
2 huevos
250 g de puré de patata (patata + nata + mantequilla)
Sal y pimienta

Para el plum-cake:
Pan rallado
Molde engrasado con mantequilla

Horno a 200 °C.

Cebolletas + ajo + cayena + sal y pimienta y sofreír en aceite.

Añadir los hígados de pollo limpios y sofreír 2 min. + sal + coñac.

Meterlo en la batidora + 2 huevos + puré de patata, hasta conseguir una pasta. Salpimentarla.

Introducir la mezcla en un molde rectangular, engrasado + pan rallado, tapado con aluminio.

Hornearlo a 200 °C durante 40 min.

Sacar del horno e introducir en la nevera.

PATÉ HECHO EN CASA

500 g de hígados de pollo sin hiel ni nervios, cortados en dos
200 g de tocineta de cerdo fresca en tiras de 1 cm de ancho por 2 cm de alto
200 g de carne de salchicha
200 g de tocino graso cortado en bandas anchas para forrar el paté
2 hojas de laurel
2 puntas de tomillo

Para marinar:
1 chorro de armañac
1 chorro de oporto tinto
1 chorro de vinagre de Jerez
2 dientes de ajo picados
Perejil picado
Tomillo deshojado
Nuez moscada
Azúcar
Sal y pimienta

Mezclar en un bol los hígados + tocineta + carne de salchicha + sal y pimienta + ingredientes de la marinada.

Cubrir con film y dejarlo toda la noche en la nevera.

Forrar un molde con el tocino graso y rellenarlo con las carnes.

Cerrar con las bandas de tocino y colocar sobre el tocino el laurel en tiras anchas + tomillo.

Poner la tapa y hacerlo al baño maría, 1 hora a 200 °C y 45 min. a 170 °C.

Media hora antes, levantar la tapa.

Dejar reposar a temperatura ambiente y después en la nevera.

Pasar el molde por el grifo de agua caliente y, con un cuchillo, desmoldar.

Cortar rodajas y comerlo con pequeños pepinillos en vinagre, cebolletas en vinagre, confitura de cebolla con granadina y pan tostado.

PATO A LA MODA DE SICHUAN

1 pato de 1,3 kg aprox., vacío
750 ml de aceite de girasol
6 rodajas gruesas de jengibre fresco pelado
2 cebolletas o ajos frescos con el tallo verde, en rodajas finas
4 cucharadas soperas de salsa de soja
1 pizca de canela en polvo
1 pizca de mostaza en polvo
1 pizca de jengibre en polvo
3 clavos de olor
1 pizca de comino en polvo
1 pizca de azúcar
2 cucharadas soperas de sal
10 g de miso
1 cucharada sopera de pimienta de Sichuan aplastada en el mortero

Para el pak choi:
2 *pak choi* en cuartos, lavados
Pasta miso
Aceite de sésamo
Aceite de oliva
1 limón
Agua y sal

Lavar el pato en agua por dentro y por fuera y secarlo.
Mezclar canela + mostaza + jengibre en polvo + miso + salsa de soja +
clavos + comino + azúcar + sal + pimienta de Sichuan.
Untar el pato por dentro y por fuera con las especias.
Ponerle por encima cebolleta + jengibre.
Envolverlo en 2 capas de film.
Aplastarlo para romperle el esternón y dejarlo con un peso en la nevera,
durante 12 horas.

Cocerlo al vapor en una olla, envuelto en el film, durante 2 horas, 1 hora por
cada lado.
Retirar la olla y dejarlo reposar dentro 1 hora más.
Abrir el film y retirar todas las especias que sea posible.
Calentar el aceite de girasol y dorar el pato unos 15 min., rociándolo con un
cacillo para que quede bien tostado.
Partirlo con tijeras y guarnecerlo.

Para el pak choi:
Cocer al vapor el *pak choi* unos 4 min.
Hacer el aliño con miso + aceites + zumo de limón.
Escurrir el *pak choi* y pringarlo con el aliño.
Listo.

PATO GUISADO CON RÁBANOS

1 pato hermoso partido en trozos para guisar + vísceras (hígado y corazón)
300 g de rabanitos tiernos pequeños, con sus hojas verdes
20 dientes de ajo con piel
2 puñados de habas congeladas blanqueadas, repeladas
1 cebolleta muy picada
2 tomates enteros muy maduros
3 dientes de ajo picados
1 puñado de almendras tostadas
2 galletas maría
1 chorrito de armañac
1 cucharada sopera de piparra
1 ramita de tomillo
1 corteza pequeña de limón
1 astilla de canela
1 pizca de miel
Grasa de pato, aceite y mantequilla
Vino blanco
Sal y pimienta
Agua

En una olla con grasa de pato, dorar el pato salpimentado + vísceras.
Retirarlo, eliminar el exceso de grasa y sofreír cebolleta + tomates rallados + ajos picados durante 10 min.
Hacer la picada en un mortero con las vísceras fritas + almendras tostadas + galletas.
Devolver el pato tostado a la olla + armañac + piparra + tomillo + cáscara de limón + canela.
Darle unas vueltas + agua + sal, tapar y guisar 1 hora.
Mientras hierve, limpiar cuidadosamente algunos rabanitos.
Poner a confitar en aceite los 20 dientes de ajo con su piel.
Cuando falten 10 min. para finalizar el guiso, añadir la picada + miel.
Si es necesario, añadir unas gotas de vino blanco o agua, para aligerar el guiso.
En una sartén antiadherente con aceite + mantequilla, saltear los rabanitos rápidamente + ajos pelados + habas verdes fuera del fuego y salpimentar.
Servir el pato guisado con la guarnición de rabanitos.
Listo.

PECHUGA EMPANADA CON IDIAZÁBAL Y AVELLANAS

4 pechugas de pollo
2 huevos
200 g de harina
100 g de pan rallado
100 g de avellana molida
100 g de queso de Idiazábal rallado
100 ml de aceite de oliva
Aceite de cacahuete
Sal y pimienta

Para la ensalada:
Endibias
Anchoas en aceite
Queso azul
Aceite de oliva
Vinagre de sidra
Brotes de espinaca

En un bol, separar las claras de las yemas. Conservar solo las yemas.
Agregar 2 cucharadas soperas de agua y un poco de aceite. Mezclarlo bien.
En otro bol, mezclar el pan rallado, la avellana molida y el Idiazábal rallado.
En un tercer bol, poner la harina.
Colocar los boles juntos, de izquierda a derecha, empezando por el de la harina, después el de las yemas batidas y terminando por la mezcla de pan rallado.
Sazonar las pechugas de pollo con sal y pimienta.
Pasar cada pechuga por cada uno de los boles en el orden indicado, harina, yemas y mezcla de pan rallado, hasta que queden bien cubiertas.
En una sartén antiadherente, verter un poco de aceite de cacahuete.
Dejar calentar a fuego suave y, cuando el aceite esté caliente, colocar las pechugas en la sartén.
Dorar suavemente durante 4 min. por cada lado.
Servir con endibias con salsa de queso azul y anchoas y unos brotes de espinaca salteados.
Aliñar con el vinagre de sidra y el aceite de oliva.

PERDICES EN ESCABECHE

6 perdices
600 ml de aceite de oliva virgen
20 dientes de ajo con piel
2 hojas de laurel
250 g de cebolleta picada
300 g de puerro picado
120 g de apio en dados
150 g de zanahoria laminada
600 ml de vino blanco
500 ml de vinagre de Jerez
1 l de agua
1 atadillo de romero + salvia + tomillo
1 puñado de escarola limpia
2 patatas cocidas peladas

Eviscerar y desplumar bien las perdices + salpimentarlas.
Reunir en un cazo el aceite y confitar en él los ajos + laurel.
Mientras, en una olla en la que quepan justas las perdices, pochar la cebolleta + puerro + apio + zanahoria.
En una sartén con aceite, dorar las perdices.
Hacer el atadillo.
En la olla de las verduras pochadas, acomodar las perdices, con el pecho hacia abajo. Regar con el vino + vinagre + agua + aceite confitado + atadillo.
Al primer hervor, apagar y retirar. Enfriar en la misma olla.
Partir con tijera una perdiz y presentarla con la verdura + escarola + patata cocida.
Listo.

PICANTÓN ASADO CON ENSALADA DE CANÓNIGOS

Para el picantón asado:
3 picantones
Sal y pimienta
Brotes de canónigos

 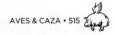

Para la vinagreta de queso azul:
50 ml de vinagre de sidra
150 g de queso roquefort
200 ml de aceite de oliva

Calentar una cazuela con unas gotas de aceite de oliva.

Dorar 5 min. los picantones por la parte de la pata colocándolos de lado, darles la vuelta y dorar 5 min. más por el otro costado.

Darle 5 min. por la espalda y terminar con 5 min. por las pechugas.

Asarlos 5 min., pulverizando un poco de agua si es necesario, en un horno precalentado a 200 °C.

Sacar los picantones del horno y colocarlos sobre una rejilla con el pecho hacia abajo, tapados con papel de aluminio con una pequeña chimenea encima. Dejarlos en reposo 10 min.

Cortar al gusto y listo.

Triturar todos los ingredientes de la vinagreta en la túrmix.

Aliñar los brotes de canónigos limpios con esta vinagreta de queso azul.

PICANTÓN MARCHOSO

4 picantones abiertos por la espalda en *crapaudine*
1 tomate maduro picado
1 pedazo pequeño de jengibre pelado y picado
1 pizca de cayena
Salsa tabasco
2 dientes de ajo
1 chorrito de aceite de oliva virgen
Vino blanco
Sal y pimienta
Berros limpios para ensalada
1 chalota cortada en tiras muy finas
1 pizca de mostaza
Vinagre y aceite de oliva

En un mortero, majar el jengibre + cayena + ajo, y añadir el aceite + tomate + tabasco + sal y pimienta.

Con esta mezcla embadurnar los picantones salpimentados, colocados sobre una bandeja de horno + vino blanco + un poco de agua.

Hornear a 200 °C unos 15 min. y darles la vuelta.

Tenerlos otros 15 min. por el lado de la piel, bien dorados.

Añadir jugo de asado a un bol + mostaza + vinagre + aceite de oliva + salpimentar.

Aliñar los berros con la vinagreta + chalota en tiras.

Poner la ensalada en el centro y, alrededor, los picantones asados.

PICHONES ASADOS

3 pichones cebados de 400 g aprox. cada uno
4 dientes de ajo enteros con piel
2 cucharadas soperas de mantequilla
1 cucharada sopera de mostaza de grano
1 chorrito de vinagre oscuro
Sal y pimienta

Además:
Patatas al horno

Horno a 210 °C.
En un sauté derretir mantequilla + ajos.
Dorar los pichones, rociándolos con su grasa, y salpimentarlos.
Introducirlos en el horno durante 8 min.
Durante ese rato, rociar los pichones al menos 2 veces.
Devolverlos al sauté, para darles un golpe de calor.
Añadir mostaza + vinagre y dar unas vueltas.
Salpimentar.

Se puede servir con las patatas al horno (véase la receta en pp. 210-211).

PICHONES CON UVAS

6-8 pichones gordos
50 g de tocino de jamón
2 cebolletas picadas
2 zanahorias en rodajas finas
1 pizca de apio
2 dientes de ajo picados
200 g de uva moscatel desgranada
1 pizca de tomillo + salvia
1 vaso de vino oloroso
2 l de caldo
Aceite de oliva
Sal y pimienta

Además:
60 g de tocineta cortada en tiras muy finas
200 g de uva moscatel pelada y despepitada (con la ayuda de un clip
desmontado)
1 chorrito de armañac

Salpimentar y bridar los pichones.

Dorar en una olla los pichones por todos los lados + tocino.

Retirar los pichones del fuego y añadir cebolletas + zanahoria + apio + ajo + uva desgranada + tomillo + salvia + pimienta + oloroso.

Rehogar 10 min.

Sobre la verdura bien pochada, acomodar los pichones boca abajo.

Mojar con el caldo y salpimentar.

Guisar a fuego suave 1 hora y 30 min.

En una sartén, rehogar la tocineta + uvas peladas y añadir unas gotas de armañac.

Echar la guarnición sobre la cazuela, guisar otros 10 min. a fuego muy suave y servir.

«PITU DE CALEYA» GUISADO

1 *pitu de caleya* o pollo de corral de 3,5 a 4,5 kg
6 cebollas asturianas medianas
1 cabeza de ajos
1 pimiento verde
1 botella de Jerez
1/2 botella de aceite de oliva de 0,4°
Sal
2 copitas de coñac

Para el ravioli:
4 hojas de pasta fresca de ravioli
La molleja, el corazón y el hígado del *pitu*
Pimienta negra
Tomillo
1 copa de vino Pedro Ximénez

Partir el *pitu* de la forma habitual, separando los muslos, los entremuslos y las pechugas.

Dejarlo adobando con ajos partidos en cuadraditos + aceite de oliva durante 6 horas.

Calentar el aceite, retirarle los ajos al pollo y dorarlo en una olla.

Poner el pollo dorado en otra olla con las cebollas y el pimiento partidos en cuadrados, muy pochado, hasta que adquiera un bonito color dorado.

Incorporar la botella de Jerez + coñac y dejarlo cocer unas 3 horas vigilando que no se pegue.

Retirar la carne de la salsa y pasarla finamente, quitando el exceso de aceite.

POLLO ASADO

1 pollo entero (2 kg aprox.)
1 cucharada sopera de aceite de oliva
Agua
1 cabeza de ajos
Sal y pimienta

Precalentar el horno a 180 ˚C junto con la *cocotte* en la que asaremos el
pollo. Limpiar bien el pollo de vísceras y restos de sangre.
Frotarlo con las manos, primero con 2 cucharadas soperas de agua y luego
con 1 cucharada de aceite de oliva por todas las partes (espalda, pechugas,
patas y alas). Salpimentar por dentro y colocar el pollo en la *cocotte* junto
con la cabeza de ajos, apoyando la pata y el ala (de lado).
Asarlo durante 15 min., darle la vuelta y asarlo por el otro lado 15 min. más.
De tanto en tanto rociar el pollo con el jugo que va soltando; si no hubiera
demasiado, añadir un poco de agua, pero sobre la *cocotte*, nunca sobre el
pollo. Retirar la cabeza de ajos una vez pasados 25 min. y dejarla enfriar.
Quitarle la pulpa y reservarla para la vinagreta de la ensalada.
Colocar el pollo con las pechugas hacia arriba y asarlo otros 10 min.
Pasado ese tiempo darle la vuelta, salpimentar y seguir asando el pollo con
las pechugas hacia abajo durante otros 8 min. o hasta que coja un buen
color dorado y la piel esté crujiente.
Retirar del horno y, antes de cortarlo, dejarlo reposar sobre una rejilla,
tapado con papel de aluminio con dos agujeros como chimeneas, durante
10 min.
Acompañar el pollo con una ensalada aliñada con una vinagreta enriquecida
con los ajos asados.

POLLO ASADO «LUJOSO»

1 pollo de 2 kg aprox., bien limpio y preparado por el carnicero
Para la salmuera, 60 g de sal por litro de agua
Mantequilla en pomada

Preparar suficiente salmuera para que el pollo quede cubierto.
Sumergir el pollo en la salmuera (en un recipiente adecuado).
Taparlo y tenerlo 8-10 horas en la nevera; de esta forma conseguiremos que
se hidrate en exceso y cambien algunas proteínas para que durante el
horneado no se pierdan jugos.
A la mañana siguiente sacarlo de la salmuera, secarlo bien con un trapo y
embadurnarlo con abundante mantequilla.
Precalentar el horno a 90 °C y, sobre una rejilla con bandeja debajo,

hornearlo durante 90 min., sin preocuparse si no coge color y no huele a asado.

Con una sonda clavada en la parte más gruesa de la pechuga comprobar que alcanza los 60 °C, por si le hiciera falta más tiempo.

Dejarlo reposar en una rejilla a temperatura ambiente durante 45 min. para que la carne se relaje y obtengamos una textura más tierna.

Entonces, subir el horno a 270 °C.

Pincelar el pollo con el jugo que ha soltado durante el horneado.

Para dar el toque dorado, volver el pollo al horno y asarlo unos 10 min.

Una vez pasado el tiempo de asado, trincharlo y listo.

POLLO A LA «ESPE»

1 pollo de caserío troceado para guisar
Pan rallado
Aceite de oliva
Sal y pimienta
3 dientes de ajo
1/2 vaso de vino tinto
Agua
1 hoja de laurel (optativo)
Cebollino picado
Patatas

Salpimentar el pollo.

Pasar los trozos por pan rallado y freírlos en una sartén con aceite de oliva.

Conforme se frían, añadirlos a una olla amplia para guisarlos.

Mientras, machacar los dientes de ajo en un mortero.

Al acabar de dorar el pollo, volcar parte del aceite de la sartén en la cazuela.

Añadir el ajo al pollo y remover. Dorar.

Echar el vino tinto y volcar el mortero lleno de agua sobre el pollo. Añadir el laurel.

Tapar dejando una rendija y arrimar a fuego suave unos 30 min.

Destapar y listo.

Añadir unas patatas en cubos, asadas o fritas, y cebollino picado.

POLLO AL CURRY VERDE

Para el curry verde:
4 tallos de citronela o limoncillo
3 chiles verdes o piparras frescas
4 dientes de ajo

2 chalotas
1 trozo de jengibre
1 puñado de coriandro
2 limones verdes (ralladura de 1 y zumo de 2)
1 puñado de granos de pimienta negra
2 cucharadas soperas de aceite de oliva
1 chorrito de aceite de sésamo
Sal y pimienta

Además:
400 ml de leche de coco
Caldo de carne
1 pollo de caserío troceado

Para las verduras:
1 berenjena
1 trozo de calabaza
6 champiñones limpios
Coriandro picado

En una olla, arrancar con la doradura del pollo + aceite de oliva + sal y pimienta.
Mientras, en una batidora, triturar los ingredientes del curry verde, con un poco de caldo.
Dar vueltas al pollo.
Retirar el pollo del fuego a un plato, añadir 1 chorrito de aceite a la cazuela y dorar el curry en el fondo.
Añadir el pollo y dar vueltas + leche de coco + caldo de carne.
Bajar el fuego y guisar suavemente 40 min.
Trocear la berenjena + calabaza en dados regulares y laminar los champiñones.
En una sartén, aceite de oliva + berenjena + champis + calabaza y salpimentar.
Añadir la verdura al pollo guisado y dejar estofar 5 min. más.
Agregar al final el coriandro picado.

POLLO AL HORNO «FULMINAO»

1 pollo de caserío troceado para asar
8 puerros medianos enteros, del tamaño de la bandeja
3 cayenas
6 granos de pimienta negra
2 clavos

1 chorretón de salsa kétchup
1 golpe de salsa de soja
1 limón
Aceite de oliva y agua

Horno a 180 °C.
Moler las cayenas + pimienta + clavos.
Sobre una bandeja, con una bolsa de congelación o de plástico que luego
podamos desechar, condimentar el pollo con las especias + kétchup +
aceite y masajear.
Colocar debajo los puerros estirados y, encima, el pollo con la piel hacia
abajo.
Rociar con salsa de soja + agua + zumo de limón.
Hornear durante 30 min.
Si se seca, añadir más agua al fondo.
Darle la vuelta a la carne, dejando la piel hacia arriba.
Hornear hasta dorar la piel, unos 25 min.
Listo.
Comer con las manos.

POLLO AL «KALIMOTXO»

1 pollo de grano hermoso, troceado
2 cucharadas soperas de aceite de oliva
1 pizca de jamón picado
4 dientes de ajo picados
2 puerros picados
2 cebolletas picadas
2 clavos
1 *kalimotxo* con su piel de limón
1 chorrito de armañac
Sal y pimienta

Además:
Patatas
Mantequilla

En una olla verter el aceite de oliva + pedazos de pollo, previamente
sazonados.
Dejar que se sofrían perfectamente.
Añadir el jamón + todas las verduras y sofreír.
Añadir el clavo + *kalimotxo*.
Cubrir y guisar a fuego suave durante 20 min.

Al final añadir las gotas de armañac.
Se puede acompañar de unas patatas en cuadrados asadas en mantequilla.
Añadirlas al pollo.
Servir.

POLLO ASADO CON LECHE

1 pollo de 1,5 kg
100 g de mantequilla
1 chorrito de aceite de oliva
La piel de 2 limones
15 dientes de ajo enteros pelados
400 ml de leche
10 chalotas enteras peladas
***Mesclun* de ensaladas**
Lardones de beicon finos
Dados de pan

Horno a 190 °C.
Salpimentar el pollo y dorarlo en una olla con aceite + mantequilla + chalotas.
Retirar la grasa + añadir el resto de los ingredientes.
Meter en el horno 90 min., rociando de vez en cuando el pollo con una cuchara.
Mientras se hornea, preparar una ensalada de lardones de beicon y pan frito.
Sacar el pollo del horno.
Trincharlo y triturar la salsa en la túrmix.
Listo.

POLLO ASADO CON SALSA DE YOGUR AL PIMENTÓN Y PEREJIL

4 muslos deshuesados de pollo de caserío
3 yogures naturales o 360 g de yogur
120 g de queso azul
1 cucharada sopera rasa de pimentón de La Vera
2 cucharadas soperas de perejil picado
Sal y pimienta

En un bol poner el yogur, el queso y el perejil y mezclarlo bien. Reservar en el frigorífico.

Salpimentar los pedazos de pollo y asarlos en las brasas calientes o en una sartén antiadherente.

Servir con la salsa, que no debe estar muy fría, aparte.

POLLO «BATZOKI»

1 pollo campero en trozos pequeños para guisar de 1,2 kg aprox.
250 g de tomate pelado, despepitado y picado
150 g de cebolleta
2 rebanadas de pan
100 ml de vino rancio (o moscatel)
200 ml de caldo de pollo
2 cucharillas de café de pulpa de pimientos choriceros o ñora
1 yema de huevo cocido
1 diente de ajo
1 punta de cayena
1 rama de perejil
Aceite de oliva
Azúcar
Sal y pimienta negra

Calentar 1 buen chorro de aceite + añadir el pollo para dorarlo.
Sacarlo a un plato y cubrirlo.
En el mismo aceite, dorar la cebolleta + ajo.
Agregar la miga del pan + tomate + cayena y dejarlo 5 min.
Mojar con vino + caldo y añadir perejil + sal + pimienta.
Devolver el pollo a la cazuela y guisarlo 45 min.
Añadir al guiso el choricero + yema de huevo cocido diluida en caldo de pollo.
Corregir de sal, pimentar + azúcar.

POLLO CON PIPERRADA

1,5 kg de pollo de caserío partido en pedazos medianos
4 cebolletas en tiras finas

2 pimientos morrones rojos, en tiras finas
2 pimientos verdes, en tiras finas
4 dientes de ajo picados
1 pizca de jamón picado
1 vaso de vino blanco
500 g de pulpa de tomate fresco
100 ml de salsa de tomate
Aceite de oliva
Sal y pimienta

Salpimentar el pollo sobre un papel.
En una cazuela amplia, verter aceite y sofreír el pollo hasta que se dore.
Retirarlo a un plato.
Añadir al fondo cebolletas + pimientos + ajo, bajar el fuego y sofreír 25 min.
a fuego pausado.
Incorporar el pollo + jamón picado + vino blanco + tomates, recuperar el
hervor y guisar 20 min. a fuego pausado.
Rectificar el sazonamiento y dejar reposar para volver a calentar y servir.

POLLO CON QUESO AZUL Y AMONTILLADO

Para la salsa:
15 g de mantequilla
60 g de cebolleta picada
30 g de rama de apio picada
25 ml de amontillado o Jerez
200 ml de nata
85 g de queso azul
Perejil y perifollo picado
Aceite
Sal y pimienta

Para los dados de pollo:
2 muslos de pollo

Además:
15 pimientos del piquillo
1 diente de ajo

Para la salsa:
Derretir la mantequilla en un cazo pequeño, agregar la cebolla y el apio, y
dejar cocinar unos 8 min. hasta que estén blandos.
Mientras, en otro sauté, ir confitando los pimientos.

Añadir el Jerez y dejar hervir unos 3 min. hasta que se reduzca ligeramente.
Mezclar con la nata y reducir hasta que se espese (unos 5 min. más) sin dejar de mover para que no se pegue.
Cortar el queso y dejar que se derrita junto con la nata.
Salpimentar, añadir el perejil y mover bien.
Se ha de servir caliente.

Para los dados de pollo:
Deshuesar los muslos de pollo y cortarlos en dados de 3 x 3 cm.
Salpimentar y saltear en una sartén antiadherente con un poco de aceite de oliva.
Mientras, en otra cazuela saltear también los pimientos del piquillo por ambos lados.
Mezclarlos con los dados de pollo.
Colocar sobre un plato, intercalados con los pimientos del piquillo, o bien en la misma cazuela, y cubrir con la salsa bien caliente.
Hornearlo todo 3 min.
Sacar y colocar una ramita de perifollo sobre cada uno de los trozos.

POLLO CON TOMATE

500 ml de vino blanco
3 cucharadas soperas de aceite de oliva
12 muslos de pollo
4 cebolletas picadas
4 dientes de ajo fileteados
1 blanco de puerro picado
1 cayena picada
1 kg de salsa de tomate
Sal

Hervir el vino blanco y reducir a la mitad.
En una cazuela amplia, verter aceite de oliva y arrimarlo a fuego vivo.
Sazonar los muslos de pollo y sofreírlos en 2 o 3 tandas, que queden bien dorados y crujientes.
Reservarlos.
Retirar la grasa de la cazuela, añadir 1 pizca más de aceite de oliva y volcar las cebolletas + ajos + puerro + cayena.
Bajar el fuego para que no se queme la verdura y tenerla unos 10 min.
Pasado ese tiempo, añadir el vino blanco, dejar que hierva unos minutos, volcar la salsa de tomate y volver a recuperar el hervor.
En ese momento, añadir los muslos de pollo con el jugo que hayan soltado en el plato.

Cubrir la cazuela y dejar que el pollo se estofe al menos 20 min.
Si es necesario, rectificar el sazonamiento al final.

POLLO DE PACO EL CHIRLA

4 muslos de pollo deshuesados
2 cebolletas picadas
2 dientes de ajo picados
1 clavo de olor
400 g de champiñones en láminas finas
1/2 vaso pequeño de vino blanco
1 cucharada sopera rasa de pimentón de La Vera picante
1 cucharada sopera de concentrado de tomate
3 cucharadas soperas de nata doble
2 cucharadas soperas de mostaza de grano
1 pizca de miel
1 chorrito de zumo de limón
Aceite de oliva
Cebollino picado
Sal y pimienta

Pochar en una cazuela cebolletas + aceite + ajo + clavo + sal.
Salpimentar los muslos sobre el mismo papel de carnicero.
Añadir los champis a la cebolla rehogada y dejar que sude + vino +
pimentón + concentrado de tomate.
Saltear los muslos de pollo en una sartén antiadherente; que queden
jugosos. Dejarlos reposar.
Cortar el pollo en tiras alargadas, con su piel. Si queda jugo sobre la
bandeja, echarlo en la salsa.
Añadir la nata, hervir unos segundos y, fuera del fuego, incorporar la
mostaza + miel + zumo de limón y salpimentar.
Incorporar el pollo en tiras, dar unas vueltas y espolvorear cebollino picado.

POLLO EN SALSA CON CLAVO

1 pollo de grano hermoso, troceado
2 cucharadas soperas de aceite de oliva
4 dientes de ajo picados
2 puerros picados
2 cebolletas picadas
1 pizca de harina
4 clavos de especia

1 vaso pequeño de vino blanco
Sal

En una cazuela amplia, verter el aceite de oliva y arrimar a fuego medio,
añadir el pollo, previamente sazonado, y dejar que se sofría perfectamente.
Una vez sofrito, bajar el fuego, añadir la harina, volcar todas las verduras
troceadas y sofreírlas durante unos 15 min. + sal.
Añadir el clavo + vino blanco, dar unas vueltas dejando que se evapore
unos instantes y cubrir la cazuela, dejando que hierva a borbotones muy
suaves durante 20 min.
Rectificar de sal y añadir agua si queda muy seco.

POLLO FRITO

4 muslos deshuesados de pollo con piel
500 g de harina
1 cucharada sopera de pimentón dulce
1 cucharada sopera de pimentón picante
1 cucharada sopera de curry en polvo
1 cucharada sopera de mostaza en polvo
1 cucharada sopera de jengibre en polvo
1 cucharada sopera de tomillo fresco deshojado
1 cucharada sopera de orégano fresco picado
1 cucharada sopera de estragón fresco picado
Sal y pimienta molida
Leche + agua frías
200 g de *panko* o pan rallado japoneto
Aceite

Trocear cada muslo en unos 4 pedazos, sobre la tabla. Salpimentarlos.
Mezclar la harina + pimentones + curry + mostaza + jengibre + tomillo +
orégano + estragón + sal + pimienta. Dividir la harina aromatizada en dos
boles.
A un bol añadirle 1 chorrito de leche + agua, removiendo hasta lograr una
pasta de rebozo que no quede líquida.
Meter en esa pasta los pedazos de pollo, dejando que marinen unas 3 horas.

Escurrir el pollo de la pasta marinada y pasarlo por la harina aromatizada
del otro bol + *panko*.
Freír en abundante aceite sin que se quemen.
Escurrirlo.
Listo.

POLLO «PINCHE PUTO»

4 muslos de pollo deshuesados
1 diente de ajo picado
1 chorro generoso de salsa de soja
Ralladura de limón
Aceite de oliva

Para el aliño:
1 pimiento rojo morrón picado muy fino
2 dientes de ajo picados
1 tomate maduro pequeño picado
1 puñado de aceitunas negras muertas, picadas, o, mejor aún, pasta de
aceituna negra
Aceite de oliva y sal

Además:
Pan de pita tostado y abierto en dos
Salsa de tomates asados «exprés»
Hojas de *mesclun* o rúcula
Germinados

Trocear el pollo en pedazos menudos, juntarlos en un bol + ajo + soja +
ralladura + aceite y cimentar.
Hacer el aliño y añadir pimiento + ajos + tomate + aceitunas.
Dejar reposar unas horas en la nevera, bien cubierto.
Saltearlo en una sartén antiadherente y añadir al final el jugo de la
marinada.
Acomodar la salsa de tomate sobre el pan de pita abierto en dos, posar el
pollo y verter el aliño con generosidad.
Repartir los germinados.
Aliñar la ensalada y servirla de guarnición.

PULARDA RELLENA DE FOIE GRAS

1 pularda
250 g de foie gras

Para 2 kg de relleno:
1 kg de paletilla de cerdo o cabezada picada
700 g de paletilla de ternera de leche picada
1 tomate picado
1 trozo de pan
1/2 cebolla picada
4 ajos picados
1 zanahoria picada
1 ramillete de perejil
Leche
4 huevos
50 g de mantequilla
100 g de hígado de pollo picado
100 g de jamón picado
10 g de trufa
1 vaso de coñac
200 g de castañas
Sal y pimienta

Para el relleno:
Mezclar pan + leche.
Saltear cebolla + ajo + tomate + zanahoria + hígado + jamón en una sartén.
Quemar el coñac, incorporarlo al resto de los ingredientes y cocinarlo 30 min.
Mezclar bien la carne + huevos + resto de los ingredientes.

Para la pularda:
Quitar los nervios al foie gras y salpimentarlo.
Deshuesar completamente la pularda.
Quitar los nervios a las pechugas.
Mojar un film especial de cocina y extender la pularda para salpimentar.
Hacer el relleno con las pechugas cortándolas en trozos muy pequeños.
Extender el relleno y poner el foie gras en el centro.
Enrollarlo todo en un trapo blanco y limpio, atándolo en los dos extremos.
Ponerlo a cocer en un caldo previamente preparado con los huesos de la pularda y 1 ramillete de hierbas aromáticas durante 1 hora y 30 min.
Retirar el trapo y el film y continuar en el horno a 170 °C durante 30 min.
Retirarla cuando la temperatura en el centro sea de 65 °C.
Servir con un jugo de asado hecho con las carcasas.

«STROGONOFF» DE JABALÍ Y SETAS

2 solomillos de jabalí sucios
2 salsifíes
6 chalotas muy picadas
2 dientes de ajo picados
1 puñado de setas (hongos, níscalos, trompeta de la muerte, gamuza, seta de cardo)
1 pizca de mantequilla
1 chorrito de vermú blanco
1 limón (zumo y ralladura)
400 ml de nata doble
18 pepinillos en vinagre pequeños
Aceite de oliva
Perejil picado
Arroz blanco cocido
Sal y pimienta

Limpiar los solomillos de jabalí en la tabla y cortarlos en tiras anchas.
Saltearlos con aceite + sal + pimienta y retirarlos a un plato.
Pelar los salsifíes y cortarlos al bies.
Saltearlos en la misma sartén + aceite + mantequilla + sal.
Añadir las setas.
Añadir las chalotas + ajos.
Verter el vermú + cáscara de limón + zumo.
Añadir la nata doble + pepinillos.
Rectificar la sazón.
Añadir el jabalí.
Añadir perejil.
Servir el *strogonoff* con arroz blanco.

«STROGONOFF» DE POLLO Y PUERRO

2 puerros troceados al bies
1 puñado de champiñones laminados
2 pechugas de pollo
1 pizca de mantequilla
1 chorrito de vino blanco
1 chorrito de vermú blanco
1 chorrito de agua
Perejil picado
200 ml de nata líquida
El zumo de 1 limón
Aceite de oliva virgen
Sal y pimienta
Arroz blanco recién cocido

En una sartén, mantequilla + aceite y dorar la pechuga de pollo
salpimentada.
En un sauté, echar aceite, añadir puerros y champiñones + sal y rehogar.
Mojar el puerro con vino + vermú + agua + nata, pimentar y cocerlo 5 min.
Cortar el pollo en tiras, añadirlas a la verdura + zumo de limón y el perejil.
Servir el *strogonoff* con el arroz blanco.

«TIKKA MASALA» DE POLLO

2 pechugas de pollo
2 cebolletas tiernas en tiras finas
Pasta *tikka masala*
250 g de tomates cereza maduros
6 cucharadas soperas de salsa de tomate de conserva
1 pizca de miel
1 lata de leche de coco sin azúcar
1 yogur natural cremoso
1 puñado de pistachos pelados tostados
1 limón
Zumo de lima
1 chorrito de agua
Aceite de oliva y mantequilla
Sal y pimienta
Arroz basmati blanco cocido

En un sauté, echar aceite + mantequilla + cebolletas + sal y pimienta y rehogar.

Sobre la tabla cortar en tiras las pechugas.

Machacar en el mortero los pistachos.

Añadir los tomates, dar unas vueltas y aplastarlos.

Añadir la pasta *tikka masala* + salsa de tomate + miel + tiras de pollo y rehogar.

Añadir la leche de coco + 1 chorrito de agua.

Guisar despacio durante unos 20 min.

Añadir un poco de zumo de lima y rectificar su sazón.

Guarnecer con arroz, espolvorear con pistachos y servir con el yogur mezclado con pistachos majados.

SALSAS SALADAS

ACEITE DE GUINDILLA

300 ml de aceite de oliva virgen
10 cayenas partidas por la mitad
4 ramas de tomillo
3 ramas de orégano
10 granos de pimienta negra

Meter todos los ingredientes en un bote y dejarlo macerar como mínimo
1 semana en un lugar fresco.

ADEREZO PARA ASADOS

2 dientes de ajo picados
1 cucharada sopera de jengibre fresco picado
1 pimiento del piquillo picado
1 chorrotada de vinagre de Jerez
75 ml de kétchup
2 cucharadas de salsa de soja
2 cucharadas de vino blanco
2 cucharadas de aceite de sésamo
El zumo de 1 limón
1 pizca de mantequilla
1 cebolleta pequeña picada muy fina
Sal y azúcar

Juntar en un cazo ajo + jengibre + pimiento + vinagre + kétchup + soja +
vino + sésamo + zumo.
Hervir, retirar del fuego e incorporar mantequilla + cebolleta + sal + azúcar.
Conservar en un bote cerrado y en el frigorífico.

ALIÑO DE LIMÓN

1 tarro de cristal con tapa
6 cucharadas soperas de aceite de oliva virgen
1 limón
1 yema de huevo
Perifollo picado toscamente
Sal y pimienta

Rallar el limón, exprimir el zumo, meterlo todo en el tarro y agitar.
Verterlo sobre una ensalada o unas patatas cocidas.

ALIÑO DE MIEL

1 tarro de cristal con tapa
1 diente de ajo
Mostaza de Dijon
1 pizca de miel
2 cucharadas soperas de vinagre de sidra
6 cucharadas soperas de aceite de oliva virgen
Sal y pimienta

Para el aliño de miel:
Picar el ajo con el machacaajos, meterlo todo en el tarro y agitar.
Verterlo sobre una ensalada o unas patatas cocidas.

ALIÑO DE YOGUR

1 tarro de cristal con tapa
5 cucharadas soperas de yogur natural
2 cucharadas soperas de vinagre de sidra
2 cucharadas soperas de aceite de oliva virgen
Sal y pimienta

Meterlo todo en el tarro y agitar.
Verterlo sobre una ensalada o unas patatas cocidas.

GUACAMOLE

3 aguacates muy maduros
Vinagre de sidra + zumo de limón
2 cucharadas soperas de cilantro picado
1 cebolleta muy picada
1 tomate maduro muy picado
Aceite de oliva y sal

Abrir los aguacates, retirar la pulpa a un bol e ir machacando con un tenedor.
Aliñar con el resto de los ingredientes, salar al punto y coronar con un hueso.
Refrescar.

HOGAO

2 tomates muy maduros
1 cebolla roja muy picada
4 tallos verdes de cebolleta muy picados
2 dientes de ajo picados
Aceite de oliva
Cominos
1 punta de chile rojo
Tabasco
Sal, azúcar y pimienta

Pochar en un cazo cebolla + cebolleta + ajo, sin que coja color.
Añadir el tomate a través de un rallador, desmayado.
Moler el comino y añadirlo al tomate + azúcar + tabasco.
Guisarlo unos minutos y dejarlo enfriar.

KÉTCHUP «ROBIN FOOD»

2 kg de tomates muy maduros, lavados y troceados
3 cebolletas picadas
2 dientes de ajo picados
2 cucharadas soperas de aceite de oliva virgen
3 cucharadas soperas de azúcar
10 cucharadas soperas de vinagre de sidra
1 cucharada sopera de miel
10 granos de comino
5 granos de pimienta
1 clavo de olor
1 nuez de mantequilla
1 buen chorro de aceite de oliva virgen
Sal

En una cazuela, echar azúcar + miel y caramelizar.
Añadir el vinagre, dejando que se evapore, y verter las especias y mantequilla.
Añadir cebollas picadas + ajo + 1 chorro de aceite de oliva + sal.
Sofreír 5 min.
Añadir los tomates maduros, lavados y troceados.
Guisar 60 min. muy despacio.
Rectificar al final añadiendo más azúcar, miel o sal.

LACA PARA ASADOS

50 g de miel
60 ml de vinagre de Jerez
100 ml de zumo colado de limón verde
800 ml de caldo
20 ml de salsa de soja
100 g de mantequilla
1 cucharada sopera de kétchup
1 cucharada de café de aceite de sésamo
Ralladura de cáscara de 1 limón verde
20 ml de Malibú

Hacer al fuego un caramelo rubio con la miel.
Añadir vinagre de Jerez + zumo de limón verde y dejar reducir.
Añadir el caldo + salsa de soja + mantequilla y reducir a fuego muy suave durante 10-12 min., hasta que adquiera cierto espesor.

Incorporar fuera del fuego el kétchup + aceite de sésamo + ralladura de limón verde + Malibú.
Dejar enfriar.
Lista.

Untar con esta mezcla cualquier carne antes de introducirla en el horno.

MEJUNJE PARA PARRILLA o «AJILIMOJILI»

300 ml de vinagre de sidra
900 ml de aceite de girasol
100 g de dientes de ajo pelados, sin el germen
1 pizca de sal

Introducir todos los ingredientes en una batidora y accionarla a la máxima potencia.
Retirar a un par de botellas.
Al sacar de la sartén o de la parrilla un pedazo de pescado o de carne asados, agitar con fuerza la botella y rociar con un buen chorretón por encima, justo antes de servir.
Le da un sabor a parrilla muy característico.

SALSA AMERICANA

1 kg de cabezas de langostinos, gambas y carabineros
1 chalota picada
1 zanahoria picada
1 cebolla picada
3 dientes de ajo picados
1 pizca de harina
1 cucharada sopera de tomate concentrado
2 tomates frescos en trozos
1 taza de salsa de tomate
1 chorretón de vino blanco
Coñac o armañac
Pastis
2 l de *fumet* de pescado (o agua con pastilla de caldo)
1 pizca de corteza de naranja
Un poco de mantequilla
Sal y aceite de oliva

Colorear en un puchero ancho las cabezas de marisco con aceite de oliva + 1 pizca de mantequilla.

Aplastarlas con una botella y añadir aceite + cebolla + chalota + zanahoria + ajos + harina.

Añadir tomates frescos + tomate concentrado + salsa de tomate + coñac + vino + pastis + cáscara de naranja.

Añadir el *fumet* y hervir 20 min.

Triturar en vaso americano y colar.

Verter la americana en un sauté hasta que quede brillante y añadirle 1 pizca de mantequilla. Listo.

SALSA BEARNESA

1 chalota picada
50 ml de vinagre de estragón o de vino blanco
Unos granos de pimienta rota
Unas ramitas de estragón fresco
Estragón fresco picado
2 yemas de huevo
150 g de mantequilla clarificada

Mezclar chalota + vinagre + pimienta rota + estragón, hervir y reducir a 2/3.

Poner las yemas en un bol al baño maría + el vinagre reducido filtrado y montar con varillas.

Añadir poco a poco la mantequilla en el baño maría y acabar fuera del fuego.

Sazonar y añadir estragón fresco picado.

SALSA BERCY

600 ml de caldo de cocción de morcillo
60 g de mantequilla
40 g de harina
1 chalota picada
2 vasos de vino blanco seco + 1 chorrito de vermú rojo
Sal y pimienta

En un cazo pequeño poner 1 pizca de mantequilla + chalota, pochar y desglasar con vino + vermú.

En un sauté, poner mantequilla + harina y remover al fuego.

Añadir poco a poco el caldo caliente y hervir para que se cueza la salsa.

Mezclar las dos preparaciones y salpimentar al punto.

SALSA DE CHAMPÁN

750 g de berberechos crudos
1 pizca de vermú blanco
60 g de mantequilla
1 pizca de aceite de oliva
200 g de champiñón crudo laminado
200 g de chalota en tiras finas
1 cucharadita pequeña de pimienta negra en grano, machacada
1 botella de champán o cava, en su defecto
400 ml de jugo de berberechos
200 ml de nata
2 cucharadas soperas de zumo de limón

Abrir en una olla a fuego suave los berberechos + vermú.
Escurrirlos y colar el jugo.
Pochar en la mantequilla y el aceite de oliva el champiñón + chalota +
pimienta machacada.
Mojar con champán y reducir a fuego suave casi a seco.
Un minuto antes de que ocurra, echar el jugo de los berberechos.
Entonces, añadir nata + zumo de limón y dar un ligero hervor.
Emulsionar con el túrmix y rectificar el sazonamiento.
Si la queremos más espesa, reducirla al fuego hasta lograr la densidad
deseada.

Los berberechos se retiran de la concha y se emplean para deslizarlos en la
cazuela en la que añadamos la salsa de champán, como guarnición o
tropezón elegante.

SALSA DE TOMATE EXPRÉS

4 tomates maduros
3 cebolletas picadas
2 dientes de ajo picados
1 pizca de cayena
1 chorrito de vinagre de sidra
5 cucharadas soperas de aceite de oliva
1 puñado de hojas de albahaca
1 gota de vino blanco
Sal y pimienta
1 pizca de azúcar

Rehogar las cebolletas + ajo + cayena 5 min. en una olla con sal y pimienta + 1 chorrito de aceite de oliva.

Trocear los tomates.

Añadirlos a la cebolleta rehogada y guisar 5 min. más.

Añadir el vinagre + 1 gota de vino blanco y, cuando vuelva a hervir, introducirlo en una batidora de vaso.

Triturar a la máxima potencia, añadiendo el aceite de oliva + albahaca.

Sazonar y agregar 1 pizca de azúcar.

Volver a hervir al fuego unos minutos hasta que se caliente.

SALSA DE TOMATES ASADOS «EXPRÉS»

8 tomates pera
Aceite de oliva
1 diente de ajo
1 cebolleta picada
2 anchoas en salazón picadas
Sal y pimienta

Horno a 220 °C.

Partir los tomates y colocarlos en una fuente con el plano hacia arriba.

Rociar con el aceite + anchoas picadas + ajo + cebolleta y salpimentar.

Hornearlo 50 min.

Sacar del horno y dejar que se temple.

Meter en la batidora y triturar.

Guardar en un tarro bien cerrado herméticamente.

SALSA GRIBICHE

3 huevos cocidos (las yemas por un lado y las claras, muy picadas, por otro)
1 yema de huevo cruda
1 cucharada sopera de mostaza
400 ml de aceite de girasol
1 chorrito de vinagre de vino tinto + vinagre de sidra
Pepinillos picados
Alcaparras picadas
Perejil picado
Cebollino picado
Perifollo picado
Estragón picado
Sal y pimienta

Aplastar las yemas cocidas y crudas + vinagre + salpimentar.
Montar poco a poco con el aceite, como si fuera una mahonesa.
Añadir la mostaza y el resto de los ingredientes picados, y pimentar.

SALSA HOLANDESA EXPRÉS

3 yemas de huevo
125 g de mantequilla clarificada
1 chorrito de zumo de limón
Ralladura de limón
Sal y pimienta

Meter en una batidora las yemas + zumo de limón + ralladura de limón y un poco de pimienta, y batir hasta que se espume.
Añadir la mantequilla tibia, gota a gota, y luego en fino hilo.
Salpimentar.

SALSA PARA UN ASADO

1 cebolla roja pequeña, muy picada
50 g de mantequilla
100 g de champiñones muy picados
20 g de harina
1 cucharada sopera de azúcar
1 vaso de vino tinto
600 ml de caldo de carne o agua + pastilla
2 ramitas de tomillo
1 chorrito de nata doble
Armañac
Sal y pimienta

Dorar casi a negro la cebolla roja + 30 g de mantequilla.
Añadir champis + harina y rehogar.
Añadir azúcar + vino tinto y hervir.
Añadir caldo o agua-pastilla + tomillo y hervir 15 min. aprox.
Colar y añadir nata doble + la mantequilla restante + armañac.
Salpimentar.

SALSA PESTO

100 ml de aceite de oliva
2 cucharadas soperas de piñones tostados
1 diente de ajo pelado
1 poco de parmesano o Idiazábal viejo rallado
4 puñados hermosos de albahaca fresca deshojada (los tallos son para salsa)

El vaso de la batidora debemos sacarlo del congelador.
Triturar aceite + piñones + ajo y añadir el resto de los ingredientes.
Meterlo en un tarro.
Listo.

SALSA «RÉMOULADE»

150 g de salsa mahonesa espesa
1 cucharilla de café de mostaza de Dijon
1 cucharada sopera de alcaparras picadas
1 cucharada sopera de pepinillos picados
2 filetes de anchoa en aceite picados
1 cucharada sopera de estragón fresco picado
1 cucharada sopera de perejil fresco picado
Ralladura de la cáscara de 1 limón

Mezclar mahonesa + mostaza.
Añadirle alcaparras + pepinillos + anchoas.
Agregar las hierbas + ralladura y mezclar.
Listo.

SALSA ROMESCO

3 tomates maduros
1 pimiento rojo grande
1 pimiento verde mediano
2 cebollas medianas
1 cabeza de ajos
1 cucharada sopera de pimiento choricero
50 g de piñones tostados
50 g de avellana tostada
50 g de almendras tostadas
50 g de pan frito
1 cucharilla de café de perejil picado
1 buen chorro de vinagre de Jerez
160 ml de aceite de oliva virgen
1 pizca de sal

Horno a 200 °C.
Poner en una bandeja de horno tomate + pimientos + cebolla con piel + cabeza de ajos + aceite + sal, taparlo en paquetes individuales de papel de aluminio y hornear 45 min.
Meter las pulpas asadas en la batidora + el resto de los ingredientes.
Sazonar.

SALSA ROSA

Mahonesa
Sofrito de tomate
Zumo de naranja
Tabasco
Kétchup
Mostaza
Salsa de soja

Mezclar todos los ingredientes.

SALSA «TAPENADE»

400 g de olivas negras, pesadas deshuesadas
2 dientes de ajo pelados sin el germen interior
6 filetes de anchoa en salazón
2 cucharadas soperas de alcaparras
Aceite de oliva virgen extra
1 golpe de pimienta molida

Poner en la batidora olivas negras + ajo + alcaparras sin rabo + anchoa + mitad del aceite de oliva + 1 golpe de pimienta.
Triturar a velocidad media, añadiendo poco a poco el aceite de oliva restante.
Guardar en un tarro bien tapado, en la nevera.

SALSA TÁRTARA

500 ml de salsa mahonesa espesa
2 cucharadas soperas de alcaparras picadas
6 pepinillos en vinagre enormes, picados
1 cucharada sopera de perejil picado
1 cucharada sopera de perifollo picado
1 cucharada sopera de estragón picado
1 cucharada sopera de cebolleta picada
2 cucharadas soperas de mostaza de Dijon picante
Unas gotas de salsa de soja
Sal y pimienta

Mezclarlo todo y salpimentar.

SALSA «TOFUNESA»

1 pedazo de tofu o leche de soja
Aceite de oliva suave
Vinagre de manzana o de arroz
Sal

Opcional:
Otros condimentos
Mostaza de grano o de Dijon
Hinojo

Escaldar el tofu durante 2 min., dejarlo enfriar, triturarlo y proceder como una mahonesa.

Se puede hacer lo mismo cogiendo como base la leche de soja, con lo que obtendremos una «sojanesa».

Rectificar el sazonamiento.

«TXIMITXURRI»

6 o 7 dientes de ajo
2 cayenas
1 cucharilla de café de orégano
El zumo de 1 limón
1 cucharilla de café de pimentón
Aceite de oliva
Sal

Aplastar en un mortero o batir en una batidora el ajo e ir añadiéndole el resto de los ingredientes.

Guardar en una botella para cuando se vaya a usar.

Emplearlo sobre asados a la parrilla, tanto carnes como pescados.

«TZATZIKI» de Elena de Jorge

2 pepinos pelados en dados enanos
Yogur griego sin azucarar
1 diente de ajo picado
1 chalota pequeña picada
Perejil picado
Eneldo picado
Aceite de oliva virgen extra
1 chorrito de vinagre de sidra
Sal y pimienta

Mezclar todos los ingredientes y enfriar.

VINAGRETA DE FRUTOS SECOS

250 ml de aceite de nuez o avellanas
250 ml de aceite de oliva virgen extra
1 cucharada de piñones tostados
1 cucharada de avellanas tostadas
50 g de vinagre de sidra
50 ml de zumo de limón
Sal y pimienta negra recién molida

1 batidora americana
1 embudo
1 botella de cristal con tapón

En una batidora batir vinagre + zumo + sal + pimienta.
Destapar y añadir los frutos secos.
Batir.
Destapar y añadir los aceites.
Batir.
Meter la vinagreta en la botella.
Listo.

VINAGRETA DE HIERBAS

250 ml de aceite de girasol
250 ml de aceite de oliva virgen extra
1 cucharada de perejil fresco picado
1 cucharada de albahaca fresca picada
1 cucharada de estragón fresco picado
50 ml de vinagre de sidra
50 ml de zumo de limón
Sal y pimienta negra recién molida

1 batidora americana
1 embudo
1 botella de cristal con tapón

En una batidora, batir vinagre + zumo de limón + sal + pimienta.
Añadir los aceites, unas vueltas y fuera.
Añadir las hierbas picadas.
Meter la vinagreta en la botella.
Listo.

VINAGRETA DE MANDARINA

3 mandarinas (por un lado troceadas y por otro la piel menuda sin el blanco)
400 ml de zumo de mandarina
100 ml de vinagre de sidra
100 ml de aceite de avellana
Aceite de oliva
Sal y pimienta

Retirarles la piel a las mandarinas y eliminar con un cuchillo toda la parte interior blanca. Picarla en dados.
En una olla, poner las cáscaras + pulpa + zumo + vinagre y arrimar al fuego.
Que cueza unos 45 min. a fuego suave.
Coger la mitad de la compota, colocarla en la batidora de vaso, añadir aceite de avellana + un poco de aceite de oliva y emulsionar.
Retirar a un bol, añadir el resto de la compota de mandarina y revolver para que se vean los pedazos.
Salpimentar.
Listo.

VINAGRETA DE MOSTAZA

250 ml de aceite de girasol
250 ml de aceite de oliva virgen extra
100 ml de vinagre de sidra
2 dientes de ajo pelados, sin el germen interior
50 g de mostaza
Sal y pimienta negra recién molida

1 batidora americana
1 embudo
1 botella de cristal con tapón

En una batidora, batir ajo + mostaza + sal + pimienta + vinagre.
Añadir los aceites en fino cordón.
Meter la vinagreta en la botella.
Listo.

VINAGRETA «TERIYAKI»

250 g de carcasas de pollo muy troceadas
2 dientes de ajo con su piel, aplastados
2 cucharadas soperas de mantequilla
1 chorrazo de armañac
100 ml de *txakoli*
250 ml de salsa de carne
2 cucharadas soperas de salsa *teriyaki*
2 cucharadas soperas de vinagre de vino tinto
1 pizca de grasa de pato
El zumo de 1 limón

En un sauté, soasar las carcasas de pollo + mantequilla + ajos.
Verter armañac + *txakoli* y hervir.
Añadir la salsa de carne y reducir durante 5 min.
Añadir *teriyaki* + vinagre de vino tinto + grasa de pato + zumo de limón.
Dejarlo reposar 15 min. y colarlo apretando, poniendo papel para eliminar
impurezas.
Listo.

MASAS & PANES

BICA DE LOLA

8 claras de huevo
435 g de azúcar
335 g de harina tamizada
335 ml de nata líquida montada + sal
Sal

Además:
Azúcar
Anís

Horno a 190 °C.
Montar las claras.
A medio montar, añadir el azúcar y continuar hasta que estén bien sujetas.
Añadir con cuidado la mitad de la harina (como para un bizcocho).
Añadir con cuidado la nata semimontada y la otra mitad de la harina.
Aromatizar con un poco de anís (opcional).
Introducirlo en un molde engrasado y enharinado. Espolvorear con azúcar grano. Cocer a 190 °C., durante 30-35 min.
Listo.

BIZCOCHO DE HIGOS

200 g de almendra en polvo
150 g de azúcar tamizado en polvo
1 pizca de canela en polvo
95 g de harina tamizada
120 g de higos secos
195 g de mantequilla a punto de pomada
3 yemas de huevo
2 claras de huevo
1 huevo entero
30 ml de leche
45 g de azúcar
Mantequilla
Harina

Batir la mantequilla a punto de pomada con la batidora de mano, incorporar la almendra y el azúcar en polvo tamizados, y mezclar unos 2 min.

Añadir después la mezcla de canela y la harina.

Incorporar las yemas de huevo y el huevo entero, y batir durante 1 min.

Seguidamente, ir añadiendo poco a poco la leche y seguir trabajándolo 3 min. más.

Montar las claras en otro bol con el azúcar normal e incorporarlo a la mezcla anterior con la ayuda de una lengua.

Agregar los higos en dados de 1 cm y mezclar bien.

Pintar con mantequilla y harina un molde de tartas redondo de 26 cm de diámetro.

Verter la mezcla en el interior y meterlo en el horno, previamente precalentado a 150 °C, durante 40-50 min.

Hornear y dejar enfriar.

BIZCOCHO DE MANTEQUILLA

320 g de harina
320 g de azúcar
320 g de mantequilla
6 huevos
40 g de azúcar
14 ml de coñac
1 pizca de sal

Cascar los huevos y separar las claras de las yemas.

Blanquear las yemas en un bol junto con 280 g de azúcar y la sal.

Agregar la mantequilla fundida.

Tamizar la harina y agregarla poco a poco para que no se formen grumos.

Montar las claras junto con los 40 g de azúcar restantes a punto de nieve y añadirlo a la mezcla anterior con la ayuda de una lengua.

Agregar el coñac.

Encamisar un molde con un poco de mantequilla y harina, y verter la masa en el interior.

Hornear a 170 °C durante 1 hora aprox.

Sacar del horno, desmoldar y pasar a una rejilla para que se enfríe bien.

BIZCOCHO DE NARANJA

120 g de mantequilla en pomada
120 g de azúcar
2 huevos
120 g de harina
10 g de levadura Royal
El zumo de 1 naranja

Para el bizcocho, rallar la piel de naranja y añadir la mantequilla en pomada
y el azúcar.
Añadir los 2 huevos y mezclar bien.
Por último, añadir el zumo de naranja.
Agregar la harina y la levadura a la mezcla anterior, tamizándolas.
Sobre un molde con mantequilla y harina, estirar el bizcocho con unos 2 cm
de altura y hornear 30 min. a 180 °C.

BIZCOCHO DE TÉ

20 g de té Earl Grey
560 g de azúcar
500 ml de huevo
2 g de sal
300 ml de nata líquida
4 g de cáscara de limón rallada
2 g de cáscara de naranja rallada
1/2 vainilla rascada
500 g de harina tamizada
12 g de levadura en polvo
200 g de mantequilla en pomada

Horno a 180 °C.
Moler el té en el molinillo de especias y mezclar con el azúcar.
Batir los huevos + azúcar + té + sal + vainilla.
Agregar la nata + aromáticos (limón y naranja).
Añadir la mantequilla a punto de pomada en trozos y mezclar la harina
tamizada + levadura. No debe quedar una masa homogénea.
Ponerlo en un molde encamisado con mantequilla + harina.
Dejarlo reposar 1 hora a temperatura ambiente.
Hornear durante 30 min. aprox.
Listo.

BIZCOCHO DE YOGUR PARA CELÍACOS

6 huevos
400 g de azúcar
2 yogures naturales
200 ml de aceite de oliva
360 g de harina sin gluten
2 sobres de levadura de repostería sin gluten

Batir los huevos con el azúcar.
Añadir el yogur y el aceite y batirlo todo bien.
Agregar la harina y la levadura, y mezclarlo muy bien intentando que la masa no se baje.
Hornear a 180 °C con calor arriba y abajo durante 40 min.

BIZCOCHO «FINANCIERA» CON CHOCOLATE CALIENTE

200 g de mantequilla
300 g de azúcar en polvo
65 g de harina
150 g de almendra en polvo
185 ml de claras de huevo

Para el chocolate caliente:
400 ml de leche entera
120 g de mantequilla
100 g de cobertura de chocolate (70 por ciento de cacao)
20 g de azúcar

Por un lado, en una cazuela colorear lentamente la mantequilla hasta que tenga un tostado avellana.
Colar por un fino con cuidado para que no pase el suero quemado.
Dejar atemperar.
Mezclar en un recipiente amplio el azúcar en polvo, el polvo de almendra y la harina, todo ello tamizado por separado y pesado.
Incorporar a esta mezcla las claras removiendo con una espátula hasta que se incorpore bien.
Añadir la mantequilla de color avellana y, mientras, remover con la espátula, hasta obtener una masa homogénea y lisa.
Dejar reposar en la nevera bien tapado de 8 a 10 horas antes de cocer.

Transcurrido ese tiempo, meterlo en moldes de silicona para introducir en el horno.
Cocción a 200 °C durante 8-10 min., dependiendo del tamaño del bizcocho.

Para el chocolate caliente:
Hervir a fuego suave la leche con el azúcar.
Retirar del fuego y añadir el chocolate picado.
Triturar con la túrmix hasta que la mezcla quede homogénea.
Dejar que baje la temperatura de la mezcla a unos 50 °C aprox. antes de añadir la mantequilla.
En el momento de añadirla, hacerlo con la mantequilla bien fría y cortada en trocitos.
Servir rápidamente en tazas calientes.

BIZCOCHOS DE BONIATO

500 g de boniatos asados
200 g de harina integral
1 sobre de levadura en polvo
4 huevos
50 g de mantequilla derretida o de aceite vegetal si lo queremos completamente «vegeta»
100 g de azúcar moreno
Canela en polvo

Mezclar harina + levadura + 1 pizca de canela.
Por otro lado, mantequilla + huevos batidos + boniato en puré.
Mezclar las dos preparaciones y poner la masa resultante en pequeños moldes engrasados y enharinados.
Hornearlos en el microondas a la máxima potencia durante unos 8 min. más o menos, hasta que quede cuajado como un bizcocho.
Dejar enfriar para desmoldar.

BOLLOS DE CARDAMOMO

780 g de harina
415-425 ml de leche (atención a la capacidad de absorción de la harina)
150 g de azúcar
150 g de mantequilla
18-25 g de levadura fresca o 6-8 g de levadura seca de panadería
9 g de sal
2 cucharadas de postre de cardamomo molido

Para el relleno (trabajado hasta hacer una crema):
120 g de mantequilla
120 g de azúcar moreno
80 g de almendra molida
1 cucharada de postre de cardamomo molido

Para decorar:
Huevo y azúcar perlado (o almendra fileteada, al gusto)

Fundir la mantequilla en leche caliente.
Cuando esté a temperatura corporal, desleír la levadura.
Incorporar el 75-80 por ciento de la harina y revolver con una cuchara de madera grande durante unos 5 min., hasta que coja correa.
Incorporar el resto de la harina y pasarlo a la mesa para amasarlo hasta que esté liso y brillante.
Dejarlo fermentar hasta que casi duplique el volumen.
Estirar con el rodillo sobre una superficie espolvoreada con harina y hacer un cuadrado de masa de menos de 1/2 cm de grosor.
Untar 2/3 con una fina capa de la crema de relleno.
Doblar la masa con una vuelta simple de hojaldre y hacer tiras de masa transversales (por el lado más corto). Tendrían que salir unas 12-15, incluso más si la masa es fina.
Dejarlas reposar 10 min. y luego anudarlas.
Dejarlo fermentar hasta que se duplique el volumen, pincelar con huevo y azúcar perlado, y hornear a unos 220 °C durante 10-12 min.
Listo.

BROWNIE CASERO DE CHOCOLATE

225 g de chocolate al 66 por ciento
170 g de mantequilla
170 ml de huevo
340 g de azúcar
1 pizca de sal
1/4 de vaina de vainilla
113 g de harina tamizada

Fundir en un bol al baño maría el chocolate y la mantequilla.
Con la ayuda de una lengua, mezclar homogéneamente y reservar.
Mezclar en otro bol los huevos, el azúcar y la sal.
Añadir el interior de la vaina de vainilla y mezclarlo todo bien, procurando que no se incorpore aire.
Agregar a la mezcla anterior el chocolate ya fundido y remover hasta obtener una masa homogénea.
Añadir la harina tamizada en forma de lluvia e ir incorporándola poco a poco con la ayuda de una lengua.

Precalentar el horno a 180 °C.
Colocar un papel sulfurizado sobre una placa metálica y untarlo de mantequilla.
Verter la mezcla final y hornear 20 min.
Verificar el punto de cocción con la ayuda de un palillo (si el palillo sale limpio la cocción será la correcta; si no, dejarlo unos 5 min. más).

BROWNIES «HIPPIES» DE CHOCOLATE

150 g de chocolate negro en pedazos
150 g de mantequilla
3 huevos batidos
375 g de azúcar moreno o moscovado
1 chorro de extracto de vainilla
125 g de harina
1 pizca de bicarbonato
30 g de cacao en polvo
150 g de remolacha cruda rallada
1 puñado de frambuesas
Azúcar en polvo

Horno a 180 °C.
En un molde rectangular untado de mantequilla, forrado de papel
sulfurizado + untado de mantequilla, fundir al baño maría el chocolate +
mantequilla.
Mezclar huevos + azúcar + extracto de vainilla con varillas eléctricas + sal.
Añadir al batido el chocolate derretido + harina + bicarbonato + cacao. Una
vez mezclado, añadir remolachas + frambuesas enteras.
Meterlo en el molde y hornear 40 min. aprox.
Cuando esté tibio, desmoldar, espolvorear azúcar en polvo y cortar en
cuadrados.

«CIABATTOIDE» Y «FOCACCIOIDE» SIN AMASADO

Para la masa:
500 g de harina panificable
375-415 ml de agua helada (1 jarra con mucho hielo)
10 g de levadura de panadero (3 g si es seca de sobre)
10 g de sal
Aceite
Harina

Para el relleno de la «focaccioide»:
1 picadillo hecho con 1 manojo de perejil, 1 diente de ajo, sal y aceite de
oliva hasta que quede un puré ligero al pasarlo por la batidora
Aceitunas negras de las buenas
Sal gorda para decorar

Desleír la levadura en el agua helada y mezclar todos los ingredientes con la mano o con una cuchara. Tendría que quedar una masa pegajosa, poco más que un puré denso.

Mezclar someramente y plegar un par de veces la masa sobre sí misma, y dejarla en la nevera toda la noche.

La idea es que la masa no coja temperatura.

Al día siguiente, verter la masa sobre una superficie bien aceitada y plegarla intentando que adquiera tensión.

Dejarla fermentar 30-40 min. y volver a plegarla (añadir aceite a la superficie de trabajo si es necesario).

Al cabo de otros 45 min. la masa se habrá relajado otra vez. Volver a plegarla con cuidado de no desgasarla.

Repetirlo otra vez si fuera necesario (si la masa aún no ha cogido volumen).

Una vez que la masa casi haya doblado su volumen, volcarla con cuidado sobre una superficie muy enharinada, cortarla en dos largas tiras y transferirlas con las manos bien enharinadas a una hoja de papel de hornear.

Dejarlas reposar 1/2 hora y meterlas en el horno a 250 °C.

Durante los primeros 10-15 min. de la cocción, crear humedad (mediante un vaporizador y/o echando agua en una bandeja metálica cuando el pan entra en el horno).

Pasados esos 10-15 primeros min., retirar la bandeja de agua y proseguir con la cocción a 230-240 °C durante otros 25 min.

Pasado ese tiempo el pan estará cocido. Se puede dejar con el horno apagado otros 30 min. para una corteza más crujiente.

Para la «focaccioide»:
En vez de cortar la masa ya fermentada, dejar que ocupe una bandeja cuadrada y frotarla con aceite y el relleno, haciendo hendiduras con los dedos para que el aceite y sus aromas penetren en la masa.

Dejarla fermentar 1/2 hora y hornear igual que la *ciabatta*.

EMPANADA DE BACALAO Y PASAS

1 kg de masa fresca de pan
100 ml de aceite de oliva
Harina

Para el relleno:
4 cebolletas grandes cortadas en tiras
50 ml de aceite de oliva
1 pizca de pimentón dulce de La Vera
2 dientes de ajo picados
2 cucharadas soperas de perejil picado
750 g de bacalao desalado y desmigado, bien seco
1 puñado de pasas de Corinto
1 huevo batido
Sal

Horno a 180 °C.
Adquirir en una panadería de confianza 1 kg de masa fresca de pan.
Introducirla en un bol amplio, añadirle aprox. 100 ml de aceite de oliva
virgen e ir amasándola hasta que se integre.
En una cazuela amplia a fuego medio con aceite, introducir la cebolleta +
sal y sudar 30 min.
Añadir ajo + perejil + pimentón + sal.
Sobre una superficie enharinada, estirar la masa con un rodillo y moldear
2 círculos (uno algo más grande que el otro) de unos 30 cm de diámetro y
3 mm de grosor.
Reservar los recortes de masa.
Extender el círculo de masa más pequeño en una bandeja de horno
ligeramente aceitada.
Extender una fina capa de la verdura rehogada, encima el bacalao
desmenuzado, bien seco, y las pasas de Corinto.
Cubrir con el círculo más grande de masa, cerrar y sellar los bordes.
Pellizcarlos ligeramente haciendo un pequeño levante a todo el borde, de
forma que quede trenzado.
En la parte central de la empanada, abrir una pequeña chimenea y
adornarla con los recortes. Deben ser finos para que se horneen, se doren y
se tuesten a la vez que el resto. Es importante que la empanada quede bien
fina y uniforme, para que, una vez horneada, resulte delicada y ligeramente
hojaldrada.
Por último, con una brocha, untar la superficie con huevo batido y hornear
a 180 °C durante 1 hora.
Dejarla enfriar y comerla.
Listo.

EMPANADAS CRIOLLAS

Para la masa:
1,5 kg de harina
100 g de manteca de cerdo o mantequilla
200 ml de agua tibia
1 cucharada de café de sal gruesa

Para el relleno:
500 g de carne de ternera picada a cuchillo
150 g de cebolla
1/2 pimiento rojo
1/2 pimiento verde
1 cucharada de café de pimentón molido
Aceite de oliva
Sal
2 huevos cocidos
100 g de aceitunas verdes
Tallos verdes de cebolleta tierna
1 huevo batido para pintar

Para el relleno:
Cortar la carne en trozos pequeños, muy pequeños, pero a cuchillo.
En una sartén mediana, colocar 2 cucharadas de manteca vegetal o de aceite de oliva.
Picar la cebolla y los pimientos y freírlo sobre fuego mediano hasta que la cebolla comience a dorarse.
Añadir la carne. Sazonar al gusto con sal y pimentón molido.
Freír, mezclando de vez en cuando, hasta que la carne se dore por todos los lados.
Retirar la sartén del fuego.
Agregarle el huevo y las aceitunas y dejar hasta que se enfríe.

Para la masa:
Verter la harina sobre una superficie plana, formando un montón.
Hacer una depresión en el centro de la masa.
Ponerle unas cucharadas de mantequilla o la manteca de cerdo y mezclar.
Llenar una taza con agua tibia y disolver la sal en ella.
Incorporar gradualmente este líquido a la masa, amasando durante 10 min.
hasta que sea suave y elástica. Reservar en la nevera.
Estirar la masa con el rodillo y cortar discos de un diámetro de 10 cm.
Enharinar las manos.
Sostener el círculo de masa en una mano y ponerle 1 cucharada del relleno en el centro con la otra.

Apretar los bordes y plegarlos haciendo un repliegue hasta que se unan, para que no se escapen ni el relleno ni los jugos.

Calentar el horno y enharinar una placa de aluminio.

Ubicar las empanadas sobre la lámina y hornear 15 min. a 200 °C.

EMPANADILLAS «YOKO ONO»

1 kg de acelgas (las pencas picadas finas y el verde en tiras)
2 cebolletas picadas
2 dientes de ajo picados
Perejil picado
150 g de queso de Burgos
250 g de queso tipo feta, desmigado
150 g de mozzarella
1 huevo batido
Pasta filo
Mantequilla fundida
Aceite de oliva, sal y pimienta

Horno a 200 °C.

En una olla, sofreír en aceite de oliva las cebolletas + ajo + pencas.

Añadir el verde de acelga y dejar que se estofe unos minutos.

Echarlo en un bol y dejar enfriar.

Añadirle perejil picado + sal + pimienta + queso de Burgos roto con las manos + feta + mozzarella + huevo.

Extender una plancha de filo, embadurnarla de mantequilla + aceite con una brocha y pegar otra hoja encima. Repetir la operación 4 veces.

Cortar en tiras rectangulares, colocar relleno y doblarlas en triángulos.

Colocarlas sobre papel sulfurizado y al horno, durante 20 min.

GALLETA DE CHOCOLATE Y LIMA

20 g de ralladura de lima
150 g de chocolate
175 g de harina
30 g de cacao
5 g de bicarbonato
150 g de mantequilla
50 g de azúcar
120 g de azúcar moreno
3 g de flor de sal

Cortar el chocolate en trozos pequeños y juntar con la ralladura de lima. Reservar.

Tamizar la harina, el cacao y el bicarbonato, y mezclarlos en un bol. Reservar.

Mezclar la mantequilla a punto de pomada con el azúcar moreno, el azúcar y la sal.

Incorporar poco a poco la mezcla de harina, cacao y bicarbonato.

Mezclar bien y agregar la piel de lima y el chocolate picado. Trabajarlo bien.

Hacer rulos de la masa obtenida con la ayuda de papel film.

Meterlo en la nevera durante 3 horas hasta que coja cuerpo.

Cortar rodajas de 1,5 cm de grosor y hornear a 180 °C durante 7 min. sobre papel sulfurizado.

Listo.

GALLETAS CROCANTES «ONEKA»

Para las galletas crocantes de chocolate:
100 g de chocolate negro al 66 por ciento
40 g de *corn flakes* azucarados
10 g de piel de naranja confitada

Para las pieles de naranja confitada:
20 g de pieles de naranja
500 ml de agua
500 g de azúcar

Para las pieles de naranja confitada:
Pelar las naranjas con un pelador muy fino, dejándolas sin nada de piel blanca.

Escaldar las pieles partiendo siempre de agua fría y escurriendo cuando lleven 1 min. de hervor.

Repetir esta operación otras 2 veces.

Colocarlas en una cazuela para confitarlas en un sirope que se realizará con 500 ml de agua y 500 g de azúcar a fuego lento durante unos 30 min., hasta que adquiera un cuerpo traslúcido.

Para las galletas crocantes de chocolate:
Fundir el chocolate a 55-60 °C, enfriarlo a 28-29 °C y remontarlo a 30-31 °C.
Aplastar con suavidad los cereales, sin presionar demasiado para que no se hagan polvo.
Cortar las pieles de naranja confitada en cubos de 2 a 3 mm.
Añadir los cereales y las pieles de naranja al chocolate y mezclar con cuidado. Colocar la preparación sobre un plato en forma de rocas o sobre un papel sulfurizado dándole forma rectangular de 8 cm de largo x 4 cm de ancho x 3 mm de espesor. Dejar enfriar y servir.

GALLETAS DE CHOCOLATE Y AVELLANAS

250 g de mantequilla
120 g de azúcar
40 ml de yemas de huevo
250 g de harina
12 g de levadura en polvo
200 g de chocolate negro picado
100 g de avellana tostada picada

Horno a 180 °C.
Juntar la harina tamizada y la levadura y mezclar bien.
Mezclar a mano la mantequilla y el azúcar.
Agregar las yemas y mezclar de nuevo.
Ir añadiendo la harina con la levadura.
Añadir el chocolate y las avellanas.
Reposar la masa 2 horas en el frigorífico.
Dar forma redonda a la masa y chafarla un poco.
Cortarla.
Colocar sobre una bandeja de horno cubierta con papel sulfurizado.
Hornear durante 15 min.

GALLETAS SALADAS DE JAMÓN

Es una masa sin gluten. Las harinas se pueden combinar y sustituirlas por harina de trigo, aunque a lo mejor haya que adaptar la cantidad de leche al final.

80 g de harina de arroz integral
30 g de harina de quinoa
25 g de harina de tapioca
1 pizca de sal
1/2 cucharilla de café de tomillo limón picado fino
50 g de jamón
55 g de mantequilla, a temperatura ambiente
1 huevo
1 cucharada sopera de leche
Pimienta rosa
Sal

En una sartén, freír el jamón hasta que esté crujiente, enfriar y cortar en tiras finas.

En un bol, mezclar harinas + sal + tomillo + jamón en tiras, añadir la mantequilla y amasar con las manos hasta conseguir una mezcla harinosa pero no demasiado fina. Deben quedar algunos trocitos de mantequilla del tamaño de guisantes.

Batir huevo + leche, añadirlos a la base de harina y mezclar hasta conseguir una masa. No trabajarla demasiado, solo hasta que se forme en una bola.

Cubrir con film y formarlo en un rectángulo de unos 7-10 mm de grosor. Dejar enfriar en el frigorífico unas 2 horas.

Sacar la masa del frigorífico y, con una brocha, pintar con clara de huevo y añadir 1 pizca de sal y pimienta rosa molida.

Cortar la masa en unas 10 galletas alargadas y cocerlo a 180 °C durante unos 15-20 min.

«LAHMACUN»

1 porción de masa para pizza
75 g de carne de cordero picada
1 tomate pequeño
1/4 de cebolleta
1 diente de ajo
1/4 de pimiento verde
1/2 manojo de perejil
1 limón
1 chorrito de aceite
Sal, pimienta negra, pimentón y comino

Coger una porción de la masa y estirar la masa muy fina.
Mientras reposa, picar en una tabla todos los ingredientes, hasta crear una masa aromática y homogénea (si tiene demasiado líquido, dejarla escurrir un poco).
Esparcirla homogéneamente por la masa, sin echar demasiado, y meterlo en el horno a tope (dependiendo del horno, puede estar de 3 a 6 min.).
Una vez listo, picar perejil y echar 1 chorro de limón antes de comerlo.

MAGDALENAS DE ALMENDRAS

200 g de mantequilla
200 g de azúcar en polvo
80 g de harina tamizada
80 g de polvo de almendra bien fino
2,5 g de levadura en polvo
180 ml de claras de huevo
20 g de miel

Fundir la mantequilla y reservar para que se enfríe un poco.
Mezclar en un bol harina + polvo de almendra + levadura + azúcar en polvo, todo ello tamizado.
Romper las claras con la ayuda de una varilla y agregar la mezcla de secos.
Añadir la mantequilla y la miel y removerlo bien todo.
Meterlo en la nevera para que coja cuerpo durante 6 horas.
Introducir en moldes y agregar 45 g de la mezcla.
Hornear a 200 °C durante 13 min.
Sacar del horno, dejar enfriar un poco y desmoldar.
Colocarlas sobre una rejilla para que se enfríe a temperatura ambiente y listas para servir.

MASA MADRE

Día 1: Mezclar harina integral (de trigo o centeno) con agua hasta obtener una papilla densa.

Día 2: Revolver la mezcla.

Día 3: Descartar la mitad de la mezcla y añadir harina y agua hasta tener la cantidad inicial.

Día 4: Descartar la mitad de la mezcla y añadir harina (blanca de trigo) y agua hasta tener la cantidad inicial.

Día 5: Descartar la mitad de la mezcla y añadir harina (blanca de trigo) y agua hasta tener la cantidad inicial.

Para el día 4 o 5, la masa ya será capaz de duplicar su volumen en pocas horas. Entonces ya está lista para hacer pan.

MEGAGALLETA O GALLETA EN CAZUELA

200 g de harina
180 g de harina de almendra
1,5 cucharaditas de levadura en polvo
1 cucharilla de café de bicarbonato
1,5 cucharillas de café de sal
225 g de mantequilla en pomada y algo más para engrasar la sartén
140 g de azúcar moreno
200 g de azúcar blanco
2 cucharadas soperas de extracto de vainilla natural
2 huevos grandes
225 g de Toblerone partido en onzas
Azúcar en polvo

Horno a 175 °C.
Engrasar una sartén antiadherente.
Poner en un bol harinas + levadura + bicarbonato + sal. En otro bol mezclar azúcar + mantequilla + vainilla.
Añadir los huevos uno a uno, mezclando.
Añadir la harina y mezclar suavemente.
Añadir la mitad del chocolate a la masa y mezclar.
Repartir la masa por la sartén e incrustar el resto de las onzas.
Hornear entre 35 y 45 min.
Sacar y dejar que se enfríe.
Espolvorear con azúcar en polvo.

MIGAS CON PANCETA Y CHORIZO

1 kg de pan de masa blanca
250 g de panceta de cerdo fresca
250 g de chorizo fresco
1 cabeza de ajos
2 hojas de laurel
Aceite de oliva
Agua

Limpiar la corteza del pan, cortarlo en cuadros pequeños y regar con agua hasta que el pan esté humedecido.
En una sartén, dorar la panceta junto con los ajos.
En otra sartén dorar el chorizo y escurrir.
Echar el pan remojado + laurel en la sartén junto con la panceta y dar vueltas con la espumadera hasta que se suelte la miga.
Entonces, añadir el chorizo.
Listo.

PAN DE MAÍZ

90 g de sémola de maíz
130 g de harina
60 g de azúcar
1/2 cucharilla de café de sal
3 cucharillas de café de levadura en polvo
1 huevo batido
240 ml de leche
2 cucharillas de café de mantequilla fundida (o grasa de beicon)
1 taza de granos de maíz (opcional)

Precalentar el horno a 220 °C.
Engrasar los moldes.
Mezclar todos los ingredientes secos y añadir la leche, huevo y mantequilla fundida.
Hornear 12 min. para minis y 20 para grandes.

Combina muy bien con una ensalada de espinacas, jamón o incluso huevos fritos.
También son buenos con un poco de Philadelphia y una mermelada de pimiento de Espelette con membrillo.

PAN DE MASA MADRE NATURAL

475 g de harina panificable (de fuerza)
25 g de harina integral de centeno o trigo
290-300 ml de agua
200 g de masa madre natural burbujeante
10-12 g de sal

Alimentar la masa madre natural y esperar a que esté llena de burbujas y haya ganado volumen.

Mezclar todos los ingredientes y amasar.

Tapar y esperar 1/2 hora.

Amasar cada 10-15 segundos, dándole ese tiempo de amasado y reposo hasta que esté amasado del todo.

Repetir este proceso unas 4 veces. Entonces, a mitad del proceso, se le puede dar un pliegue, como doblar un folio para meterlo en un sobre (aunque no es necesario).

Pasadas unas 3 o 4 horas (cuando haya ganado volumen, aunque no llegue a doblarlo), formar la hogaza.

Colocarla en un bol grande forrado con un paño enharinado, para que no se pegue.

Dejar fermentar otras 3 horas, hasta que casi se haya duplicado su volumen y al hacer un corte se vea claramente que la miga está formada.

Hornear en un horno precalentado fuerte (240 °C) durante unos 10 min., y luego proseguir hasta completar 1 hora, bajando la temperatura a medida que avance la cocción, hasta llegar a los 210-200 °C.

Si el pan se empieza a dorar demasiado, cubrirlo con papel de aluminio.

Una vez hecho, dejarlo enfriar en una rejilla y esperar al día siguiente para probarlo.

PAN DE MOLDE

Prefermento (24 horas):
300 g de harina de trigo
2 g de levadura fresca
180 ml de agua

Para la masa:
525 g de harina de trigo
265 ml de agua
20 g de levadura
14 g de sal

24 horas antes, mezclar los ingredientes del prefermento y amasarlos hasta que estén bien mezclados.
Guardarlo en la nevera con papel film.

El día del horneo, mezclar los ingredientes con el prefermento.
Amasar bien (10-15 min.) y dejar reposar 10 min.
Formar 4 bolas y disponerlas en el molde engrasado (o en 2 pequeños).
Dejar fermentar 1 hora y hornear a 220 °C unos 25 min., sacarlo del molde y volver a meterlo en el horno (apoyado en el costado) para que se acabe de hornear durante otros 8 min.

PAN DE QUESO O CHIPA

150 g de almidón de yuca agrio
150 g de un queso curado
20 ml de mantequilla derretida
20 ml de leche
1 huevo entero
Aceite
Sal y pimienta

Trabajar el almidón con las manos para sacarle los grumos que pueda tener hasta que esté todo homogéneo.
Ir agregándole la mantequilla templada, derretida en el microondas, hasta que se quede como arena mojada.
Repetir el mismo proceso con la leche y después con el huevo hasta que adquiera consistencia de masa, que se pueda trabajar sin que se quede pegada a la mano.
Finalmente, agregar el queso rallado y mezclarlo todo bien.
Formar bolitas y ponerlas en una bandeja untada con aceite.
Cuando la bandeja esté llena, hacer con el dedo una marca como un ombligo en cada uno de los panes.
Hornear unos 10 min. a 160 °C y 5 min. más para darle color al queso a 180 °C.
Sacarlo y comerlo al momento. Se endurece muy rápido.

PAN DE TRIGO, CENTENO, PASAS Y NUECES

Para el prefermento:
140 g de harina de fuerza
6 ml de agua
1 g de levadura de panadero

Para la masa:
400 g de harina de fuerza
100 g de harina integral de centeno
290 ml de agua (ajustar según la harina)
100 g de pasas de Corinto
100 g de nueces
15 g de caramelo/miel/sirope
12 g de sal
6 g de levadura de panadero
Un poco de miel

El día anterior, deshacer la levadura en la harina frotándola entre las manos, incorporar el agua y amasar hasta que se forme una pelota homogénea (costará que se absorba el agua).
Meter la pelota de masa en un bote hermético, dejarla 1 hora a temperatura ambiente y después dejarla en la nevera a baja temperatura durante 24 horas.

Al día siguiente, sacar el bote con el prefermento de la nevera y agregarle los ingredientes de la masa, menos las pasas y las nueces, mezclándolo todo bien.
Como el prefermento estará frío, conviene poner el agua tibia.
Las harinas varían en cuanto a su capacidad de absorber agua, así que tal vez haya que ajustar la cantidad de agua.
Queremos una masa que se pegue ligeramente a las manos pero que, tras un poco de amasado, deje de hacerlo.
Amasarla durante unos 10 min.
Aplastarla y plegarla, girar 90° y repetir la operación durante el tiempo de amasado, hasta que la masa vaya cobrando elasticidad y suavidad.
Una vez acabado el amasado, incorporar las pasas y las nueces amasando suavemente otra vez durante unos segundos, hasta que todo esté homogéneamente incorporado.
Dejarla fermentar en un lugar tibio (ni frío ni caliente), a unos 21 °C, hasta que se haya hinchado cerca del 50 por ciento (alrededor de 1 hora, tal vez un poquito más).
Amasar formando una barra u hogaza.

A continuación, dejarla fermentar otra hora (antes de que llegue a doblar su volumen) en un trapo enharinado.

Hay que utilizar algún objeto como tope en el trapo para dar soporte durante la fermentación y que la masa no se desparrame.

Antes de que el pan esté fermentado del todo, precalentar el horno a 230 °C con la bandeja dentro.

Hacerle unos cortes y pulverizar.

Una vez lista la masa, meterla en el horno y tenerla allí unos 45-50 min., bajando la temperatura a lo largo de la cocción hasta acabar cerca de los 200 °C.

Sacar el pan a una rejilla para que se enfríe bien aireado.

PIZZA DE CABRA CON ALCACHOFAS

2 panes pita abiertos en dos, tostados
2 rulos de queso de cabra con ceniza un poco curado, no muy tierno
5 alcachofas crudas limpias en agua + limón
1 chalota picada
1 pizca de tomillo fresco
Cebollino picado
Cebollino cortado en bastones de 8 cm
Zumo de limón
Aceite de oliva
Sal y pimienta

Cortar las alcachofas en láminas finas, con la mandolina.

Aliñarlas con chalota + tomillo + zumo de limón + aceite + sal y pimienta + cebollino picado.

Cortar el queso de cabra en rodajas y acomodarlas sobre las pitas.

Encima apoyar la ensalada de alcachofas, repartida.

Cubrir con los bastones de cebollino + 1 cordón de aceite de oliva virgen.

PIZZA MARGARITA

Para la masa:
250 ml de agua
12 g de levadura prensada
500 g de harina
2 cucharadas soperas de aceite de oliva
Sal y azúcar

Para la guarnición:
Salsa de tomate
Beicon en medias lonchas finas
Queso mozzarella
Hojas de albahaca frescas
Aceite de oliva

Horno a 200 °C.
Mezclar agua templada + levadura.
En un robot amasador, poner harina + sal + aceite + azúcar, accionar y
añadir levadura + agua fría.
Amasar hasta que se forme una bola.
Si queda seca, añadir agua; en caso contrario, un poco de harina.
Sacar la masa del robot, trocearla e introducirla en un bol, tapado.
Dejarla reposar 25 min. cerca de alguna fuente de calor.
Con la ayuda de un rodillo, extenderla hasta hacerla fina.
Colocarla sobre una bandeja de horno y guarnecerla con salsa de tomate +
queso mozzarella + beicon + albahaca y rociarla con aceite de oliva.
Hornearla unos 20 min.

PIZZA PARA LOS QUE NUNCA HARÍAN PIZZA

Para la masa (para 2 medianas o 3 pequeñas):
400 g de harina panificable
100 g de sémola fina de trigo (o harina de trigo duro)
300-320 ml de agua (según la absorción de la harina)
20 ml de aceite de oliva
10 g de sal
5 g de levadura de panadero (1,5 g si es levadura seca de panadero)

Para el relleno:
2 o 3 cucharadas soperas de salsa de tomate concentrada (o tomate fresco hecho puré y escurrido)
75-100 g de mozzarella (escurrida)
5-10 filetes de anchoa
1 chorrito de aceite de oliva
Albahaca u orégano para condimentar al gusto

El día anterior (o varios días antes), mezclar los ingredientes de la masa en un bol durante unos 3 min.
Amasarlos someramente para que se amalgame bien y dejarlo reposar tapado durante 1 hora.
Después meterlo en la nevera todo 1 día (aguanta sin problemas 3 o 4 días).

Sacarlo de la nevera 1 hora antes de hornear y formar bolas de unos 250-300 g.
Dejarlo reposar.
Precalentar el horno a la máxima potencia con una bandeja dentro.
Pasada la hora, estirar la masa de la pizza, untar con 2 o 3 cucharadas de tomate, esparcir el queso y las anchoas, y sazonar con 1 chorrito de aceite de oliva y las hierbas escogidas.
Hornear con el horno a tope (dependiendo del horno, puede estar de 2 a 6 min.).

PIZZAS «A TODA MECHA»

3 panes pita
1 mozzarella fresca
6 cucharadas soperas de salsa de tomate
6 tomates confitados
6 hojas de albahaca
1 puñado de lardones finos de beicon
Yemas de huevo
Aceite de oliva
3 puñados de rúcula
1 cuña de queso parmesano

Horno a 220 °C.
Abrir las pitas en dos, colocarlas en una bandeja de horno, sobre papel de aluminio, y rociar con aceite.
Ponerles tomate + tomate confitado + albahaca + lardones + mozzarella + un poco de parmesano.
Hornear 15 min. Aprox. 1 min. antes de terminar, coronar la pizza con 1 yema de huevo en medio.
Aliñar la rúcula.
Sacar las pita-pizzas del horno y escoltar con la rúcula aliñada + lascas de queso.

«PLUM-CAKE» DE PLÁTANO

500 g de plátano maduro pelado
175 g de mantequilla blanda
125 g de harina
125 g de azúcar en polvo
2 huevos
1 pizca de levadura en polvo
1 cucharada de miel
1 pizca de sal

Horno a 180 °C.

Cortar el plátano en dados.

Colocar una sartén con mantequilla a fuego fuerte, añadir la fruta, dar vueltas + miel durante 1 min. y retirar.

Mezclar con la varilla en un bol la mantequilla + azúcar en polvo y añadir los huevos uno a uno + levadura + harina + sal.

Agregar delicadamente el plátano salteado y su jugo.

Introducir la mezcla en el molde y hornear 45 min., hasta que la superficie se tueste y, al pinchar con una aguja, salga seca y sin rastro de masa cruda.

Esperar 10 min. antes de desmoldar.

ROSCÓN DE REYES

140 g de prefermento (masa madre, pie de masa, esponja)
120 ml de infusión de leche con cítricos, canela, ron y agua de azahar
340 g de harina de fuerza
70 g de azúcar
15 g de levadura fresca
2 huevos
60 g de mantequilla
3 cucharillas de café de ron
2 cucharillas de café cortas de agua de azahar
Ralladura de limón
1 pizca de sal
Calabaza y guindas escarchadas, azúcar, almendras, etc., para decorar
Huevo batido para decorar
Canela, piel de limón y naranja para cocer en la leche

Para el prefermento:
90 g de harina
50 ml de leche
2 g de levadura

Para el prefermento:
Mezclar los ingredientes y dejar unas 3 horas a temperatura ambiente.

Para el rosco:
Horno a 220-200 °C.

Hacer una infusión con leche + piel de cítricos + canela. Que rompa el hervor y repose unos minutos.

Añadir el ron + agua de azahar y, una vez tibio, tomar 60 g de la infusión e incorporarle el resto de los ingredientes.

Agregar el fermento natural a la harina + levadura fresca + sal + ralladura + huevos y los líquidos.

Ir mezclando la masa del roscón.

Amasar bien.

Incorporar la mantequilla cuando llevemos por lo menos 1 min. amasando.

Amasar entonces 10 min más.

La masa será ligera y pegajosa; amasarla con cuidado hasta que esté lisa, muy suave y brillante.

Fermentar 1 hora hasta que se duplique el volumen.

Antes de formar el roscón, hacerle un pequeño masaje y esperar unos 10-15 min.

Se forma como un roscón (haciendo un agujero en medio y estirando como una correa).

Una vez estirado, introducir la sorpresa, pincelar con huevo y dejar reposar en la bandeja cubierta con papel de hornear.

Cuando haya vuelto a doblar volumen (45-60 min), pincelar de nuevo con huevo, poner la fruta y el azúcar, y hornear unos 16-18 min.

ROSQUILLAS ROCEÑAS

6 huevos
1 kg de harina
300 g de azúcar (para la masa)
500 g de azúcar (para envolverlas)
2,5 sobres de levadura
20 g de anís molido
1/2 vaso de anís
1/2 vaso de zumo (el de 1 limón y el resto, hasta llenar el vaso, de naranja)
1/2 vaso de aceite de girasol
La ralladura de la piel de 1,5 limones y de 1/2 naranja
Aceite de girasol para freírlas

Separar las yemas de las claras.

Batir las claras con la batidora hasta que estén muy espumosas (casi a punto de nieve). Entonces añadir las yemas y batir.

Agregar el azúcar y ¡a meter las manos!

Añadir la levadura + zumo + anises molidos + anís + vaso de aceite + ralladura, sin dejar de remover con las manos.

Lo último que se incorpora es la harina.

Ir espolvoreando en la superficie e ir amasando. La masa ha de ir engordando.

Se sabe que ya está cuando, con las manos enharinadas, se pueden formar bolas, se trabajan bien y no se pegan.

Se hacen bolas y se colocan sobre la superficie enharinada.

Con una cierta habilidad —hay que ser rápido—, montar una sobre otra —para hacerlas dobles— y aplastarlas un poco para que se peguen.

Introducirles el dedo en el centro para hacerles un agujero y echarlas en abundante aceite caliente.

De entrada se hunden en el aceite, pero rápidamente salen a la superficie.

Ahí entra en funcionamiento «el palito» o similar: se introduce en el agujerito del centro y se hace girar la rosquilla sobre sí misma; si no, el agujero tiende a cerrarse y queda una especie de buñuelo.

Con una espumadera, vuelta, vuelta y otra vuelta hasta que se doren.

Escurrirlas de aceite y, aún calientes, rebozarlas en azúcar (rosquillas listas).

POSTRES
& SALSAS DULCES

ARROZ CON LECHE

5 l de leche
150 g de arroz
1/2 corteza de limón
1 rama de canela
250 g de azúcar
125 g de mantequilla
Sal

En una olla poner 1 l de leche, la canela, el limón y la sal.
Cuando rompa el hervor, incorporar el arroz y remover sin parar a fuego vivo hasta que se evapore.
Bajar el fuego al mínimo e ir añadiendo leche ya hervida en cantidades muy pequeñas.
Ir removiendo todo el tiempo e incorporando leche cuando se vaya secando.
Acabada la leche, añadir la mantequilla y el azúcar, mezclar bien y retirar.
Disponer en platos hondos y requemar con un poco de azúcar.

ARROZ CON LECHE AROMATIZADO

3 l de leche entera
4 cáscaras de limón
1 rama de canela
1 rama de vainilla seca
150 g de arroz de grano redondo
125 g de mantequilla
300 g de azúcar
1 cucharada de café de coñac
1 cucharada de café de anís
1 cucharada sopera de pacharán
1 pizca de sal

Hervir la leche entera.
Añadir canela + cáscara de limón + vainilla.
Incorporar el arroz y remover durante 30 min., suave y continuo.
Añadir la mantequilla y remover otros 40 min. a fuego muy suave.
Subir ligeramente el fuego y añadir el azúcar, los alcoholes y 1 pizca de sal.
Colocarlo en una fuente y dejarlo templar encima de la mesa o meterlo en la nevera.

BIZCOCHO DE CHOCOLATE CON PLÁTANO

2 plátanos maduros
1 pizca de mantequilla
1 cucharada de azúcar
1 sobre de masa de bizcocho de chocolate del supermercado

Cortar los plátanos en dos, a lo ancho, del tamaño del fondo de un molde *plum-cake*.
Saltearlos con la mantequilla y el azúcar; que cojan un bonito color.
Colocarlos ordenados en el fondo del molde.
Cubrir con la masa cruda de bizcocho de chocolate.
Hornear a 180 °C durante 20 min.
Desmoldar.
Queda como una tatin, pero de bizcocho y plátano.

BIZCOCHOS DE ALMENDRAS Y CHOCOLATE CON «CHANTILLY» DE WHISKY

200 g de mantequilla
200 g de azúcar en polvo
80 g de harina tamizada
80 g de polvo de almendra bien fino
2,5 g de levadura en polvo
180 ml de claras de huevo
150 g de chocolate 70 por ciento
20 g de miel

Para el chantilly *de whisky*:
200 ml de nata
20 g de azúcar
20 ml de whisky

Horno a 200 °C.
Fundir la mantequilla y reservar para que se enfríe un poco.
Mezclar en un bol harina + polvo de almendra + levadura + azúcar en polvo, todo ello tamizado.
Romper las claras con la ayuda de una varilla, agregar la mezcla anterior y remover.
Añadir la mantequilla y la miel, y volver a removerlo bien todo.
Fundir el chocolate en un baño maría, agregar a la mezcla anterior y mezclarlo todo bien.

Introducir en moldes unos 45 g de la mezcla.
Meter en el frigorífico para que repose la masa y coja cuerpo durante 3 horas.
Hornear durante 13 min.
Sacar del horno, dejar enfriar un poco y desmoldar.
Colocar sobre una rejilla para que se enfríe a temperatura ambiente.

Para el chantilly *de whisky*:
Semimontar la nata + azúcar, agregar el whisky y montar un poco más hasta que quede una textura cremosa.
Acompañar los bizcochos con el *chantilly* de whisky.

BOMBÓN CON YOGUR CRUJIENTE

Para el yogur aromatizado:
4 yogures naturales
4 hojas de menta fresca
2 cucharadas soperas de confitura de naranja

Para el acabado:
3 bombones cortados en dados
Azúcar moreno

Mezclar los yogures naturales con las hojas de menta fresca finamente picadas.
Mezclar con la confitura de naranja y volver a mezclar.
En el fondo de cada vaso, poner unos dados pequeños de los bombones que nos gusten, echar por encima el yogur mezclado con la confitura de naranja y terminar con más trocitos de bombón y hojas de menta.
Espolvorearlo todo con azúcar moreno.

BUÑUELOS DE CALABAZA

1 kg de calabaza potimarrón pelada, en pedazos grandes
200 g de harina
1 sobre de levadura en polvo
30 ml de leche
2 huevos
1 pizca de ralladura de naranja
Aceite de oliva para freír
Piel de naranja
Azúcar
Canela molida
Miel

Horno a 180 °C.
Colocar los pedazos de calabaza en una bandeja y asarlos hasta que salgan tiernos, unos 45 min.
Añadirle a la pulpa la harina + levadura + leche + huevos batidos + ralladura de naranja.
Con una cuchara echar bolitas en una sartén con abundante aceite caliente + piel de naranja.
Ir dando vueltas con la espumadera, hasta acabar la masa.
Pasarlos por azúcar y canela molida.
Algunos otros rociarlos directamente con miel.
Listo.

CAQUIS CON YOGUR

4 caquis
Yogur griego bien frío
Hojas de menta
Hojas de hierbaluisa
Almíbar frío
1 chorrito de zumo de limón

Batir la menta + almíbar + limón en una batidora americana.
Pelar el caqui, cortarlo y ponerlo en un plato.
Cubrir con yogur griego.
Cubrir con el almíbar de menta.
Clavar unas hojas de hierbaluisa.

CASTILLO DE «CHUCHES»

Bizcocho de desayuno en rectángulos, de 3 tamaños para colocar uno encima de otro
Jamones rosas a lo bestia
Lacasitos
Piruletas
Fresones de colores
Gominolas de colores
Gominolas de corazón
Regalices enroscados y largos rojos
Moras de colores
Brochetas de madera largas
Piña natural y fresas naturales
Palillos mondadientes con una sola punta

Poner el bizcocho en una bandeja, el de mayor tamaño debajo.
Ir colocando todas las chucherías en los laterales de los tres bizcochos y sujetas con los palillos.
Entre bizcocho y bizcocho, poner los Lacasitos a modo de «suelo».
Ensartar las frutas en las brochetas de madera largas y ponerlas ensartadas encima de los bizcochos.

«CHANTILLY» DE PIÑA

250 g de pulpa de piña triturada
500 ml de nata semimontada
Azúcar

Pasar la piña por la batidora hasta que esté bien triturada.
Mezclar cuidadosamente la nata y la pulpa de piña.
Agregar azúcar si fuera necesario.
Enfriar.

CHARLOTA DE FRESAS CON SALSA DE FRUTAS ROJAS

500 g de fresas cortadas en cuartos
500 ml de leche
200 g de azúcar
5 yemas de huevo
1 pizca de maicena
20 bizcochos de soletilla tiernos
250 ml de nata montada
5 hojas de gelatina remojadas
1 rama de vainilla
Sal
Fresas pequeñas enteras, frambuesas y puntas de menta fresca

Remojar las hojas de gelatina.
Abrir en dos la vainilla y rascar los granos.
Mezclar vainilla + leche + 100 g de azúcar, hervir, cubrir y dejar infusionar 5 min.
Montar con la varilla yemas + 100 g de azúcar + maicena y blanquear.
Mezclar con las yemas montadas la leche infusionada en hilo fino.
Devolverlo todo a la cazuela y cocer como una inglesa, al baño maría.
Añadir la gelatina fuera del fuego y colocar la mezcla en un bol sobre agua y hielos. Dejarlo enfriar.
Tapizar un molde con los bizcochos de soletilla.
Mezclar la nata montada + crema inglesa + fresas en cuartos.
Rellenar el molde, tapar con papel film y dejar en la nevera 12 horas.
Desmoldar y decorar la cima con fresas, frambuesas y hojas de menta.

CHOCOLATE EN «MOUSSE» Y «CHANTILLY»

Para la mousse *de chocolate*:
100 g de chocolate 70 por ciento rallado o troceado
50 ml de nata
Un poco de nata semimontada

Para el chantilly:
100 ml de nata
80 g de crema mascarpone
20 g de azúcar
10 ml de aguardiente de pera
30 g de piñones tostados
Cacao en polvo

Para el chocolate en mousse:
Tostar los piñones a 180 °C durante 6-7 min. Reservar.
En una cacerola hervir la nata y añadirle el chocolate. Disolver bien.
Añadir un poco de nata semimontada sin azúcar y mezclar con la ayuda de unas varillas.
Enfriar la mezcla en la nevera.

Para el chantilly:
En el bol de una batidora poner la nata, el azúcar y el mascarpone.
Montarlo todo con las varillas.
Añadir el aguardiente de pera removiendo delicadamente con las varillas.
Con la ayuda de dos mangas pasteleras, rellenar el fondo de las copas con *mousse* de chocolate y algún piñón.
Cubrir con *chantilly* de mascarpone.
Decorar con más piñones por encima y cacao en polvo.

COMPOTA DE ALBARICOQUES

30 albaricoques secos
250 ml de agua
5 cucharadas soperas de azúcar
1 rama de vainilla abierta
1 cucharada sopera de ron
2 melocotones en almíbar en dados
Zumo de limón
Ralladura de limón

En una olla, hervir 20 min. a fuego medio los albaricoques con el agua + azúcar + vainilla abierta.
Fuera del fuego, añadir la cucharada sopera de ron y enfriar.
Añadir los melocotones en almíbar en dados, el zumo de limón y la ralladura.

COMPOTA DE MANZANA, PERA Y VAINILLA

6 manzanas peladas
6 peras peladas
10 cucharadas soperas de agua
1 rama de vainilla abierta y los granos del interior, rascados
El zumo de 1 limón

Trocear las manzanas y ponerlas en el fondo de una olla.
Añadir las peras cortadas en cuartos. Agregar agua + vainilla.
Tapar, a fuego suave y, cuando aparezcan borbotones, bajar el fuego y tenerla 20 min.
Una vez tibia, antes de meterla en la nevera, añadirle el zumo de limón.

COMPOTA DE MANZANA Y ROMERO

4 manzanas peladas y en dados grandes
4 cucharadas soperas de azúcar
1 pedazo grande de mantequilla
1 ramita de romero
El zumo de 1 limón

Poner el azúcar en una sartén y caramelizar.
Acto seguido, añadir la mantequilla y dejar que espume.
Incorporar la manzana y la ramita de romero, dejando que se cocine.
La manzana irá soltando su jugo y cocinándose unos 5 min.
Retirar la rama de romero, apartar del fuego y añadir el zumo.
Entibiar y comerla con queso, yogur o helado de vainilla.

COMPOTA NAVIDEÑA EXPRÉS DE AMAMA

150 g de uva pasa
150 g de higos pasos
6 orejones de melocotón
12 ciruelas pasas
4 manzanas peladas en trozos (2 reinetas y 2 golden)
2 peras conference peladas en trozos
1 palo de canela
60 g de azúcar moreno
1 cucharada sopera de coñac
1 cucharada sopera de vino blanco

En una olla exprés poner las frutas pasas, cubrir de agua y hervir 10 min. con la olla abierta.

Añadir manzanas + peras + canela + azúcar + coñac, cerrar la olla y, una vez que coja presión, 5 min.

Abrir la olla, probar para ajustar el azúcar y añadir vino blanco, darle un hervor para quitar el alcohol del vino y templar.

Listo para comer.

CONFITURA DE PIÑA CON YOGUR

1 kg de piña limpia
900 g de azúcar
1 vaina de vainilla
100 ml de ron
30 ml de zumo de limón
2 yogures naturales

Además:
1 hoja de menta
1 vaina de vainilla

Cortar la piña en láminas muy finas y ponerla dentro de un cazo con el azúcar + vainilla + zumo de limón.

A fuego muy lento, y removiendo muy delicadamente con una cuchara de madera, dejar reducir poco a poco y sin dejar que se deshaga la piña (unos 20 min.).

Agregar el ron y dejar cocinar 10 min. más.

Cuando al coger un poco de jugo y ponerlo sobre un plato frío se solidifique rápidamente, ya estará.

Colocarlo en botes y reservar en el frigorífico.

Colocar 80 g de la confitura en el fondo de un vaso de sidra bajo y poner encima los yogures naturales batidos.

Decorar con 1 hoja de menta y 1 vaina de vainilla.

Listo para comer.

COPA DE CHOCOLATE BLANCO Y ANÍS ESTRELLADO

Para la crema de chocolate y anís:
400 ml de leche
80 ml de yemas de huevo
25 g de maicena
300 g de cobertura de chocolate blanco
4 anises estrellados
450 ml de nata
40 g de azúcar

Para el bizcocho y su almíbar:
Bizcochos de soletilla
30 ml de agua
30 g de azúcar
1 anís estrellado

Para la gelatina de frambuesas:
300 g de frambuesas
100 g de azúcar
300 ml de agua
2 1/2 hojas de gelatina

Para la crema de chocolate y anís:
Infusionar el anís en la leche durante 8 min.
Colar y verter la leche hirviendo sobre la mezcla de yemas, azúcar y maicena.
Trabajar la mezcla hasta que adquiera una textura de crema pastelera.
Incorporar el chocolate y dejar enfriar la mezcla.
Una vez frío, añadir la nata montada y acabar de montar bien.

Para el bizcocho y su almíbar:
Calentar el agua, el azúcar y el anís estrellado hasta que hierva.
Separar del fuego y dejar enfriar en la nevera.

Para la gelatina de frambuesas:
Cocinar todos los ingredientes menos la gelatina al baño maría dentro de un bol filmado durante 30 min.
Transcurrida la media hora, colar y al líquido obtenido agregarle las hojas de gelatina.
Enfriar.

En una copa de cristal, disponer por capas el bizcocho debajo, unos 60 g de crema de chocolate encima, unos 70 g de gelatina de frambuesa sobre ella y, finalmente, coronar con frambuesas frescas o fresas laminadas. Dejar reposar 1/2 hora y servir.

CREMA ACARAMELADA DE CHOCOLATE BLANCO

75 g de chocolate blanco
300 ml de leche entera
100 ml de nata líquida
25 g de azúcar
75 ml de yema de huevo

Encender el horno a 90-100 °C.
Poner a hervir en una cacerola la leche y la nata.
Por otro lado, juntar en un bol las yemas de huevo con el azúcar y batir enérgicamente.
Retirar la cacerola del fuego y añadir el chocolate al líquido hirviendo.
Poner de nuevo al fuego y volver a hervir sin dejar de remover.
Echarlo ahora sobre las yemas con azúcar removiendo, pero sin batir para evitar hacer espuma. Retirar después la poca que haya podido formarse.
Rellenar los recipientes y cocer en el horno durante 25 min.
Retirar del horno cuando la consistencia sea temblorosa para comernos unos potitos bien cremosos.
Dejar que se enfríen antes de cubrir con film y dejar reposar en el frigorífico al menos 4 horas.
Comerlos muy fríos pero no helados.
Se pueden acompañar de 1 bola de helado o de 1 buena cucharada de granizado de whisky por encima.

«CRÈME BRÛLÉE» DE CAFÉ

500 ml de leche
500 ml de nata líquida
12 yemas de huevo
160 g de azúcar en polvo
20 g de café molido
4 cucharadas de café soluble
Azúcar

En una cacerola, calentar a fuego suave la leche, la nata líquida y el azúcar en polvo. Llevar a ebullición.

Agregar el café molido y el café soluble, y dejarlo infusionar con tapa o papel film durante 10 min.

Pasarlo por un chino y reservar.

Precalentar el horno a 90 °C.

En un bol, montar las yemas con unas varillas eléctricas y, después, ir incorporando poco a poco la crema de café sin dejar de remover.

Verterlo todo en 4 recipientes para hornear y dejar cocer durante 1 hora.

Dejar enfriar y refrigerar durante 2 horas como mínimo.

Justo antes de servir, tapar con 1 capa de azúcar cada recipiente y caramelizar con la ayuda de un soplete o en un grill muy caliente.

Servir 2 min. después.

CREMA «CHANTILLY»

500 ml de nata líquida
5 cucharadas soperas de azúcar en polvo
Los granos del interior de una rama de vainilla, una vez abierta en dos
1 pizca de sal
Frutas rojas (frambuesas, fresas, grosellas)
Azúcar moreno
Vino tinto
Brotes de menta fresca

Colocar la nata en un bol y añadir los granos rascados de vainilla + 1 pizca de sal. Batirlo vigorosamente con unas varillas.

Cuando adquiera consistencia de yogur batido, añadir azúcar.

Seguir dando caña para que monte un poco más.

En ningún momento deberá adquirir un tono amarillento, sino estar siempre de un color blanco inmaculado.

Machacar las grosellas + azúcar + 1 chorrito de vino tinto.

Añadir el resto de las frutas rojas y mezclar.

Colocar 1 enorme cucharada de *chantilly* en un cuenco, cubrir con las frutas rojas y clavar 1 punta de menta.

CREMA CUAJADA DE CHOCOLATE SIN HORNO

500 ml de leche
500 ml de nata líquida
1 punta de cuchara de café soluble
1 pizca de nuez moscada
8 yemas de huevo
10 cucharadas de azúcar
400 g de chocolate oscuro de buena calidad

Además:
500 ml de caramelo líquido (al fuego, azúcar + agua)
Helado

Hervir nata + café soluble + nuez moscada + leche.
Batir yemas + azúcar hasta obtener una mezcla cremosa.
Juntar ambas preparaciones y cocerlo como una inglesa 10 min.
Sumergir el chocolate picado en la crema inglesa. Derretir y volcar en tazas.
Meterlo en el frigo durante 2 o 3 horas, hasta que se solidifique.

Se pueden caramelizar con un quemador o presentarlas con caramelo
líquido por encima (para los que no tengan quemador en casa).
Se pueden acompañar con helado.

CREMA CUAJADA DE VAINILLA

200 ml de leche
600 ml de nata líquida
1 rama de vainilla
10 yemas de huevo
10 cucharadas soperas de azúcar
1 pizca de sal

Encender el horno a 90 °C.
Hervir leche + nata + vainilla abierta.
Mezclar yemas + azúcar.
Mezclarlo todo, colando la leche.
Meterlo en flaneras y al horno 35 min.
Debe quedar tembloroso.
Listo.

CREMA DE CACAO CON GRANIZADO DE MENTA

Para la crema de chocolate:
40 g de cacao
200 g de azúcar
200 ml de yema de huevo
1 l de leche

Para el granizado de menta:
40 g de hojas de menta
600 ml de agua
120 g de azúcar
1 hoja de gelatina

Para la crema de chocolate:
Verter en un cazo la leche y el cacao.
Llevar a ebullición.
Blanquear las yemas con el azúcar e ir agregando poco a poco la mezcla anterior tibia. Mezclar bien, colar y meter en pequeños recipientes donde se quiera cuajar.
Hornear a 150 °C al baño maría durante 35 min.
Mantener en frío.

Para el granizado de menta:
Poner a hervir el agua, apartar del fuego y agregar las hojas de menta.
Tapar con film y dejar infusionar 20 min.
Colar y agregar el azúcar y las hojas de gelatina previamente hidratadas.
Ponerlo sobre una placa ovalada y meterlo en el congelador.
Una vez congelado, rallarlo con un tenedor.

CREMA DE LIMÓN VERDE

16 cucharadas de zumo de limón verde
4 huevos
Ralladura de 4 limones verdes
220 g de azúcar
400 g de mantequilla fría en dados

Colocar una olla a fuego muy suave.
Mezclar el zumo + azúcar + ralladuras en un bol. Añadir los 4 huevos y batir con 1 pizca de sal.

Colocar el bol sobre el baño maría a fuego muy suave y mezclar con una espátula hasta que la mezcla se espese.

Entonces, retirar la cazuela del fuego, introducir el brazo de una túrmix en la cazuela y añadir la mantequilla sin dejar de accionar a la máxima potencia o batiendo enérgicamente con una varilla.

Verter la crema en pequeños tarros o botes de porcelana y dejar reposar en la nevera durante 2 horas.

CREMA DE PISTACHO

360 g de pasta de pistacho verde
300 g de chocolate blanco
2 hojas de gelatina
300 g de crema pastelera fría
750 ml de nata líquida
Azúcar en polvo

Además:
3 planchas de hojaldre rectangulares para rellenar

Remojar las gelatinas.
Mezclar en un baño maría chocolate blanco + pasta de pistacho.
Añadir gelatinas.
Añadir la crema pastelera y mezclar.
Montar la nata e incorporarla a la mezcla con una espátula de goma.
Tapar y a la nevera.
Con las planchas de hojaldre rectangulares, montar un milhojas espolvoreado con azúcar en polvo.

CREMA DE QUESO CON HIGOS

2 huevos
160 g de azúcar
200 ml de nata montada
400 g de queso tipo mascarpone
8 higos frescos
1/2 rama de vainilla
1 pizca de azúcar moreno
1 pizca de mantequilla salada
1 pizca de mermelada de higos o similar
1 lima verde

 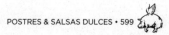

Mezclar en un bol huevos + azúcar + mascarpone y batir.

Añadir por último la nata montada.

Enfriar la crema en un bol hasta servirla, al menos 3 horas.

Rascar los granos de la vainilla.

En una sartén, poner 1 pizca de azúcar, caramelizar, desglasar con mantequilla + granos y vainilla, y dar unas vueltas rápidas.

Añadir los higos partidos por la mitad sin el rabo, rociarlos con el jugo + mermelada y acompañarlos con la crema.

Rallar por encima la lima verde.

Listo.

CREMA PASTELERA

1 l de leche
1 rama de vainilla abierta y rascada
100 g de maicena
150 g de azúcar
240 ml de yema de huevo
100 g de mantequilla

Hervir 1/4 l de la leche + vainilla abierta y rascada e infusionar 1 hora.

Colar y mezclar con el resto de la leche + maicena + azúcar.

Hervir esta mezcla 10 min., removiendo con una varilla.

Batir las yemas de huevo en un bol y añadir a la mezcla caliente.

Llevarlo todo a 85 °C y retirar del fuego.

Cuando la crema baje a 60 °C, añadir la mantequilla y mezclar.

Tapar con papel film y guardar en frío.

«CRUMBLE» DE CACAHUETE Y FRUTAS ROJAS

2 puñados hermosos de ciruelas, frambuesas, etc.
1 plancha de bizcocho fina, del tamaño de la fuente, o bizcochos de soletilla
1 chorrito de aguardiente de frambuesas o similar

Para el crumble:
50 g de cacahuete en polvo
50 g de mantequilla en pomada
50 g de harina floja
50 g de azúcar moreno o moscabado
1 pizca de sal
1 pizca de café molido
1 pizca de azúcar de vainilla

En una fuente, colocar el bizcocho en el fondo y mojar con el licor.
En un bol azucarar los frutos rojos y estirarlos sobre el bizcocho.

Para el crumble:
Mezclar todos los ingredientes del *crumble* con los dedos, hasta formar arenilla.
Estirar la arenilla sobre la fruta y hornear a 150 °C durante 20 min.
Espolvorear la superficie con azúcar en polvo.

CUAJADA

1 l de leche de oveja
Cuajo líquido
Sal

Distribuir en el fondo de 6 tarros de barro o porcelana 2 o 3 gotas de cuajo líquido.
Poner a hervir la leche con 1 pizca de sal, retirándola inmediatamente del fuego.
En el momento en que podamos meter el dedo sin riesgo de quemarnos, distribuir la leche en los tarros, dejando que cuaje a temperatura ambiente, sin tocarlos, durante aprox. 15 min.
Hay quien, una vez hervida la leche, retiran la nata que se forma en la superficie y la distribuyen en cada tarro justo después de verter la leche.
Si no se van a comer inmediatamente, cubrirlas con un papel film e introducirlas en la nevera, no dejando pasar más de 2 días hasta su consumo.

CUAJADA CON CHOCOLATE

1 l de leche de oveja
200 g de cobertura de chocolate negro picado
6 gotas de cuajo, por taza
2 manzanas reinetas
60 g de azúcar de caña
20 g de mantequilla

Además:
Nueces

Hervir la leche de oveja.
Añadir la cobertura de chocolate.
Mezclar y fundir con la túrmix.
Repartirlo en las 6 tazas y añadir las 6 gotas de cuajo en cada una.
Mezclar y dejar reposar hasta que cuaje.
Horno a 180 °C.
Pelar las dos manzanas, extraerles el corazón y cortar cada una en 8 porciones.
Ponerlas en una bandeja de horno y añadir el azúcar y la mantequilla.
Hornear durante 15 min., evitando que se ablande demasiado.
Servir con las manzanas sobre la cuajada de chocolate.
Se puede decorar con unos trozos de nuez.

CUAJADA CON HIGOS CONFITADOS Y TEJA DE MIEL

Para la cuajada:
1 l de leche de oveja
200 g de azúcar
2 gotas de cuajo

Para la teja crujiente de miel:
250 g de mantequilla en pomada
250 g de miel caliente
250 g de azúcar en polvo
250 g de harina
75 ml de claras de huevo
Higos confitados

Preparar de la siguiente manera las tazas donde posteriormente se vaya a servir el postre.

En cada taza colocar 1/2 higo cortado en 3 trozos.

Calentar la leche de oveja en un cazo con 200 g de azúcar, hasta 55-60 °C (aprox. hasta que empiece a humear).

Poner 3 gotas de cuajo en cada vaso y verter la leche en las tazas que tenemos preparadas.

Dejar que cuaje antes de meterlo en la nevera y sin moverlo.

Para la teja:

Poner en un bol la mantequilla en pomada + azúcar en polvo + miel + harina + claras de huevo.

Introducir la masa en la nevera y, después, estirarla sobre una superficie antiadherente y hornear 8 min. a 180 °C.

EMPANADILLAS DE PLÁTANO

1 cucharada sopera de azúcar
12 discos de masa para empanadillas grandes
4 plátanos medianos pelados y cortados en dados muy pequeños
El zumo de 1/2 limón verde y su ralladura
1 nuez hermosa de mantequilla
1/2 vainilla + los granos rascados
Nuez moscada
Huevo batido

Caramelizar el azúcar + mantequilla + granos de vainilla + nuez moscada + dados de plátano.

Compotar y, antes de retirar, añadir zumo + ralladura. Enfriar.

Colocar relleno en el centro, pintar los bordes con huevo y cerrar en medias lunas.

Freírlas y escurrirlas.

Espolvorearlas con azúcar y rallarles cáscara de limón verde por encima.

ENSALADA DE FRUTAS A LA GINEBRA

Para el sirope:
40 ml de agua mineral
10 ml de ginebra
100 g de azúcar
La piel de 1 limón
La piel de 1 naranja
Hojas de menta
1 vaina de vainilla

Para la ensalada:
10 frambuesas
2 kiwis
2 mangos maduros
Hojas de menta

Para el granizado de ginebra:
500 ml de agua
100 g de azúcar
70 ml de ginebra
1 hoja de gelatina

Para el granizado de ginebra:
Calentar el agua + azúcar y, una vez disuelto, agregarle la hoja de gelatina
previamente hidratada.
Añadir ginebra, mezclarlo bien y colocarlo en un recipiente.
Congelar y, a la hora de servir, rasparlo con un tenedor.

Para el sirope:
Poner en una cacerola agua + azúcar + pieles de los cítricos + vaina de
vainilla abierta.
Llevar a ebullición, apartar del fuego, agregar hojas de menta + ron y tapar
con papel film.
Dejar infusionar 30 min.
Reservar en frío.

Para la ensalada:
Cortar por la mitad las frambuesas.
Pelar los mangos y kiwis y cortarlos en dados.
Colocar todas las frutas en un plato, cubrir con el sirope y acabar
espolvoreando con hojas de menta en tiras finas.
Poner encima el granizado de ginebra.
Listo.

FINANCIERAS DE CEREZA

150 g de mantequilla
75 g de polvo de almendras
30 g de polvo de avellanas
170 g de azúcar en polvo
50 g de harina
1 vaina de vainilla
150 ml de claras de huevo
20 g de pulpa de albaricoque
100 g de cerezas
50 g de azúcar avainillado

Fundir a fuego fuerte la mantequilla hasta que coja un color avellana.
Colarla.
En una ensaladera, echar los ingredientes secos de la receta (almendra, avellana en polvo, azúcar y harina).
Raspar los granos de vainilla con la punta de un cuchillo.
Poner los granos en la ensaladera + claras de huevo + pulpa de albaricoques.
Incorporar la mantequilla tibia y mezclarlo todo bien con una espátula hasta conseguir una pasta lisa.
Dejar reposar en la nevera al menos un mínimo de 8 horas.
Con la ayuda de una manga pastelera, rellenar los moldes y poner una mitad de cerezas sobre la masa.
Hornear durante 10 min. a 180 °C.
Desmoldar y servir tibios.
Espolvorear por encima el azúcar en polvo.

FLAN «CARMEN LARRAGOYEN»

1 plancha de bizcocho
3 huevos
Azúcar en polvo
Vainilla o azúcar avainillado
1 chorrito de ron

Batir a punto de nieve las claras de los 3 huevos + azúcar en polvo + azúcar avainillado.
En otro bol batir las yemas + ron.
Forrar las paredes de una flanera con el bizcocho en lonchas finas y poner en el centro las claras batidas.
Dar la vuelta al tinglado sobre una fuente o plato donde se vaya a servir y pintar por fuera el bizcocho con la mezcla de yemas y ron.

FLAN DE HUEVO AL VAPOR «80 GRADOS»

Para el caramelo:
Azúcar
Agua caliente

Además:
1 l de leche entera
4 cortezas de naranja (sin la pulpa blanca)
8 huevos
150 g de azúcar
Un poco de esencia de vainilla (al gusto)

Para el caramelo, en una sartén apropiada preparar a fuego suave un caramelo rubio en seco y, en cuanto tome color rubio y textura líquida de caramelo, añadir con cuidado un chorrito de agua caliente.
Con la ayuda de una espátula de goma, facilitar su integración fuera del fuego, logrando la textura adecuada de una salsa de caramelo.
Forrar con el caramelo el interior de unas flaneras y dejar enfriar los recipientes durante 20 min.

En una cazuela verter la leche + pieles de naranja y llevar a ebullición.
Cuando hierva, retirar del fuego, tapar y dejar reposar durante 30 min.
Una vez pasada la media hora, colar y reservar.
En un bol cascar los huevos + azúcar y batir al baño maría para que se esponje ligeramente.
Entonces, mezclar con la leche infusionada y reposada + esencia de vainilla.
Para terminar, verter la mezcla del flan en el fondo de los moldes y cubrirlos uno a uno con papel film. En cada flanera cabrán unos 150 ml de mezcla.
Para la cocción, precalentar el horno de vapor a 80 ˚C y cocinar los recipientes de flan durante 50 min., comprobando que en el corazón del flan la temperatura alcance los 76 ˚C.
Reservar en la nevera hasta que se enfríen, desmoldar y servir.

FLAN DE HUEVO CON NATA

1 l de leche
250 ml de nata
12 yemas de huevo
6 huevos
300 g de azúcar
1 vaina de vainilla

Para el caramelizado de los moldes:
200 g de azúcar + agua

Además:
Crema pastelera fría
Nata montada fría

Horno a 150 °C.
Hervir leche + nata + rama de vainilla abierta (echar los granos en un bol).
Mezclar yemas + huevos + azúcar + granos de la vainilla.
Mezclar las dos, colando la leche.
Rellenar moldes con caramelo.
Verter la crema en moldes y cocerlo al baño maría con un cartón en el fondo, 20 min. a 150 °C.
Servir junto con la crema pastelera y la nata montada.

FRESAS CON HELADO Y GRANIZADO

1/2 rama de vainilla
100 ml de agua
100 g de azúcar
370 ml de vino tinto
El zumo de 1/2 naranja
El zumo de 1/2 limón
Fresas limpias en cuartos
Hojas de menta
Helado cremoso

Hervir el azúcar + agua con la vainilla abierta y rascada.
Añadir los zumos de naranja y limón + vino tinto, y retirar la rama de vainilla.
Depositar el líquido en una placa con bordes y congelar, removiendo de vez en cuando.
Cortar la menta en tiras y mezclarlas con las fresas.
Colocarlas en un bol y sobre ellas el helado, y coronar con 1 buen pellizco de granizado, obtenido con las púas de un tenedor.

FRESAS CON LECHE

600 g de fresas limpias en cuartos
8 cucharadas soperas de azúcar
1 l de leche fría

Meter las fresas en un *tupper* + azúcar + leche.
Dejarlas en la nevera al menos 12 horas.
Listo.

FRESAS «PISPÁS»

Fresas
Mantequilla
Azúcar moreno
Vinagre de Módena
Frambuesas
Helado
Pimienta
Frutos rojos deshidratados

Trocear las fresas.
Echar un poco de mantequilla en un wok + azúcar moreno.
Agregar las fresas hasta que cojan un poco de temperatura + pimentar.
Añadir 1 golpe de vinagre y de oporto si se quiere.
En el último momento, agregar las frambuesas.
Adornar con las frutas rojas deshidratadas y 1 buena bola de helado.

GACHAS CON ALMENDRA Y ARROPE

100 g de harina
1 l de leche
2 cáscaras de limón
1 cucharada sopera de matalahúva
250 g de azúcar
1 cucharada sopera de aceite de oliva
Almendras fritas
Arrope

Hacer una infusión con leche + 1 cáscara de limón + matalahúva + azúcar.
En una olla aparte al fuego, echar aceite de oliva + 1 pizca de matalahúva +
1 cáscara de limón, para aromatizar el aceite.
Una vez hecho, sacar las semillas y las cáscaras, echar la harina y hacer un *roux*.
Tostar la harina hasta conseguir un color moreno.
Añadir la infusión de leche y cocer como si fuera una bechamel.
Dejar que se espese y echar las almendras en el molde donde se vaya a
presentar. Rellenar el molde.
Dejarlo enfriar 3 horas en el frigorífico.
Cuando se haya enfriado, rociar con el arrope.

«GALETTE» DE QUINOA, CIRUELAS Y GROSELLAS

Para la base:
105 g de harina de arroz integral
40 g de harina de sarraceno (o harina de quinoa)
40 g de maicena
20 g de azúcar
1/2 cucharada de café de xanthan
1 pizca de sal
110 g de mantequilla fría, cortada en dados
1 yema de huevo
45-60 ml de agua muy fría (con hielos)

Para el relleno:
500 g de ciruelas
50 g de grosellas
50 g de azúcar
1 vainilla
10 g de maicena
15 g de almendra molida fina
Hierbas (verbena limonera, tomillo, etc.)

Para la base:
En un robot, mezclar los 6 primeros ingredientes.
Añadir la mantequilla fría en dados y pulsar 10 veces hasta que la mantequilla esté cortada en la harina en trocitos del tamaño de guisantes.
En un bol pequeño, batir la yema con 45 ml de agua fría.
Añadirlo a la masa y pulsar un par de veces.
No se formará una bola; simplemente, apretar la masa en la mano para ver si se une.
Si está seca, añadir 1 cucharada más de agua.
Formar la masa en un disco, cubrirlo con papel film y enfriarlo en el frigorífico durante 1 hora.

Para el relleno:
Horno a 200 °C.
Mezclar los 5 primeros ingredientes en un bol.
Estirar la masa formando un círculo de 5 mm de grosor y 25 cm de diámetro.
Espolvorear la almendra molida en el centro y colocar el relleno encima, dejando 4-5 cm en los lados.
Doblar las esquinas de la base sobre el relleno.
Enfriar la *galette* en el frigorífico durante 20 min.

Pintar huevo batido en las esquinas de la base.
Espolvorear un poco de azúcar.
Cocerlo durante 25-30 min.
Listo.

GRANIZADO DE CHAMPÁN

250 ml de agua
150 g de azúcar
Ralladura de 1 naranja
1/2 vaina de vainilla abierta y rascada
1 hoja de gelatina remojada
575 ml de champán

Hervir agua + azúcar + ralladura de naranja + vainilla y añadir gelatina remojada.
Añadir el champán y verterlo en una bandeja para congelar.
Después de 1 hora y 30 min., sacar la placa y revolver con la ayuda de una espátula o un tenedor para hacer el granizado.

«GREIXONERA» IBICENCA

300 g de *panettone* o de ensaimadas secas
1 l de leche
6 huevos batidos
Ralladura de 2 limones
Canela en polvo
200 g de azúcar
Licor de anís y menta fresca picada
Azúcar moreno en grano

Horno a 200 °C.
Mezclar todos los ingredientes y poner la mezcla en una cazuela de barro o similar.
Espolvorear con el azúcar moreno.
Hornear 35 min. hasta que cuaje, en un recipiente al baño maría.

HELADO DE HIERBALUISA

750 ml de leche
250 ml de nata líquida
200 g de hierbaluisa
300 g de azúcar
12 yemas
El zumo de 8 limones
6 cucharadas soperas de cáscara de limón confitada, picada
20 g de hojas de verbena picadas
Frambuesas frescas o frutas rojas diversas
Azúcar moreno + aceite de oliva virgen
1 bola de helado

Calentar leche + nata + hierbaluisa y dejarla así 10 min.
Subir el fuego y hervirlo, cubrir con papel film y dejar reposar 8 horas en el frigorífico.

Mezclar en una cazuela yemas + azúcar.
Añadir la leche y cocer como si fuera una inglesa.
Mezclar inglesa + cáscara de limón + zumo + hojas picadas.
Montar en la sorbetera.
Romper las frambuesas + azúcar + aceite y poner encima 1 bola de helado.

HIGOS RELLENOS

12 higos de 30 g
125 ml de nata
30 g de miel
125 g de pulpa de higo
Galletas tipo maría

Cortar los higos por la parte superior y vaciarlos para obtener los 125 g de pulpa.
Semimontar la nata y añadirle la miel.
Mezclarlo bien y refrescarlo en la nevera.
Agregar la pulpa de higo.
Picar las galletas y reservar.
Rellenar cada higo con esta mezcla, poner por encima la galleta picada y tapar con la parte superior a modo de «sombrero».
Si no se van a comer enseguida, reservar en la nevera a una temperatura no muy fría.

INFUSIÓN DE FRUTOS ROJOS CON CREMA DE MASCARPONE

Para la infusión de frutos rojos:
2 kg de fresón maduro
500 g de moras maduras
500 g de frambuesa madura
250 g de azúcar

Para la crema de mascarpone:
100 g de queso mascarpone
100 ml de nata líquida
1/4 vaina de vainilla
10 g de azúcar

Para decorar:
Unas hojas de menta

Mezclar todos los ingredientes de la infusión en un recipiente, taparlo bien con un trapo y cocer al baño maría durante 1 hora y 30 min. a fuego muy lento.
Dejarlo escurriendo en la nevera durante 12 horas, en un colador con un trapo para que el jugo quede limpio y traslúcido.

Rascar la vaina de vainilla y los granos, y mezclarlos con el azúcar y la nata hasta que adquiera textura de *chantilly*.
En un bol, romper el mascarpone y añadirle el *chantilly* montado.
Introducir en la nevera durante 2 horas hasta que adquiera consistencia.

Acompañar la infusión con 1 bola de crema de mascarpone, unas hojas de menta y unas cuantas fresas y frambuesas dispuestas en el fondo del plato.

«INTXAURSALTSA»

500 ml de leche
500 ml de nata
2 astillas de canela
200 g de nueces
200 g de azúcar

Además:
500 ml de nata montada con 100 g de azúcar
100 g de nueces troceadas
Canela en polvo

Hervir la leche + nata + canela en una olla alta.
Una vez hervido, colar.
Moler nueces + azúcar hasta obtener un polvo.
Añadir este preparado a la mezcla de nata y leche. Poner al fuego y mezclarlo con una varilla.
Cuando comience a hervir, contar 8 min. más batiendo.
Echarlo en un bol y dejarlo enfriar durante 4 horas en el frigorífico.
Mezclar bien la *intxaursaltsa* y repartirla en tazas.
Decorar con nata montada y trozos de nuez y espolvorear canela.

JUGO DE PASIÓN Y PLÁTANO CON PIÑA

Para la ensalada y la infusión:
75 g de azúcar
400 ml de agua mineral
1 vaina de vainilla
1 pizca de pimienta negra en grano
2 frutas de la pasión
2 plátanos
1 piña

Para el granizado de ron:
500 ml de agua
100 g de azúcar
70 ml de ron
1 hoja de gelatina
Menta fresca

Para el granizado de ron:
Calentar el agua con el azúcar y, una vez disuelto el azúcar, agregarle la cola de gelatina previamente hidratada.
Añadir el ron, mezclar bien y colocar en un recipiente.
Congelar y, a la hora de servir, raspar con un tenedor.

Para la ensalada y la infusión:
Llevar a ebullición el agua junto con el azúcar y la vainilla abierta.
Retirar del fuego, tapar con papel film y dejar infusionar 30 min.
Transcurrida la media hora, colarlo apretando la vainilla para que suelte todo el aroma.
Reservar en frío.
Cortar la fruta de la pasión en dos y agregar la pulpa al jugo.
Cortar los plátanos en rodajas y colocarlos también en el cazo.
Agregar la pimienta y conservar tapado en frío.
Pelar la piña quitándole todos los ojos y, a continuación, sacarle el corazón y cortarla por la mitad a lo largo.
Cortar cada mitad en 3 a lo largo y, a su vez, en rodajitas.
Añadirlo a la ensalada.
Reservar.
Servir en un plato todas las frutas con la infusión de ron y vainilla, y rallar por encima el granizado.
Acabar con unas puntas de menta fresca.

LECHEFRITAS

1 l de leche
1 rama de canela
1 rama de vainilla
200 g de azúcar
50 g de maicena
50 g de harina
1 cucharada sopera de aceite de girasol
Harina y huevo batido
Aceite de oliva para freír
1 corteza de limón
Azúcar y canela molidas

Diluir harina + maicena + azúcar en 1/4 l de leche hasta conseguir una papilla sin grumos.
Hervir durante 5 min. el resto de la leche con canela + vainilla y dejarla reposar unos 10 min.
Incorporarla poco a poco, colada, a la papilla.
Hervir la mezcla a fuego suave, sin dejar de remover, durante 10 min.

Extenderla sobre una placa forrada de papel film y untada con el aceite de girasol, y dejar que se enfríe en la nevera durante 3 o 4 horas.
Trocear la crema en cuadrados y pasarlos por harina + huevo batido.
Freírla a fuego medio en aceite de oliva + corteza de limón.
Escurrirlas del exceso de grasa y espolvorearlas con azúcar + canela molidas.

MACEDONIA

1 manzana en dados
1 pera en dados
1/2 piña en dados
1/2 melón bien dulce en dados
1 mango pelado en dados
1 naranja pelada en dados
1 plátano
1 kiwi
1 racimo de uvas desgranadas
La ralladura de 2 limones
El zumo de 2 naranjas
2 frutas de la pasión
Hojas frescas de albahaca
1 puñado de frambuesas

Trocear y poner en un bol manzana + pera + piña + melón + mango + naranja.
Pelar y trocear plátano + kiwi.
Añadir uvas + ralladura + zumo + pulpa de fruta de la pasión + albahaca + frambuesas.
Dar unas vueltas y dejar que se refresque en la nevera.

MANGO-YOGUR-LIMÓN

150 g de azúcar en terrones
300 ml de agua
1 vainilla
500 ml de zumo de limón verde
1 hoja de gelatina remojada
1 mango cortado en dados pequeños
Hojas frescas de albahaca
Bizcochos de soletilla secos
Helado de yogur
Granizado de limón

Restregar los terrones de azúcar en corteza de limón verde para que se impregne de su sabor.
Echarlos en un cazo + vainilla abierta y rascada + agua y hervir.
Añadir la mitad del zumo de limón.
Añadir la gelatina remojada y congelar.
Cortar la albahaca en tiras finas, añadirlas al mango y mezclar.
Colocar la fruta en un bol y, sobre ella, la galleta rota de los bizcochos + 1 bola de helado + granizado de limón.

MANZANA EN «CRUMBLE»

125 g de mantequilla
100 g de azúcar
100 g de harina
100 g de almendra en polvo
2 manzanas

Poner 1 hoja grande de papel sulfurizado sobre la mesa de trabajo.
Cortar la mantequilla en dados.
Echar el azúcar, la harina y la almendra en polvo en un bol de cristal.
Mezclar con la mano.
Frotar la mantequilla con el polvo anterior.
Desgranar la mezcla con la palma de la mano.
Dejar caer los granos de masa entre los dedos y repetir la operación.
Cuando esta arena esté uniforme, introducirlo 30 min. en la nevera.
Precalentar el horno a 180 °C.
Pelar las manzanas y vaciarlas enteras.
Cortarlas después en dados pequeños.
Engrasar unas flaneras o unos platos de gratinar individuales y repartir en ellos los dados de manzana.
Cubrir con el *crumble*, introducir en el horno y dejarlo 12-15 min.
Sacar del horno y acompañar de un helado, sorbete o lo que prefiramos.

MANZANA Y PERA EN MERMELADA

300 g de pera
300 g de manzana
90 g de azúcar
1/2 vaina de vainilla

Pelar las manzanas y vaciarlas enteras.
Cortar en láminas gruesas, cortar estas en bastones y luego en dados.
Pelar la pera y repetir el mismo procedimiento que el de las manzanas.

Poner los dados en una cazuela a fuego medio.

Agregar azúcar y mezclar.

Añadir la vainilla rascada en su interior y remover de vez en cuando.

Tapar el recipiente y compotar a fuego lento, durante unos 8 min.

Cuando las manzanas estén bien tiernas, dejar enfriar.

Aplastar toscamente con un tenedor.

Se pueden rellenar unas tartaletas o utilizar la mermelada para un tiramisú.

MANZANAS ASADAS A LA VAINILLA

4 manzanas
100 ml de zumo de manzana
1 vaina de vainilla
2 ramas de canela
60 g de azúcar moreno
60 g de mantequilla

Descorazonar las manzanas y hacerles una incisión alrededor.

Pintar el molde con la mantequilla y espolvorear el azúcar moreno.

Poner en un cazo el zumo de manzana junto con la canela y la vainilla abierta y raspada.

Llevar a ebullición, retirar, tapar con papel film y dejar infusionar 10 min.

Colocar las manzanas en el molde y, en el centro, colocar la mantequilla restante.

Hornear a 180 °C durante 10 min.

Agregar la mitad de la infusión y dejarlo cocinar 20 min. más, glaseando de vez en cuando.

Verter el resto de la infusión y dejarlo cocinar 10 min. más.

Dejar enfriar en la nevera o servirlo tibio.

MANZANAS CON GELATINA DE SAGARDOZ

Para la gelatina de calvados:
60 ml de sagardoz o aguardiente de manzana
100 g de miel
80 ml de agua
40 ml de zumo de manzana
40 ml de zumo de limón
4 g de gelatina en hojas

Para las manzanas:
3 manzanas golden peladas, vacías y cortadas en dados
60 g de mantequilla semisalada

Un poco de galletas desmenuzadas
Ciruelas

Para el chantilly de canela:
Nata
Azúcar en polvo
Canela en polvo

Para la gelatina de calvados:
Verter en una cacerola todos los ingredientes salvo las hojas de gelatina y calentarlos hasta que estén tibios.
Juntarlos entonces con las hojas de gelatina previamente remojadas y escurridas.
Mezclar bien y verter la gelatina en cada vaso hasta, aprox., un tercio de la altura. Dejar que la gelatina se asiente en la nevera por lo menos durante 2 horas.

Asar las manzanas en el microondas 40 segundos a media potencia junto con la mantequilla y un poco de azúcar.
Montar el *chantilly* de canela.
Disponer en el fondo de unos vasos la base de gelatina de calvados y, encima, 1 porción de manzana asada.
Espolvorear con canela en polvo, el *chantilly* de canela y un poco de galleta rota hasta que cubra toda la superficie.

MANZANAS EN ALMÍBAR

1 botella de sidra
150 g de azúcar
El zumo de 1/2 limón
La cáscara de 1 naranja
40 ml de aguardiente de manzana
4 manzanas golden

Echar la sidra en una cazuela.
Añadir el azúcar y el zumo de limón colado.
Calentar a fuego fuerte.
Por otro lado, lavar la naranja y secarla.
Sacar tiras de la piel con un pelador y añadirlas a la sidra.
Llevar el almíbar a ebullición y remover de vez en cuando.
Dejarlo en infusión unos 10 min. fuera del fuego.
Transcurrido ese tiempo, añadir el aguardiente.
Mientras, pelar las manzanas, partirlas por la mitad y quitarle los corazones.

Cortar las medias manzanas en 4 trozos bastante gruesos e introducirlos con cuidado en el almíbar caliente.

Llevar de nuevo a ebullición a fuego medio y luego dejarlo pochar, entre 3 y 5 min. a fuego lento.

Comprobar con la punta de un cuchillo si están cocidas.

En cuanto se vean tiernas pero firmes, retirarlas.

Disponer las manzanas pochadas en un plato, bien extendidas, y dejar que se enfríen.

Servirlas con el almíbar y unas tiras de cáscara de naranja como adorno.

MELOCOTÓN «MELBA»

1 melocotón en almíbar partido en dos
Helado de vainilla
Salsa de frambuesas
Frambuesas frescas

Colocar 1/2 melocotón en el fondo de una copa de cristal, con la parte plana hacia arriba. Rellenar con abundante helado de vainilla, bien cremoso. Cubrirlo con la otra mitad de melocotón, con la parte abombada hacia arriba. Apretar para que se pegue bien al helado.

Cubrir con abundante salsa de frambuesas y espolvorear frambuesas frescas.

Servir.

MELOCOTONES AL JENGIBRE

8 melocotones en almíbar partidos por la mitad
1 pizca de mantequilla
Clavos de olor
Azúcar
Canela molida
Nuez moscada
Jengibre

Además:
Bizcocho
Salsa inglesa

Horno a 200 °C.

Untar con mantequilla una fuente de horno.

Colocar los melocotones, pinchando en cada mitad un clavo.

En un bol mezclar a ojo azúcar + canela molida + nuez moscada + jengibre.

Espolvorearlo generosamente encima de los melocotones.

Colocar un buen trozo de mantequilla encima de cada fruta y hornear durante 35 min.
Colocar cada melocotón encima de un trozo de bizcocho sencillo y rociar con salsa inglesa (véase la receta en p. 635).

MERENGUE DE ALMENDRAS

60 ml de claras de huevo
63 g de azúcar
63 g de azúcar en polvo
100 g de almendras ligeramente tostadas fileteadas

Precalentar el horno a 100 °C.
Montar las claras a punto de nieve.
Agregar poco a poco el azúcar sin dejar de batir.
Tamizar el azúcar en polvo encima de la mezcla anterior.
Agregar almendras e ir incorporándolas con la ayuda de una lengua.
Colocarlo en moldes antiadherentes pequeños y hornear durante 35 min.
Dejar enfriar y servir.

MERMELADA DE CIRUELAS Y VAINILLA

1 kg de ciruelas en limpio
750 g de azúcar
35 ml de zumo de limón
1 vaina de vainilla

Colocar todas las ciruelas con el azúcar, la vaina de vainilla y el zumo de limón.
Colocar un papel sulfurizado encima y dejar reposar 1 hora.
Llevar a ebullición y, removiéndolo en todo momento, bajar el fuego y seguir removiendo sin parar.
Cuando al coger un poco del líquido y en un plato frío quede gelificado, ese será el punto correcto (más o menos 1 hora y 30 min.).
Dejar enfriar y meter en botes de cristal esterilizados.

MERMELADA DE ZANAHORIAS

375 g de zanahorias peladas y ralladas
375 g de azúcar
10 cucharadas de agua
1 limón rallado y exprimido
1 naranja rallada y exprimida

En una cazuela disponer por capas la zanahoria rallada intercalándola con otras de azúcar, espolvoreando y vertiendo las ralladuras y el zumo en la misma relación.

Reservarlo en la nevera bien tapado durante 6 horas.

Colocar la cazuela al fuego suave, añadir el agua y cocer 2 horas hasta que adquiera aspecto de confitura.

Pasado ese tiempo, meter la mermelada en tarros y reservarla en la nevera.

MIGAJAS DE PERAS

Para el crumble:
75 g de harina
75 g de almendra en polvo
75 g de azúcar
1 pizca de canela en polvo
1 pizca de flor de sal
50 g de mantequilla

Para el relleno:
600 g de peras
25 g de mantequilla
25 g de azúcar

Para el crumble:
Precalentar el horno a 180 °C.
Mezclar la harina, la almendra, el azúcar, la sal y la canela en un bol.
Añadir la mantequilla en frío y trabajar con la mano hasta obtener el *crumble*.
Reservar.

Para el relleno:
Pelar y cortar las peras en dados y saltear en una sartén con la mantequilla y el azúcar durante unos 5 min.
Disponer en el molde donde se quieran hornear las peras y, por encima, colocar el *crumble*. Hornear durante 25 min.
Listo.

«MOUSSE» DE CHOCOLATE

250 g de chocolate oscuro, 70 por ciento de cacao
1 chorrito de ron
1 pizca de nuez moscada
1 pizca de café soluble
1 pizca de ralladura de naranja
4 yemas de huevo
75 g de azúcar
500 ml de nata montada

En un bol, batir con varillas las yemas + azúcar + nuez moscada + ralladura + café + ron, hasta que se blanquee.
Volcar el chocolate derretido sobre las yemas montadas.
Entonces, con una espátula de goma, añadir la nata montada azucarada a la mezcla de huevos + chocolate.
Distribuir la mezcla en boles o tarros y dejarlos enfriar.
Listo.

NATILLA DE COCO Y MANZANA

160 ml de nata líquida
160 ml de leche de coco
120 g de chocolate blanco
80 ml de yemas de huevo
1 lima
1 manzana verde

Poner a hervir en una cacerola la nata y la leche de coco.
Verterlo en un bol donde tengamos el chocolate blanco previamente cortado en trozos pequeños.
Mezclar bien con la ayuda de una varilla.
Añadir las yemas de huevo y batir intensamente.
Colocar la mezcla dentro de unas pequeñas *cocottes* y cocinar en el horno previamente precalentado a 85 °C durante 45 min.
Dejar enfriar 3 horas en la nevera.
Cortar bastones finos de manzana y colocarlos por encima de la natilla una vez que esté fría.
Rallar la lima por encima y servir.

NOCILLA «CASERA»

40 g de almendras tostadas enteras
160 g de avellanas tostadas enteras
400 ml de leche entera
60 g de leche en polvo
40 g de miel suave
170 g de chocolate negro
140 g de chocolate con leche
1 pizca de sal

Hervir leche + leche en polvo + miel + sal y retirar del fuego.
Moler en un robot las avellanas + almendras.
Añadir el chocolate a los frutos secos y triturar, parando de vez en cuando para limpiar las paredes del bol.
Una vez que la mezcla esté lista, añadir la leche caliente y seguir mezclando.
Pasar a un tarro y meter en el frigo hasta que esté listo para usar.

«PANACOTTA» DE CHOCOLATE BLANCO CON FRESAS

Para la panacotta:
170 ml de leche entera
1 vaina de vainilla
2 hojas de gelatina remojadas en agua
115 g de chocolate blanco
230 ml de nata

Para las fresas:
24 fresas frescas
25 g de azúcar
25 ml de *kirsch*

Para el acabado:
Chocolate blanco

Para la panacotta:
Calentar en una cacerola la leche con la vaina de vainilla abierta hasta que empiece a hervir. Diluir las gelatinas en la leche.
Colocar el chocolate en un bol y verter la leche caliente.
Mezclar bien con la varilla hasta disolver el chocolate en la leche, agregar la nata y batir de nuevo.

Ponerlo en copas para servir e introducirlas en la nevera unas 2 horas, hasta que esté bien cuajada.

Para las fresas:
Hacer un caramelo rubio con el azúcar y agregarle las fresas en cuartos, añadir el *kirsch* y flambear.
Cuando este frío, colocar con delicadeza las fresas encima del caramelo.
Acabar pintando el borde del vaso con un poco de chocolate blanco fundido.

«PANACOTTA» DE VAINILLA Y PASIÓN

Para la base de panacotta:
2 hojas de gelatina
1/2 rama de vainilla
500 ml de nata
60 g de azúcar

Para el caramelo:
50 ml de zumo de naranja
60 g de azúcar
50 ml de zumo de fruta de la pasión
50 ml de agua
1/2 rama de vainilla

Para la panacotta:
Calentar la nata junto con el azúcar y la vainilla raspada.
Tapar con papel film e infusionar 8 min.
Colar y añadir la gelatina.
Poner en 4 moldes y dejar cuajar en la nevera una 1/2 hora.

Para el caramelo:
En una cacerola poner el azúcar y la 1/2 vaina de vainilla raspada. Fundir a fuego medio para hacer un caramelo rubio.
Bajar el fuego y añadir poco a poco el zumo de fruta de la pasión + agua caliente + zumo de naranja. Dar un hervor.
Filtrar el caramelo y dejar enfriar completamente.
Una vez fría la *panacotta*, servirla cubierta del caramelo.

«PANACOTTA» DE VERBENA LIMONERA

300 ml de leche
400 g de azúcar en polvo
100 ml de nata líquida
80 g de hojas de verbena limonera
4 hojas de gelatina
Sal

Además:
Frutas del bosque
Brotes de verbena limonera
Coulis de frambuesa

Remojar las hojas de gelatina en agua.
Calentar leche + azúcar + 1 pizca de sal + nata. Al hervir, añadir las hojas de verbena.
Cubrir y dejar infusionar 15 min. mínimo, aunque mejor 1 hora.
Una vez infusionado, filtrar la leche perfectamente, aplastando las hojas para exprimir todo el jugo posible.
Disolver en ella las gelatinas y dejar cuajar las *panacottas* en la nevera durante unas 2 horas, en boles o flaneras.
Acompañar con fresas del bosque mezcladas con 1 pizca de coulis de frambuesa.
Decorar con brotes de verbena limonera.

PASTEL DE CEREZAS

750 g de cerezas
45 g de polvo de almendras
9 ml de *kirsch*
60 g de harina
113 g de azúcar en polvo
600 ml de leche
Sal
4 huevos
27 g de azúcar avainillado
Mantequilla (para untar el molde)
20 g de azúcar en polvo (para espolvorear)

Lavar y deshuesar las cerezas, y colocarlas en un bol junto con 37,5 g de azúcar en polvo y el *kirsch*.
Dejar macerar 15 min.

Cascar los huevos en un bol, agregarles 75 g de azúcar en polvo y el azúcar avainillado, y mezclarlo todo bien.

Agregar la harina tamizada, el polvo de almendra, la leche y la sal, y mezclarlo bien.

Pintar con la mantequilla el molde deseado y poner el azúcar en polvo restante por todas las paredes.

Volcar la mezcla en el molde y colocar las cerezas repartidas.

Hornear a 180 °C durante 40 min.

Dejar enfriar y espolvorear con el azúcar en polvo.

PASTEL DE LA MARQUESA DE BECHAMEL

2 l de leche
1 l de nata líquida
3 vainillas
160 g de mantequilla
100 g de harina
240 g de azúcar
300 ml de caramelo rubio a temperatura ambiente, fluido
Por cada 500 ml de bechamel, 3 huevos

Además:
Helado cremoso
1 rama grande de hierbaluisa o de menta

Horno a 200 °C.

Reducir 1 hora al fuego la leche + nata + vainillas abiertas y rascadas. Deben quedar 2 l. Hacer un *roux* con mantequilla + harina sin que coja color.

Añadir la mezcla colada sobre el *roux*, poco a poco.

Cocer la bechamel unos 8 min. a fuego suave.

Fuera del fuego añadir el azúcar.

Mezclar y dejar enfriar en la nevera.

Untar el fondo del molde con caramelo.

Separar las claras de las yemas.

Montar las claras a punto de nieve fuerte + sal.

Con una espátula, mezclar en un bol 500 g de bechamel + 3 yemas de huevo.

A esta mezcla añadirle las claras.

Mezclar delicadamente.

Verterlo en moldes individuales hasta dos tercios de su altura.

Ponerlos en un baño maría caliente, con fondo de cartón para que no hierva.

Hornear durante 30 min. aprox.

Pasar el cuchillo y posarlo sobre un plato con bola de helado.

Rociar con caramelo en hilo.

Clavar 1 rama enorme de hierbaluisa o de menta.

PASTEL DE QUESO

Para el fondo:
2 huevos
100 g de mantequilla blanda, en pomada
100 g de azúcar
100 g de harina pastelera floja
1 pizca de levadura en polvo
1 pizca de sal

Para el relleno:
800 g de queso blanco batido
350 g de azúcar en polvo
3 cucharadas soperas de harina floja
5 huevos y 2 yemas
6 cucharadas soperas de crema espesa o nata doble
1 pizca de vainilla en polvo
La cáscara de 2 limones rallados

Además:
1 molde de 20 cm de diámetro con las paredes altas

Para el fondo:
Encender el horno a 200 °C.
Mezclar todos los ingredientes en un bol. El resultado será una pasta con la que untar el fondo del molde.
Introducir el molde en el horno hasta que se dore, durante 10 min.

Para el relleno:
En un bol, mezclar con las varillas todos los ingredientes.
Verter el relleno en el molde y hornear primero 10 min. a 220 °C y luego 40 min. a 100 °C.
Dejar enfriar el pastel antes de desmoldar.

PASTEL DE «SOBRAS»

1 pedazo hermoso de bizcocho seco, de pan de brioche viejo, de bollos de leche o *croissants*
5 huevos
1 taza o 250 ml de nata líquida

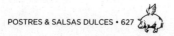

1 chorretón de armañac
1 chorrito de vainilla líquida o de caramelo líquido

Hacer dados de bizcocho o de los restos que tengamos y tostarlos con mantequilla en una sartén antiadherente.
Colocarlos extendidos en el fondo de una bandeja de horno o fuente amplia.
Batir el resto de los ingredientes y cubrir los dados.
Hornear a 200 °C durante 20 min.
Listo.
Dejar enfriar y trocear.
Servir acompañado de helado.

PASTEL VASCO

Para la crema de manzana:
800 g de manzana golden troceada en cuadrados de 1 x 1 cm
4 vainas de vainilla
75 ml de agua
30 g de mantequilla

Para la base:
370 g de harina
310 g de azúcar
300 g de mantequilla
1 huevo
2 yemas de huevo
15 g de levadura en polvo
20 g de azúcar avainillado
1 chorrito de ron
1 pizca de sal

Para la crema de manzana:
Cortar las vainas de vainilla por la mitad y sacar el interior con un cuchillo o puntilla para extraer los granos.
Trocear las manzanas y ponerlas en un sauté junto con el agua y los granos de vainilla.
Tapar con papel sulfurizado con un agujero en el centro y dejar cocer 10 min. aprox. hasta que estén cocidas *al dente*, pero sin que lleguen a romperse y sobre todo sin que se peguen al fondo del sauté.
Retirar del fuego y pasar por una batidora.
Poner esta crema al fuego y, cuando esté a unos 55 °C, añadir la mantequilla.

Para la base:
Calentar la mantequilla hasta que esté en punto pomada y mezclarla con el azúcar normal, la avainillada y la sal.

Añadir 1 huevo y 1 yema.

Mezclar bien.

Tamizar la harina y la levadura.

Agregar a la mezcla anterior.

Verter el ron y mezclar bien hasta formar una mezcla homogénea.

Tapar la masa con papel film y dejar reposar 2 horas en la nevera.

Transcurrido ese tiempo, dividir la masa en 2 bolas iguales y estirarlas sobre un papel sulfurizado con la ayuda de un rodillo de pastelero, hasta obtener discos de 1 cm de grosor aprox.

Meter uno de los discos en un molde de 18-20 cm de diámetro y 5 cm de altura.

Verter 250 g de la crema de manzana y vainilla y cubrir con el otro disco.

Cerrar todos los laterales presionando con el dedo.

Marcar toda la parte superior con un tenedor y pintar con la ayuda de un pincel con la yema sobrante.

Hornear a 170 °C durante 40 min. Dejar enfriar sobre una rejilla.

Se podría espolvorear con azúcar en polvo a la hora de servir.

PAVLOVA CAÑÍ

120 ml de claras de huevo
200 g de azúcar en polvo
1 vaina de vainilla rascada
1 cucharilla de café de vinagre de Jerez
1/2 cucharada sopera de maicena
100 ml de nata montada
100 ml de crema pastelera
Pimienta de Sichuán del molinillo
30 g de fresas de bosque (pequeñitas)
30 g de frambuesas, moras, grosellas, kiwi, etc.

Además:
Sorbete de fresas y *wasabi* (1 l de sorbete de fresas mezclado con 10 g de *wasabi* en pasta)

Horno a 130 °C.

Añadir las semillas de la vainilla + vinagre de Jerez + maicena y mezclar con una espátula.

Preparar 1 cucharada de merengue sobre papel sulfurizado y hornearla durante 60-70 min., hasta que quede crujiente y de color rosado pálido.

Mezclar con cuidado la pastelera + nata y reservar en frío.
Colocar 1 cucharada de sorbete de fresas en el merengue.
Colocar el merengue relleno en un plato con algo de fondo.
Colocar 1 cucharada de crema montada por encima y repartir la fruta por encima de la crema.
Terminar con unas vueltas de pimienta de Sichuán recién molida por encima.

PERAS «BELLA ELENA»

1 frasco de peras en almíbar escurridas
1 l de helado de vainilla
250 ml de salsa de chocolate

Partir las peras en dos y retirarles el tallo y el corazón.
Colocar 1/2 pera en el fondo de una copa.
Cubrir con helado de vainilla y coronar con la otra pera.
Cubrir con salsa de chocolate y servir.

PLÁTANO «APASIONADO»

Para el plátano estofado:
50 g de pulpa de fruta de la pasión
500 g de plátano
20 ml de zumo de limón
10 g de mantequilla
30 g de azúcar

Para la crema:
50 ml de yemas de huevo
2 1/2 láminas de gelatina
250 ml de nata líquida
60 g de azúcar
1 g de canela en polvo
250 g de mascarpone

Para el crujiente:
25 g de mantequilla en pomada
25 g de azúcar
25 ml de claras de huevo
25 g de harina
1 g de canela en polvo

Cortar la fruta de la pasión por la mitad y, con la ayuda de una cuchara, sacar la pulpa y reservar.
Cortar el plátano en rodajas y rociarlas con el zumo de limón.
Fundir la mantequilla en una sartén hasta que empiece a tomar color.
Añadir el plátano y el azúcar. Saltear hasta que se caramelice.
Añadir la fruta de la pasión, dejar enfriar y reservar en el frigo.

Para la crema:
Hervir la nata junto con el azúcar.
Batir las yemas y agregarles la canela.
Agregar las yemas a la nata y levar a 85 °C.
Dejar enfriar y, cuando esté a 25 °C, agregar la gelatina hidratada.
Verterlo en un bol junto con el mascarpone previamente batido.
Utilizar al momento; si no, queda muy batido.

Para el crujiente:
Mezclarlo todo en un bol.
Estirar sobre un Silpat y darle la forma que uno quiera.
Hornear 5-7 min. a 180 °C.
Presentar el plátano con la fruta de la pasión caramelizada de base, encima poner la crema de canela recién hecha y, de forma decorativa, un par de crujientes cruzando el plato o en uno de los costados.

POSTRE DE YOGUR, NARANJA Y LICOR DE MELOCOTÓN

Yogur griego natural
Melocotón en almíbar
Mermelada de naranja
Licor de melocotón

Mezclar dados gordos de melocotón + mermelada.
Colocar el yogur en el fondo de un vaso y cubrir con la mermelada.
Golpe de licor.
Listo.

POTITO DE CHOCOLATE CON GRANIZADO DE WHISKY

Para el potito de chocolate:
40 g de chocolate negro (66 por ciento de cacao)
500 ml de leche entera

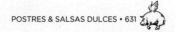

120 ml de nata líquida
1 vaina de vainilla
80 g de azúcar
120 ml de yema de huevo

Para el granizado de whisky:
500 ml de agua mineral
100 g de azúcar
70 ml de whisky

Para el potito de chocolate:
Encender el horno a 90-100 °C.
Poner al fuego la leche, la nata y la vainilla rascada.
Retirar la cacerola del fuego y añadir el chocolate al líquido hirviendo.
Por otro lado, juntar en un bol las yemas de huevo con el azúcar y batir enérgicamente.
Ponerlo de nuevo al fuego y volver a hervir sin dejar de remover.
Echarlo ahora sobre las yemas con azúcar removiéndolo pero sin batir para evitar hacer espuma, retirando después la poca que haya podido formarse.
Rellenar los recipientes y hornear durante 20-25 min.
Dejar 2 horas en la nevera.

Para el granizado de whisky:
Hervir agua + azúcar.
Fuera del fuego, añadir el whisky y congelar.
Rascar el granizado y colocarlo sobre el chocolate.

PUDIN DE «PANETTONE»

1 *panettone* o brioche
50 g de azúcar
1 vainilla natural
4 huevos
1 pizca de ralladura de naranja
500 ml de nata
500 ml de leche
Azúcar en polvo

Horno a 200 °C.
Batir los huevos.
Rebanar el *panettone*.
Sacar los granos de vainilla.
Batir el azúcar + huevos + vainilla + ralladura de naranja + leche + nata.

Colocar las rebanadas de *panettone* en el fondo de una fuente y rociar con la mezcla.

Hornear 40 min. y terminar con el grill, para que se dore la superficie.

Una vez templado, espolvorear el azúcar en polvo.

QUINOA CON LECHE Y FRUTOS ROJOS

750 ml de leche entera fresca
1 vaina de vainilla
50 g de azúcar
1 pizca de sal
150 g de quinoa (blanca)
250 ml de nata líquida (opcional)
Frutos rojos frescos (grosellas, frambuesas, fresitas...) y pistachos picados

Limpiar y escurrir la quinoa.

Pasar la cazuela por agua (esto impide que la leche se pegue al fondo) y calentar leche + vainilla + azúcar + sal hasta que empiece a hervir suavemente.

Añadir la quinoa y remover, dejarlo hervir al pil-pil y moverlo para que no se pegue.

La leche irá engordando. Cocer unos 30 min. hasta que la quinoa se «abra».

Si está muy espeso, se le puede añadir 1 chorrito de nata al final.

Acompañar la quinoa con grosellas, frambuesas o fresitas del bosque.

ROCAS DE COLORES

100 g de chocolate a 32 °C, ya sea blanco, negro o con leche
60 g de barquillo roto, *corn flakes* o arroz inflado

Picar el chocolate y ponerlo al baño maría.

Cuando esté templado, mezclar los ingredientes.

Con una cucharilla de café, formar pequeños montículos encima de una placa con un papel sulfurizado.

Dejar enfriar.

Estos bombones sirven para acompañar el helado, un café o de decoración en las tartas.

«ROCKY ROAD»

500 g de cobertura de chocolate negro
200 ml de nata líquida
30 g de jengibre fresco rallado
300 g de mantequilla en pomada
200 g de galletas de jengibre o *speculoos* machacados
100 g de nueces partidas por la mitad o en cuartos
100 g de gominolas de jengibre
10 g de gelatina en colas remojada en agua fría
200 g de *marshmallows* pequeños variados
Azúcar en polvo

Mezclar la nata con la gelatina.
Mezclar chocolate + nata con jengibre + mantequilla.
Añadirle las galletas + nueces + gominolas + gelatina.
Por último, añadir los *marshmallows* y extender en una bandeja forrada con papel sulfurizado.
Enfriar al menos 4 horas en el frigo.

Sacar la placa y cortar el dulce en fingers de 10 x 2 cm.
Espolvorearlos con el azúcar en polvo.
Listo.

SALSA DE CACAO

300 ml de agua
240 g de azúcar
160 ml de nata líquida
160 g de cacao en polvo

Hervir el agua + azúcar + nata.
Añadirlo sobre el cacao y mezclar con una varilla hasta obtener una salsa lisa y brillante.
Guardarla en la nevera.

SALSA DE FRAMBUESAS

500 g de frambuesas congeladas
50 g de azúcar
Zumo de limón
1 puñado de frambuesas frescas

Meter en la olla los 500 g de frambuesas + azúcar y arrimar a fuego suave 5 min.

Triturar en la batidora y colar. Dejarlo enfriar.

A la salsa fría añadirle zumo de limón.

SALSA INGLESA

1 rama de vainilla
750 ml de leche
1 grano de café
1 pizca de sal
8 yemas de huevo
150 g de azúcar
1 pizca de maicena
15 cucharadas soperas de nata líquida
Agua y hielo

Rascar la vainilla y añadir los granos a la leche + café + sal.

Hervir y retirar del fuego, cubriendo con un plato.

Mezclar yemas + azúcar + maicena.

Poner la mezcla al baño maría y, sin dejar de remover con una espátula de madera, colar sobre estas la leche aromatizada.

Remover suavemente hasta que poco a poco vaya alcanzando los 85 °C.

Retirar la crema, añadirle la nata + refrescar en agua y hielos.

SANDÍA BORRACHA

1 sandía hermosa
1/2 botella de vodka helada

1 descorazonador de manzanas
1 embudo

La sandía y la vodka deben estar muy frías.

Es conveniente que reposen horas en la nevera.

Debe hacerse con la suficiente antelación como para servirlo bien fresco.

Conviene ponerse en marcha unos días antes.

Con la ayuda del descorazonador, hacer un agujero en la sandía con suficiente hueco como para que entre el embudo.

Guardar el pedazo retirado, pues servirá de tapón.

A través del embudo, verter dentro de la sandía la vodka bien fría.

Meter en la nevera la sandía con el agujero hacia arriba, de manera que absorba bien y el aguardiente se reparta y empape la pulpa.

Repetir esta operación tantas veces como sea necesario en el transcurso de unas horas y hasta que la fruta se emborrache lo suficiente.

En ese momento, poner el tapón obtenido con el descorazonador y listo.

Trocear y comer.

SOPA CANA

1 l de leche
1 l de nata
2 ramas de canela
1 corteza de limón
200 g de almendra molida
200 g de azúcar
Grasa derretida de 2 capones o 2 pollos gordos

Además:
1 currusco de pan *sopako* quemado
Cuajada de oveja bien fría
Helado de nata

Poner a hervir en una olla leche + nata + canela + corteza.

Pescar las canelas y la corteza con una espumadera.

En una picadora manual, moler almendra + azúcar.

Añadirlo a la mezcla de leche y nata hirviendo + grasa + 1 pizca de sal y tenerla hirviendo a fuego suave unos 6-8 min.

Colocarla en botes.

Colocar el helado o la cuajada por encima y rallar el pan *sopako* quemado. Listo.

SOPA «CARMEN MIRANDA»

500 ml de agua
150 g de azúcar
1 cucharada sopera hermosa de mermelada de jengibre
1 rama de vainilla abierta y rascada
1 rama de canela
4 cucharadas soperas de ron añejo
2 cucharadas soperas de Malibú
Frutas variadas, mango maduro, papaya, frutas rojas, fruta de la pasión, etc.
Hojas frescas de menta o albahaca
Helado ácido

Hervir agua + azúcar + vainilla abierta + canela.

Al primer hervor, retirar del fuego y añadir mermelada de jengibre + ron + Malibú.

Dejar reposar bien cubierto y refrescar.

Hacer una juliana fina con las hierbas.

Añadirle a la sopa todas las frutas en dados + hierbas y remover.

Coronar con 1 bola de helado.

SOPA DE CHOCOLATE, COCO Y VAINILLA

250 g de chocolate blanco troceado
250 g de chocolate con leche
250 ml de jugo bien frío de fruta de la pasión
500 ml de leche de coco sin azúcar
1 vaina de vainilla raspada

En una cacerola, poner a hervir la leche de coco + jugo de fruta de la pasión + vaina abierta con los granos de vainilla.

Fuera del fuego, agregar los trozos de chocolate blanco y batir hasta obtener una mezcla untuosa, pero sin regresar al fuego.

Colar, retirando la vaina de vainilla.

Introducir en la nevera hasta que quede bien frío.

Servir en pequeños vasos transparentes.

SOPA DULCE DE MELOCOTONES AL MOSCATEL

6 melocotones de viña hermosos y pelados
1 botella pequeña de moscatel navarro
1 l de agua
1 rama de vainilla
400 g de azúcar
El zumo y la piel de 3 naranjas (separados)
El zumo y la piel de 2 limones (separados)
1 manojo de hierbas (menta, hierbaluisa o albahaca)

Abrir y rascar la vainilla.

Hervir el moscatel + agua + azúcar + cáscaras de cítrico + vainilla abierta y rascada.

Añadir los melocotones y cocerlos a fuego lento 35 min.

Al retirar del fuego, añadir las hierbas deshojadas y dejar enfriar en la nevera o en un baño maría con hielos.

Añadir el zumo de limón y naranja.

Servir en un bol el melocotón frío y verter el jugo por encima.

SOPA FRESCA DE FRUTILLAS Y ALBAHACA

750 ml de agua mineral
140 g de azúcar
1 rama de vainilla
1 mango maduro
2 plátanos maduros
Ralladura y zumo de 4 limones verdes
1 mazo de albahaca fresca
Frutas rojas, moras, frambuesas, fresones

Hervir agua + azúcar + vainilla durante 1/2 hora, dejar infusionar y refrescar en un baño maría de abundante hielo.
Pelar y picar en dados el plátano + ralladuras + zumo + tiras de albahaca.
Deshojar la albahaca, cortar en tiras finas las hojas y añadirlo al plátano.
Picar en dados el mango maduro.
Mezclarlo todo y añadir frutos rojos.
Servir fresquísimo con helado de limón y las frambuesas por encima.

SUFLÉ LÍQUIDO DE CHOCOLATE

300 g de chocolate (70 por ciento de cacao)
300 g de mantequilla
200 g de azúcar
420 ml de yema de huevo
3 claras de huevo

Fundir chocolate + mantequilla al baño maría.
Montar con las varillas eléctricas las yemas + azúcar, durante 5 min.
Verter en hilo el chocolate sobre las yemas y mezclar con la lengua.
Añadir las claras semimontadas.
Poner la masa de chocolate en las tazas.
Hornear a 200 °C durante 7-8 min.

TARTA DE CHOCOLATE «IMPERIAL»

1 molde de tarta cubierto de pasta quebrada, horneado a blanco

Para el relleno:
500 ml de nata
100 g de azúcar

5 huevos
1 pizca de praliné de frutos secos
90 g de chocolate negro
30 g de chocolate con leche
Sal

Para la cubierta:
100 g de chocolate negro
50 g de chocolate con leche
1 cucharada sopera hermosa de mantequilla fría
5 cucharadas soperas de nata líquida

Para el relleno:
Derretir los chocolates al baño maría.
Añadirle el praliné.
Juntar chocolates + nata + azúcar + huevos + sal.
Introducir esta mezcla en el interior del molde y hornear durante 20-25 min.

Para la cubierta de la tarta:
Derretir los chocolates al baño maría.
Mezclarles fuera del fuego la mantequilla + nata.
Cuando el chocolate esté ligado y brillante, voltearlo sobre la tarta
horneada, dando vueltas para que se reparta uniformemente.
Listo.

TARTA DE PERA

1 fondo de tarta de masa quebrada horneada

6 peras peladas y en dados
1 puñado de pasas de Corinto (remojadas en aguardiente de manzana)
1 chorrito de aguardiente de manzana
1 pizca de mantequilla
Azúcar en polvo
1 rama abierta de vainilla, con los granos rascados

Para la masa de almendra:
55 g de harina
55 g de azúcar
45 g de almendra en polvo
45 g de mantequilla en pomada

Horno a 195 °C.

Caramelizar en una sartén el azúcar y, cuando haga caramelo, añadir la mantequilla.

Incorporar pera + vainilla abierta y sus granos, y saltear 5 min.

Añadir el alcohol + pasas.

Retirar del fuego y colocar en el fondo de la tarta.

Mientras, preparar la masa de almendra.

Mezclar harina + azúcar + almendra + mantequilla.

Mezclar con la yema de los dedos.

Cubrir la tarta con esta arena y hornear 30 min., hasta que se dore.

Una vez fría, espolvorearla con azúcar en polvo.

TARTA DE QUESO CON FRAMBUESAS FRESCAS

Para el fondo:
2 huevos
100 g de mantequilla blanda, en pomada
100 g de azúcar
100 g de harina
1 pizca de levadura en polvo
1 pizca de sal

Para el relleno:
250 ml de nata
3 hojas de gelatina de pescado remojadas en agua fría
4 tarrinas de queso fresco o similar
1 puñado de frambuesas sobremaduradas
1 pizca de sal

Además:
1 molde de tarta de unos 24 cm de diámetro
Frambuesas frescas para cubrir la tarta
Azúcar en polvo

Para el fondo:
Horno a 200 °C.

Mezclar todos los ingredientes en un bol. El resultado será una pasta que pueda untarse en el fondo del molde.

Introducir en el horno el molde con esta pasta untada en el fondo y las paredes. Que se dore unos 15 min.

Para el relleno:

Hervir la nata + mezclar las gelatinas.

Mezclar la nata con gelatina sobre el resto de los ingredientes: queso + sal + frambuesas rotas, con un tenedor.

Verter la mezcla sobre el fondo de tarta horneado y frío.

Cuajar a temperatura ambiente.

Cubrirla con las frambuesas.

Espolvorearla con azúcar en polvo.

Acompañar de salsa inglesa (véase la receta en p. 635).

TARTA DE QUESO CREMOSA AL HORNO

Para la masa quebrada:
500 g de harina
100 g de azúcar
1 pizca de sal
350 g de mantequilla en pomada
2 huevos
1 molde metálico no desmoldable de 30 cm de diámetro x 3 cm de altura

En un bol echar harina + azúcar + sal, dar unas vueltas y añadir la mantequilla.

Amasar e integrar los ingredientes y al final agregar los huevos batidos.

En el momento en que la masa se despegue del bol, envolverla en papel film y dejarla reposar en la nevera 30 min.

Partir la masa en dos y estirarla muy fina con un rodillo, espolvoreando con harina.

Entonces, forrar de mantequilla y harina el molde previamente untado.

Apretar para que quede bien fijada y cortar el exceso de masa por arriba.

Con un tenedor pinchar la base, colocar una hoja de papel de aluminio y rellenar con garbanzos o alguna legumbre para que no se levante la masa.

Antes de hornear, dejarla reposar al menos 20 min. en la nevera.

Pasado ese tiempo, meterla en el horno a 180 °C y, a los 15 min., retirar el papel y las legumbres y dejar que termine la cocción con la masa al aire, hasta que se dore perfectamente.

Para la base de queso:
600 ml de nata líquida
360 ml de huevo entero
120 g de azúcar
300 g de queso San Millán Clásico
50 g de queso roquefort
1 pizca de sal

Mientras se hornea la masa, preparar el relleno poniendo todos los ingredientes en el vaso de una batidora americana y triturando 90 segundos a velocidad máxima.

Colar la mezcla a una jarra a través de un colador fino y verterla sobre la base de la tarta horneada, aún caliente, en la misma puerta del horno. Es importante realizar así este paso, para garantizar una correcta cuajadura. Mantener en el horno a 180 °C durante 15 min., momento en el que empezaremos a vigilar la tarta, moviéndola suavemente para ver cómo cuaja.

En cuanto observemos que desde el borde cuaja dos dedos hacia el interior y que el resto de la superficie hace «efecto ola», con sensación de «crudo», y queda bien dorada, sacarla del horno y dejarla enfriar a temperatura ambiente sobre la encimera de la cocina.

No hay que meterla jamás en la nevera. Comerla a temperatura ambiente, con el corazón bien cremoso.

TARTA DE ZANAHORIA CON CREMA DE QUESO

330 ml de aceite de girasol
400 g de azúcar blanco
4 huevos
260 g de harina tamizada
2 cucharillas de café de canela en polvo
1 cucharilla de café de «All spices»
2 cucharillas de café de levadura en polvo
2 cucharillas de café de bicarbonato
3 tazas de zanahoria rallada
1/2 taza de uvas pasas

Para la crema de queso fresco:
225 g de queso tipo fresco
225 g de mantequilla
260 g de azúcar en polvo
1 cucharada sopera de esencia de vainilla

Mezclar el aceite, el azúcar y los huevos hasta que la mezcla quede ligera y de color claro.
Mezclar aparte la harina y los demás ingredientes secos.
Juntar las dos mezclas y añadir la zanahoria y las pasas.
Meter en 2 moldes redondos de tarta (tipo cumpleaños) o en 1 tipo *plum-cake*.
Hornear a 180 °C durante 50-60 min.
Una vez enfriada la tarta, cubrirla con la crema de queso fresco, elaborada mezclando todos los ingredientes en un bol con una varilla batidora.

TIRAMISÚ DE ASTIGARRAGA

2 huevos enteros
160 g de azúcar
200 ml de nata montada (nata líquida + 1 pizca de sal)
450 g de queso mascarpone

Además:
Puré de manzana asada
Galletas
Café expreso
Aguardiente de manzana

Montar la nata.
Mezclar huevos + azúcar y batirlos enérgicamente.
Añadir mascarpone.
Incorporar la nata montada.
Meter en la nevera.
Montar por capas la crema mascarpone y las manzanas trituradas en puré.
Tener a mano galletas y café expreso para intercalar capas de galleta
empapada en café, crema y puré; montarlo en un vaso y terminarlo con
crema mascarpone y cacao en polvo.

TOCINO DE CIELO DE CAFÉ

20 yemas de huevo
500 g de azúcar
40 ml de café solo expreso

Preparar un almíbar de hebra floja con el café y el azúcar durante 10-15 min.
aprox.
Entibiar.
Batir las yemas.
Verter en hilo el almíbar sobre las yemas ya batidas.
Cocerlo al baño maría a 170 °C durante 40 min., en un molde tipo pudin
forrado de papel film y tapado con papel de aluminio.
Sacarlo del plástico, volver a introducirlo en el molde y guardarlo en la
nevera para que coja forma.
Una vez bien enfriado, desmoldar y listo.

TORRIJA CON CREMA DE ALMENDRA CARAMELIZADA Y «CHANTILLY» DE POMELO

Para el brioche:
Brioche de mantequilla cortado en rebanadas gruesas

Para el baño de la torrija:
240 ml de huevo entero
500 ml de leche
500 ml de nata

Para la crema de almendras:
100 g de crema pastelera
80 g de mantequilla en pomada
1 huevo entero
80 g de almendra en polvo
80 g de azúcar en polvo
15 ml de ron

Para caramelizar:
Azúcar
Mantequilla

Para el pomelo confitado:
Peladuras de 6 pomelos
1 l de agua
600 g de azúcar

Para el chantilly de pomelo:
75 ml de nata semimontada
5 g de azúcar
30 g de pomelo confitado, escurrido y picado

Bañar la torrija unas 12 horas antes hasta que absorba todo el líquido.

Para la crema de almendras:
Calentar ligeramente la crema pastelera en el microondas.
Ir añadiendo todos los ingredientes por orden y remover con una varilla.
Una vez acabado, dejarlo en el frigorífico para que adquiera consistencia.

Pasar las torrijas por azúcar (solamente por 2 de sus caras).
Poner una sartén antiadherente a calentar.
Echar 2 trocitos pequeños de mantequilla y, enseguida, colocar las

rebanadas de brioche. Cuando esté dorada esa cara, con la ayuda de dos tenedores darle media vuelta y dorarla por la otra. Sacar a una bandeja.
Impregnar con una fina capa de crema de almendras.
Espolvorear unos granos de azúcar y caramelizarla.
Montar la nata junto con el azúcar sin que llegue a quedar dura.
Añadir el pomelo confitado picado y, con la ayuda de una espátula, remover con cuidado hasta que el *chantilly* quede homogéneo.

TORRIJAS DE MINISTRO

6 bollos suizos o de leche
500 ml de leche
500 ml de nata líquida
5 cucharadas soperas de azúcar
1 trozo de piel de limón
1 astilla de canela
2 huevos batidos
Aceite de oliva para freír
Azúcar moreno
Canela molida

En un cazo, hervir la leche + nata + azúcar + piel de limón + canela y dejarlo templar.
Preparar los bollos para el remojo, cortándoles una tapa en el costado.
Colocar los bollos en una fuente amplia, colar la leche y la nata, y dejar que se empapen unos minutos, dándoles la vuelta cuidadosamente. Ojo, porque se vuelven muy quebradizos y se rompen solo con mirarlos.
Batir los huevos.
Escurrir los bollos del baño y pasarlos por el huevo batido.
Freírlos en abundante aceite de oliva.
Escurrirlos sobre una hoja de papel.
Rebozarlos en azúcar + canela.

TORTA DE CHOCOLATE CON «CHANTILLY» DE ARMAÑAC

Para la torta de chocolate:
375 g de chocolate (66 por ciento de cacao)
225 g de mantequilla
225 g de azúcar

6 huevos
Un poco de harina
Un poco de mantequilla

Para el chantilly *de armañac*:
200 ml de nata fresca
30 g de azúcar en polvo
30 ml de armañac
Mantequilla y harina para untar los moldes

Precalentar el horno a 200 °C.
Derretir el chocolate al baño maría y, cuando esté totalmente derretido, agregar la mantequilla y dejar que se funda junto con el chocolate.
En un bol, poner el azúcar junto con los huevos y batirlo hasta que estén esponjosos.
Agregar el chocolate con la mantequilla ya fundidos.
Colocar la mezcla en moldes tipo flanera y cocer en el horno a 200 °C durante 4 min.
Dejar que se enfríe para que repose.
Montar ligeramente la nata con el azúcar y, por último, añadir el armañac.
Servir las tortas de chocolate con el *chantilly* de armañac.

TORTILLA «ALASKA»

1 bizcocho de mantequilla o bollos de leche
Helado de vainilla
Helado de frutos rojos
Grand Marnier
200 ml de claras de huevo
2 yemas de huevo
200 g de azúcar
Azúcar en polvo

Horno a 250 °C.
En la batidora montar las claras + 1 pizca de sal.
Añadir el azúcar y tenerlas bien firmes.
Mezclarles las 2 yemas de huevo con una lengua o con la misma batidora.
Cortar tiras anchas rectangulares de bizcocho o cortar los bollos en rodajas gruesas. Colocarlos en el fondo de una bandeja de horno.
Emborracharlos con el licor.
Colocar helado de vainilla en bolas por encima.

Cubrir con otra capa de bizcocho y mojar con licor.

Colocar helado de frutos rojos, cubrir con otra lámina de bizcocho y emborrachar.

Con una espátula, cubrirlo todo con el merengue montado.

Espolvorear el azúcar en polvo.

Hornear en el grill hasta que se dore ligeramente.

Listo.

VASO CAPUCHINO

150 ml de leche entera
150 ml de nata líquida entera
1 cucharilla de café de café en polvo
3 yemas de huevo
30 g de azúcar granulado
180 g de chocolate con leche picado finamente

Para terminar:
1 naranja
100 ml de nata líquida entera
15 g de azúcar en polvo
Unas hojas de menta

Verter la leche y la nata en una cacerola, y después agregar la cucharilla de café en polvo. Calentar a fuego medio toda la mezcla.

Poner las yemas de huevo en un recipiente.

Añadir el azúcar granulado y revolver con una varilla.

Cuando empiece a hervir, agregar las yemas con azúcar y batir.

Verter esta mezcla en una olla y cocinar como una crema inglesa (a unos 82 °C si tenemos termómetro de cocina; si no, cuando pasemos el dedo y no gotee estará listo). Se debe obtener una crema suave y sin grumos.

Cuando la crema esté cocinada, retirar del fuego y verter un poco sobre el chocolate picado. Comenzar a mezclar desde el centro, de manera que se derrita el chocolate.

Agregar el resto de la crema y terminar de mezclar.

Se debe obtener una mezcla lisa y homogénea.

Verter en los frascos un poco de la mezcla y guardar en la nevera 3 horas como mínimo.

En el momento de servir, quitarle la piel a 1 naranja sanguina y cortarla en rodajas de 4 mm de grosor.

Montar la nata líquida e incorporarle el azúcar en polvo.

Añadirle los gajos cortados de naranja.

Con la ayuda de una cuchara, verter la crema batida sobre la crema de capuchino y decorar con unas rodajas de la naranja y unas hojas de menta.

YOGUR CON FRESAS AL CHAMPÁN, PISTACHOS Y GALLETAS

500 g de yogur natural
50 g de pistachos
150 g de fresas frescas
15 g de azúcar
500 ml de zumo de naranja
1 hoja de gelatina
12 hojas de menta
15 ml de champán
2 galletas maría

Vaciar el yogur en un bol, batirlo con una varilla y guardarlo en frío.
Cortar las fresas por la mitad y, seguidamente, en filetillos a lo largo.
Colocarlos en un bol y sazonarlos con el azúcar y el zumo de naranja.
Hidratar la gelatina en agua fría durante 15 min.
Fundir las hojas de gelatina previamente hidratadas junto con el champán.
Agregar a la preparación de fresas y zumo.
Repartir en 4 cuencos o vasos de cristal y dejar cuajar en la nevera.
Una vez cuajados, repartir el yogur en los recipientes y espolvorearlos por encima con galleta picada y los pistachos.
Decorar con unas fresas en bastones.

YOGUR CON MERMELADA DE FRUTAS Y GRANIZADO DE MIEL

Yogur natural

Para la mermelada de frutas:
250 g de mango en limpio
125 g de azúcar
350 ml de zumo de naranja
250 g de gajos de naranja
El zumo de 1/2 limón
50 g de azúcar
1 naranja
100 ml de agua
7 frutas de la pasión

Para el granizado de miel:
750 ml de agua
250 g de miel

Para la mermelada de frutas:
En un cazo mezclar los dados de mango + gajos de naranja + zumo de naranja + zumo de limón + 75 g de azúcar, llevarlo a hervor muy lentamente durante 3 min. y retirar.
Lavar las naranjas y, sin pelarlas, cortarlas en gajos. Cortar estos gajos en láminas finas.
En un sauté hervir estas láminas de naranja junto con el agua y 50 g de azúcar durante 7-8 min. Mantenerlo hirviendo hasta que las rodajas queden *al dente* para que no se deshagan.
Añadirlo a la preparación anterior junto con el zumo y las pepitas de las 7 frutas de la pasión y poner todo el conjunto a hervir de nuevo a fuego muy lento durante 10 min.

Para el granizado de miel:
Calentar la miel junto con el agua hasta que los dos ingredientes se mezclen bien.
Verter sobre una bandeja y meterlo en el congelador.
Cuando se vaya a utilizar, rallar con la ayuda de un tenedor.

Para montar, en un vaso de postre poner como base 2 cucharadas de mermelada de frutas y, encima, 4 cucharadas soperas de yogur natural o desnatado un poco batido. Para acabar, poner 1 cucharada de granizado de miel.
Si se quiere, poner como elemento crujiente alguna galleta troceada.

BEBERCIOS

AGUA DE FRESAS Y VINO TINTO

300 g de fresas limpias y cortadas por la mitad
115 ml de vino tinto
500 ml de agua
90 g de azúcar
2 cucharadas soperas de zumo de limón
Pieles de limón

Batirlo todo y embotellar con 1 corteza de limón dentro.
Dejar reposar 2 días antes de consumir.

Servir en un vaso con hielos.

AGUA DE «ROBIN FOOD»

4 l de zumo de naranja
1/2 botella de vodka
1 botella de Cointreau
2 botellas de champán
Hielos a cascoporro

Colocar en un barreño bien grande los hielos.
Verter el zumo de naranja + vodka + Cointreau.
Acabar vertiendo el champán.
Listo.

AGUA FRESCA DE UVAS Y MELOCOTÓN

250 g de uva moscatel limpia y desgranada
250 g de pulpa de melocotón pelado y sin hueso
190 ml de vino blanco moscatel
El zumo de 1 limón
800 ml de agua muy fría
150 g de azúcar

Meter todos los ingredientes en el vaso de una batidora.
Triturar, verter la bebida en un par de botellas y refrescarlas en la nevera.
Beber muy frío.

ALEXANDER

30 ml de coñac
20 ml de crema de cacao blanco
20 ml de nata líquida
1 pizca de nuez moscada
Hielos a cascoporro
1 copa de martini congelada

Meterlo todo en una coctelera y agitar con alegría.
Servir sobre la copa congelada y rallar 1 pizca de nuez moscada.
Servir.

«ASTIGARRAGA CONNECTION»

1 pizca de crema de *cassis*
1 pizca de sagardoz o de aguardiente de manzana
Sidra natural muy fría

Distribuir *cassis* + sagardoz en la copa y rellenar con sidra.

BATIDO DE CAFÉ

100 ml de leche
1 pizca de azúcar
1 café expreso
400 ml de helado de caramelo

Introducirlo todo en un vaso de americana y triturar bien.
Colocarlo en un vaso de cóctel y servir bien frío.

BATIDO DE FRESAS Y PLÁTANO

300 g de fresas
1/2 plátano maduro
200 ml de leche
2 cucharadas de nata líquida
100 g de hielo
2 hojas de menta frescas
250 ml de nata líquida
1/2 vaina de vainilla
1 cucharada sopera de azúcar en polvo

Con la ayuda de una batidora, batir la nata líquida junto con los granos de
la vaina de vainilla y el azúcar en polvo, y reservar en frío.
Lavar y limpiar las fresas.
Colocarlas en un bol con la crema doble, la leche, el plátano, las hojas de
menta y los hielos.
Mezclar con la batidora hasta obtener una mezcla homogénea y untuosa.
Verter el batido en vasos y agregar encima 1 cucharada de la crema batida
de vainilla.
Decorar con cuadrados de fresa y unas hojas de menta.

BATIDO DE PIÑA Y MENTA

400 ml de leche
75 ml de nata
20 g de azúcar
350 g de piña en almíbar
10 g de hojas de menta

Mezclarlo todo en un vaso de túrmix y triturarlo hasta obtener una mezcla
homogénea.
Colar dependiendo del gusto de cada uno.
Servir frío.

 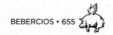

BATIDO ESPUMOSO DE CIRUELAS

300 g de ciruelas moradas maduras (en limpio)
200 ml de leche entera muy fría
Helado de vainilla

Colocar la leche en el congelador durante 1 hora, hasta que la leche esté muy fría (casi escarchada).
Cortar por la mitad las ciruelas y quitarles el hueso.
Colocarlo todo en una batidora y triturar bien.
El truco para que quede bien espumoso es pasarlo a un vaso de túrmix y triturar lentamente con el cazo inclinado para que se forme espuma.
Servir en vasos muy fríos recién sacados del congelador.

BATIDO «GIL SOLANAS»

1 naranja pelada, en 4 trozos
1 pomelo pelado, en 4 trozos
1 trozo pequeño de jengibre fresco rallado
1 yogur griego
1 cucharada generosa de miel
Hielos a cascoporro

Meter en la batidora de vaso la fruta + 1 pizca de jengibre y batir enérgicamente.
Añadir yogur + miel + hielos.
Listo.

BEBIDA «BUGS BUNNY»

150 g de zanahorias crudas ralladas
1 naranja pelada en trozos
1 plátano
150 ml de zumo de naranja natural
1 chorrito de leche

Meterlo todo en la batidora y triturar + hielo en escamas.

BEBIDA DE MELÓN

Melón troceado
Aceite de oliva
Hielos
Sal y pimienta

En un vaso batidor poner el melón troceado con los hielos y triturar a la máxima potencia.
Cuando esté todo bien líquido, añadir la sal, 1 buen chorretazo de aceite de oliva y listo para beber.

BEBIDA DE ¡SÚPER RATÓN!

1 kiwi pelado
1 aguacate pelado
Hojas de menta fresca
250 g de piña en pedazos
Agua helada

Meterlo todo en la batidora y triturar + agua helada.

BEBIDA FRÍA DE CHOCOLATE CON MANDARINA

600 ml de leche
Piel de mandarina (metida en una gasa para poder pescarla)
250 g de cobertura de chocolate negro
300 ml de zumo de mandarina

Hervir la leche con las pieles de mandarina.
Dejarlo reposar 5 min.
Quitar las pieles.
Añadir el chocolate troceado.
Pasar la túrmix y enfriar durante 4 horas.
Añadir el zumo de mandarina al chocolate frío, mezclar y servir en vasos altos.

BEBIDA «LA DONOSTIARRA»

400 ml de leche
75 ml de nata líquida
1 1/2 mango (maduro)
20 g de azúcar

Deshuesar y pelar el mango.
Triturarlo con el azúcar y mezclar la fruta con la nata líquida y la leche.
Batirlo todo en la batidora eléctrica o manualmente, como se prefiera.

BEBIDA «POPEYE»

1 puñado de espinacas frescas limpias
1 plátano en rodajas
1 pera entera en trozos
1 naranja pelada en trozos
Agua helada

Meterlo todo en la batidora y triturar + agua helada.

BELLINI

100 ml de zumo de melocotón
300 ml de champán
Azúcar

Escarchar el borde del vaso con zumo de melocotón y azúcar.
Servir el zumo de melocotón en el fondo y regar con champán.

«BLOODY CHANG»

8 partes de zumo de tomate
6 partes de cerveza rubia helada
4 partes de vodka helado
1 parte de zumo de limón
1 pizca de jengibre rallado
Salsa Worcestershire
Tabasco al gusto
Sal y pimienta negra recién molida

Llenar un vaso mezclador con hielo.
Incorporar todos los ingredientes salvo la pimienta y remover con suavidad.
Servir en vaso y pimentar.

BLOODY MARY

Granizado de tomate congelado
Vodka helado
Salsa Worcestershire
Tabasco
Zumo de limón
El zumo de 2 naranjas
1 bastón de apio fresco con penacho de hojas
Pimienta

Rascar un poco de granizado reservándolo y poner el resto en una batidora de vaso.
Batirlo todo, echarlo en un vaso, coronar con granizado y deslizar un bastón de apio fresco con penacho de hojas y una pajita.

CAIPIRINHA

1 limón verde
2 cucharadas de azúcar
1/2 vaso de *cachaça*
Hielo
Un poco de agua

Cortar el limón en cuartos y, a su vez, por la mitad.
Introducirlo en un vaso mezclador, añadir el azúcar y machacar.
Añadir la *cachaça*, un poco de agua y bien de hielos.
Mezclar bien y servir en copas.

CHAMPÁN «PERICO CHICOTE»

1 ciruela al armañac
1 chorrito de licor de armañac
1 pizca de crema de *cassis*
Champán frío

Colocar en el fondo de una copa la ciruela + licor + crema.
Completar con champán helado.
Listo.

CHOCOLATE CALIENTE

1,2 l de leche
4 cucharadas de azúcar moreno
200 g de chocolate negro de buena calidad, troceado
1 trozo hermoso de mantequilla

Añadir el azúcar a la leche y ponerlo a fuego muy suave 1 min.
Retirar la cazuela del fuego, añadir chocolate + túrmix + mantequilla.
Servir rápidamente.

CHOCOLATE CALIENTE A LA CANELA CARAMELIZADA

150 g de chocolate (60 por ciento de cacao como mínimo)
250 ml de leche
250 ml de nata líquida
50 g de azúcar granulado
2 astillas de canela

Para la decoración:
50 g de azúcar moreno
Frutas (manzanas, piñas, peras)

Picar finamente el chocolate en una trituradora o con un cuchillo y reservarlo en un recipiente. También se pueden utilizar pastillas de chocolate.
En una cacerola, llevar la leche y la nata a ebullición.
En otra, poner el azúcar y disolverlo a fuego bajo.
Agregar las astillas de canela.
Continuar cocinando hasta que el azúcar tome un color caramelo (saldrá un poco de humo) y retirar la cacerola del fuego.
Verter poco a poco el líquido en ebullición (nata + leche) sobre el caramelo mientras se agita con un batidor o una varilla.
Cuando el caramelo se disuelva en la mezcla líquida, verter poco a poco la preparación sobre el chocolate picado con el fin de ir obteniendo un ganaché. Posteriormente se convertirá en chocolate caliente.
Pasar el chocolate por un colador pequeño para filtrar las especias.

Para la decoración de los vasos:
Sumergir el borde de los vasos en el chocolate caliente (de 2 a 3 min.).
Después, pasarlo por azúcar moreno y formar una corona de azúcar.
Verter el chocolate caliente sobre la canela.
Decorar con la fruta que hayamos elegido picada por encima.

CHOCOLATE CON ESPUMA DE LECHE Y CANELA

Para el chocolate:
10 g de cacao en polvo
50 g de chocolate negro
80 g de chocolate con leche
20 g de azúcar moreno
500 ml de leche entera
Sal

Para la espuma:
250 ml de leche
20 g de azúcar moreno
Canela en polvo

Para el chocolate:
Calentar la leche en una cacerola y volcarla sobre un bol en el que estén el cacao, los chocolates, el azúcar y la sal.
Mezclarlo bien todo con la ayuda de una varilla y colocar de nuevo en una olla.
Llevar a ebullición sin parar de remover.
Verter sobre el plato donde se quiera servir.

Para la espuma:
Calentar la leche junto con el azúcar en una cacerola y llevarlo a ebullición.
Batir con la túrmix con el cazo inclinado y sobre la superficie de la leche para que emulsione y haga espuma.
Recuperar la espuma obtenida y colocarla encima del chocolate caliente.
Espolvorear con un poco de canela por encima y listo.

CHOCOLATE ESPECIADO

1 l de leche
1/2 vainilla en rama
2 cucharadas de miel
1 pizca de café soluble
1 pizca de nuez moscada
1 pistilo de azafrán
200 g de chocolate negro de buena calidad, troceado
1 trozo hermoso de mantequilla
1 golpe de ron
1 golpe de pimienta

Además:
Nata montada con 1 pizca de azúcar
Canela en polvo

Añadir a la leche granos de vainilla + miel + café + nuez moscada +
pimienta + azafrán a fuego muy suave, durante 2 min.
Retirar la cazuela del fuego, añadir el chocolate troceado y dejar reposar 1 min.
Entonces, batir + mantequilla + ron.
Servir en tazas calientes + nata montada + canela en polvo.
Se puede tomar acompañado de algún bizcocho.

CHOCOLATE FRÍO CON PLÁTANO

200 g de plátano maduro
130 g de chocolate (70 por ciento de cacao)
800 ml de agua mineral
26 g de cacao
1 g de sal
120 g de azúcar

Cortar el chocolate en trozos pequeños y colocarlos en el vaso de la batidora.
Cortar el plátano en rodajas.
Llevar a ebullición el agua con el azúcar y la sal.
Verter este líquido en el mismo vaso de la batidora que el chocolate picado,
junto con el cacao.
Triturar y reservar en una botella de cristal que se pueda cerrar bien.
Dejar entibiar y, entonces, enfriar en la nevera y servir en el vaso que más
nos guste.
La cantidad de azúcar siempre dependerá de la madurez del plátano y del
gusto de cada uno.

CÓCTEL «AITANA»

600 ml de vino tinto
400 ml de refresco de limón
40 ml de licor de melocotón
2 gotas de angostura
4 gajos de naranja
Hielos a cascoporro

Colocar 4 gajos de naranja no muy gordos en un vaso de sidra previamente congelado.
Llenar de hielo el vaso hasta la mitad.
Verter los 600 ml de vino tinto, los 400 ml de refresco de limón, los 40 ml (2 cucharadas) de licor de melocotón y las 2 gotas de angostura.
Darle una vuelta para que se mezcle bien y listo para beber.
Todas las bebidas tienen que estar frías.

CÓCTEL AMERICANO

60 ml de vermú
120 ml de champán
60 ml de zumo de naranja recién exprimido
15 ml de Campari
Piel de naranja

Mezclar el vermú, el Campari y el champán con el zumo de naranja en una coctelera.
Servir con hielo pilé en un vaso o copa de aperitivo.
Adornar con piel de naranja.

CÓCTEL «BALENCIAGA»

1 botella de *txakoli* de Getaria
2 limas o limones verdes
1 chorrito de *limoncello*
Azúcar al gusto
1 botella de champán
1 manojo de hierbaluisa deshojada
Coscorros de hielo

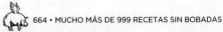

En un bol echar azúcar + hierbaluisa y machacar.
Añadir *txakoli* + *limoncello* + limas cortadas en rodajas finas y dejar macerar al menos 1 hora.
Rellenar con hielo + champán.
Listo.

CÓCTEL «CLARIDGE»

40 ml de ginebra
20 ml de vermú blanco
5 ml de *curaçao* triple seco
5 ml de licor de melocotón
Hielos

Tener una copa de martini congelada.
En un vaso mezclador echar los hielos + ginebra + vermú + *curaçao* + licor y agitar.
Filtrarlo sobre la copa helada.
Listo.

CÓCTEL «COSTA AZUL»

2 partes de vodka
1 parte de Campari
4 partes de zumo de naranja
1 gajo de naranja
2 partes de champán
Hielo a cascoporro

Colocar el hielo en un vaso largo.
Añadir vodka + Campari + zumo + gajo y mezclar.
Acabar con champán y listo.

CÓCTEL DE MORA Y LICOR DE MANDARINA IMPERIAL

2 cucharadas soperas de licor de mora
1 cucharada sopera de licor de mandarina imperial
2 rodajas de naranja
Hielos
Champán

Colocar los dos licores dentro de un vaso de sidra y agregar los hielos hasta arriba.
Añadir las rodajas de naranja y acabar llenando hasta arriba con el champán.

CÓCTEL DE NARANJAS «PEGO»

2 cucharadas soperas de coñac
2 cucharadas soperas de zumo de naranja
1 cucharada sopera de zumo de limón
2 cucharadas soperas de jarabe
Champán
Hielos

En un vaso verter los cuatro primeros ingredientes con hielo.
Agitar bien y llenar con el champán hasta cubrir.

CÓCTEL «ENARA»

30 ml de vodka
20 ml de Campari
Gajos de naranja
1 chorrito de zumo de naranja natural
Agua con gas
Hielos a cascoporro

Mezclar en un vaso con hielos vodka + Campari + zumo.
Verter el agua con gas + gajos de naranja.
Listo.

CÓCTEL «ESTUDIANTES»

2 partes de ron blanco puertorriqueño
1 parte de ron añejo cubano
1 parte de ron añejo jamaicano
4 partes de zumo de naranja
2 partes de zumo de limón verde
2 partes de zumo de pomelo
4 gotas de angostura
Hielo en escamas

Meterlo todo en la batidora americana. Arrancar lento e ir dándole candela.
Verterlo todo en un vaso largo y servir sin demora.
Listo.

CÓCTEL «GORRI»

40 ml de ginebra
20 ml de oporto dulce
El zumo de 1/2 limón
1 cucharada de granadina + hojas de menta

Agitar todos los ingredientes con hielo y filtrar sobre un vaso lleno de hielo.
Poner 1 hoja de menta en el interior del vaso para adornar.

CÓCTEL «JILGUERO CARIBEÑO»

200 ml de champán
15 ml de almíbar
15 ml de vodka
15 ml de licor de melocotón
Menta
Hielos

Colocar hielos a cascoporro en un vaso de sidra alto.
Agregar el almíbar, la menta, el vodka, el licor de melocotón y, por último,
el champán.

CÓCTEL «JONE»

20 ml de vermú rojo
20 ml de vermú blanco
1 chorro de Campari
1 chorro de zumo de limón
1 chorro de zumo de naranja
1 chorro de almíbar frío
1 botellín de ginger ale
1 gajo de naranja
Hielos a cascoporro

Meter el gajo de naranja en un vaso ancho de cristal.
Meter hielos en el vaso.
Verter las bebidas y menear.
Listo.

CÓCTEL «MIGUELTXO»

3 cucharadas de almíbar
3 cucharadas de zumo de naranja
3 cucharadas de Grand Marnier rojo
10 hojas de menta
125 ml de champán

Mezclarlo todo bien y machacar con la menta.
Añadir hielos a los vasos y cubrir con el champán.
Servir bien frío.

CÓCTEL «MONDOÑEDO»

35 ml de Campari
35 ml de vermú rojo
120 ml de albariño blanco fresco
1 piel de limón

Meter hielos en un vaso y agitar para enfriar el cristal.
Escurrir el agua.
Añadir Campari + vermú + albariño.
Añadir un *twist* de limón.
Listo.

CÓCTEL «MONTILLA»

3 partes de vodka
1 parte de Pedro Ximénez
Hielos

En un vaso mezclador poner el vodka + Pedro Ximénez + hielos, agitar y servir en vasos de martini bien fríos.

CÓCTEL «MORDEDURA DE SERPIENTE»

300 ml de cerveza negra helada
300 ml de sidra de manzana británica Olde English o Strongbow helada

Echar en un vaso de pinta la sidra + cerveza.
Dejar que repose 1 min. y listo.

CÓCTEL «NAZARIO»

Piel de naranja
Hojas de menta
Zumo de piña muy frío
Curaçao azul
Champán
Hielo

Todas las bebidas tienen que estar en el congelador.
En un vaso mezclador meter piel de naranja y hojas de menta, y darle con el majador.
Añadir zumo de piña muy frío + gotas de *curaçao* azul.
Colar a copas de champán y añadir champán frío.

CÓCTEL «PRÍNCIPE DE VIANA»

Ron blanco
Licor de melocotón
2 limas
Melocotón en almíbar triturado con el jugo de la lata
Zumo de lima
Hielo en escamas
Agua con gas

En una copa echar ron + licor + 2 limas en pedazos.
Machacar con una cuchara de madera.
Añadir melocotón en almíbar + zumo de lima + hielo en escamas.
Terminar con agua con gas.

CÓCTEL «PUEBLA»

200 ml de cava
1 cucharada sopera de coñac
1 cucharada sopera de licor de avellanas
Piel de naranja

Colocar hielos en un vaso de sidra.
Agregar el coñac, el licor de avellanas y la piel de naranja.
Rellenar con el cava.

CÓCTEL «RATAPLÁN»

Zumo de limón
1 pizca de azúcar
1 ramillete de menta
1 chorrito de licor de canela
1 chorrito de ron blanco
Hielo pilé
Champán

Machacar la menta junto con el azúcar y el zumo de limón.
Hecho esto, añadir el licor de canela + ron blanco y el hielo pilé.
Acabar con champán.

CÓCTEL «SERGI PÀMIES»

El zumo de 4 limones amarillos
La misma cantidad de licor de melocotón que de zumo de limón
1 cucharada sopera de Cointreau
2 cucharadas soperas de sirope a 30°

Se agita en una coctelera, con muchos hielos y bien mezclado.
Servir bien frío.

CÓCTEL «TXISPAGORRI»

2 cucharadas soperas de ginebra
1 cucharada sopera de licor de mora
1 cucharilla de café de granadina
1 tónica
Hielo
1 pizca de moras frescas

Colocar hielo hasta el borde de un vaso de sidra alto.
Poner las moras.
Verter el gin + la granadina + licor de mora.
Remover bien.
Agregar la tónica.

CÓCTEL «TXURI URDIN»

5 cucharadas soperas de ron claro
1 cucharada sopera de ginebra
1 cucharada sopera de tequila
1 cucharada sopera de vodka
1 cucharada sopera de *curaçao* azul
1 cucharada sopera de brandy de cerezas
250 ml de zumo de naranja

Verter todos los ingredientes en una jarra muy fría.
Para adornar, colocar 1 cereza fresca, 1 rodaja de naranja y 1 gajo de lima
sobre el borde del vaso.

CÓCTEL «VALENCIA»

4 cucharaditas de sirope de albaricoque
50 ml de zumo de naranja natural colado
50 ml de licor de albaricoque
Unas gotas de vodka
Champán frío

Mezclar sirope + zumo + licor + gotas de vodka en un vaso mezclador con hielo.
Repartir en una copa de champán y rellenarlas con champán muy frío.

CÓCTEL «XILINDRO EIFFEL»

1 cucharada sopera de ron
1 cucharada sopera de Cointreau
300 ml de champán
2 gajos de naranja
Hielo

Apretar el gajo de naranja dentro de un vaso.
Verter el ron + Cointreau.
Añadir hielo hasta el borde, poner el otro gajo y rellenar con champán.

COPA «LA NAVILLA»

Fino de Montilla
Oloroso viejo seco
Soda
Hielos

Poner en una copa los hielos + fino + oloroso + soda.
Listo.

DAIQUIRI

Ron añejo o ron blanco
Zumo de limón
Azúcar
Hielo en escamas
1 gota de angostura

En el vaso de una batidora añadir azúcar + zumo de limón + ron (en la misma cantidad) + hielo en escamas + 1 gota de angostura.
Accionar a la máxima potencia y añadir 1 pizca de azúcar y angostura.
Servir en una copa congelada.

DAIQUIRI «MARILYN»

30 ml de ron cubano
1 plátano
Zumo de limón verde
1 pizca de almíbar frío
5 hielos

Meterlo todo en la batidora y darle zapatilla media durante 15 segundos y caña otros 15 segundos.
Servir en un vaso de martini helado.

DAIQUIRI PARAGUAYO

30 ml de ron blanco cubano
1 paraguayo maduro
1 chorrito de zumo de limón verde
10 ml de almíbar frío
Hielo pilé

Partir el paraguayo y quitarle el hueso.
Meterlo en la batidora 10 segundos a ritmo lento y 20 segundos a toda mecha.
Echarlo en un vaso tipo martini.

DIABLO

40 ml de tequila blanco
1 lima verde
10 ml de crema de *cassis*
1 ginger ale
Hielos a cascoporro

Partir la lima en pedazos grandes y meterlos en el vaso.
Machacarlos con cuidado de no romper el vidrio.
Meter los hielos.
Verter los ingredientes y remover.
Servir fresco.

DRY MARTINI

Ginebra seca
Martini blanco seco
Corteza de limón
Aceitunas
Hielos

Enfriar con hielos el vaso mezclador y quitarle el agua sobrante, hasta que quede un vaso bien seco.
En este vaso mezclador verter la ginebra y el martini y remover rápidamente para que no se agüe.
Servir en una copa.
Exprimir sobre la copa unas gotas de limón extraídas de la corteza y adornar con 1 aceituna fresca.

FLORIDA

60 ml de zumo de naranja
40 ml de zumo de pomelo rosa
20 ml de zumo de limón
Almíbar frío TPT
Agua con gas helada
Hielos a cascoporro

Mezclarlo todo y listo.

HONG KONG PHOOEY

1 rodaja fina de jengibre
1 puñado de menta fresca
1 pizca de almíbar frío
Twist de naranja
Vermú blanco y vermú rojo
Zumo de naranja
Agua de soda

En una coctelera mezclar jengibre + menta + almíbar + *twist* y agitar.
Añadir los vermús en un vaso con hielos, el zumo de naranja, completar con la mezcla y la soda.
Verter en un vaso con hielos.

HORCHATA

250 g de chufas secas, lavadas y escurridas
1 l de agua helada
5 cucharadas soperas de azúcar
1 astilla de canela
1 pizca de corteza de limón
Coscorros de hielo

Remojar las chufas en agua fría durante 24 horas, metidas en la nevera.
Cambiarlas un par de veces de agua.
Meterlas en la batidora + 1 chorrito de agua fría.
Añadir el resto del agua y colocarlo en un *tupper* + azúcar + canela + limón.
Dejarlo reposar al frío al menos 6 horas.
Colar a través de una gasa.
Lista para servir, en grandes vasos con coscorros de hielo.

JAIZKIBEL

20 ml de zumo de naranja fresco
1 chorrito de ginebra
1 chorrito de licor de melocotón
Champán muy frío

En un vaso mezclador meter hielos y removerlos con una cuchara.
Eliminar el agua.
Verter el zumo + ginebra + licor, dar vueltas y, bien frío, colar a una copa.
Rellenar con champán muy frío.
Listo.

«JAZPACHO»

500 ml de gazpacho ligero
200 ml de Jerez
Unas hojas de cilantro
Unas rodajas de pepino
Hielo

Poner en una coctelera el gazpacho + Jerez + cilantro + hielo.
Agitar y servir en un vaso alto con rodaja de pepino + aceite de oliva.

JULEPE DE CHAMPÁN

4 ramas de menta
Sirope de azúcar
2 medidas de coñac
Champán o cava frío
Hielo picado

Colocar 2 ramitas de menta y 3 cucharadas de sirope de azúcar en cada
vaso y machacar en un mortero.
Llenar los vasos con hielo picado y añadir el coñac.
Agregar el champán frío hasta llenar los vasos y remover delicadamente.
Decorar con unas hojitas de menta y servir.

«KIR ROYAL»

1 chorrito de crema de *cassis*
1 chorrito de coñac
Champán

Distribuir *cassis* + coñac en la copa y rellenar con el champán muy frío.

«KIR ROYAL» RIOJANO

Vino tinto riojano de maceración carbónica
Crema de *cassis*
Agua de soda
Hielos a cascoporro

Meter en un vaso el hielo + *cassis* y remover.
Cubrir con vino.
Aligerar con la soda.
Listo.

KUPELA COOLER

30 ml de sagardoz
40 ml de gaseosa
20 ml de licor de manzana verde
60 ml de zumo de manzana natural
40 ml de sidra natural
1 pizca de cáscara de limón verde
Hielos a cascoporro

Colocar los hielos en un vaso.
Hacer un *twist* de limón verde.
Verter los ingredientes.

LASSI DE YOGUR Y ROSAS

300 g de yogur griego natural
1 cucharada de agua de rosas (o de agua de azahar)
3 cucharadas soperas de nata
Azúcar
Hielo en escamas
1 pizca de sal

Mezclar yogur + azúcar + agua de rosas + nata + 1 pizca de sal.
Batir en el vaso americano.

LASSI «ESPELETTE»

500 ml de leche de coco sin azúcar
1 chorrito de agua de rosas
1 pizca de azúcar
100 ml de yogur natural
1 pizca de garam masala en polvo
1 pizca de *piment d'Espelette*
1 pizca de hielo en escamas

Batir en la americana.
Listo.

LICOR CREMA DE ORUJO Y ANÍS

900 ml de nata
300 ml de leche
125 g de azúcar
20 g de anís estrellado
100 ml de orujo blanco muy bueno

En una cazuela mezclar nata + leche + azúcar + anís estrellado y hervir 2 min. aprox.
Retirar del fuego y tapar con un plato durante 10 min.
Colar a una botella y enfriar.
Añadirle el licor y servir muy frío.

LICOR DE ARROZ CON LECHE

900 ml de leche
900 ml de nata líquida
100 g de arroz
300 g de azúcar
10 cucharadas soperas de licor de canela o de orujo seco
1 rama de canela pequeña

Colocar a hervir en una olla leche + nata.
Añadir azúcar + arroz + canela y hervir suave durante 30 min.
Dejar reposar y colar.
Añadir el licor, meterlo en una botella y dejarlo enfriar.

LICOR DE AVELLANAS Y CHOCOLATE

500 ml de leche
500 ml de nata líquida
300 g de praliné de avellanas
4 cucharillas de café de cacao en polvo
150 ml de licor de avellanas

En un cazo hervir leche + nata.
Echar el praliné + cacao y triturar perfectamente con la batidora.
Una vez frío, incorporar el licor de avellanas y refrescar.

LICOR DE CACAHUETE

225 ml de agua
750 ml de leche
100 g de mantequilla de cacahuete
30 g de azúcar
1 pizca de cacao en polvo
1 pizca de sal
4 cucharadas soperas de ron añejo

Hervir en un cazo agua + leche y, cuando rompa el hervor, añadir el resto
de los ingredientes salvo el ron y dejarlo al fuego unos minutos.
Meter la mezcla en una batidora + ron.
Embotellar y etiquetar.
Meter en la nevera, que esté bien fresco.

LICOR DE LECHE MERENGADA

800 ml de leche
200 ml de nata líquida
175 g de azúcar
200 ml de claras de huevo + 25 g de azúcar
150 ml de ron
1 rama de canela
Cortezas de piel de naranja y de limón

Hervir leche + nata + pieles de cítrico + canela y, luego, 10 min. a fuego suave.

Añadir azúcar y retirar del fuego.

Enfriar, añadir el ron, colar y dejar refrescar en la nevera.

Semimontar las claras y añadir 25 g de azúcar.

Mezclarlo todo y embotellar.

LIGHT MANHATTAN

50 ml de whisky
80 ml de vermú Rosso
100 ml de zumo de naranja
2 golpes de angostura
2 *twist* de naranja

Llenar de hielo pilé 2 copas de martini hasta el borde.

Rellenar con agua para enfriar la copa.

Llenar el vaso mezclador de hielo macizo y verter en el siguiente orden: whisky, vermú Rosso y zumo de naranja.

Remover enérgicamente con la cuchara mezcladora de coctelería un par de minutos, hasta que la mezcla esté bien fría.

Vaciar los hielos de las copas de martini, que estarán ya en el punto frío idóneo para el coctel.

Verter la mezcla en cada copa con la ayuda de un colador de gusanillo para que no nos caiga ningún hielo.

Acabar con 1 golpe de angostura, 1 *twist* de naranja y 1 cereza al marrasquino en cada copa.

LIMONADA

1 vaso de agua
6 cucharadas soperas de azúcar
1 puñado grande de hojas de albahaca
El zumo de 10 limones amarillos
1 limón cortado en rodajas muy finas
1 l de agua con gas
Hielos a cascoporro

Hervir el vaso de agua + azúcar + albahacas y dejar infusionar tapado con un plato.

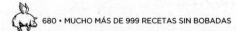

Mezclar en una jarra la infusión + hielos + zumo + rodajas de limón + agua con gas.
Remover y servir bien fresco.
Listo.

LIMONADA DE JENGIBRE

1 pedazo de jengibre fresco pelado
El zumo de 4 limones
6 cucharadas soperas de azúcar en polvo
1 botella de agua con gas o de soda
Hojas de menta frescas
Hielos a cascoporro

En una batidora añadir jengibre picado + limones + azúcar.
Colar la mezcla sobre una jarra llena de hielos + mentas.
Completar con el agua con gas o la soda.
Mezclar y listo.

LIMONCELLO

1 l de alcohol etílico de 95°
Las pieles de 7 limones amarillos bien lavados (sin el blanco)
1 l de agua
250 g de azúcar

Echar las peladuras de los limones en el alcohol etílico, dejando macerar 10 días.

Pasados esos días, colar la mezcla.
Hervir el agua y el azúcar y dejar enfriar.
Mezclar con el alcohol colado.
Embotellar y congelar.

MARTINI CON MARTÍN

Para el martini con Martín:
100 ml de zumo de granada frío
100 ml de Campari o Kina de martini frío
300 ml de vermú rojo Martini frío
500 ml de cava o champán frío
Peladuras de 3/4 de naranja
Gajos finos de 1/4 de naranja

Poner en una jarra muy fría y añadir por este orden.
Echar las peladuras de naranja junto con los gajos de naranja
Añadir el zumo de granada + Campari o Kina de Martini + vermú rojo
Martini.
Acabar con el cava o champán.

«MAZZANTINI»

Azúcar moreno
El zumo de 3 limones
1 pizca de menta fresca
60 ml de zumo de manzana
1 botellín de ginger ale
Hielos

Machacar la menta contra el fondo del vaso + zumo de limón + azúcar.
Llenar de hielos y dar vueltas con una cuchara para enfriar el vaso.
Añadir el resto de los ingredientes (zumo de manzana + ginger ale).

«MOJICOTE»

Para el jarabe:
500 ml de agua
500 g de azúcar blanquilla
1 vaina de vainilla abierta y rascada

Para la base de «mojicote»:
500 ml de jarabe frío
15 hojas de *sisho* verde o púrpura
8 hojas de hierbabuena

Además:
2 partes de base de «mojicote»
2 partes de ron Havana 3 años
1 parte de vodka
1 parte de agua con gas
1 parte de zumo de lima
Hielo
1/2 hoja de *sisho*
3 o 4 hojas de hierbabuena
1/2 lima en trocitos pequeños

Para el jarabe:
Ponerlo todo en un cazo y hervir, tapar e infusionar durante 1 hora.
Colar y enfriar.

Para la base de «mojicote»:
Triturarlo todo en un mixer y, sin colarlo, embotellar y refrigerar.
Poner en un vaso lima + hierbabuena, aplastar y añadir alcoholes.
Añadir zumo de lima + base de «mojicote» y mover.
Añadir hielo troceado + agua con gas.
Mover con una cuchara y adornar con *sisho*.

«MORIR SOÑANDO»

500 ml de zumo de naranja
500 ml de leche fría
1 chorrito de Grand Marnier
Azúcar al gusto o jarabe frío
Hielo en escamas

Batirlo todo y servir en un vaso congelado.

NARANJADA

El zumo de 6 naranjas
Refresco de naranja
Agua fresca o gaseosa
Hielos

Mezclarlo todo.

«NEGRONI»

30 ml de Campari
30 ml de vermú rojo
10 ml de ginebra
1 cáscara de limón
Hielos

Hacer el *twist* de limón.
Hielos + Campari + vermú + ginebra.
Remover con una cuchara 10 segundos y listo.

PACHARÁN CASERO

1 kg de endrinas frescas bien maduras, congeladas
3 l de anís especial para pacharán
Unos granos de café tostados

Meter las endrinas en una garrafa amplia.

Verter el anís + granos de café.

Taparlo durante 3 meses, moviendo de vez en cuando para que el aroma y el color se repartan uniformemente.

Colar, embotellar y beber con moderación.

«PEPINO DI ROMA»

40 ml de zumo de limón verde
1/2 pepino fresco
20 ml de almíbar TPT
Agua con gas
Hielos a cascoporro

Meter en el vaso de una batidora el pepino en trozos + zumo + almíbar y accionar a la máxima potencia.

Poner hielos en un vaso, verter el contenido hasta la mitad y completar con agua con gas.

Listo.

PONCHE PARA GUATEQUES «TÍA MARICARMEN»

500 g de azúcar
1 botella de *txakoli*
1/2 botella de Cointreau
1 golpe de ron añejo
1 golpe de Bénédictine o de licor de hierbas
2 naranjas peladas en trozos
2 manzanas peladas en trozos
2 plátanos en rodajas
1 racimo hermoso de uvas, desgranado
1 pera pelada en trozos
1/2 melón pequeño en dados
1/4 de sandía en dados
2 melocotones pelados en trozos, naturales o en almíbar
2 limones enteros con piel, cortados en gajos

En un bol o cazuela, dejar en maceración todos los ingredientes cortados en pedazos regulares, al menos 24 horas antes de la juerga.

Un rato antes de recibir a los invitados, volcar el bol de frutas en una champanera grande + hielos y añadir 1 botella de *txakoli* + 2 botellas de champán brut, bien frío.
Dar unas vueltas, probar la mezcla y listo.

PONCHE «RIAU RIAU»

1 l de helado de vainilla
500 ml de zumo de naranja
1 chorrito de pacharán
Nata semimontada como para irlandés
Cigarrillos rusos

En un vaso americano batir helado + zumo de naranja + 1 chorrito de pacharán.
Verterlo en copas hasta 3/4 de altura.
Con cuidado para que no se mezcle con el batido, derramar la nata semimontada.
Romper con los dedos los cigarrillos encima de la nata.

QUINCHO-TONIC

Pomelo rosa
Ginebra al gusto
Hielos
Corteza de pomelo

Sacar un *twist* de pomelo.
Exprimir el pomelo y obtener el zumo.
En un vaso con hielo, arrimar el *twist* y verter ginebra + zumo de pomelo.

REDOXÓN IMPERIAL

50 g de tallo de apio
2 manzanas granny smith
2 naranjas peladas
1 gota de Grand Marnier
1 chorrito de vodka helada
Hielos

Pasar por la licuadora el apio + manzanas + naranjas.
En un vaso echar hielos a cascoporro + 1 gota de Grand Marnier + vodka.
Verter el zumo recién hecho.
Listo.

REFRESCO DE FRESAS

300 g de fresas limpias
El zumo de 4 naranjas
Hielo en escamas
Hielos a cascoporro
Gaseosa fría

Meter en la batidora las fresas + zumo + hielo.
Meter los hielos en la jarra + batido.
Completar con gaseosa.
Listo.

REFRESCO DE FRUTAS ROJAS

500 g de frambuesas y fresas limpias
150 g de azúcar
El zumo de 1 limón
1 golpe de aguardiente de frambuesas
200 ml de vino tinto del año
800 ml de agua muy fría + hielo en escamas

En un batidora americana, poner la fruta + azúcar + limón + aguardiente.
Triturar 1 min. y añadir vino + agua + hielo.
Meterlo en una botella en la nevera o en una cubitera.

 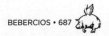

REFRESCO DE VENDIMIA

1 botella de vino tinto de crianza
350 g de frambuesas o de fresas del bosque o mezcladas
Azúcar al gusto
Hojas de hierbabuena
1 botella de champán
Coscorros de hielo

Machacar en un bol azúcar + hierbabuena y añadir frambuesas enteras + vino tinto.
Macerar en la nevera durante 2 horas.
Añadir hielo + champán.
Servir en copas.

REFRESCO LIMONERO CON GAS

2 l de agua
2 cucharadas soperas de jengibre fresco rallado y seco
El zumo de 2 limones y ralladura de 1
Miel o azúcar moreno al gusto
Levadura de panadero, 1 pedacito

Hervir el agua y añadir el resto de los ingredientes.
Enfriar, colar y meter en botellas de gaseosa, en un sitio templado para que la levadura fermente unas horas.
Finalmente, enfriar para bebérsela.

SANGRÍA DE CHAMPÁN CON MELOCOTÓN

4 melocotones de viña troceados
250 g de azúcar
100 ml de vermú rojo
50 ml de coñac
1 botella de champán
Hielo a cascoporro

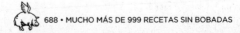

En una jarra grande colocar los melocotones + azúcar + vermú + coñac y
tenerlo en la nevera 2 horas.
Echar cubos de hielo bien grandes y añadir el champán.
Listo.

SANGRÍA DE LAS CUATRO

4 cucharadas soperas de martini blanco
4 cucharadas soperas de Cointreau
4 cucharadas soperas de vodka
4 cucharadas soperas de azúcar
1 botella de cava
2 botellas de refresco de naranja de 33 cl
2 naranjas grandes o 4 pequeñas exprimidas con la mano
Mucho hielo

Mezclarlo todo en una cubitera grande bien bien fría, con mucho hielo.
Las botellas también han tenido que estar en la nevera.
Servir desde el cazo o la cubitera.

SANGRÍA DE «TXAKOLI»

1 botella de *txakoli*
1 botella pequeña de refresco de limón
1 botella pequeña de refresco de naranja
2 cucharadas soperas de whisky
2 cucharadas soperas de Cointreau
1 naranja en gajos gordos exprimida con las manos y depositada dentro
1 limón en gajos gordos exprimido con las manos y depositado dentro
1 cucharada sopera de azúcar
Hielo hasta completar

Mezclar todos los ingredientes en una jarra grande con bien de hielos.
Todos los productos tienen que estar bien fríos.
Servir desde la jarra en vasos de sidra o copas.

SANGRÍA DE VINO TINTO

1 botella de vino tinto del año
2 cucharadas soperas de azúcar
1 naranja cortada en pedazos gruesos
1 limón cortado en pedazos gruesos
El zumo de 1 naranja
El zumo de 1 limón
1 refresco de naranja
300 ml de moscatel de buena calidad
Hielos

En una jarra hermosa, con muchos hielos, vaciar la botella de vino.
Añadir los trozos de naranja y limón y muchos hielos, machacando el conjunto con una cuchara de madera.
Entonces añadir el azúcar, los zumos de naranja y limón y el refresco, y dejar que la mezcla macere unos minutos.
Pasados esos minutos, añadir el moscatel, dar unas vueltas enérgicas y listo.

SANGRÍA DE ZURRACAPOTE

1,5 l de vino tinto navarro
500 ml de agua
250 g de ciruelas pasas en dados
250 g de orejones de melocotón o albaricoque en dados
1 astilla de canela
Corteza de 1/2 limón
200 g de azúcar
Muchos hielos
1 chorrotada de moscatel navarro
1 refresco de limón
1 refresco de naranja
El zumo de 3 naranjas

En una olla hervir 500 ml de vino + agua + ciruelas + orejones + canela + corteza + azúcar.
Tenerlo 10 min. al fuego y refrescar.
Echar en una jarra + 1 l de vino tinto + moscatel + hielos + refrescos de limón-naranja + zumo de naranja.
Servir helado.

SANGRÍA «GURUGUTARRAK»

1 parte de vino tinto
1/2 parte de refresco de naranja
1/2 parte de refresco de limón
1/10 parte de licor Karpi
1/10 parte de vermú
1/10 parte de licor de melocotón
1 naranja
2 limones
Azúcar al gusto

Partir en 4 trozos la naranja + limón y exprimirlas con la mano sobre una jarra, echando los gajos en el fondo.
Mezclar el resto de los ingredientes con hielos a cascoporro.
Listo.

SANGRÍA IRUNESA

1 botella de rosado navarro
1 botella de refresco de limón
1 botella de refresco de naranja
1 tapón de ron
1 tapón de Cointreau
1 naranja gorda exprimida con las manos
1 limón exprimido con las manos
Hielos gordos

Mezclar con un montón de hielos gordos en una jarra grande.
Servir en vasos.

SANGRÍA «MOÑOÑO»

1 botella de vino tinto rioja de maceración carbónica
60 ml de coñac
60 ml de *curaçao* triple seco
Zumo de naranja recién exprimida
Azúcar al gusto
1 rama de canela
Gaseosa
1 limón verde en rodajas muy finas
1 limón amarillo en rodajas muy finas
1 naranja pequeña en rodajas muy finas
Hielos a cascoporro

Mezclarlo todo (salvo la gaseosa y los cítricos) y dejar reposar unas horas
en la nevera.
Añadir los hielos + gaseosa + cítricos.
Listo.

SORBETE «B. B. KING»

500 ml de sorbete de limón
200 ml de vodka o bourbon helado
1 chorrito de nata líquida
1 refresco frío de limón con gas
1 chorrito de zumo de limón
1 pizca de azúcar

Mezclarlo todo en el vaso mezclador.
Servir en vasos helados.

SORBETE DE NARANJA «ALEGRE»

Por cada 300 g de sorbete de naranja, 250 ml de champán bien fresco
1 chorrito de Cointreau

Mezclar los ingredientes en el vaso de la batidora.
Batir los ingredientes.

SORBETE «SAN FERMÍN»

500 ml de helado de nata medio derretido
3 cuajadas de leche de oveja
1 chorrito de leche

Opcional:
1 chorrotada de Baileys, Frangelico o licor de avellanas
1 pizca de miel

Batir los ingredientes en la batidora de vaso americana.
Servir bien frío.

TAMPICO

20 ml de Campari
20 ml de *curaçao* triple seco
20 ml de zumo de limón
1 tónica
1/2 rodaja de naranja
Hielos

Mezclarlo todo en el vaso, sobre hielos, y añadir al final la tónica y la naranja.
Remover.

TÉ HELADO

1 vaso de agua
1 rama de canela
1 corteza de limón y 1 de naranja
6 cucharadas soperas de azúcar moreno
Hielos a cascoporro
1 l de té de Ceilán infusionado y frío
El zumo de 3 limones y 2 naranjas
1 limón cortado en rodajas muy finas

Hervir el vaso de agua + canela + cortezas + azúcar, retirar y cubrir con un plato.
Echar en una jarra los hielos + té + zumos + limón + infusión.
Remover y listo.

TÉ «MUSTAFÁ»

300 g de melocotones frescos o en almíbar partidos en dados
1 limón en rodajas finas
Hojas de menta frescas
3 gotas de agua de rosas
1 l de té infusionado con canela + 100 g de azúcar, frío
500 ml de zumo de naranja natural
Mucho hielo

Mezclarlo todo y servir frío o con hielo.

TRAGO CIEN POR CIEN GOURMET

3/4 partes de tequila
1/4 parte de Kahlúa
Coca-cola al gusto
Cubitos de hielo

Vertir los ingredientes en vaso *highball*, con cubitos de hielo y ganas de pasarlo bien.

VIEJO CUBANO

1 taza de café de ron o similar
1/2 taza de café de zumo de lima
1/2 taza de café de jarabe (azúcar en almíbar)
12 hojas de menta
Unas gotas de angostura
1 botella de cava o champán rosado
Cáscara de lima

Con un pelador sacar cáscaras de lima.
En una jarra o vaso amplio con hielo poner todos los ingredientes, salvo el cava o champán, que añadiremos en último lugar.
Agregar algún trocito de lima a la copa.

VODKA LIMÓN EN CAZUELA

2 tazas de vodka
2 l de refresco de limón
1 lima
1 limón

Cortar la lima y el limón en pedacitos pequeños.
Añadirlos a una ensaladera de cristal con bien de hielos, que haya estado en la nevera.
Verter todos los líquidos y mezclar bien.

VODKATINI DE MARACUYÁ

Para el almíbar de maracuyá:
20 maracuyás frescos
1 l de agua
Azúcar
1/2 rama de vainilla

Para el martini:
2 partes de almíbar de maracuyá frío
1 maracuyá fresco
3 partes de vodka
1 chorrito de marrasquino
1 albaricoque seco
Hielo a cascoporro
Almíbar

Para el almíbar de maracuyá:
Rascar la vainilla.
Partir los maracuyás en dos, extraer la pulpa y colocarla en una olla + cáscaras vacías + agua + vainilla.
Hervir a fuego suave durante 30-35 min.
Reposar, enfriar y colar.
Pesar el jugo resultante y añadirle el mismo peso de azúcar.
Arrimar a fuego suave y hervir 25 min. más. Listo.
Enfriar la mezcla en una botella.

Para el martini:
Enfriar una copa de martini con hielo.
Meter en la coctelera hielos + almíbar de maracuyá + pulpa de maracuyá + vodka.
Remover con una cuchara.
Verterlo en la copa + marrasquiño + albaricoque clavado en la copa.

XILINDRO

2 cucharadas soperas de ginebra
5 cucharadas soperas de vermú rojo
2 cucharadas soperas de pacharán
2 cucharadas soperas de Campari
16 cucharadas soperas de zumo de naranja
2 cáscaras de naranja
Mucho hielo

Mezclarlo todo en un vaso mezclador y servir.

ZUMO DE BATMAN

3 remolachas pequeñas crudas, peladas y ralladas
150 g de frambuesas
200 g de sandía en dados

Meterlo todo en la batidora y triturar + agua helada.
Añadir leche si lo beben los críos.
Meterlo en la nevera, en una botella de gaseosa.

GUARRINDONGADAS

BOCATA «ÁLVARO»

Bocata de pan de molde, patatas fritas y latita de mejillones en escabeche.

BOCATA «AMAIA»

Bocadillo de jamón de York, chorizo de Pamplona y nocilla.

BOCATA «ELVIS»

Pan tipo hogaza, se embadurna de mantequilla y va al horno (sin abrirlo).
Después se rellena de crema de cacahuete, mermelada de grosellas y
beicon frito.
Bon appétit!

BOCATA «ÍÑIGO»

Bocadillo de mantequilla o margarina con limón. Abrir el pan por la mitad y
echarle el zumo de 1 limón frío bien exprimido —si chorrea mejor—, y
encima una buena cantidad de margarina o mantequilla a temperatura
ambiente.
La sensación de morder el pan crujiente con el interior blandito y saborear
el limón chorreante y la margarina, es indescriptible.

BOCATA «LABORDETA»

Frutas escarchadas bañadas en chocolate (frutitas de Aragón), mantequilla
y un buen trozo de pan.
Untar generosamente las frutas con mantequilla e introducirlas en el pan.

BOCATA «LILA»

Bocata de leche condensada y anchoas en salazón; un ejercicio de la más
refinada cocina contemporánea convertida en bocadillo.

BOCATA «PATRICIA»

Esto no es muy guarrindongo pero está bueno, que es lo raro según mi
hermano.
Consiste en un bocata de aceitunas sin hueso, lechuga en tiritas y atún de
lata, y mezclarlo todo con mahonesa y patatas de bolsa.

BOCATA «WILLY»

Bocata de paté untado en dos panes, luego chorizo del estrecho en rodajas
y en la parte de abajo el premio: onzas de chocolate blanco.

BOCATA «ZUMÁRRAGA»

Pan, un poco de mantequilla, después 8 o 10 anchoas en salazón y, encima, un par de huevos fritos. Cubrir con la otra parte del pan y listo.

BREBAJE «PAVAROTTI»

Es tan sencillo como untar ajo en una galleta maría y mojarla en un zumo de naranja o limón justo antes de comérsela.
Tiene un sabor exquisito y cura las gargantas inflamadas.

CHIQUILÍN GUARRA

Entre dos galletas Chiquilín, lonchaca de chorizo de Pamplona y buen pegote de mahonesa.
Resulta vomitivo al leerlo, pero la mezcla no está mal. Hombre, no es para comerse una fuente, pero está menos malo de lo que parece.

CHOCORTEZA

Onza de chocolate con corteza de cerdo frita: un juego cromático cerduno de contrastes que en algún local de moda o gastropub podría colar y dejar perplejo y extasiado a más de un cursi.

DESAYUNO «INCREÍBLE HULK»

Tazón de leche tibia azucarada con pedazos de pan y pellizcos de bacalao en salazón; un desayuno de bravo marinero que algunos viejos del lugar siguen tomando todos los días.
Hace falta ser Barbarroja y arponear ballenas para cogerle el gusto a tal brebaje.

DIP «BELENTXU»

Machacar o batir una lata de mejillones en escabeche y añadir a la mezcla queso Philadelphia hasta conseguir una salsa homogénea; sirve para untar de todo: chips, nachos, gusanitos, biscotes, etc... incluso hasta ¡chorizo!
Es una base estupenda como salsa para sándwiches de pepinillos picados, atún, huevo duro, mixtos y vegetales.
Si se le añaden unas gotitas de salsa Perrins queda superior.

ENSALADA DULCE

Aliñar la ensalada de lechuga con azúcar: se hacía en muchos caseríos del País Vasco y todavía queda alguno al que le gusta tal cochinada.
A mí, con sal y buen aceite me sabe mejor que dulzona, pero para gustos, los colores.

ENSALADA FELIZ

A una ensalada le suelo añadir como toque final un huevo frito por encima, y mezclo la yema con la ensalada. Hoy mismo lo he hecho. Hace muchos años añadía jamón y queso a una ensalada y me llamaban loco; ahora está visto que a una ensalada se le echa de todo.

ENSALADILLA «LARRASPI»

Un huevo frito por barba, 3 barritas de chatca por barba, atún, aceitunas y un buen puñado de gambas cocidas, todo en un bol bien hondo con mahonesa al gusto del consumidor y mezclar. Es un manjar.

GASEOSA «MERTXE»

Refresco de gaseosa con nescafé en polvo, todo bien batido y muy fresquito.

LA OSTRA DEL POBRE

Es afrodisíaca y levantaba a un muerto. En una copa de champán baja se introduce 1 huevo crudo, 5 gotas de salsa Perrins, 5 de tabasco, 2 chorretadas de kétchup, el zumo de 1/2 limón, sal y 1 pizca de pimienta. Agitar con una cucharilla la clara sin romper la yema, introducirlo todo en la boca y listo.

NUBE PREÑADA

Jamón o nube rosa, de esas de fresa que comen los críos como «chuche»: hacer una incisión, deslizar una onza de chocolate en su interior, unos segundos al microondas y para el buche.
Un postre digno de Willy Wonka en su fábrica de chocolate.

PANTERA ROSA PREÑADA

Abrir una Pantera Rosa en dos y rellenarla con un buen trozo de chistorra frita.

PAPA ZUMBONA «IZASKUN»

Soy miembro del club de las guarrindongadas, pues me crié con bocatas de nocilla con chorizo, *delicatessen* no apta para todos los paladares. Ahora sigo con mis hábitos, e ¡incluso invento nuevos!
Mi último capricho guarrillo es el siguiente: machaco aguacate muy maduro, lo extiendo en patatas fritas de bolsa y le pongo anchoas saladas encima. ¡Buenísimo! Mi pareja dice que no es muy guarro, que casi es un pincho de bar, pero yo, hasta ahora, no lo he visto.

REBANADA «JUANJO»

En una rebanada de pan tostado se refriega 1/2 tomate de ramillete, 1 pelín de sal y 1 chorrito de aceite.

Arriba se unta bien de sobrasada de la buena y, a continuación, unas fetas de queso mahonés encima.

Después 1 buen corte de membrillo casero y finalmente 1 chorretón de miel.

ROLLITO «AINHOA»

Coger una loncha de jamón cocido y rellenarla de aguacate machacado con cebolla picada cruda y dos guindillas de Ibarra.

Luego enrollarlo: queda como una turuta.

SÁNDWICH «JON»

Pan de molde sin corteza, leche condensada, salchichón y unas gotas de limón.

TORTILLA «APARICI»

Tortilla de patata con patatas chips. Mezclar huevos batidos y patatas de bolsa, dejar empapar unos minutos y cuajarla como de costumbre.

Se obtiene una tortilla de patata en un minuto.

Con los años he ido descubriendo que esto lo hace mucha gente, más de lo que parece.

TORTILLA «ZIMBABUE»

Tortilla de Cola Cao con galletas. También me lo hacía de joven, disolviendo un poco de Cola Cao en el huevo batido, añadiendo unas galletas y cuajando después.

YOGUR CON TROPEZÓN

Es una sinfonía de sabores en el paladar. Picar finamente un fuet en cuadraditos, añadirlo a un yogur de fresa, remover y listo.

YOGUR «VIKINGO»

Unir en matrimonio guindillas encurtidas con yogur griego.

El resultado es mundial si se unta en semejante pócima galletitas saladas.

ÍNDICE DE RECETAS

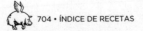

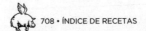

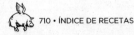

AVES & CAZA

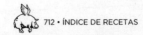

Guarrindongadas

ÍNDICE ALFABÉTICO DE INGREDIENTES

«Para viajar lejos no hay mejor nave que un libro».

EMILY DICKINSON

Gracias por tu lectura de este libro.

En **penguinlibros.club** encontrarás las mejores
recomendaciones de lectura.

Únete a nuestra comunidad y viaja con nosotros.

penguinlibros.club

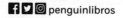 penguinlibros